人権
最後のユートピア

個人の権利・社会運動・国際人権

世界人権問題叢書 122

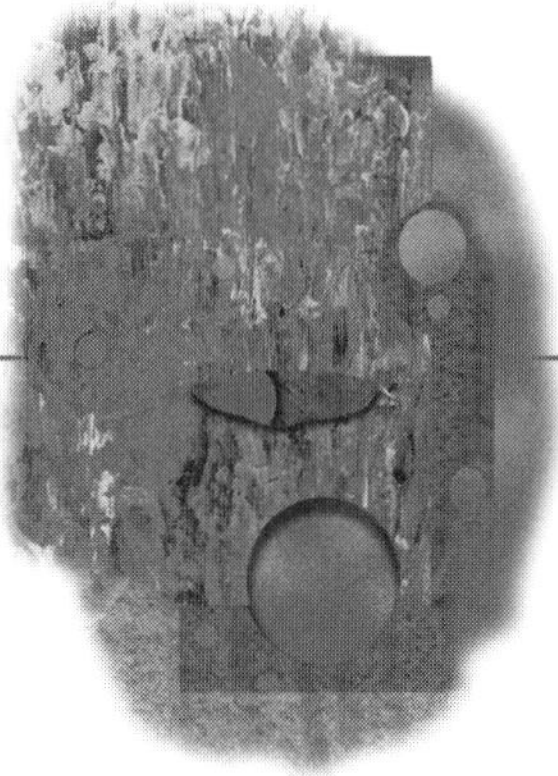

サミュエル・A・モイン 著
楊 懿之 訳
四本健二 監訳

明石書店

目次

序章

人権という言葉を聞いたとき、人びとが高潔な道徳観と理想の政治を想起するのは、至極まっとうなことである。人びとは、頭のなかに不可欠な市民的自由と、ときにはより広範な社会的保障を思い浮かべる。しかし、人権には別の意味もある。この言葉は、この世界を改善し、さらに新しい世界を創造し、そこではあらゆる人の尊厳も信頼できる国際的保障も受けられるという意味も内包している。いうまでもなく、これはユートピア的な考えである。人権が守ろうとする政治的基準や人権という言葉に触発された強烈な感情からすれば、この考えはいまだに実現されていない机上の理想として描かれている。この理想は、超えることができないのであろう国家の境界を突き破ることを誓い、国際法の権威にとって代わる。この考えは、誇り高く、人権を侵害された者たちのために新しい世界を拓き、その世界での生活はもっとすばらしいものになるだろう。この理想は、できるだけ多くの国と国とが結ばれ、国家がもっとも基本的な規範に違反したときには公然とこれを非難することを約束する。この意味において、人権は、社会運動と政治的実体——国家及び国際の——もっとも崇高な理念を謳っている。人権は、希望を覚醒し、人権は、行動を促す。

驚くべきことに、この理想が広く知られるようになったのは最近のことである。一九七〇年代になって、西側諸国の道徳的世界観が変わった。これが前代未聞の国際人権運動との融合によって、ある種のユートピア的理想が現実のものとなる可能性を開花させた。啓蒙主義の時代には、人間の永遠の権利が宣言されていたが、現実には――血塗られた革命を含めて――それらは、別の概念が構築されるまでまったくの別物だった。一九四八年、第二次世界大戦の余韻のなかで、世界人権宣言が採択された。これは新しい時代の宣言というよりも、どちらかといえば、戦時中の希望の塚に捧げられた弔いの花輪だった。全世界が首を長くして待ち望んでいた議題は、すぐさま戦後の議題にとって代わられた。これらの議題は、世界人権宣言を主導した国連が成立した当初からすでに明らかだった。国連がまず考えなければならなかったのは、冷戦期における二大陣営――アメリカとソ連、さらにこれらによって分かたれたヨーロッパ諸国の勝敗だった。新生国家のいくつかは、冷戦の対立から出口をみいだすことに奮闘し、自らの道を模索しようとしたにもかかわらず、脱植民地の戦いは、冷戦のグローバル化を招いた。無論、アメリカは第二次世界大戦末期に世界中で戦後の新秩序に対する希望の明かりを灯し、わずかな範囲内で人権概念を宣伝したものの、すぐさまこの用語を使用しなくなった。ソ連にしても、反植民地主義勢力にしても、直接的に個人の権利、あるいはそれが国際法が定める神聖な地位に訴えるのではなく、共産主義や民族主義――これらの解放とかかわる集団的理想――が未来につうじる道であるとみなしていた。

一九六八年――すなわち国連が国際人権年と宣言した年――でさえ、人権は、国際人権年のためのスローガンに過ぎず、人権にかんする実質的な活動は何一つ行われなかった。この死産してしまった原則を思い起こし、復活させるために、国連はテヘランで世界人権宣言二〇周年を記念する会議を開催した。これは驚くべき一幕だった。独裁者だったシャー・ムハンマド・レザー・パーレビが春季会議を主宰し、開会の辞において彼の祖先が人権を発見したことを讃えたのだった。曰く、「偉大なペルシア大王キュロスの伝統が千年を経たあと、ついに今日、彼自身の王朝でその道徳的原則を尊重することが実現されたのである」。その後、シャーの妹であるアシュラフ王女が主宰した会議では、現在ではまったく認められていない人権に対する解釈――以前の帝政下での民族解放は、これまでのもっとも意義のある成果――が浮上した。それは人権が辿った長い道のりの結果であり、未完の事業の模範でもあった。とりわけイスラエルは、アラブ隣国との「六日間戦争」に勝利したことから、戦後の議論に関心を失いつつあった。一九六八年時点において、人権は、国連以外ではまだ強力な理念として形成されていなかったといえよう。この事実は、シャーが準備した会議で起こった何よりも重要なできごとだった。[*1] 会議が既定のシナリオに沿ってすすめられているとき、現実の世界では、反逆の潮流が爆発していた。一九六八年五月の嵐は、パリに戦後もっとも過激な変動をもたらし、学生と労働者はフランスを麻痺させ、中産階級に対する妥協に終止符を打つように求めた。東ヨーロッパから中国まで、世界中のいたるところ、バークレーからニューヨークまで、アメリカ全土の州郡で、人びと、とりわけ若者は変化を求めていた。しかし、テヘラン以外では、一九六八年の世界的動乱のなかで、彼らが追求していたより美しい世界は、人権によって支配される世界だと考える者はいなかった。

そして、一九七〇年代には、人権はどこからともなく、劇的に飛び出してきた。ソ連は完全に国際的信頼を失っていたが、アメリカも「ベトナムでの冒険」によって、激しい国際的非難を被っていた。それでも人権は、直接的な影響をもたらさなかった。一九六〇年代の超大国による国際秩序が危機に瀕するのに伴って、人権以外のユートピアの展望も百出した。それらは各地で叫びを発し、偽りの消費主義に陥っているアメリカ合衆国を救い、帝国主義ソ連の支配下にある「人間の顔をした社会主義」を救い、あるいは、新植民地主義に閉じ込められている第三世界をより一層救済すると呼びかけた。当時、人権を追求する非政府組織（ＮＧＯ）は、ほとんど存在しなかった。アムネスティ・インターナショナルは、無力で事実上無名だった。一九四〇年代から一九六八年にかけて、人権をその使命の一部とみなし、国連の枠組みの下でごく少数の非政府組織が奮闘していたにもかかわらず、悲しいかなテヘランで開かれた会議ではその努力の無力さが証明された。非政府組織のリーダーを長く務めてきたモーゼス・モスコウィッツは、会議が終わったのちも人権概念が「知識人の好奇心を惹きつけたり、社会や政治を改革しようとする者の想像をかき立てたり、道徳家の感情的な反応を呼び起こしたりしていない」ことに落胆していた。彼の指摘は、正鵠を射ていた。[*2]

しかし、これから何十年にもわたって、先進国のなかでは、人権はかつてないほど広く一般人に求められるようになるだろう。人権は、植民地の解放と独立国家の樹立を象徴するだけでなく、今日では国家から個人を守るという意味合いが強くなってきた。アムネスティ・インターナショナルは、新しい理念の灯台のように人びとの眼差しの先を照らし、その偉業によって一九七七年にノーベル平和賞を受賞した。その斬新な提案モデルの普及は「人道的事業のために民意を鼓舞する」ということの意味を永遠に変えて、新しくシンプルな「国際市民社会」を提唱する時代を切り拓いた。西ヨーロッパの人びとは革命の夢を捨て――自分のためにも、かつて自分たちが支配していた第三世界のためにも――ユートピアの規範とそれを実現する仕組みとして、国際人権法を構築するという戦術を採った。政治家でさえも、とりわけ当時のアメリカ大統領だったジミー・カーターは、人権を外交政策の基本的な指導原則として採用した。もっとも顕著なのは、公共圏での行動基準としての人権が、日増しに顕在化していることである。これは、人権という言葉が新聞に登場する頻度からだけにしても明らかであり、人権が、いまや重要な地位を占めたことを示している。一九四〇年代までの僅かな頻度から、ニューヨーク・タイムズの出版史において、「人権」という言葉の一九七七年の登場頻度は、これまでですべての年の五倍近くに上った。道徳の世界は、変わった。フィリップ・ロスは、小説のなかで「人びとは、長い周期で歴史を考える、しかし、実際のところ、歴史は突然起きるできごとである」[*3]と書いていたが、人権の歴史をおいてほかにこの言葉にもっとも適しているものはない。

人権のユートピア的特性に注目しないかぎり、我われは、人権が最近になって登場したこととその力を予測できない。人権には、ゆっくりと支離滅裂な改革をもたらすことしかできないようにみえて、人権が訴える尊厳と畏怖に満ちたより美しい世界がある。しかし人権は、現実には信念と行動をかき立てる唯一の理想ではない。それは、最後のユートピアとして歴史のなかから浮かび上がり、他の幻想が破綻したからこそ、眩しく強くなった。人権は、プラトン、旧約聖書の「申命記」、そしてキュロスが正義の事業として約束した古い公約の特殊な現代版にすぎない。自由と平等という現代の枠組みのなかでも、人権はその一つひとつにすぎず、人道的で世界的な希求を中心に据える最初のヴィジョンではない。人権は、草の根の市民運動を煽ることができる唯一の闘争スローガンでもない。モーゼス・モスコウィッツが、人権活動が主導的な地位を占めようとするときに発した適切な理解のように、人権は、幻想の世界で必ず勝利したり失敗したりする。これはまずもって、もっとも重要なことである。人権の勝利のためには、他の概念を打破しなければならない。人権は、思想の分野では、それが社会活動におけるように、生き残りとして理解されたほうがよい。他の政治的イデオロギーが敗北したとき、難を逃れた奇跡である。もしも、人権が敗北を免れたなら、もっとも主要な原因は、人権が多くの破綻した政治的ユートピアに代わる道徳的代替理念として広く理解されていたからである。

アメリカの歴史学者は、二〇〇〇年頃から人権の歴史を書きはじめた。そのときから、一つひとつの斬新な分野が芽生え、洗練されてきた。現代の歴史学者は、ほぼ全員一致で人権の出現と発展を祝っており、これはのちの時代の熱意に奮い立つ物語を提供しているが、彼らの主な違いは、この真の突破口を開いたのがギリシャ人かユダヤ人か、中世のキリスト教徒か現代初頭の哲学者か、民主主義の革命家か奴隷制撤廃主義の英雄か、アメリカの国際主義者か、反人種主義の空想家のうちの誰のおかげなのかという点にある。歴史学者が、国際人権の登場を世界史を再構築する素材としてとり上げるとき、彼らは、以前の歴史が現在の思想と行動のためだけに道を拓くのではなく、多くの異なる未来への道を拓いたことを認めようとしない。最近の人権研究では人権が登場すると、歴史学者は、それが多くのイデオロギーのなかの魅力のある一つひとつであることを認めない。逆に、人びとが行った選択や偶然に起こった史実を如実に書くことではなく、歴史を用いて人権の必然性を証明しようとする。私たちは、この最後のユートピアの本当の起源を明らかにするためには、まったく異なる方法を用いなければならない。

この命題は斬新だが、人権史学者らがこのテーマを扱う際に用いた方法は、教会史学者の常套手段と同様である。キリスト教を扱っているように、彼らは、根本的なことがらは歴史のなかでみつけられるもので、歴史によって構築された救済の真理ではないという。ユダヤ教が長いあいだ自分の本当の天命を明らかにしていない原始キリスト教運動と解釈してきた教会の歴史のように、ある歴史的現象が人権を予感しているようにみえるのであれば、それが人権を志していると解釈されるだろう。同時に、世界的に人権を推進する英雄は——教会史学者が描いた使徒や聖人のように——一般に大したことのない奇観として扱われる。このような光を追い求める人びとを道徳的手本としてみせるために、聖人列伝が、中心的なジャンルとなった。結局のところ、人権を制度化しようとしているようにみせる組織は、初代教会のように完全ではないにしてもうまくゆけば普遍的な、悲嘆の底で善のために信者が奮闘する共同体として登場した。もしもこの主張が失敗したら、それは邪悪が祟《たた》っているからであり、もし、この主張が奏功したら、それは偶然ではなく、その正義のおかげである。こうした手法は、新しい運動が求められている、あるいは必要であるという神話を生み出した。

これは、結果的に社会的かつ政治的に深い影響を与えられる、人権の起源にかんするコンセンサスとなった。人権はしばしば古くて新しい理想とされ、新聞の論評や政治演説にも登場する。少なくとも歴史学者や評論家は一九四〇年代まで遡り、その年代を突破と勝利の鍵であるとみなしている。注目されている論者たち——例えば高名なマイケル・イグナチェフ——は人権を古い理想とみなし、最終的にはホロコーストへの対応として重要になってきたという。これはもっとも広く語り継がれている人権の起源説かもしれない。ヨーロッパ南東部の旧ユーゴスラヴィアやその他の地域で民族浄化が発生した一九九〇年代以降、人権は、確かに欧米で千年来公けにされた言説のなかでもっとも切実な訴えとなった。通常の仮定としては、人権は、ポスト・ホロコーストの時代に誕生した知恵であり、そのときから、ゆったりとしながらも道徳観念の革命のように、確実に人道意識のなかに埋め込まれた。多くの人びとは、この信頼できる道徳的指針は——それがホロコーストによって生まれ、いかなる場合も疑いの余地のない——利益と権力の代わりに国際社会の基礎になることはまちがいないと信じた。しかし、これらすべては、一九七〇年代の多くの事件による変革的な影響がなければ、人権が今日のユートピアになるはずがなく、人権をめぐる運動もなかった。

より最近のもう一つの人権史観は、伝統的なアプローチとはまったく異なるようにみえる。この歴史観は、人権の源をギリシャ哲学と一神教、あるいはヨーロッパの自然法と現代初頭の革命、あるいはアメリカの奴隷制とアドルフ・ヒトラーによるホロコーストへの憎悪に帰していない。この歴史観が示す人権とは、多国籍の理想と運動であり、その特殊な源はもっと遅い時期から発している。権利概念は強力で、確かに以前から存在していたが、国家の権威に由来しているために国家を超えることはなかった。現代史のなかで、革命的民族主義のなかでもっとも顕著に見出せられるのは、権利概念だった。そして、革命的民族主義において権利概念にとって代わったのは、一九四〇年代の世界人権宣言に象徴される人権概念だった。しかし、探究すべきことは、なぜ人権は、数十年ものあいだ当時とそれ以降の国際法学者を含む多くの人びとの関心の的にならなかったのかということである。真実の歴史のなかで戦時中の言い分であれ、戦後の再編成であれ、人権は周縁に追いやられており、それらの成果とは一切の関係がなかった。伝統的な仮説とは裏腹に、戦後はホロコーストへの反省が拡がらなかったため、人権が虐殺への対応であるはずもない。さらに重要なことは、この当時、国際人権運動があらわれなかったことである。そのため歴史はその主要な挑戦を、なぜ一九四〇年代ではなく、一九七〇年代半ばになって、人権は人びとの未来への希望を国際的運動の根幹と国際法のユートピアと定義され始めたのかということを論点に据えざるをえない。

イデオロギー上の人権の支配的地位——この迫真の記憶——は、予見できない爆発のなかで相互に作用した歴史の断片のパッチワークに由来する。「偶然」はこれまで、多くの人類史上のできごとで重要な役割を果たしてきた。それまでの普遍的な枠組みの構築に失敗していたが、人権は、説得力のある代替選択肢だった。まずは国連である。人権概念を世界に紹介したが、国連自体は人権にとって必須の制度を重視することを回避しなければならなかった。国連は、一九四〇年代に主権あるいは君主制との別れを拒否する超大国との相互協調の下で創設された。創設当初から、国連は、その人権主体の一覧を作成することに無関心だった責任を負わされた。非植民地化を経て誕生した新生国家に対しては、多くの面で影響を及ぼしたが、国連は、人権の根本的な意味を変えながら人権を世界の舞台の隅に追いやった。むしろ、真の人権をめぐる社会運動が、政府機関、とりわけ国際機関を超越して根付いたのは、一九七〇年代に入ってからである。

この爆発は、多くの触媒、すなわち冷戦という言葉の外でヨーロッパのアイデンティティを探す政治家、記者、知識人によるソ連と東ヨーロッパの反体制派の受け入れ、ベトナム戦争の泥沼化を経て、アメリカによる外交政策において斬新で道徳的な発言が自由主義的な方向に転換したことによって引き起こされたのは確かである。もちろん、西側の論者の目がもっとも無視しやすいのは、重大だが軽視しやすい植民地主義の公式な終結とポスト植民地国家の危機である。通常、人権をめぐるこのような社会運動や公けの発言の起源に対する最良の解釈は、国家、国際主義にもとづく他のユートピアが破綻したということである。これら一連の信条は、自由な生活を約束したにもかかわらず、血の海に繋がった。あるいは、人びとを君主制と資本家から解放しようとしたが、明るい希望ではなく、突然暗黒の悲劇に向かわせた。この環境の下で、私権をめぐる国際主義のうねりが巻き起こった。人権は、イデオロギーによる裏切りと政治崩壊の時代の下での完璧な代替概念として定義されるようになった。それ以来「人権」という言葉は、英語でよく使われる用語になった。人権が今日のように定義されれはじめたのは、これほどに遅ればせながらのことである。

教会史研究を放棄するのは追悼ミサを行うためではない。私がこの本を書いたのは、現代の人権運動に強い興味をもち、感嘆したからである。これはヨーロッパ人にとってここ数十年来もっともエキサイティングな大衆的ユートピアである。今日のユートピア信者にとって、これはすべてが始まった場所に違いない。しかし、とりわけ人権の強い魅力を感じることができる人びとにとって、人権は、常識が想定しているような永続的な必然性と道徳的自明性をもつものではなく、つねに全人類の事業として扱われなければならない。ユートピアの理想が危機に瀕するなかで、人権がどのように世界に降り注ぐかをよく理解することは、人権の歴史的起源を明らかにするだけでなく、現代における人権をめぐる状況をより明白に示すことでもある。以前の、魅力的なユートピアが破綻し、凋落したとき、人権があらわれた代価は非常に高いものなのだから。

そして、何よりも今日における人権の見通しと未来における将来性を直視するためには、人権の本当の歴史を理解することが重要である。もしも、人権が本当に多くの永続的な価値を内包しているのなら、同様に重要なのは人権がいつ、どのようにして、より美しい、より人間的な世界に対する広範で強大な渇望を形成したのかをより公正に理解することが必要である。なぜなら、理想主義における変化は、世界そのものに対する変化よりもはるかに多いからである。人権が、最後のユートピアとして先行者やライバルたちが次つぎと薙《な》ぎ倒されるなかにあって姿を表すにつれ、人権運動は試練に直面した。人権運動は、その誕生から壮大な政治的使命の代替選択肢であり、政治に対する道徳的批判でもあるが、人権は、自由、アイデンティティ、繁栄の実現に世界的な枠組みを提供する壮大な政治的使命を負わざるを得ない。人権は、ゆっくりと、しかし、確実に過激主義から勝ち取った勝利を引き受けることを余儀なくされている。

この現代的ジレンマには、正々堂々と立ち向かわなければならない。しかし、人権の起源を称える歴史は、それに役立つことはない。今日において強力なものが、検証を経て長期的に存在し、かつその存在が避けられないことが証明されることはめったにない。明らかに人権運動はその一員ではない。しかし、これは人権が遅ればせながら訪れる世界とは極めて異なる今の世界で、人権が重要であるならば、保存されるべき遺産というよりも——捨てられるまで——再構築されなければならない発明であるというのが適切だろう。人権が提示するインスピレーションとそれが直面する挑戦に鑑みて、それがどのようにより美しい世界をもたらすことができるのかは明らかではない。欠陥が発見されれば、人権がかつてのユートピアの残骸から顔を出してきたように、未来に別のユートピアが台頭するかどうかもわからない。人権は、生まれながらに最後のユートピアだが、ある日、別のユートピアがあらわれるかもしれない。

第一章　人権以前の人道

ホルヘ・ルイス・ボルヘスは、フランツ・カフカと文学史の関係を記した名作で、「作家たちは、自分にとっての先駆者を創り出す」、「彼の作品によって、私たちは過去に対する構想を修正すると同様に、彼の作品はまた未来を変えるのだろう」と記している。[*1] ボルヘスは、ギリシャの哲学者ゼノンにまで遡り、有名かどうかを問わず数世紀にわたるあらゆる作品を吟味した。その上で、彼は、我われにカフカの文体上の工夫や、一見してユニークに見えるこだわりまで示してくれた。しかし、文体上の工夫にしろ、一見ユニークに見えるこだわりにしろ、すべてはカフカが生まれる前から存在していたものだった。ボルヘスは「私がまちがっていなければ、私が構想した多種多様な文体は、カフカのような文体である。さらに、それらすべての文体が互いに似ているわけではない」と説明した。それでは、我われは、どのように早い時代の作品を解釈するべきだろうか？　初期の作家たちは、カフカではなく、彼ら自身であろうとした。そして、これらの「源」は、カフカを表すには不充分であり、カフカが出現しなければ、誰もがこれらの源をカフカの先取りとみなさなかっただろう。そこで、我われはボルヘスが発した「カフカの前兆」から「カフカという先駆者は存在しない」ということを読み取ることができる。過去の時代のできごとが、その後の時代で発生した世間を揺るがすできごとのために行われた準備だと理解することは、できごとの本質を歪曲している。このような理解の仕方では、過去は、「未来で必ず起こるだろう」ということになり、過去から遠く離れた今の時代で起きた世間を揺るがすできごとも、それほど影響があるものして捉えられないのである。国境を越えた社会運動の信条を定めるグローバルな政治的規範である現代の人権についても同じことがいえる。

一九四〇年代に神聖化されて以来、人権という言葉は、ここ数十年のあいだにますます頻繁に使われるようになった。これまで、人権の奥深い起源を明らかにしようとする試みが数多くなされてきた。しかし、これに挑む人びとは、ボルヘスと同様な覚悟をもっていなかった。人権の起源はあまりに非連続的で、人を絶句させる。人権の起源の歴史は、過去に由来するどころか、それを完全に置き去りにしているというのが正鵠を射ているかもしれない。ギリシャ・ローマ哲学のストア学派に始まり、中世の自然法、近世の自然権を経て、アメリカとフランスでの革命、一七七六年の合衆国独立宣言、一七八九年のフランスの人と市民の権利宣言に至る一連の歴史は、人権の起源を描くうえで、もっとも典型的な考え方である。この一連の歴史上のできごとは、人権の起源を辿る際に利用可能な「過去」である。これらの一連のできごとは人権が誕生するずっと前から存在していたにもかかわらず、のちになって、意図的に人権が誕生する前兆として構成された。このような人権の起源にかんする神話がもたらす最悪の結果は、これら人権が誕生する前兆であると考えられてきたできごとが、それらが説明しようとする歴史的展開とまったく整合性がとれなくなることである。人権を天からの授かりもの、もしくは長いあいだにわたって生み出されたものとして扱うのであれば、人びとは、人権を強力にした本当の理由を直視することはできないだろうし、これらの理由が今日においても説得力をもち続けているかどうかを検証することもできないだろう。

人権の起源を探究する試みから、多くの人びとを困惑させる産物があらわれた。そのなかに、人の目を欺くものが潜在している。近代の早い時期から、人びとは政治革命で権利を提起し、権利を擁護し続けてきたが、国家と国民を超越する叫び声を引き起こしたのは権利ではない。むしろ、権利は、国家と国民を形成するに際して、極めて重要な存在だった。権利が、最近まで一度も国家と国民の境界を乗り越えることはなかった。ハンナ・アーレントは、これまで人権の歴史を詳しく論じたわけではないが、彼女の指摘は本質を捉えている。アーレントが著した『全体主義の起源』の第九章において、国家の一員という身分から与えられた「権利を享有する権利」は、依然として新しく発表された世界人権宣言のなかで列挙されているもろもろの価値観の中心である。権利を宣言するという行為が、共同体に個人が帰属することで、はじめて意味を帯びるようになると述べて、国家と国民の権利との繋がりを説明してくれた。[*2]権利は、市民がもった最初の特権である。今ではこの特権は、共同体の構成員という身分を失い、保護を受けられない「人間」にとって、権利が最後のチャンスとなるのではないかと彼女は案じたのだろう。アーレントの主張は正鵠を射ており、政治的共同体への帰属を前提とした以前の権利と、我われが目にする今日の「人権」とのあいだには、明確で根本的な違いがある。そうであればこそ、近代の革命と一九世紀の政治を支えた「権利」は、一九四〇年代に誕生し、ここ数十年のあいだに急速に拡まった「人権」とは、厳密に区別するべきである。前者は、国内における市民という身分と繋がる政治的概念で、後者は、国外の苦しみに注目する政治的信条である。もしも、前者から後者への変動が、意味と実践という二つの側面における徹底的な変化を引き起こせるのであれば、前者を後者の源とすることは、根本的な錯誤を犯していたといわざるを得ない。[*3]

確かに、一部の思想家たちは、世界人権宣言が誕生する以前、とりわけ啓蒙主義や合理主義が高潮を迎えた時代には、権利の基礎は自然的で、あるいは「人間的」なものであるべきと訴えたかもしれない。しかし、これだけ権利の自然的基礎を強調した時代の通説でさえも、権利が付与されるためにはまず市民的空間を構築しなければならず、権利が保護されるにはこの空間を頼りにしなければならないと考えられていた。このような空間は、すでに確立された権利を否定する異議を退ける役割を果たすだけでなく、この空間は、市民権の内実を争うための場でもあり、新しい権利を勝ちとるための陣地、同時に古い権利の擁護のための戦場でもあった。これに対して、一九四五年以降の人権は、発明された時点ではもちろん――おそらくは誕生した以降も――自らと合致する公共空間を確立してこなかった。そうであれば、人権史における中心的なできごとは、権利を国民国家が成立するための基礎ではなく、外部から主権国家を批判する権利に作り変えたのである。

なぜなら、そうすることによって、通説とは全く異なる権利と普遍主義との連携にかんする解釈を生み出すことが可能になるからである。多くの論者にしてみれば、今日の人権は、深遠な歴史をもつ普遍主義的あるいは「コスモポリタン」的な信仰の現代版に過ぎない。もしも、ギリシャ人や聖書が人類は一つであると宣言したのであれば、人権の歴史のなかにギリシャ人は一席を占めなければいけない。しかし、実際には、歴史上には多くの性質が異なる普遍主義が存在していた。それぞれが、すべての人間は同じ道徳的集団に属していること、あるいは一九四八年の世界人権宣言が謳うように、同じ「家族」に属することを謳っている。そこから、これらの信仰のあいだに、人間が何を共有し、何を善とみなすのか、どのような規範に従わなければならないかをめぐる考え方が対立した。

したがって、国際的な権利にもとづく普遍主義は、長い歴史のなかであらわれた数かずの普遍主義のうちの一つひとつでしかない。そして実際に、権利と国家の長きにわたる絡み合いは、権利が極めて脆弱なコスモポリタニズムであることの証となった。歴史において権利は、道徳的な境界線が存在しない世界を想像することに助太刀しておらず、多くの場合、異なる国家と国民の競争を煽ることに従事してきた。啓蒙主義の時代以降、国家や国民をつうじて権利を追求することは、ときとして権利を呼び起こした普遍主義が困難に直面していることを意味する。一九世紀の多くの論者は、権利をつくり出すために国家が必須の条件であれば、国家の権威と権威の国内における重要性を除けば、ほかに権利の真の源たりうるものは何なのかについて関心をもっていた。

最後に、権利概念が生まれたからといって、普遍主義とのあいだで繰り広げられた対立が、ただちに終わったわけではない。現代史のなかでは、独特のグローバリズムと国際主義がずっと存在していた。しかし、個人の権利にもとづくユートピアがより良い世界への希望の唯一の合言葉となるためには、他の理想がすべて破綻しなければならなかった。権利をめぐる言説――そのなかには世界史のなかでもっとも遅れてあらわれた普遍主義を含む――が新旧の国際主義との戦いのなかで生き残り、今日の人権になった。これは人権に対する最適な理解である。このような、近年の発展のなかで、現代における信仰や実践の源は、いまだに発見されていない。残るのは古代史の範疇になる。

人権が政治の舞台にあらわれて以来、それは「人が生まれながらにして享有する権利」であると宣言されてきた。[*4] 人間が、神や動物――これらのグループのあいだの境界線はいとも簡単に超えられるが――から区別された特別な存在として定義されるようになり、人間が同じ集団の一員であるという仮定は、歴史が存在する以前から存在していた。[*5] しかし、ギリシャ哲学や一神教における普遍主義を含めた普遍主義は、人権の歴史とあまり関連がない。それには、おもに二つの理由がある。一つは、これらの普遍主義的な考え方が数千年にわたる膨大な数の教義や運動の原点になっていること。もう一つは、これらの考え方が、のちに「人権」を達成するために排除されなければならないほかの要素との関連においてのみ注目されることである。互いにまったく異なる自然的、神学的根源を拠りどころにしていたギリシャ人とユダヤ人のどちらも「正義」を必要とした。それ以来、数多くの普遍主義が生まれてきた。[*6] しかし、個々の普遍主義は、概念としてかなり特異で、残された遺産も多様である。それらの普遍主義が果たして現代の倫理の起源になりうるのかという疑念を抱かざるを得ない。世界史において重要なことは、普遍主義へ向かう挑戦のうちのどれか一つに着目することではない。なぜ、今、人権が、唯一の実行可能な普遍主義としてみなされるようになったのかを考えなければならない。[*7]
従来の物語において、現代的な概念にむかって飛躍したとして語られてきたのは、ストア学派の「コスモポリタニズム」である。[*8] ギリシャ・ローマの哲学者や詩人たちからすれば、理性が世界を支配しており、人間は、理性を共有する。そのため人間は一つの政治体を構成したのである。しかし、ストア学派のコスモポリタニズムにある程度影響されたローマ人が「人間性」という概念を創造した。[*9] しかも、ストア学派のコスモポリタニズムも最初の人間性概念も、それらの現代版とはまったく異なる含意をもっていた。ローマ文明あるいはストア学派は、極端な排他的な社会的慣習を奨励し、許容していた。外国人、女性、奴隷に対する態度や扱いからみれば、この点を容易に理解することができる。ストア学派の「コスモポリス」はすべての男性を束ねたが、それは改革的な政治的事業ではなく、人びとを社会の改善とは切り離された理性にもとづく別の世界の領域に引き込んだのだった。また、「人間性」という言葉も、世界的な道徳的改革ではなく、個人の教育上の区別の理想を意味するだけだった。近代になってはじめて、「ヒューマン」、「人道的」といった造語が想像されるようになった。

確かに、アーレントによれば、ローマで単純な人間性と道徳の関係が教育の領域を超えて関連をもつとすれば、それは究極的な価値どころか、重要ではないとさえいえる。「人間、あるいはhomo、言葉の本来の意味からすれば、これらの言葉は奴隷のように、ある法律や市民社会の範疇の外にある存在を表している。いずれにせよ、これらの言葉は、政治とは一切の繋がりをもたない存在を表している」とアーレントは述べている。[*10]

いうまでもなく、キリスト教はストア主義と同様に普遍主義的な性格をもっている。もしも、ある種のコスモポリタニズムを支持することと、人権を支持することが別であるなら、キリスト教の普遍主義的性質は、人権の概念的あるいは政治的可能性の論拠にはならない。キリスト教は、ヘブライの預言者たちの普遍主義にもとづいて、何世紀にもわたって独自の普遍主義を構築してきた。その創始者であるイエスとパウロは、地上に降臨せんとする神の王国という展望を示した。やがて、この宗教は、地中海沿岸に住む温順な人びとに希望を与え、コンスタンティヌス帝の改宗後には、ローマの政治的帰属概念を都市から地方に伝え、一〇〇〇年後には中世の自然法の礎となった。キリスト教を知らない人はいないが、時代や場所によってその文化的、政治的意味合いはあまりにも異なり、現代的な概念に近づくにはかなりの劇的な変革を必要とした。

結局のところ、一部の記述は、自らは多くのことを主張しているというが、その前提となる仮定は、特定の文化から普遍的な道徳への移動は容易であるということである。キリスト教がまさにその一歩を踏み出した。しかし、人びとは多くの普遍主義が過去から現在まで存在したこと、さらに存在しうることを認めれば――キリスト教のように派手に自らの普遍主義的性質を宣言したとしても――ある運動や文化が普遍主義的であるという事実だけでは、人権の前史における重要な部分とすることはできない。類似しているのは、ヨーロッパ人が故郷を離れ、今まで見たことのないアメリカ先住民に遭遇したときである。そのとき、ヨーロッパ人は自らが作り出した仮説の限界に直面しなければならなかった。しかし、古典哲学や中世の宗教の範疇を拠りどころに、海外の文化の違いを解釈したがゆえに、ヨーロッパ人は直接「人間性」の領域に立ち入ることはできなかった。現代の人権は、いまだに自らの存在を発見してくれる、クリストファー・コロンブスを待っている。*11

人権の「先駆者」を追い求めるもう一つの有望なアプローチは、先駆的で普遍主義的な実践ではなく、社会がいつ革命的な宣言や現在の権利リストに列挙されている項目のなかに包含されている価値を保護しはじめたのかに焦点を当てることである。しかし、この一連の歴史もまた、偶然性と非連続性に注目している。このアプローチは、普遍主義を年代順に並べるのではなく、現在の各権利が対応しようとしている社会的関心――ときにはそれらの保護行為が人権に包含される前に――に着目し、一つずつ追跡していくことである。このアプローチは、普遍主義との繋がりをもたず、人権の起源を考察する際に参考となる多くの史料をもたらしてくれる、非常に興味深い試みである。このような多様性を考えると、現在「人権」というパッケージが内包している数かずの懸念は、自らの歴史や他の概念と異なる年代と地理的な背景をもっていることがわかる、という基本的な経験を得ることができる。それぞれが、異なる理由や伝統によって生み出されたのであり、最終的に世界人権宣言その他の権威のある規範のリストに盛り込まれた。しかし、前述したように、カフカが革新的な作品を発表したからこそ、人びとは、過去を遡る目線のなかで他とまったく異なる文学的産物をみることができる。同様に、互いに異なる権利がなぜ一つのリストに盛り込まれ、かつ再解釈され、さらにのちに「人権」の一部とされたのかという経緯を説明することはできない。現代の宣言において、当初からこのような人権の一部になった権利を求めてはいなかった。

いくつかの事例は、この事実を証明してくれている。所有権を規定する法律は、一度も自らを人間性の上に位置づけられたことはないが、所有権は世界史上もっとも頻繁に主張され、かつもっとも強固な権利である。このことに驚く人はいないだろう。ローマ法以後、様ざまな呼び名をもつ自由、特権、免除権、特権を保証する古い封建的な協定が、所有権の神聖さを支えてきた。初期の資本主義の前提条件を保護する新しい法律は、財産権の定義と保護に重きをおいている。[*12] しかし、このような保護の起源、およびそれを遂行するために発展してきた手段は、現代的な権利の歴史とは繋がりの薄い背景の一部に過ぎなかった。

皮肉なことに、ときおり斬新すぎるがゆえに無視された社会的保護に内在している価値は、財産の保護におけるそれとは同じくらい古い。この両者のどちらも、身体的侵害から免れる権利や今ではおなじみの刑事手続に対する権利（拷問に対する権利を含む）などに内在する価値よりも古いものである。人権が爆発的に普及した一九七〇年代では、政治的権利や市民的権利が中心だったのに対して、社会的・経済的権利は「第二世代」の原則とみなされてきた。しかし、市民的・政治的保護とは異なって、不平等や社会的、経済的剥奪に対する懸念は、聖書さらにその他の世界中の古い時代の文書に記されている。中世のヨーロッパでは、「権利」に対して興味深い説明があらわれた。むろん、この権利は、個人が享有し、法律によって保障された現代的意味の市民権ではなく、その時代の文脈を根拠とした、必要なときに剝奪するための権利である。[*13] 私有財産の保護を中心に据えたように、フランス革命およびそれ以降の権利史は、絶えず社会的保護に関心をもっていた。

人権のリストにおいて、国家による侵害を許さない信仰の自由は、自らの遺産を現代の人権基準に遺した。この概念が指し示す源はもっとも新逸かつ最近のものである。もともと、プロテスタントの信仰は、外在的身体と「自由な」内的な信仰の場のあいだに楔を打ち込んだ。この革新的な信仰は、宗教改革の血なまぐさい余波のなかで議論の対象にならなかった。さらに、この信仰は、複数の教派を受け入れるだけでなく、国家を君主が信仰する宗教に統一するという提案へと繋がった。興味深いのは、オランダ人のフーゴー・グロティウスやイギリス人のトマス・ホッブズのような一七世紀の自然権思想家たちは、国家の自己保存を最優先事項とみなし、宗教的多元主義の受容は極端な危険をもたらすと考えていたことである。逆に、寛容の価値は、当初から権利とまったく関係のない宗教にかんする議論のなかで提唱された。寛容という価値が依拠しているのはキリスト教の各派の共存であって、宗教を個人の権利にするという世俗的な提案は念頭になかった。しかし、最終的に信仰は政治から引き離され、保護を受ける内的な議論の場になった。これは信教の自由、信条の自由、さらに言論と出版の自由の源になった。精神的自由を強調するプロテスタントの教義は、ルター派やカルヴァン派の援護のもとで、宗教の国家や社会に対する支配力の破壊ではなく、キリスト教の根本に立ち戻ることを意図していた。しかし、キリスト教の精神に対する国家の支配的権威をめぐる競争に歯止めをかけることは、結局、国家の介入を許さない領域への希求という、極めて現代的な志の形成に繋がった。[*14]

しかし、もう一つの権利が保護するべき本質的に他とは異なる特定の価値の源泉がある。長年にわたる、理論化されてこなかったコモン・ローと大陸法の伝統である。革命の時代よりも以前の数世紀のあいだ、財産の保護だけではなく、今日からすればありきたりのような人身の保護が宣言された。コモン・ローの発展、さらにのちの啓蒙主義の時代における改革主義とともに、主に刑事手続の保障が推進された。具体的には暴力的な捜査から免れること、事後法の禁止、人身保護令状の利用、陪審を利用することなどである。しかし、これらの権利は、すべてのイギリス人（男性のみ）ではなく、「自由人」だけが享有している。起源と意味の視点からすれば、刑事手続から保護を受ける権利は、のちの自然権や普遍的権利とはまったく異なるものだった。換言すれば、前述のような刑事手続から保護される権利は、単純な法的権利に留まるかもしれないが、いわゆる「旧憲法」に組み込まれ、有名な一六八九年のイギリス権利章典に記載された。しかし、イギリスの伝統から自然の規律に昇華することはできない。[*15] 王権に反対し「自由」を擁護したジョン・ウィルクスは、このように右の権利を主張したし、エドマンド・バークもまた、継承された権利と新しく発見された自然権との区別のなかに保守的な知的伝統を説明したのち、ウィルクスと同様の主張を展開した。[*16]「私は理論的には否定していないし、私の内心も実践でもそれを阻止しなかった」。バークはフランスの抽象主義を批判するときに、このように「人間の本当の権利」を強調していた。「彼らが作り上げた『自然』権を否定することは、現実に存在し、彼らの偽りの権利が完全に破壊しようとしている権利を傷つけることを意味しない」。バークからすれば、歴史的に蓄積された権利は、雑多なリストを構成したにすぎず、これらを「人間の権利」とみなすのは馬鹿げた誤りであるという。これは政治的な問題だけではない。人権の普遍化はその本当の源を見えなくしている。

今日、人権という言葉が保護する政治的価値がどのように生まれたかという歴史は、かなり複雑である。この歴史を検討することで、権利と権利のあいだにしてもあるいは権利とすべての人（最近では女性も）が同じ集団の一員であるという普遍主義的信念とは、本質的な関係が存在しないことがわかる。このことは啓蒙主義の時代にも当てはまる。憐憫の心を求めるキリスト教は新しい世俗的な服を着ることによって、「人間性」という広く知られるようになった概念に訴えかけることが可能となった。そのため、キリスト教は、まず人間性という言葉の意味を他人の痛みを感じることという一般的な意味に変化させた。この新しい同情の文化には内在する限界があったが、奴隷化や刑罰の暴力といった身体への侵害に反対する新しい規範の構築に役だったことは明らかである。[*17] しかし、人権と称されることで保護されるようになった価値観が具体化していく過程は、思想との対抗と失敗に満ちていた。人権に仕上げた現代的権利は、偶然や意図的なものではなかった。権利が保護する核心的な価値観は、体系化された理念として瞬時に爆発せず、きたる国際化を静かに待たなければならなかった。これは、探索と必然の歴史よりも、偶然、構築された歴史だという方が妥当かもしれない。

啓蒙と革命時代の普遍主義は、明らかに現代のコスモポリタニズムとある種の親和性をもっていた。しかし、この二つの時代に「人間の不滅の権利」として提唱されたものと現代の人権（実際には、革命批判から生まれたもの）は、著しく異なる政治的構想の一部に属していた。一七九七年、ヨハン・ヴォルフガング・フォン・ゲーテは「太陽が輝きをもって昇ったとき、我われは人間の権利、自由と普遍的平等の叫びを聞いたとき、自分の心が高まらなかったとあえていう者はいないだろう。人の権利はユートピアであり、それらは感動を呼び起こすものである」と感嘆を発した。[*18] しかし、ここでいう人の権利は、その後の人権とは異なるものである。ここでいう人の権利は、国民国家の構築と深く結びついている。今でこそ、国家を超越した権利が求められているが、つい最近まで、国家は権利にとって不可欠な存在であった。

非常に早い時期に、法制度は「権利」を規定していた。とりわけローマ法制度はそうだった。ヨーロッパ法のほとんどはローマ法の流れを汲んでいる。ストア学派の影響かもしれないが、ローマ法における権利は、ときに自然に根ざした概念としてみなされていた。[*19] 近代国家が誕生する以前、ローマ帝国以来の各帝国は、市民としての身分あるいは市民の範囲よりも狭い、臣民の身分とこれを前提とした権利を規定していた。帝国空間における権利は、二〇世紀まで規定され続けた。[*20] このような意味合いからすれば、帝国の領域内における権利は、現代的意味の人権よりも国家を前提とした権利に親和性があったといえる。しかし、一部の古代ローマ語はおいておくとして、自然権が全面的に提唱されたのは一七世紀以降のことである。なおかつ、それは近代国家の起源と繋がりをもつ副産物だった。最初の自然権論は、近世ヨーロッパ史における絶対主義的、拡張主義的な国家で誕生し、国家の境界を越える試みはなされなかった。自然権論の出現は、目をみはるほど重要な瞬間だった。しかし、誕生から長いあいだ、権利は国家と密接に結びついており、その結びつきが不充分と指摘されるまでは長い時間を要した。

　自然権という概念は、突然に生まれたわけではない。ホッブズが最初に自然権に言及したとき、彼はかつて自然法則を指していたのと同じ言葉である法律（ius）を使った。自然権は、ストア学派の普遍主義とキリスト教的価値観が結びつけられたのちに生まれたもので、中世に全盛期を迎えた。トマス・アクィナスの思想がもっとも名を馳せたが、自然権の思想が最初に自然法という古い言葉から生まれたとすれば、自然権が志すものやそれがもつ意味合いは自然法とは、まったく異なるものだった。現代において、自然法の復活を目指している論者は――彼らはたいていカトリック教徒だが――自然権が教義に背く反乱者たちに権利主義への道をあけたことを理由に、自然権を災難だととみなしていた。自然法は神の意思に由来し、宇宙の構造に組み込まれていると考えられており、古典的なキリスト教の普遍主義の典型的な理解だといえる。少なくともこの点からすれば、自然権を災難だと批判する者たちはまっとうである。

もし自然権が自然法にとって代わるとすれば、前者は、複数形、主観的かつ所有格になる必要がある。自然法はすべてを凌駕する規範であるのに対し、自然権は個別の項目から構成されたリストである。自然法は客観的なものであり、神が定めた自然の秩序の一部であるため、個人はそれらに従わなければならない。自然法に反する非合法な行為は contra naturam、つまり「自然に反する」とみなされてきた。しかし、自然権は、人間が享有する特権であり主観的な存在だった。自然法から自然権に変わった理由には、ここ数十年のあいだ多くの注目を集めていたが、これは、人びとは自然権が今日の人権の起源における重要性を過大評価していることに起因している。しかし、自然権論をつくり上げた人たちは決して人道主義者ではなかった。彼らは理論的原則にもとづき、基本的権利の拡大を拒否するという厳格な教義を支持した。もし、彼らの発明である自然権が何らかの先駆けとして重要であるとすれば、それは自然権が、自然権と同時代に登場した新たな強力な国家と結びついていたからである。多面にわたって、自然権の歴史とのちに誕生する人権の歴史のどちらも国家の歴史と繋がっていたが、のちの「人権」が超越しようとするのはまさに国家である。

自然権を享有する独立した個人、すなわちグロティウスやホッブズが新しい概念の担い手とみなしていた存在は、近世の国際情勢において自己の主張を強く打ち出す国家をモデルとしていた。[*21] 個人と国家の繋がりは極めて重要である。独立した個人は国家と同様に、自らを超越するような権威を嫌っていた。このため、国家間の争いと同様に、自然人もまた競争しあう国家と同じように生きるか死ぬかの戦争に直面していると想像された。権利を獲得するには普遍的な規範ではなく、戦争終結によるほかなかった。グロティウスとホッブズは、すべての人間がただ一つの道徳的教訓——自己保存の正当性――しか認めないと主張した。自己保存権はホッブズが最初に宣言し、かつ唯一認めた自然権だった。ホッブズは自然権について、「それは各人が自らの本性を守るために、すなわち自らの生命を守るために、自らの力を自らの意思で行使する自由であり、その結果、自らの判断と理性によって、もっとも適した手段であると思われるあらゆることを行うのである」と定義した[*22]。近世の国家が、自らも権威の意義はただ自国を守るだけだと認識した。国家をモデルにした、自然人にも当然にただ一つの権利――戦うこと、必要なら殺戮も許されること――しか認めなかった。国際問題で競争している国家は、対立を先送りすることしかできない。しかし、ホッブズは、国内政治は、対立する市民が国家に統治権を委譲して、はじめて平和を達成できると主張した。市民が、自らがもつ力を国家に委譲することで、国が内乱に陥ったときに明確な和解方法を提供できる。さらに、この授権にはもう一つの動機――前例のない世界中の植民地化の拡張――があった[*23]。

その後の一〇〇年間に、自然権や義務にかんする見解が豊富になり、自然権は自己保存にだけ焦点を当てるのではなく、秩序や安全以外に福祉を提供できる国家の構造にも着目した。しかし、本質への訴えがある程度より広範になった。これは自然権が個人の権利だけを中心に議論が展開されることを拒否したからである[*24]。スイスの思想家ジャン・ジャック・ビュルラマキや彼のアメリカ人の支持者といった、一八世紀の自然法学者によれば、自己保存という目的の範囲を超えた権利の可能性は、神が付与した責任という強固な教義において決められると述べている。このような責任は権利の基礎を厚くした[*25]。ジョン・ロックの有名な理論、私有財産権やその他多くのものが、このような過程を経て、自然権として確立された。しかし、自然権は着実に進歩していたが、民主主義革命の時代には、国家とその産物である権利との結びつきをさらに強化した。今では、少なくともロックは、最初の権利である自己保存やその他の多くの権利は、君主の継続的な同意が必要だと考えていた。しかし、このような重大な変化であっても、権利の剥奪は、主権や国家の完全な超越ではなく、新しい主権者や新しい国家への移行であるという事実は変わらなかった。さらに、革命の時代において、国家だけでなく現在における国民も権利の形成にかかわる坩堝《るつぼ》となった。しかし、権利と国家、国民とのあいだできあがった同盟は、のちの概念とさらに実践としての人権に反対するものだった。

換言すれば、アメリカとフランスが民主主義革命を押し進めていた時代は、二〇世紀の人権の教義の可能性を否定すると同時に、可能にすることもできたからこそ、この時代は重要だと考えられている。民主的共和制の歴史、あるいは狭義の自由主義の歴史は、人権がどのように発生したかよりも、むしろ人権がなぜ発生しなかったかについて語られている。これはまっとうな考え方である。この説明の仕方を証明してくれるものの、注目を浴びていない証拠がある。その証拠は、ナショナリズムはどのような奥深い意味で権利を定義し、さらに革命の時代における権利の軌跡を、派閥的な視点で偏狭に解釈したのかというものである。一〇〇年前、ドイツの学者ゲオルク・イェリネックは、アメリカにおける権利論（彼はアメリカの権利論の源をドイツにおける宗教改革まで遡ると考えていた）の優越的地位、さらに、一七八九年のフランスの「人間と市民の権利宣言」はアメリカの権利論を参照していると主張したことから、知識人のあいだに思わぬ論争を引き起こした。フランス人は当然のことながら、イェリネックの主張に怒りを覚えた。なぜなら、フランス人は、イェリネックが、自分たちが生まれながらにして享有する権利を奪おうとしていると考えたからである。それ以来、このような俗っぽい論争がときどきあらわれる。フランス人が革命二〇〇周年を祝っているとき、お茶目なマーガレット・サッチャーがフランスのテレビ番組でフランス人は人権を発明したのではなく、違うところから強奪した（そして、人権を捨て革命の恐怖に陥った）と発言して、外交問題を引き起こした。[26]

実際に、アメリカ人がフランス人より一足先に一七七六年七月の独立宣言、もっと正確にいえば六月の「バージニア権利宣言」で——連邦では従うことが一切なかったが——列挙された権利を叩き台にいち早く自らの政体を作り上げた。[27] 一七八九年、トーマス・ジェファーソンがパリで、ラファイエット侯爵が手がけるフランスの権利宣言の第一草案の起草に手助けをした。どうであれ、アメリカ版とフランス革命版のあいだには分かちがたい深い繋がりがある。答えはどうであれ、フランスの権利宣言は一七八九年の夏に権利に根ざした政治を新たな方向に導いたのも疑いのない事実である。パリの激論でラファイエットの草案にとって代わる草案を書き上げたフランス人司祭のエマニュエル・ジョセフ・シェイエスは、彼自身が他の革命家が一七八九年には立憲君主制に向けて歩調を揃えていたと主張した。しかし、アメリカ人の権利に対する献身は依然としてマグナ・カルタにおける貴族的な権利の伝統に遡る。マグナ・カルタは、消極的に国王が侵すべきではない特権を留保したにすぎず、権利原則を根拠に「積極」的な態度で政治体制を構築しなかった。同時期に、アレクサンダー・ハミルトンは、新国民政府の権利法案に同意する以前に書かれた『ザ・フェデラリスト・ペーパーズ』において、内容が古臭いことを理由に、権利法案と権利宣言を憲法から締め出すべきだと考えた。「権利法案の根本は君主と臣下のあいだの規定で、君主の権力を削減して、臣下がもつ特権を拡大する。さらに、君主にひき渡さなくてよい権利を留保する」。[28] もはや君主は既に存在しない、換言すれば、権利を枚挙する必要もなくなった。

もちろん、フランス人は憲法の主要な原則は、権利のリストであるべきとの決定を下した。さらに、アメリカの憲法起草者は大衆の支持を集めるために、自らが書き上げた憲法のなかに権利のリストの人びとにとってどれだけ自明だったのかにかかわらず、これらのできごとは一八世紀後半に「人間の権利」という概念が急速に広まったことを示すものだった。[*29]「アメリカ人は先の革命で典型的に自然権を主張していたが、一七八九年まで、彼らが少しずつ自然主義を用いずに主張を構築していた」。トマス・ペインが『人権』（一七九一年）で英米の共和主義者のためにフランス革命を擁護したあと、人間の権利という新しい言葉が内包している価値を大西洋世界のなか、さらにその外にも拡げた。しかし、ペインが著作で"droits de l'homme"を「人権」と訳したのは偶然であり、この訳語は一世紀半後のように流行することはなかった。

この激動の時代において、権利の詳細な歴史はまちがいなく魅力的である。一七九三年に誕生し、フランスが最初に確立した教会法にとって代わった権利宣言は、魅力に満ちていた。なぜなら、後者が社会問題を権利として取り入れた初めての宣言だからである。革命期の権利は、国家の政治のなかで体現され、のちに誕生する人権がもつ政治的意味とはかけ離れた仕組みで結晶化されたことである。この事実は圧倒的な意味をもっている。当時（そして最近まで）のすべての権利宣言は、暗黙のうちにフランスが公表した「人と市民の権利宣言」を模倣していた。権利は、独立した論題でもなければ、対抗的なものでもない。権利はつねに政治体制が設立される瞬間に発表され、政治体制の創設を宣言するとともに、体制に内在する暴力性を正当化するものだった。[*30]人の権利は、外国人が他国の悪行を批判するためのものではなく、人民が自らを国家に組み込むという物語を語ってくれている。そのため、権利と連関しているのは市民としての身分である。そのあとの数世紀で迅速に蔓延した「主権伝染病」と権利宣言のあいだにある深い繋がりは、この一連の内容が人権の歴史とは無関係だと決めつけることはできない。実際に、両者の関係は最近に至るまでの人権史において、もっとも核心的な内容だった。この文脈に鑑みると、人権がいかに伝承され、復興されてさらに出現したのかを考察することは効率が悪い。人権がいかに革命的権利の崩壊によって生み出されたのかを考えることがもっとも効率の良い方法である。とりわけ、民主主義の時代の始まりとともに革命はその非改革的な急進主義と潜在的に暴力的な手法によって、人間の権利を構築したという事実を見落としてはいけない。端的にいえば、革命の時代における権利は、革命的な性質を帯びている。このような権利は、市民権空間の創造や改築を正当化するものであって、「人間性」を保護するためのものではなかった。

啓蒙主義の時代やそののちの革命の時代を駆け抜けた思想家たちが援用した実定法が準拠すべき原理としての権利は、ある意味、国家を超越する存在だった。しかし、権利は、国家をとおしてのみ実体化されるし、国家の上には公共問題を議論する場所がなく、ときどき国家のなかで国家の違法侵害を訴えることしかできない。しかし、権利が一旦宣言されると、その意図は、国家とは別の独立した存在になるということは自明の理ではない。例えば、今日、当たり前のように権利の役割である、主権者に対する司法的保護の制度は、権利によって直接的に生み出されたものではない。アメリカでは、基本的権利の名のもとに、立法に司法審査が行われるようになったのは、一七八九年に憲法修正第一〇条が制定された時点では、予見できなかったものである。また、初期の国家の権限には多くの制約があったことから、司法審査が行われるようになっても、訴訟の伝統が活発にはならなかった。イギリスでは、賢明な考え方と伝統が権利を保護すると考えられた。そのため、権利を宣言する必要はもはやなく、最高裁判所を設立して保護する需要もないと思われるようになった。一方、フランスでは、歴代の共和国が当初から基本としてきた憲法上の権利が、司法的手段による国家の告発の根拠として実現にたどり着くには、第二次世界大戦後まで一五〇年以上の歳月を要した[*31]。権利を主張するには、裁判所を設立してそれを守り、国家の行為を制限することが必要である。この仮定は、今では当たり前の前提だが、革命的な権利には含まれていなかった。逆に革命的権利を破棄するには、革命を含めた民主的活動が主要な方法であることに変わりはなかった。今、そのような極端な手段を用いようとする非政府組織はない。しかし、当時は、人間の権利の名の下に、革命が唯一の対応策だった。もしも、あの時代に抽象的原則が新生国家の根拠とされたのであれば、これらの原則は超えられることのできない外部の境界を正当化するに際しても重要な役割を果たしていた。自然権を根拠にしたアメリカ諸州が緩やかな連邦をつくり、自治を留保した。フランスでは、国民が民主的な中央主権的な独立主権国家を建国し、現代国民国家の模範となった。二つの例では、権利の主張は外国人あるいは人類が国家に反抗するための論拠ではなく、国家の出現に根拠を提供することが、一世紀も続いた。アメリカ各州の建国文書とは異なり、独立宣言は、ヨーロッパからの侵攻に対する対外的な主権を獲得することを主な目的としていたため、権利のリストは記載されなかった[*32]。実は、この時代から国家と国民が創造されていたが、権利は国家に従属しているため、権利自体に注目して検討する者は、ほとんどいなかった[*33]。アメリカ人が新しい国家の誕生を世界に宣言したわずか一〇年後、フランス人は、自らの革命的な権利宣言のなかで、「すべての主権は、本質的に国家に属する」と主張し、さらに「いかなる団体もいかなる個人も、国家から明確に発せられない権限を行使できない」（第三条）と規定した。あの時代におけるアメリカの民衆の団結は、血なまぐさい先住民との戦争と高い理念を頼りに形成された。フランス人にしてみれば、自らの国のアイデンティティを普遍的な道徳と同一視したのは、単にステレオタイプに忠実だったからかもしれない。フランス人が主権国家の建国を宣言すると同時に、人間が人間であるがゆえにもつ権利も宣言した。両者は、同時に行われたが何ら矛盾はないと考えていた。その結果、主権国家の憲法に示された権利は、現代的な意味での「人権」ではない、フランス革命が世界政治に遺した大きな遺産となった。

　共和制国家への移行は、帝国と君主制が標準だった国際情勢を、ただ再現したわけではないことは確かである。フランス革命は、世界秩序に大きな影響を及ぼし、一部の人びとが啓蒙主義のなかで描いた「恒久平和」の理想が手の届くところにあると考えるに至った。しかし、非フランス人代表として国民議会に参加し、突飛なドイツ人として人びとの記憶に残るアナカルシス・クローツ男爵のユートピアの展望は、国家の主権の上に立つ規則や権利ではなく、国家主権の拡散に適合した形式をとっている。[*34] 実際、一八世紀末にフランスがヨーロッパ中の敵に包囲され、国外にその火を拡げざるを得なくなったとき、「姉妹共和国」（と呼ばれる）を設立し、新しい共和国との協調をもくろんだものの、共和制は普遍的にはならなかった。イマヌエル・カントは理論的な側面で、クローツの急進主義を拒否した。[*35] その代わりに、カントは国家からなる世界において、居場所を失った個人のための庇護権を想定し、最小限の「世界市民法」を提唱した。確かにカントはストア学派のようにコスモポリタンな思想家だった。しかし、彼は、国家からなる国際秩序に満足し、完全な身体的保障を約束した今日の人権には賛成しなかった。[*36]

　その結果、一九世紀には人間の権利という心からの訴えは、国民主権の宣伝とともに不可欠な手段、必須の前提条件、さらには永続的な付随物として扱われるようになった。一九世紀に人間の権利運動があるというのなら、それは民の権利を国家の枠組みのなかで断固として確保しようとするリベラル・ナショナリズムだった。ラファイエットは、その人生を終えるときに、人間の権利をポーランドにもち込んだ。彼は、多くの近代革命支持者と同様に、「あらゆる人びとの普遍的かつ固有の権利は、主権を有する国民国家によってもっともよく保護される」ことを信じていた。[*37] もっとも象徴的な人物として、イタリアのジュゼッペ・マッツィーニは、人間の革命的な権利を高い理想であると想定した。マッツィーニは、「個人は神聖である」と主張した。彼は、自らが率いる青年イタリア党の旗の片側に「自由、平等、人間性」と書き、もう片側には「統一、独立」と記した。これは、自由と国民性が相互に不可欠であるという、大陸全体に拡がる信念と完全に合致している。実際、権利が国民の自治に完全に依存することは、マッツィーニが強く訴えたように、「個性の時代の終わり」を意味する。マッツィーニは、さらに自分に追従する同志たちに、「集団的な人間は、自分が踏みしめる大地の上では全能的な存在である」、「国民国家がなければ、どのような手段であれ、諸君は名前も声も権利も手に入れることができない」、「人民から賛同を得ることはできない」と訴えかけていた。[*38]

マッツィーニは、革命が遺した権利に内在する精神をよく理解していた。その結果、革命の行き過ぎを懸念する人びとにとっても、権利が、国家の神格化から解放されることは不可能だった。バンジャマン・コンスタン、フランソワ・ギゾー、アレクシス・ド・トクヴィルといったフランスの自由主義思想家は、人民的専制主義を懸念し、権利を、自由主義文明が国家における自由を確保するための道具の一つであると主張した。かつて人間の権利の生誕地だったフランスでは、一九世紀には政治的な言葉が放棄された。同じことがあらゆる場所で起こった。[*39] ドイツの偉大な哲学者ゲオルク・ヴィルヘルム・フリードリヒ・ヘーゲルにすれば、権利は、自由と共同体の調和をとれる国家という文脈においてのみ、言及する価値があった。[*40] 統一前後のドイツでは、各派が理念として掲げる自由主義は、大衆に宣言する際にとった戦略としてはかなり国家主義的ナショナリズムだった。普遍的な原理によって触発されたとしても、彼らはまず王侯的官僚制度を理想とする司法制度と手を結んだ。のちに、彼らは、カントの時代における温厚なコスモポリタニズムをすでに時代遅れだとみなした上で、国家的事業の絶対的権威を支持しようとした。一八四八年の革命の際にドイツ人が論じた権利は、市民という身分と結びついた市民権であり、自由の到来を願う彼らの賛歌は、排外主義的なナショナリズムの爆発と結びついていた。[*41] そこで、ドイツ人からすると権利には、細部にだけ特殊なものがあった。彼らの「国家的自由主義」は、他のあらゆる場所で権利を主張する人びとのそれと一致していた。

人の権利にとって、自らが国家と同盟を結んだことで悲劇的に降りかかった事故ではなく、権利にかんする歴史の大部分において、この同盟がまさに本質を示してくれている。革命の時代を経て、二〇世紀には集団的自決権が市民の権利に枠組みを提供するようになった。そしてこの枠組みが引き起こす共鳴は、今でも——とりわけ第二次世界大戦後の世界の脱植民地化において——響き続けている。一九世紀以降、大西洋革命の自治の約束が多くの人びとを刺激したとすれば、それらが「普遍的人権」を直接的に確保したからではない。むしろ、このような自治の要求の魅力は、フランスの場合は、専制君主制と後進的伝統からの解放、アメリカの場合は、帝国からの解放と国家の独立を促したことにあった。アーレントが理解しているように、はじめての議題が政治的境界を犠牲にしてでも深い意味をもつ市民としての身分の空間を構築することであれば、権利の坩堝としての国民国家の中心性は、極めて魅力的である。

実際、一九世紀が過ぎるにつれて権利の重要性は、低下していった。この状況をひき起こした歴史的な原因は、権利の国民国家への従属だった。換言すれば、一九世紀における国家主義、ナショナリズムの方向への転換は、権利に内在する先天的な特徴にもとづいて起こったものだった。時間の経過とともに明らかになったのは、抽象的な理念の主張ではなく、具体的な市民権の実現こそがもっとも重要であることだった。権利が、神や自然から与えられたものとして正当化されていたら、それが次第に国家主義的あるいは「実証主義的」な根拠を得られることになる。そして、あらゆるところに浸透していくようになる。人間の権利は、アーレントの言葉を借りれば、「人の権利は一九世紀におけるる政治思想の継子のようなものとして扱われ、二〇世紀にはどのリベラル政党も急進派政党も、その政策に権利が含められると考えていなかった」。もしも、自国の法律が人間の権利の要求に応えられないなら、権利が立法によって、あるいは革命的行動によって変えられることが期待された[*42]。しかし、どれだけ人間を中心に据えても、権利とは何よりもまず国家の政治的成果だった。

権利が、国家の権威としてではなく、国家による創造物として認識されるようになるのにともなって、一九世紀における「自然権の衰退」を説明する原因や理由は、ほかにもたくさんある。ジェレミー・ベンサムが、功利主義的な観点から権利をナンセンスだと批判し、バークもその抽象性を厳しく拒絶したことは、英米圏ではつねに提起されていたことだった[*43]。そして、エリー・アレヴィが鮮やかに指摘したように、功利主義的な批判が意味しているのは、人間の権利が広く世間に流布し続けることは「共和制の下で、気づかれず、重要視もされずに没落した君主の肖像がついた硬貨で商売をすることと同じである[*44]」。しかし、実証主義者のジョン・オースティンやのちの共同体主義者でヘーゲル主義者のトーマス・ヒル・グリーンが主張したように、イギリスにおいてさえ、むしろ権利を支える国家の中心性がより重要なものだった。そのためには、現代的なモデルがわかりやすい。自然主義が衰退したとしても、多くの面で、権利の集合体——民族主義的なものを含めて——の文脈は、権利と国家の政治的結びつきを拡大した。もっとも自然主義的な権利の主張でさえ、当初から国家の政治と密接に結びついていた。

自然主義の衰退にもかかわらず、人の権利を含めた権利は、現代史においてもっとも特徴のある市民権運動の合言葉であり続けた。女性はすぐに権利を主張しはじめて、労働者もそれに続いていた。ユダヤ人はフランス革命で権利を獲得したが、ヨーロッパ大陸での獲得速度は遅かった。奴隷にされた黒人が激しく権利を主張したのはハイチ革命においてだった。国家の境界が必要であることを考えれば、移民はずっと厄介な問題の種だった。移民を市民に含めるか、排除するのかが絶えず議論された。一部の論者は、動物でさえ権利を享受するべきだと主張した。これらのキャンペーンが勝利を収め、戦法に磨きをかけ、さらにのちの国家を超える闘争の準備をした。だからこそ、再評価することは魅力的だといえる。しかし、再評価することで多くのことがらが省かれ、歴史に残されたもので再形成されることで、多くの問題を惹起したことは、歴史的遺産の再構築になりかねず、事情を複雑にするだけである。結局のところ、国内政治において権利が利用可能になったという結果は、権利を国家の外に導くのではなく、国内の様ざまな構成員がその権威を主張できるようにした。市民権をめぐる争奪戦には多くの参加者がおり、それぞれが市民権の境界と意味についての解釈をもっている。このような権利の構造的な役割は、司法作用ではなく、おもに市民を動員するためのものであり、長いあいだ、権利の本質的な効用をなしてきた[*45]。そして、保守、リベラル、ラジカルの権利の訴えは――政策上の目標が異なっていても――国民国家の形態とそのなかでの市民権の意味をめぐる闘争であるという事実によって統一された。ハイチの反乱は、それ自体が権利であると同時に、奴隷解放をつうじて黒人の市民権への参加を求めたものだった。だからこそ、最近まで、ハイチ革命が脱植民地化と革命的ナショナリズムの先駆けであって、現在の普遍的人権運動の先駆けではないとみなされてきた。

もちろん、我われが近現代史の事件を選びかつ再検討し、現代の人権問題と一致する運動や事件を見出すこともできる。例えば、国内外での奴隷貿易に対する反対運動や、東のオスマン帝国と西のスペイン帝国の衰退に伴い、抑圧された人びとのためにと国境を侵犯するときに頻繁に叫ばれる介入の呼びかけなどが挙げられる。[*46] しかし、驚くべきことに、これらの歴史的事件が権利にかんする話題として扱われたことはほとんどなかった。キリスト教は、教義でトランスナショナルな団結を築き、組織されたユダヤ人も信仰のもとで団結した。両者は普遍主義的なレトリックを売りにした。[*47] しかし、より階級的な（しばしば宗教的な）人道主義は、思いやりのある援助の展開や、これらの行動に便乗する帝国主義的な態度や計画を損なうことなく正当化することができる。一九世紀後半にはじまった、条約にもとづく国境を越えた少数民族の保護は原始的ではあるが、興味深いものであり、東ヨーロッパのユダヤ人の保護に繋がった。その当時、大国が充分に賢明な統治を行うことを条件に問題を主権を欲しがる小国に押しつけた結果だった。驚くべきことに、粗末な国際的な監視の下で行われる場合でもこのような保護は、集団にもとづくものとして考えられていた。個人の権利を国際的に直接保護するというよりも、むしろ、サブ・ナショナルな市民権の保障が求められた。さらには、市民的権利を与えることに信頼性がないと思われる国家の制限をも受けることとなる。同様のモデルは、二度の世界大戦をとおして、国際連盟における権利保護の主要な形態となった。他人の権利を保護しようとするならば、保護される側の国がなければならない。[*48]

このような例とは対照的に、第二次世界大戦前、国内では個人の権利が主張されることが非常に多かった。それは、海外での「人道」の要求や後進国での少数派の保護とは異なり、このような主張が当然のように、既存の市民的空間に溶け込んだためであった。マサチューセッツの上院議員で共和党急進派のリーダーだったチャールズ・サムナーは、アメリカの南北戦争の直後に――一九四〇年代以前に英語でこのフレーズが引用されることは非常にまれだったが――「我われの戦争が意味するのは、アメリカの制度が永遠に人権に捧げられることである。独立宣言が単なる約束ではなく生きた現実である」と発言した。[*49] 国内での闘争は、権利の原則と主権的基盤のあいだの繋がりを断絶させるのではなく、むしろ強化するものであり、革命のように暴力的な形をとることもあり得た。

新しい集団が権利を享受するための闘争、あるいは新しい権利のための闘争はすべて、もっとも重要な部分を明確に示してくれる。その典型例は、オリンプ・ド・グージュの『女性と市民の権利宣言』やメアリー・ウルストンクラフトの『女性の権利の擁護』など、女性を人間の範疇に含めることや、政治への参加を訴えた革命時代の主張である。そして、その後半世紀を経てまとまりをみせはじめた女性運動は、権利を活動の中心に据えた。最初に議題となったのは参政権だった。ウルストンクラフト以来、フェミニズムの主張がもっと広範なものとなった。しかし、第一次世界大戦後、女性たちが英米圏で選挙権を獲得すると、社会的権利と女性の市民権といったより深い条件が社会運動を左右するようになった。生殖と育児における女性固有の役割を考えると、前衛的な批評家たちは、国家は選挙への参加という形をとおして女性を受け入れる以外にも、女性たちが頼れる地域構造改革にも取り組まなければならないと主張した。しかし、このような要求は、市民権獲得の前提を深化させたが、市民としての身分の境界が自動的に拡大することを意味するものではなかった。

権利の行使と市民としての身分の定義の関係は、社会的権利をめぐる運動を支えてきた。なぜなら、このような権利は、まずフランス革命とそれ以降の時代において、明確に主張されてきた権利だからである。長いあいだ、このような保護はとくに労働者の権利、さらに国内の闘争をつうじて求められ

当初から普遍的権利と同様に共同体の包摂を前提にしていた。[51]この政治的急進主義は、議論を「市民としての身分にもとづく社会保障のはじまり」に変え、さらに一七九三年(革命一年)の第二回「人間と市民の権利宣言」で大々的に取り上げられた。[50]フランス革命では、困窮者を働かせるための様ざまな旧体制の計画が当初から検討され、ると考えられていた。

革命後、フランスのシャルル・フーリエとイギリスのジョン・セルウォールが、自然権を労働の権利や報酬の権利に拡張しようとした。一八〇六年頃、フーリエは「我われの社会契約では、自然権の最初のものである『働く権利』を導き出すことができない」と書いた。さらに、彼は「この『自然権』という言葉は、『自由』や『平等』という奇怪な幻想のようなものを意味しているのではない。……哲学はなぜこのような哀れな生き物に冗談をいうのか」、「彼らが欲しがっているのは地役権と休暇を楽しめる働く権利である、しかし、哲学はかれらに主権を与えた」と述べて、怒りを露わにした。[52]一世代後、労働の権利という考え方は似通った装いのもとで戻ってきた。「下層階級の幸福のために、彼らの真の解放と真の進歩のために、政治的権利や無意味な主権を獲得することよりも、これらの階級に充分な報酬のある労働を保障することのほうが、はるかに大きな意味をもつのだろう」と空想的社会主義者ヴィクトル・コンシデランが語った。人民の権利のなかで、もっとも重要なものは、労働の権利である。一八四八年のフランス革命では、かの有名な国家という工房において、有用な活動を提供するために政府を組織することが大きな目標だった。[53]トマス・ハンフリー・マーシャルがその有名な論攷において強調したように、いずれの場合も、社会権の達成は、まず何よりも国家における市民としての身分に対する修正であり、国家に対する超越ではない。[54]つまり、この選択は、早期の法治国家的理想と、通常からしてやや遅れて登場する社会国家的理想のあいだにある。ドイツ人は、これは法の支配にもとづく国家から福祉にもとづく国家への移行だと考え、それらの共通前提は両者の包摂だった。

このような取り組みにもかかわらず、財産の保護は、一九世紀と近代の歴史をつうじて、理論、法律（憲法を含む）においてもっとも根強く、かつ重要な権利として主張され続けてきた。これに対する応答として、新しい包摂の条件を求める社会運動は、しばしば、新しい権利を提案するのではなく、自らを権利と対立させることを余儀なくされた。それというのも、自由市場と保守主義は、人間の権利を強力なスローガンにすることができたし、実際にそうした。戦間期の経済危機のなかで、保守派は契約の自由と社会的規制による財産規制の免除を支持するために「自然権」や「人間の権利」といった概念を論拠とした。これらの概念が、人権の発明にさきだち、半世紀以上にわたって押さえ込まれたことは、近代思想史の重要な一章といえるだろう。[*55]アメリカでは、スティーブン・フィールドのような保守的な法律家は、権利を押し進めることと、資本主義を国家の侵害から保護することを同一視する傾向が強くなっているが、絶えず自然権と神を援用した。[*56]このような同一視は、革命の時代と国連の創設における人間の権利の歴史的軌跡を中断させた。しかし、この中断はつねに権利の歴史を再構築しようとする人びとに無視された。なぜなら、この中断はあきらかに都合の悪いものであるから。しかし、権利のおもな役割は、それを求める者たちに市民としての身分の空間を確保することにあるから、道具としての権利は双方に均等の機会を与えている。自由放任主義の支持者が「人間の権利」を訴え、成功をおさめた。しかし、このことは彼らの批判者がしばしば具体的な社会福祉の名のもとに抽象物としての権利に批判をもたらした。進歩主義からの攻撃は新しい権利概念を保護するためではなく、権利概念そのものにも触れることがなかった。この意味からすれば、社会的保護のために長期的に行われた現代的な闘争は、権利が果たして前進したのかそれとも後退したのかを不明確にした。実際、フーリエやコンシデランは、労働の権利という主張は権利の形式に対する重大な挑戦であり、単なる新しい項目ではないことをはじめから示唆していた。

グリーンのような哲学者は、国家に対する消極的自由のほかに積極的自由を補充した。ロバート・ヘイルのような制度派経済学者たちは、社会的産物としての自然権を解明し、ウェスリー・ホーフェルドのような現実主義者は、自然権を神聖な形而上学の実体ではなく、体系的に授けられた権利を義務と接合させた。細部にかんして多少の差異はあるものの、彼らは自覚的に自らの主張を個人の権利の自給性、信頼性から遠ざからせた。イギリスの新自由主義、アメリカの実用主義と現実主義に追従し、イギリスの新自由主義に与《くみ》した各種の批判的な評論が、一つの広大な、時代遅れの個人主義的な抽象概念から具体的な社会福祉へと向かう進歩主義的な変動において、契約の自由を擁護する人びとが崇める個人の権利の概念を弱らせた。このような批判的な評論は、あきらかに英米圏から発せられたものである。その自由主義的な装いをみれば、すぐにわかることである。英米圏以外で、個人主義的形而上学に対する攻撃は、より激しいものだった。一九世紀が終わりを迎えたとき、つまり抽象的な国家の主権が新たな批判対象となったときに、「権利の形而上学」に対する新たな強力な反乱が社会統合と福祉の名のもとに抽象的な個人を標的にしたのである。この反乱において、もっとも興味深い主張は、フランスの社会連帯主義の理論家レオン・デュギーによるものである。彼は、個人の権利と主権国家が長期にわたって結びついていることから、両方は同時に排除されるべきだと語った。[*57] 個人の権利と主権国家の長期にわたる結合に鑑みれば、これは無理のない結論だといえる。この時点で、一方を主張したり、他方に対抗したりすることは、まだ誰も思いつかなかった。社会的統合の名において原始的個人主義を批判する傾向の前に、新しい人びとのために新しい権利をもとめる声も、しばしば道を譲らざるを得なかった。例えば、一九世紀後半にフランスのフェミニストたちは、女性の平等の要求を、権利にもとづいた、女性が当然のように得られる権益ではなく、集団的な社会的状況の改善という名目で表現した。[*58] 同様に、労働運動の歴史も、労働者の訴えも、多くの人びとの要求と同様に権利概念を絶えず批判しなければならなかった。この事実に触れずに、労働者が権利の発展に寄与したことだけを称賛することはできない。革命的権利と人権のあいだには、市民的自由という、両者とはまったく異なるもう一つの権利が存在した。境界線のある市民としての身分は、政治的権利に意味を与えた。この事実は、新しい概念である政治的権利の起源にも影響を及ぼした。一八世紀に活躍した、国家が言論や報道の特権を踏みにじることに抗議したジョン・ウィルクスの友人たちは、彼の借金を返済するために権利章典支持者協会を設立していた。しかし、市民の自由にかんする行動主義は、一九世紀後半のフランスで制度化されていた。フランスに続いて制度化がなされたのは、第一次世界大戦時のイギリス、アメリカ、ドイツだった。当時、設立された人権連盟やアメリカ自由人権協会などの組織は、確かに言論、報道、結社の自由を援用して、自由を裏切った国家と対抗した。そして、これらの組織は、革命的な打倒や抜本的な改革に代わる国家を抑制するための新しいメカニズム（アメリカでは立憲的司法を介して）を発展させることに貢献する一方で、革命の時代の権利と同様に、市民的自由のイデオロギー的権威と文化的前提を国民国家から引き出していた。これらの組織はすべて、普遍的な法律ではなく、自由にかんする国家の深い伝統に自らの主張を根付かせていた。市民的自由主義者は、同時期に様ざまな場所で芽生えており、その心情はしばしば国際主義的だった。しかし、彼らは革命の時代の権利の流れを汲み取っているため、自らの訴えを国民的価値観に限定し、その急進的な行動を本国（ヨーロッパの場合はその植民地も含まれるが）に限定させた。[59] 長いあいだ、市民的自由主義者たちは、世界中の苦しみに目を向けるよりも、むしろ自国の事態に注視していた。そのため、彼らは思想や運動としての国際的な人権を作り出せずにいた。

権利と市民としての身分の結びつきが権利の歴史の中心的な特徴であるとすれば、我われが検討しなければならないのは次のことである。つまり、権利が、なぜ、さらにいつから、国民国家というかつて権利に意義を付与した公共的な議論の場を乗り越えようとしはじめたのかである。驚くべきことに、一九世紀後半に始まった国際的な議論は、権利に意義を付与した国民的な枠組みに影響を及ぼしていなかった。

ベンサムが「インターナショナル」という言葉を使ったのは一七八〇年である。しかし、経済や規制の統合の国際化、およびその他の様ざまな国際主義的な動きは、一八五〇年以降の通信技術と運送技術革命を待たねばならなかった。革新のプロセスは、郵便連盟から警察まで、有名な国際博覧会（一八五五年）からオリンピック（一八九六年）まで、平凡なものから崇高なものまで含めていた。国際化は、国家の全面的な廃止を意味するのではない。逆に、国家が自らの力を誇示することができる以前よりも大きな舞台を提供するだけだった。実際、一九世紀後半には、新しい国際的空間の台頭は、マッツィーニの時代以降、あらゆるところで優勢となった、より排外主義的なナショナリズムの急成長と同時進行していた（のちにファシスト的な国際主義というものもあらわれた）。[60]

一九世紀後半の真新しい国際主義的領域は、確かにそれまで考えられなかった国際的な活動を可能にした。この時代から「国際主義」は、国家を前提としながらも、国家との相互依存を求める近代普遍主義として支配的な地位を占めるようになった。一八七〇年頃を境に、国際的な組織が生まれ、そのなかには新しいグローバル意識の普及を優先させるものもあらわれた。国際組織は、一八七〇年代から毎年一、二団体、一九一四年までの数十年間は毎年五団体、世界大戦のあいだには毎年一〇団体が設立された。[*61] 貴族から官僚まで、労働者から弁護士まで、国際主義は誰にでも通用するように思われることもある。しかし、誰一人として権利の概念を国際的なレベルにまで高め、ましてや権利を国家の上におき、その法制化を追求した者はいなかった。[*62] 国際平和の探求に参加したことを除けば、これはただ権利にもとづく運動に過ぎない。女性運動と同様に国際運動の形式を採用しただけで、この運動における国際主義が重視したのは技術の共有と民族運動に自信を与えることであり、グローバルな公共の議論の場を発明と改革の現場にすることではなかった。

しかし、このことは、国際的社会主義が、依然として、なぜ国際主義の拡大と権利の爆発的な拡大に結びつかなかったのか、また結びつく必要がなかったのかを理解する上で、もっとも重要な事例である。社会的な関心事を権利という形で主張することは以前から可能だったが、そうする必要がなく、慣例でもなかった。一九世紀初頭の政治的運動としての組織された社会主義が起きてから、各種の運動は典型的にユートピアに大きく傾いていた。そして、その後のマルクス主義運動がどれだけ権利を援用したのであれ、カール・マルクスが独自の普遍的でかつ持続可能な方法でよりよい世界の存在を証明してきた。そのなかで、人間の権利は解決策ではなく、むしろ難題であり続けた。労働者に対する関心が深まるにつれて、マルクスは普遍主義的な権利に疑問を発し、最終的には権利を完全に否定した。彼の初期の著作『ユダヤ人問題について』は、現代資本主義国家を批判して、権利に内在する抽象的な概念が真の自由を消し去ったと批判した。のちの形式主義的批判者と同様に、マルクスは国家と権利の結びつきを発見し、両者を攻撃したのである。もしも、彼が、あるグローバルな秩序を描いていたのであれば、それは個人の権利を超越した、共産主義的なものであるはずだった。マルクスの「科学的」社会主義の台頭は、自由主義的で権利にもとづく社会主義にとっての災難であると描きたくなるかもしれない。しかし、後者の運動は、科学的社会主義にしてみれば小さな競争相手でしかなかった。[*63] さらに、暴力的な革命ではなく、議会制民主主義の規範に従って行動することを決意した一九世紀後半の社会主義改革派でさえ、人間の権利ではなく、別の長期的なユートピアに夢を託したのだった。このことはフランス革命を崇拝した人びとと同様に、法的国際主義ではなく社会主義のユートピアを期待したドイツの「修正主義者」エドゥアルト・ベルンシュタイン、イギリスのフェビアン、そしてフランスのジャン・ジョレスらが示してくれている。[*64] のちの讃美歌である「インターナショナル」の歌詞には貧しい者の権利は空虚な言葉であると謳われている。[*65] しかし、社会主義は、権利を中心に据えることを怠ったとはいえ、国際労働者協会（第一インターナショナル、一八六四－一八七六）に始まり、第二インターナショナル（一八八九－一九一四）に至るまでの他の運動よりも、強力に政治的活動としての国際主義を推進した。現存の一九世紀後期の国際主義にかんする歴史は、完全なものではない。[*66] しかし、国際主義という言葉（とりわけ、はじめの字が大文字で書かれた場合）ともっとも繋がりをもつのは、社会主義インターナショナルである。そして、国家主権を比較的尊重する新しい自由主義の国際主義は、社会主義という恐ろしいライバルと、激しいイデオロギー闘争を繰り広げながら発展した。[*67]

幾度の挑戦にもかかわらず、社会主義者のなかでもっとも国際主義的に傾倒した、一九世紀後期の社会主義者たちでさえも――一九一四年というヨーロッパの社会主義諸政党が開戦に向けて結集するときへの道が明確に描いているように――国家と国民の引力から逃れられなかった。

彼らの例からわかるように、コスモポリタニズムを権利の至上性と国際化として定義するには、他のユートピアを諦めなければならなかった。前近代における普遍主義の多様性のように、後世の歴史は、国際主義が多様な形に変化することを示してくれるだろう。普遍主義の危機は、いかにして国際人権の条件を作り出すかにあった。しかし、現在の人権がコスモポリタニズムを唯一の可能な形態であるかのように規定するとしたら、それは人権の伝統からくるものではない。一九世紀に国際主義が誕生したときでさえ、人権は人びとの視野にはなかった。これは、知的な失敗や解読不可能な結果ではない。なぜなら、人権は国家の創造物であり、国際化がもたらした新たな国家間関係に影響されない。過去に生きていた人びとは無計画でもなければ、混乱しているわけでもなかった。彼らはのちに誕生する信念をもたず、現在の計画に着手しているわけでもない。*68 むしろ、人権は、それまでの前提を覆すような、のちの予期せぬできごとによって生み出されたものだった。そのようなできごとが、ほんの一世代前に起こった。

著名な歴史家マルク・ブロックは、「起源の偶像」と呼ばれるものを批判し、その本質を端的に物語っている。下流の大洪水は、山の雪解け水が源であると思われがちだが、実は川が増水したときには、ほかにも水源があるはずだと。その水源は目にみえない地下にあるかもしれないし、どこか別のところから流れ込んで来るのかもしれない。ブロックは、歴史学とは前因を辿ることではない、と結論づけた。時間が経つにつれて、連続性が新鮮な物事を頼っているようにいにしえの事物が新たな動機によって継続することができる。そして、人権の起源について説明されなければならないのは、持続的な流れではなく、衝撃的な大波なのである。魅惑的な神話はさておき、人権——とりわけ以前の権利概念——は古い流れを転換させた、新たなものである。それらは今までになかった状況のもとで、峻別するのは困難になり、未知なる理想の結果である。

実際、二〇世紀に入ってからも、権利と国民国家は、初期には両者が対立するべきという呼び声もあったが、総じて平穏な関係にあった。[*69] 今になって、人びとが当然のように国家とその動向を疑いの目でみていることを理解することができる。しかし、長い目でみれば、国家を超えた権利の探求は、具体的な国家、さらには君主制が長いあいだ何らかの形で提供してきた包括的な市民の空間を失わせるという、相当な代償を払うことになったかもしれない。第二次世界大戦後、アーレントは、以前の歴史と同様に人の抽象的な裸体のなかに、神聖なるものを失い続けるように「人権」という新しい概念も、比較できるものを想定せず、そのため、人権と比較できるものもないと指摘した。[*70] 以前の権利と別れを告げなければ、人権は無意味なものであり、逆効果にさえなりかねない。

アーレントがこのように記していたのは、第二次世界大戦後、国民国家の上に権利を位置づけようとする人びとが本当に存在したことを示してくれている。しかし厄介なのは、世界の大半、とりわけ植民地世界が、国民国家——発明者であるヨーロッパ人は破滅に近づいているが——という政治形態を必要としたのである。一九四〇年代に人権という言葉は英語において、新たな潜在的意義をもつようになったが、一九四〇年代は「人権」の時代にはならなかった。その数十年後、この言葉が大衆の意識に浸透したとき、人権は、国民国家を求める近代的な探求に火をつけたある種の政治的空想主義によって触発されたのではなく、政治が道徳にとって代わるという試みによるのだった。そのため、権利の断裂した歴史を明らかにするために注目しなければならないことは、国家政治のグローバルな道徳への転換である。なぜなら、後者が今日の希望を定義したのだから。

第二章　誕生が死を意味する

一九四〇年代に「人権」という英語は、あっさりとあらわれたわけでも、いわんや偶然にあらわれたわけでもなかった。当初、この人権という言葉には、これまでとはまったく異なる、明るい未来に向けた新たな願いが込められていた。この願いは、ヒトラーによる邪悪で独裁的な秩序に対抗する戦いのために生み出された、激しい戦争の最中でも、あるいは終戦直後においても、戦後の社会生活に対する願い――社会における個人の自由がこれまで以上に尊重される民主的な社会――という約束を果たすための願いだと考えられていた。しかし、依然として人権をより良い生活を保障することをめざした国民国家の枠組を超越する出発点だと認識する者、人権は、戦後社会のすべての原則を表現する方法なのか、それとものちに現実のものとなるものの、世界中に拡まって当時の国民国家を変容させる願望となるものだと認識する者は、世界人権宣言が交渉の最中にあった一九四八年でさえ稀だった。なぜだろうか？

人権の台頭は、戦争の初期すなわち一九四一年に採択された大西洋憲章における民族自決権にとって代わったからである。しかし、まもなく人びとは、同盟が、戦後の国際組織の原則を君主制国家の統治と完全一致させる基本原則であることを思い知らされた。人権発祥の地である北大西洋諸国にしても、あるいはラテン・アメリカ諸国、オーストラリアをはじめとする南太平洋諸国にしても蚊帳《かや》の外で、人権がその芽を見せたわけではなかった。人権は、当初はある意味あいまいな民主的社会の同義語として、一体どのような主義——どのような民主主義、どのような福利主義、それとも全面的な社会主義なのか——をもたらすのかという本質的な問題提起に回答できずにいた。しかし、一九四七年から一九四八年にかけて冷戦構造が少しずつ鮮明になっていくなかで、西側陣営は、権利という言葉を奪取することに成功し、この言葉を用いてソ連に立ち向かった。最終的に、権利の主だった推進者たちはヨーロッパ大陸での保守主義者になった。人権が一九四〇年代の半ばに新たな選択肢となることができず、冷戦における陣営選びの新たな手段にすぎなかったことが、はやくから証明された。どの視点からしても、人権が、国連に結集した諸国が構築した世界との決裂を意味しなかったのである。

広範囲にわたって知られるようになった神話は、一九四〇年代は、ポスト冷戦時代の予行演習だと考えられていることである。ポスト冷戦時代では、人権は、確かに国民国家を超越する法の支配という意味が濃厚になった。しかし、この神話にミスリードされずにいれば、一九四〇年代とは、どういう時代だったのだろうか？　もしも、一九四〇年代の歴史が正確に記述され、さらに分析が続けられるとしたら、人権の現代における意味合いと、その中心的な地位はこれまで通説とされてきた理由とはまったく異なる理由で再構築されるのだろうか？　核心的な結論は、以下のように、つまり、魅力があるかどうかを問わず、人びとが誤って理解しているような、第二次世界大戦とその結果を人権の主な源として解釈することがまちがっている。実際に人権は、世界中の人びとが渇望した集団的自決権の代替案である。そのため、帝国の臣民が人権を一種の慰めとしてみなすのはまっとうなことである。ただ、北アメリカ、ヨーロッパ大陸とラテン・アメリカ諸国、オーストラリアをはじめとする南太平洋諸国からすれば、我われはある特定の枠組で人権の起源を考えるべきである。この枠組が解釈しているのは、人権は、世界に対する崇高な宣言ではなく、その時どきに位置づけられた、全体的には辺縁的な地位である。

国連の創設過程は、我われの焦点になるに違いない。なぜなら、一九七〇年代の人権は、地域主義と同様に、自らの秩序にしか関心をもたない考え方であり、独立した意義を欠いている。しかし、人権を最初から辺縁に追いやったことに責任を負わなければならない機構である国連が成立したことは、事実上、その後の時代を研究する歴史家たちが見せようとする光景とはまったく異なっている。一九四四年に産声《うぶごえ》をあげた連合国による合意、すなわちダンバートン・オークス提案が戦後に創設される国際組織の概要を記した。しかし、いうまでもなく、人権という新たな概念を含めた戦時中の言説が、その真の意図を隠蔽している。多種多様な個人や団体による運動は、一九四五年のサンフランシスコ会議において最高潮を迎えた。象徴的な妥協、つまり人権を改めて国連憲章に書き入れることこそ果たせたものの、歴史を変えるという意図は、惨憺たる失敗に終わった。大国が戦時に決定を下す際にとる現実的な態度に鑑みれば、戦後の人権の歴史は概念の復興の歴史ではなく、むしろ人権という用語を再定義する歴史だった。我われは、前者を無視して後者の重要性をむやみに誇張するべきではない。[*1]

もしも、もう一つの、人びとが知る観点があるとすれば、それは、二つの理解こそできるが実践することができない策略によるものである。第一の戦略は、つねに——極端なかたちで——ダンバートン・オークス提案に反対する運動の効果を強調すること。第二の戦略は、冷戦による障壁があらわれたにもかかわらず、世界人権宣言につうじるように、さらに人びとが歩むことができる道を拓くことである。しかし、この流動性の高い歴史は、他の一連の歴史にとって代わられるべきである。他の一連の歴史において、以前の事実が自らの歴史的地位を失わないものの、範囲が広範でシナリオが理解しにくい、各側面がもっと暗い物語のなかでの、異なる段階に矮小化されたのである。人びとがよく注目する、いまでは広く知られるようになった世界人権宣言の起草過程は、強力で広範な歴史の力と分離することができない。しかし、この力による宣言は起草時には無用だった。確かに、過去にとらわれて人権を見つめれば、かならず核心的な要点を見落としてしまう。その見落とされる要点とは、人権概念が、未来のグローバルな秩序にかんする議論が苛烈になる時代に辺縁的な地位にあったこと、さらに失敗したことである。人権という言葉は、戦時中、さらに世界人権宣言、ヨーロッパ人権条約(一九五〇年)に浸透したが、宣言も、条約もただその時代の副産品にすぎず、もっとも重要な産物ではなかった。冷戦構造下の政治で人権が辺縁に追いやられる以前から、人権は、戦後の舞台の隅に立たされていた。黎明期の非政府組織指導者だったモーゼス・モスコウィッツが適切に指摘しているように、人権は、その誕生の過程ですでに死んだのである。[*2]

強いて一九四〇年代の人権に注目することは当然できる。そうするのは人権がその時代に重要だったからではない。注目することによって、我われは人権がなぜその時代に流行せず、逆に数十年が過ぎ去ったあとで広く知られるようになったのかを明らかにしてくれる、有効な見解を得ることができるからである。理解しなければならないのは、人権が当時において一体どういう存在だったのかではなく、人権がなれなかったのはどういうものなのかということである。人権は、ホロコーストに対する応答でもなければ、いかに惨憺たる虐殺を防ぐのかにも注目していなかった。人権は、あまり自らと現代国家の主権原則とは隔たりがあることを強調しない。総じていえば、あの時代の人権は目立つ概念ではなかった。あの時代における人権は、のちになって広範な民意に支えられている訴えではなかった。広範な民意に支えられた訴えとは異なって、その時代の人権は、国際組織と緊密に結びつけられ、広範な民意に支えられた訴えではなかった。さらに、人権はいかなる運動も誘発しなかった。一九四〇年代の人権を分析するとき、他と比較してもっとも有用な方法は、人権がなぜその時代に役立たなかったのかを考え、さらにこれを叩き台に三〇年後のイデオロギー環境と比較することである。なぜ三〇年後と比較するのかといえば、その時代に人権がやっと自らの時代を迎えたからである。

もしも、戦争末期と戦後に権利が単なる社会の民主的合意を示す方法に過ぎなかったのであれば、ときが経つにつれて、人権は、西ヨーロッパの保守主義者たちに自らのアイデンティティを発信する新たな道具を提供するようになったはずである。

しかし、戦時の希望を全世界に拡めたアメリカは、人権から身を引き、西ヨーロッパに人権を育むことを任せた。西ヨーロッパにおいてさえ――とりわけ西ヨーロッパにおいて――国内政治の議論の中心は、いかに国内で社会的自由を作り出すかにあった。ヨーロッパの保守主義者が敏感にその当時あまり注目されていなかった人権を摑んだ。数年後、人権概念が積み重ねた意義がこれほど地政学的、イデオロギー的偏見――イデオロギー的偏見にはキリスト教と冷戦構造とにかかわっていた――に満ちてしまった。それゆえ、人権が将来異なる装いで復活できるのかどうかについて、人びとを困惑させた。それゆえ長い戦後の時代に、人権は実現を待ち望む約束ではなく、始めはあいまいに、次いで保守派に偏り過ぎたユートピアだった。それゆえ、人権は当時において重要ではなかった。世界に想像を促すのであれば、人権は新たなイデオロギー環境で自らを再定義しなければならなかった。

戦争は、兵士と武器で相手に刃を向ける、と同時に言葉も駆使するものである。しかし、人権は、最初に使われた言葉ではなかった。人権があらわれたのは、最初の言葉の一部の側面が具体的、一部の側面があまりにも具体的過ぎたという理由からである。初めは言葉にはこのような不充分な部分があるからである。アメリカが戦争に干渉するかどうかを検討する際に参考にする基準である、四大自由はルーズベルトが一九四一年一月に行った一般教書演説に遡ることができる。さらに、この演説においてルーズベルトは「新秩序」を提案した。イギリスから発された宣言では、この新秩序とはまったく異なる願望が打ち出されていた。[*3] ルーズベルトが提案した自由は、言論、信教、貧困・恐怖から免れる自由から成り立っている。最後の自由は、軍縮による平和だと定義されている。これらの自由を保障する世界にかんして、ルーズベルトが「独裁者が爆弾の爆発で作り出そうとするいわゆる新秩序の暴政とは違う。この悪政の新秩序に対して我われは、極めて偉大な概念で対抗する。つまり、道徳的な秩序である。……自由が意味するのは、人権がいかなる場所でも至高な存在であることである」と宣言し、彼がいうところの新秩序を説明している。一九四一年八月、ルーズベルトがチャーチルとニュー・ファンドランドの海で会談を行ったとき（数か月後に真珠湾攻撃が起きるが）アメリカがヨーロッパの戦争に参戦するか否かはいまだに結論が出ず、ルーズベルトは国際主義の圧力を撥ねつけ、チャーチルの国際連盟を再建するという提案を拒否した。しかし、ルーズベルトは、大西洋憲章においてヒトラーと対抗する人びとが共有する原則として、貧困と恐怖から免れる自由を盛り込んだ。軍事と経済領域の圧力は当然、注目されなければならなかった。船上会議でもっとも注目すべき点は、宗教についてである。ある論者は、この文言は、人権を暗示するものではなく、キリスト教戦士を賛美する讃美歌だと主張した。この対立は、ドイツ対イギリス・アメリカのあいだの深刻な対立を示してくれている。しかし、宣伝活動の一環としての大西洋憲章はその主要な役割を果たせられなかった。つまり、アメリカの更なる介入を促すことができなかった。アメリカを戦争に介入させたのは、日本による真珠湾攻撃で、ルーズベルトの言葉ではなかった。[*4]

チャーチルが再び西へと渡り、ホワイト・ハウスで冬の休日を過ごしたのちに、いわゆるアルカディア会談に臨んだとき、人権が人心を鼓舞する政治的フレーズとして世界史に名を刻むものとなった。以前のルーズベルトの一般教書演説のように、人権は静かに表舞台にあらわれ、何ら、衝撃を引き起こすことはなかった。人びとは、驚きを隠せなかった。それというのも、人権が、なぜそのときに、そのような方法で表舞台にあらわれたのかを説明する根拠がどこにも見当たらなかったからである。そもそも根拠探しという行為自体が、誤った仮説を前提として行われた。つまり、人びとは、これほど重要なことがらがいきなり歴史にあらわれるのは不可能だという仮説の上で、その根拠を探していた。ホワイト・ハウスが一九四二年一月一日に発表した、連合国共同宣言の草稿において、人権という言葉は、大西洋憲章で結ばれた約束を詳細に演繹するように使われた。しかし、人権概念が四大自由を含める、あるいは先導するのではなく、依然としてそれに依存しているようにみえる。連合国共同宣言が高らかに「敵対国に完全勝利することは、生命、自由、独立と信教の自由やその他の各国の人権と正義を保護することに資することを信じている」と宣明した。人権が、まずは戦いのスローガンとして、なぜ連合国がいま野蛮で残虐な力で世界を征服しようとする勢力と戦わなければならないかということに合理的な解釈を与えた。[*5] しかし、このスローガンが何を意味するのかを説明できる者はいなかった。
明らかにルーズベルトが、人権という言葉を宣言の最終草案に盛り込んだものの、彼はこの言葉に真新しい意味を与えるつもりはなかったように思える。人権は、こうして世界政治のイデオロギーと政治的文言の一部となった。この過程は、劇的な要素がなければ、合法性にかんする論証も経ていない。どう解釈するべきだろうか？　まず、人権という言葉が完全に新鮮な概念ではないという事実を知っておくべきである。人権が昔から乱用されていた事実はおいておくとしても、現存するすべての情報からすれば、人権が英語で初めて発せられたのは一九三三年で、ヒトラーの政権強奪に抗議するだけでなく、ニュー・ディール政策を支持するためだった。その歳月のなかで、アメリカでは、一つのみならず二つの〝人権同盟〟が創設され、それぞれに目標をもっていた。しかし、これらの意図は、やがて人数こそ少ないが、人びとが人権に注目したとき、人権同盟が政治的スペクトルの両端で相手に遭遇した。ハーバート・フーヴァーが、人の権利に、規制を受けない市場を保護するという新たな意義づけを与えた。彼は、一九三四年にルーズベルトのニュー・ディール政策が人権に影響を受けたと批判した。それと同時に、社会主義者もルーズベルトが資本主義を存続させようとしたこと、労働者の人権を踏みにじり、国民のあいだに楔を打ち込んだと批判した。人権は最初から、目的によって意義づけが変わる概念だった。そのため、各派は、懸命に人権に他派とは異なる意義づけを与えようとした。それゆえ人権は、何らかの固有の内実をもっていなかった。[*6]
それにもかかわらず、一九三〇年代後期から、戦前の人権の意味をめぐる論争にある種の共通理解があらわれはじめていた。それは、人権が全体主義に反対することだった。この概念は、一九三七年に教皇ピウス一一世がおおかたの人びとには無視された回勅に記されていた。ピウス一一世が発したかの有名な「深き憂慮に満たされて（Mit brennender Sorge）」において、「人が個人として」ナチスの宗教迫害を批判し、「神から与えられた権利を有し、これらの権利は一つの集合体としてすべての、自らを否定、排除、無視する物事を超越する」と訴えた。静観と同盟探しの時期を過ごしたあと、教皇は自らの旅路の果てに、ようやく独裁主義体制がキリスト教に敵意をもつことに気づいた。同年、ピウス一一世がまたもや、共産主義者と異教徒に反対する回勅のなかで、キリスト教の信仰や教会が付与した自由に罠を仕掛け、神聖な人権を破壊することに手段を厭わず、ただ全人類を破滅に陥れる輩を批判した。一九三九年にピウス一一世は亡くなる間際に、アメリカ・カトリック大学創立百周年を記念して以下のように記していた。「キリスト教の教えが人びとに人権と自由を追求する意義を与えた、なぜならキリスト教が独力で人格と価値と尊厳を付与したからである」[*7]。

そののち一九三九年に、卓越したリベラル派のジョン・ライアン神父とノートルダム大学のチャールズ・ミルトナが――短命に終わったが――キリスト教人権委員会を結成して、「人権の声」という機関紙で絶えず声をあげて、ラジオ説教を行っていたチャールズ・カフリン神父とアメリカ・カトリック教会の人種主義の横行に対抗した。この機関紙において、テキサス州アマリロのロベルト・ルシー司祭が一九四〇年に「全世界で数百万の市民は、権利が侵害されない人だとみなされなくなった。彼らはチンピラ政府が弄ぶ対象にすぎず……自然法が人権をすべての人類に付与することを要求している」[*8]と不満を露わにした。一九四一年になって、ニューヨーク・タイムズで、ヨーロッパの時事問題をとり上げる有名な記者でカトリック信徒のアン・オヘア・マコーミック記者が頻繁に、ヒトラーとナチスを人権に対する脅威だと指摘した。「新たな政治的概念が勃興している」、彼女はヒトラーが一九四一年の冬期祭典の開幕式での演説を報道するとき以下のように記した。「服従は、その犠牲者を戦前の呑気に自由な生活を謳歌できなくするばかりでなく、人権よりも国家の権益を優先し、真の安全を保障するよりも人工の領土を保全するような国家指導者に対して、より批判的にする」[*9]。

一九四二年一月の時点で、とりわけ国家が反してはならない原則を表すときに、人権は、明確に定義されるべきものと考えられた。ルーズベルトは、明らかに人権を国家が戦争に向かう際の準則として利用したものの、ルーズベルトは人権をスローガンに留め、概念的にも政治的にも、人権が国際秩序の再建において果たす役割に踏み込まなかった。一九四二年一月の時点で、絶対的な全体主義を引きずり下ろすために一時的に干渉するような正常な利害関係に反対する国際秩序に人権を利用しようという主張は、見受けられない。長い目でみれば、いかに現代的経済環境の下で自由を社会化するために、人権が長期にわたって恒常的に介入すべきかというヒントになる主張はなかった。人権は、熟慮された概念ではなく、むしろさりげない台詞《せりふ》として歴史に登場した。それにもかかわらず、ルーズベルトによって、さりげなく人権の地位が向上した結果、人権は、中身に乏しいわりに様ざまな異なる発想を満載することになった。

人権の意義にかんする論争は、他の諸もろのことがらよりも戦争の成り行き次第だった。さらに、人権の様ざまな定義があいまいな援用の仕方によって自らの存在を高めたことが、戦後すぐに人権の前史を研究する歴史学者の注目の的となった。無論、人権が戦時下にどのように用いられたのか――多くの場合はルーズベルトの気ままな言葉に由来するが――を調べることには、一定の価値がある。しかし、肝に銘じなければならないのは、数十年来、アメリカの外交史を叙述するのに、人権は不必要だったということである。第二次世界大戦の最中の人権の拡がりを探ることは、人びとが過去を振り返るときに取る方法である。しかし、それによって事実の本当の姿をあいまいにしやすい。一九四二年の上半期、副大統領のヘンリー・ウォレスといった高官は、経済の再建こそ、戦争の未来における希望だと訴え、なかんずく四大自由を強調した[*10]。国際的な視点で、かつ、ウィリアム・ベヴァリッジが戦後の就労保障、高い生活水準を主張した報告を発表したあと、人権は以前よりも、連合国の指導者たちによる戦時下の核心的な公約、つまりある種の民主的社会の同義語になりはじめた。この時期でさえ、政府、個人、非政府組織においても、人権の定義は、不協和音にすぎず、従来から競い合った理想は、新たな言葉に言い換えられた[*11]。

一九四二年から一九四三年まで、人権に舞台を提供したのは、法律家とりわけ国際的に活躍する弁護士たちと国際秩序のあり方を反省し、将来の戦争を避けることを望んだ平和運動家たちだった。二つのグループは本質的に重複していた。これらの団体のなかから、人権の輪郭があらわれはじめた。しかし、これらの団体は、単に理論上可能な権利を列挙したにすぎず、人権と国家主権のあいだにある深い繋がりを断ち切るつもりはなかった。アメリカ法曹協会は一九四二年から人権にかんする報告書の起草を開始し、一九四四年に公表した[*12]。このアメリカに限定された議論と肩を並べるような活動はなかった。力こそ弱いものの、熱意にみちたイギリスの国際法学者ハーシュ・ローターパクトが一九四二年にひらめき、国際権利憲章を制定することを提案し、一九四五年に出版された。しかし、弁護士団体にしろ、平和団体の研究委員会のような個人的活動にしろ、彼らの懸命な努力が果たして重要なのかどうかは判断がつかない[*13]。クラーク・アイケルバーガーやジェームズ・T・ショットウェルを筆頭とする委員会は、従来の国際連盟協会から生まれた。この組織は、第二次世界大戦中に国際組織の構築に奔走し、その後は国内で自国政府の交渉計画を支援した。第二次世界大戦に国際主義的なアメリカのために奮闘したことは、人権の輪郭を模索するためではなく、あくまでこの戦いの副産物にすぎず、闘いを支える原動力ではなかった。確かに、一九四三年にウェンデル・L・ウィルキーがベストセラー『ワン・ワールド』を出版したとき、さらに上院議員であるアーサー・ヴァンデンバーグといった著名な共和党議員が国際主義的な取り組みの下に結集したことから、国際主義的潮流は、二大政党のあいだに横たわる伝統的な境界線を跨ぐことができた。しかし、平和と安定という深遠な使命を掲げるアメリカの国際主義が、脆弱だが、疑う余地のない勝利を享受しているとき、未来の政治的原則を示す人権はずっと辺縁にいたのだった。

アメリカで、もっとも言葉遊びの乱戦をつうじて、高らかに自らの理念を宣伝したがっていたのは、宗教団体だった。アメリカ・キリスト教会連邦評議会——総じて、古いプロテスタント信徒たちがアメリカの国際主義に圧倒的な影響を及ぼしていたが——は、正義と恒久平和の基礎にかんする問題研究委員会を組織した。評議会は、教派をまたがるプロテスタントの教義を孤立主義と平和主義から遠ざけようとした。[14] ジョン・フォスター・ダレスは当時、有名な弁護士で共和党支持者の外交思想家ではあったが、すでに宗教に目覚めていた。彼は公正な新秩序の名において、キリスト教の普遍的な団結のために奔走し、戦時下に「十字軍」を指導したのである。前出の委員会が一九四二年三月に公表した指導原則は、優先的に「道徳的な秩序」を考慮しなければならず、アメリカはこの秩序を「大国の責任」で保護しなければならないと述べている。権利、とりわけ宗教戒律的な権利は、この新秩序において一定の地位を占めていた。その後、この団体が公表した有名な「平和の六大支柱」は、最後の条項で、国際権利法案を制定する必要性に言及した。この団体はさらに、この法案は、宗教的自由を優先課題として考慮しなければならないとも述べていた。[15]

カトリックの哲学者であり、戦時中はアメリカに居を構えたジャック・マリタンが人権に開眼したのはかなり遅かったが、彼は、人権をカトリックの教義に盛り込んだ。彼の理論は、国際的な読者に向けられ、その過程で彼は自らを戦後の十年間のなかで、人権を保護した最初の哲学者だと自認した。マリタンは、巧みに現代キリスト教政治思想とのかかわりを断ち切り、連合国共同宣言が発表された二週間後には、キリスト教的自然法が人権にふさわしい枠組であると主張した。彼は、戦時中、疲れをみせることなく秘密裏にフランスで人権についての宣伝を続けた。マリタンは、共同体主義の主張を用いて権利を高め、道徳的で「人間性をもつ個人」への関心を呼びかけ、原子論的個人主義を批判した。彼は共同体主義を人権の基礎であると考えていた、これは戦後のヨーロッパの運命にとってきわめて重要なことだった。一九四二年四月、フォーチュン誌への寄稿で、マリタンは「個々の人間の権利という概念と、このような権利に対する貢献」を称賛していた。彼は、個々の人間の権利や称賛を、現代におけるもっとも顕著な政治的改善だとみなしたのだった。無論、暗黙に彼は警告を発していた、危険な誘惑――神なき人権と尊厳――に注意するようにと呼びかけた。（彼は「一種の人類の意識に根差す、神のような無限な自治的な世俗イデオロギーは災難をもたらす」[*16]とも述べている）。戦争が終結にさしかかると、アメリカ・ユダヤ人協会も本来もっとも関心を寄せていたのは、ユダヤ人が直面しているにもかかわらず無視されていた窮地と、将来に発生するだろう具体的な問題ではあったが、人権概念を採用した。[*17]

アメリカのほかに、当時は人権をめぐる議論はどこで行われていたか？　答えは、どこにもなかった。人権がアメリカではなく、ヨーロッパの戦後政治において議論されたことは、注目に値する。その他の地域に目を向ければ、以前と同じように民族自決を約束した大西洋憲章に注目していた。その裏で、チャーチルは、懸命にルーズベルトに、民族自決原則をイギリス帝国ではなく、ヒトラーの帝国にだけ適用するようにと説得していた。[*18] ヨーロッパ以外の地域で、人びとは、大西洋憲章と人権を承認することは、連続していたわけではなく、むしろ人権が何を意味するのかを理解できずにいた。そのような状況の下で人びとは少しずつ人権が民族自決権を意味していないことを理解するようになった。しかし、ヨーロッパの状況は若干異なっていた。ナチスを煽動したヨーゼフ・ゲッペルスが一九三三年に「一七八九年は、歴史から抹殺された」ことを興奮しながら、宣言したことに鑑みれば、人びとは人の権利という概念が戦時中においてこれほど辺縁の地位にあったということには驚きを隠せないだろう。イギリスでも、ハーバート・ジョージ・ウェルズが、ナチスと根本的に対抗するために新たな権利法案を起草するべきと提案したこと以外に、アメリカでの活動と比肩できる例はなかった。教皇ピウス一二世が、継承した教皇の立場からすれば、権利という概念を支配しているのは、占領地にいたカトリック信徒たちか、レジスタンスの人びと、ときおり説教する司祭たちだった。一九四二年の春、ヨーロッパ大陸で一部のカトリック信徒は人権にかんする合意を形成し、人権をカトリック信徒の抵抗概念の原則だとみなした。ドイツの司教は一九四二年の復活祭で記した、牧会書簡において彼らにのしかかる体制に抗議し、体制は教会の権利を圧迫し、神が人に約束した普遍的権利を踏みにじったと主張した。フランスのカトリック教会の類い希な秘密抵抗組織「キリスト教の証言」は教皇の手紙を再版し「人権とキリスト教徒」という小冊子を出版した。当然ながら、このような叫びがもつ意義は、場所によって異なる。例えば、ハンガリーでは、一部の信徒とキリスト教徒の政治家にしてみれば、危険に晒されているのは〝キリスト教徒の権利〟のみだった。この権利は、神への帰依を保護する権利で、人種主義には反対しているが、キリスト教化された民族の排外的な願望を表していることに変わりはなかった。[*19] しかし、一般的な視点からみれば、戦時中にルーズベルトが発した人びとの心を動かす宣言を定義する、諸もろの試みは、歴史の潮流に埋もれていった。

人権を定義することでもたらされる利点がそれほどないということは明らかである。だから、人権という言葉は、広範に知られるようにはならなかった。事実上、戦時下に人権に対する定義の過程は、成果を生み出せたのかどうかは不明だった。ルーズベルトが戦時に発した概念の細かい部分はよく変更されたが、核心的な部分に変わりはなかった。すなわち、戦後の世界をいくつかの勢力範囲に分割して、四つの同盟国が警察のように巡回を行うという理念は変わらなかったのである。ルーズベルトと彼の外交政策を熱心に研究し、国務次官を務めたベンジャミン・サムーナ・ウェルスにしてみれば、モンロー主義とその残存勢力が依然として、圧倒的な地位を占めることに変わりはなかった。ルーズベルトが国務長官を務めたコーデル・ハルに国際連盟にとって代わるようにと説得されたときに、やっと以前の国際組織を構築する計画を外交の最重要任務に格上げした。しかし、他の連合国の指導者たちと同様に、ルーズベルトの目標は、安全保障という枠組に留まり、この枠組は三大国が戦後の環境で繰り広げる競争に均衡をもたらすというものだった。机の上では、これらの計画は地域分権主義と委任統治制度とは距離をおいているが、裏では、彼らの目標は――何人かの専門家がいうように――強権的な〝独裁主義〟をより強靭なものにして、これを国際統治の核心に据えることだった。[20]

ルーズベルトは真珠湾攻撃以前から、力による委任統治という独自性をもつ概念に興味を示していた。この概念は、のちに国連安全保障理事会に集中する本当の権威に取り込まれた。[21] 一九四三年後半にテヘランで、ヨシフ・スターリンはこの提案を受諾した。本当の行動は、一九四四年前半に開始され、それ以後、抜本的に修正されることはなかった。三大国が自らの提案をより完璧にしていくとき、八月下旬にワシントンで開催されたダンバートン・オークス会議で人権に言及した外交官はいなかった。主要な文書案が、会議に誘われたにもかかわらず実質的な決議への参加から排除された中華人民共和国代表によってニューヨーク・タイムズのジェームズ・ライストン記者に漏洩されたとき、人びとは、すぐにきたる国際連合の真の目的は強国の力のバランスをとることにあり、世界を道徳的にすることではないことを理解した。

最後になって、人権概念は最終草案に盛り込まれた。しかし、経済社会理事会を設置する提案のなかに紛れ込んだだけで、重大な意義はなかった。事実上、アメリカの最初の草案では、「すべての国家は……すべての国民の人権と基本的自由を尊重する」ようにと呼びかけた。しかし、最終草案では末尾に国連に人権に対する尊重を促進していくことを委ねた。人びとの潜在的で熾烈な反対に鑑みて、この草案が採用された。会議を主導したイギリス代表グラッドウィン・ジェブが「もしも人びとが、この会議の代表団が人権を保障することに合意できないという印象をもつとしたら、極めて馬鹿げたことである」と語った。しかし、採択された文書は、同時に人権概念を中立的な言葉にしたのだった。[*22] 国際組織は高官による交渉によってではなく、むしろ人びとによって納得を得ることが必要不可欠であることが承認されたという事実から、人権は、はじめて人びとの眼前で際だったときには、ただの象徴的な要素でしかなかった。無論、人権は、戦時中に華やかに際だった。しかし、人権は、国際組織において一般的な正当化を表す文言にはならなかった。ましてや大衆に向けたメディアにおいても、会議中や閉会後に争われた安全保障理事会における投票結果と拒否権をめぐる議論こそが本当に注目に値する論点だった。こうした論点は、ヤルタ会談で決定され、サンフランシスコ会議において全会一致で採択された。こうして早い時期から国連の礎が確立されたが、世を去ったイギリスの元外交官、サー・チャールズ・ウェブスターが言ったように「のちに飾られた装飾は、核心的な論点に触れていなかった[*23]」。

ウッドロウ・ウィルソンは自らの祖国に対して、自分の壮大な構想を受け入れるように力説したが、あいにく失敗におわった。この記憶は、依然として鮮明である。アメリカの急進的な市民にしてみれば、すべてをかけた当事者として国際的領域に踏み込むべきなのかということに、アメリカ政府とすべての国民が納得するのかどうかが問題だった。この議論こそ、これらの団体をいかなる状況におかれても、全力で国連を保護する守護神にした。国連擁護を唱えたドロシー・ロビンズは、「国連加盟国という地位が、アメリカが国際社会に参加することを示す象徴になった」と書き残した。国際主義者に変身する前の孤立主義者たちにしてみれば、ルーズベルトのニュー・ディール政策よりも、国連が代表する国際協力という新形式が、アメリカの孤立主義に終止符を打ったという方が正しかった。国際政治学者のヴェラ・ミケーレス・ディーンはその当時「基本原則が欠落しているからこそ、この新組織の基本的路線は、道徳にとらわれ、硬直した国際連盟よりもはるかに優れている」と国連を高く称賛し、さらに、「ダンバートン・オークス会議での提案は、今世紀の世界に希望を与えることができなかった。これは晩餐のあとの雄弁家による恒久の平和についての説得力のある演説といったたぐいのものではない。しかし、これでよい」と語った[*24]。さらに重要なのは、以前のアメリカ史では日本による前代未聞の攻撃と比較できるほどの記憶がなく、真珠湾攻撃が、アメリカが戦場から離れていることによって生まれた安心感に深刻な打撃を与えていた。アメリカ人は、第一次世界大戦後のように再び世界の紛争から逃れようとするのはもはや不可能だと考えるに至った。一部の理想主義者と異なった意見をもつ平和主義者たち――例えば、オズワルド・ギャリソン・ヴィラード――は、アメリカでの論争を主導したわけではなかった。彼らと鮮明な対比を成しているのはウィルソンが一九一九年以後に、孤立主義者ばかりでなく徹底的に国際主義を支持した人たちと対峙したときである。現実には、選択肢が乏しいからこそ、ダンバートン・オークス提案は受け入れられた。つまり、人びとがダンバートン・オークス会議で示された国際秩序を受け入れるのか、それとも無秩序を選ぶのかの二者択一だった。ハーヴァード大学で哲学を教えていた教授ラルフ・バートン・ペリーは一九四五年一月にニューヨーク・タイムズに寄稿し、編集部あての長い手紙のなかで、「無論、理想的な国際法秩序のもとでは、すべての国民は法の前に平等である」と述べて、ダンバートン・オークス提案で示された秩序はなぜ選ばれたのかについての弁明を寄せていた。さらに、彼は「ダンバートン・オークス会議で示された提案は、理想的な政治と法秩序を構築したわけでもなければ、それを作るために会議が開かれたわけでもなかった。このような基準で提案を見つめることは、まっとうでかつ妥当である。この提案のなかには古い秩序の特徴が含まれており、人びとを困惑させる歴史的な偶然を感じさせる。このような特徴は、現在の世界で起きている様ざまな危機を反映している。しかし、これらを理由に、この提案を拒絶するべきではない。我われは、熱意をもち、拍手してこの提案を受け入れるべきである。なぜなら、この提案は素晴らしい未来を約束してくれた。提案を完璧ではないという理由で責めるべきではない。おそらく、この提案が一気に願いを叶えてくれていなかったことで歩み出そうとしない人びとは、停滞しているのか、もしくは後退しているのである」と述べている。

人びとは孤立主義があらためて台頭することを危惧していた。そのため、アメリカの圧力団体は、国連の特殊性を局面の打開に用いられなかった。ダンバートン・オークス提案で、大西洋憲章が約束した民族自決権を撤回させられたことは、アメリカの国際主義者のあいだで議論されてはいなかった。

戦時中の人権に対する約束は、一部の利益団体の関心事ではあったが、それが実現されていなくても、公共の議論の焦点に影響を及ぼすことはなかった。プロテスタント神学者のラインホルド・ニーバーは、ザ・ネイション誌において、アメリカの国際主義者がダンバートン・オークス提案を戦略的に受け入れたことを称賛した。その上で、彼は、人権を人に植えつける試みを批判した。彼からすれば、人権を植えつけることは提案の無力さを弱めるどころか、証明するだけだった。「ある種の国際人権法を植えつけるのはダンバートン・オークス提案を実質的に改善することにならない。なぜなら国家によって成り立つ世界的な同盟において、このような提案は重要ではないし、いかなる効力も帯びることができないからである」[*25]と書いている。

孤立主義の勝利を危惧するため、まずは参加の形式ではなく、アメリカとソ連の組織への参加そのものを想定するべきである。当然、アメリカの国際主義者にしてみれば、自らの国家が自らに有利なバランス、さらに莫大な権力を提供してくれる組織に参加していくことが有益だと考えていた。戦時中、古い国際連盟協会が名称を連合国協会に改めたが、なされている議論にかわりはなかった。サンフランシスコ会議で修正された憲章を宣伝することは、国際主義者の強烈な支持と比較したとき、あまりにも脆弱だった。後者がとった形式は、ダンバートン・オークス会議の秘密設定という形式に似ていた。これは――かつても、いまでも――国家の主権に基点をおく、強権のバランスを維持する形式である。そのため、アメリカの国際主義者は複雑な役割を演じ、人権概念を中心に据えずに、それを排除した議論を擁護した。ある程度、人権と他の理想主義的計画は交渉議題のなかに留まっていた。つまり、人権とこれ以外の理想主義的計画に対する人びとの受容度や合法性の需要を示していることを意味した。とある修辞の一部として、人権と理想主義的計画は、国連を以前の強権による妥協の産物と区別をつけるようにと働いた。道徳を頼りに世界に割り込むことは極めて困難なことである、そして、一方で、相互主義にもとづいたユートピアへの道もまた遠いのだった。

そのため、アメリカの国際主義の勝利と同時に発生したのは――行動主義的団体が動員もしくはその準備にとりかかっていることを問わず――理想主義の事実上の辺縁化である。確かに、一世代前から、第二次世界大戦におけるアメリカの国際主義の歴史は、平和を構築する外交物語のように、人権に言及する必要がなかった。人権が巧みにアメリカに二度目の参加の機会を摑ませたことを称賛するときもそうだった。あの時代に役に立たなかった、国際人権連盟を救う現代の意味あるいは普遍的な意味の非政府組織がないはずである。サンフランシスコ会議前後に国連の創設を新たな方向に向けさせる計画は、キリスト教徒、ユダヤ人、女性団体のなかで凄まじいほどの影響をもっていた。そのため、ほぼすべての団体がその計画の推進を訴えた。あらゆる団体が、人権を提唱しはじめた一方、アメリカの国際主義者たちは、彼らが歓迎する形で憲章を批准することを考えていた。国際組織の支援者だったドロシー・ロビンズは「全力を尽くし、ようやく漠然とした大衆と頑固な上院の抵抗を克服して、守ろうとする姫との婚約を保護した。これは現代のロマンス・ストーリーである」と語った。しかし、タイム誌でサンフランシスコ会議において何が世にあらわれたのかを聞かれたとき、彼女は慎重に「この憲章は、強国の世界のためにつくられ、少しだけ理性と調和していただけだった。これは巨大な勢力のために、さらに勢力の結集のために設計されたが、逆にこれらの勢力の不信感によって制限されていた」と語った。[*26]

それにもかかわらず、人権を主張する団体は、ニーバーの意見に反対して、人権を一九四四年から一九四五年の冬にかけて議論される議題に残そうとした。この計画は、いまだに権力をもたない小国に受け入れられていないが、これらの国家は、以前に決定された組織基盤に影響を及ぼすことができない。二つの焦りを軽がるしくみるのは間違いである。しかし、同様な誤りは反対勢力と連携をはかり、偉大なサンフランシスコ会議を自らの成果と称することだった。偉大なアフリカ系思想家、公民権運動家だったW・E・B・デュボイスはこのような時に全米黒人地位向上協会を指導していた。彼は連合国に大西洋憲章が約束した民族自決権を実現させようとしたが、失敗に終わった。自らが指導する団体をアメリカ・ユダヤ人委員会や、キリスト教団体と連携させ、人権概念を将来の憲章において顕著な地位に復帰させようとしたが、失敗に終わった。ラテン・アメリカ諸国は、絶えず外交的手段を使って自らの主張を訴えていた。しかし、植民地や干渉の記憶が働き、その結果、ラテン・アメリカ諸国は、一九四五年に締結されたチャプルテペク議定書[*27]が定める不可侵の主権原則を地域的、普遍的な原則にすることを第一の課題とした。サンフランシスコ会議でダンバートン・オークス提案の強権的性質を改めようとしたオーストラリアのハーバート・エバットの振る舞いからわかるように、小国にしてみれば、サンフランシスコ会議やダンバートン・オークス提案が構想した平和は、かなり強権的な平和だった。これに一部の条項を付け加えることは確かに良いとはいえるが、概念として拡がりをもった人権概念は依然として注目されにくかった。[*28]

人権は、最初からサンフランシスコ会議の中心的議題ではなかった。会議が始まる二週間前、人生の最期を見据えたルーズベルトは、国連を最優先事項だと考えるようになった。大多数の者はソ連の脱退を危惧した。とりわけヤルタ会談が終わったあとの長い期間は、安全保障理事会の拒否権の具体的な範囲の議論に占められた。ソ連の外務大臣だったヴァチェスラフ・モロトフが会議でアメリカの提案に賛同したとき、世界の人びとは胸をなで下ろした。それというのも、他の議題はそれほど重要ではなかったから。現実主義者のイギリス人外交官ウェブスターは、「正義、人権と基本的自由にかんする演説が熱烈に歓迎されたことは、いかなる政治家も無視できない力を代表している。なぜなら、長い眼でみれば、この力は道徳的で実質的な力でもあるからだ」と述べた。しかし、一九四〇年代は、長い歴史のなかで極めて短い時期だといわざるを得ない。サンフランシスコ会議で、人権と基本的自由原則が開会の辞で述べられていたが、人権にかんする主要な成果は象徴的でしかなかった。皮肉なことに、会議において、人びとを「さらに鼓舞することができる憲章」（彼にしてみれば、この憲章は世界的な君主制国家の存続と、自国内のアパルトヘイト政策と抵触しない）が必要であることを訴え、かつこの装飾的な勝利を勝ち取ったのは南アフリカの首相ヤン・スマッツだった。そのほか、ダンバートン・オークス提案も最初から人権をこの程度の地位においていたように、諸団体と参加国は、人権を経済社会理事会の範疇に封じ込めることを支持した。アメリカ・ユダヤ人委員会のジョッセイフ・プロスカウエルと連邦キリスト教会のフレデリック・ノルデの呼びかけのおかげで、責務がはっきりせず、人権保障も定義はされなかったが、憲章は人権委員会を設けることにした。この前文にかんして、サンフランシスコ会議のアメリカ代表アーサー・ヴァンデンバーグは重大な裏切りだとみなした。彼は、「ダンバートン・オークス会議の提案に新たな魂が宿り、憲章が公正と平和を主要な基準とみなした」と述べたが、バーナード・カレッジの学長で経済社会理事会にかんする交渉を任されたアメリカ代表ヴァージニア・ギルダースリーブ曰く、「ヴァンデンバーグは、独断で経済社会理事会の議題――に含まれるものの確かに実現が見込めないが――という目標を削除した」と批判した。多くの国と同様に、アメリカも組織の一部分を、女性に見合った領域として、ギルダースリーブのような代表に留保したのだった。[*29]

憲章で人権に言及することによってもたらされる影響は、予測できるものである。これは定義の問題が重視されるようになるだけでなく、国家と個人が将来に構築するのであろうが、予測がつかない課題に道を開くことになる。事実、サンフランシスコ会議はダンバートン・オークス会議をひっくり返したわけではなく、かなりの程度でそれを繰り返しただけだった。二年後、ベルギー人のシャルル・ド・ヴィシェールがヨーロッパの国際法学者に人権のために戦おうと鼓舞したとき、彼は「憲章にしろ、外交の論争にしろ、どれもめんどくさい」と文句を発していた。ヴィシェールのアメリカとイギリスの仲間たちはすでに、人権を諦めていた。なぜなら、彼らからすれば国際組織は、方向性も魂もない官僚組織であって、真の国際社会に人間性の新たな地平を開くことはできないと考えていたからだった。[*30] 一九四六年に設立された国連人権委員会の前身の最初の会議から、一九四八年に採択された世界人権宣言まで、人びとは絶えず人権を求める旅に出た。しかし、人びとを困惑させていたのは、旅路における、外交交渉や宣言の採択が、その時代を生きる人びとの願いに合致していることを証明してくれる証拠が見つからなかったことである。宣言の起源は、確かに注目に値する。しかし、それよりも重要なことは、なぜごく僅かな人びとしか、人権に興味をもたなかったのかということである。憲章に結集した市民運動の空間で、新たな概念は、未だ仮想の域に留まり続けた。[*31]

人権条項の制定は、最初に取り組まれると決定されたにもかかわらず、戦時中やサンフランシスコ会議のあとに、後回しにされた。幸いなことに、人権条項を制定する作業は最終的にはすすめられたものの、いわゆる「規約」の法的効力にかんする問題は未解決のままであり、将来に先送りされた。人権委員会のアメリカ代表だったエレノア・ルーズベルトは、人権委員会のなかで校長の役割を演じ、会議の進行を主導し、意見がまとまらない各国の代表たちを交渉の第一線に留まらせた。同時に、アメリカ代表として、彼女は終始アメリカ国務省の路線に従っていた[*32]。条項の細部については興味深い論争があったが、世論は基本的に人権条項の制定の過程は、順調だと考えていた。人の尊厳という基礎に立脚して、世界人権宣言が規定する権利は、典型的な政治的自由から、労働、社会保障、休息、休暇、教育、さらに充分な生活水準の約束まで含めていた。(法的拘束力のある条約は人権宣言が採択された二〇年後に締結された。国際人権規約は二分され、「市民的・政治的権利にかんする国際規約」と、「経済的・社会的・文化的権利にかんする国際規約」になり、どちらも一九七六年に発効した)。

規約に様ざまな社会的権利が盛り込まれたことは、驚くべきことだった。今日の視点からみても、このような諸権利は、依然として注目に値する。社会的権利をめぐる共通認識は、我われに人権という概念が、なぜその時代の人に理解されていないのかを理解するために役立つ。フランス革命の時代、二つの世界大戦の時期のヨーロッパ、一九四四年一月のルーズベルトによる「第二権利章典」を提唱した有名な一般教書演説において、社会的権利はすでに構想されていた。社会的権利が戦間期のヨーロッパ各国の憲法にすでに重要な地位を占めていたことに鑑みれば、社会的権利は概念上何らかの新規性をもっていたわけではないことがわかる(もっとも社会的権利は、最初に一九一九年にワイマール憲法に、次いで一九三六年にソ連憲法に反映されていた。同様に一九三六年に、当時のフランス中間派が訴える人の権利も改めて社会的権利を吸収した[*33])。社会保障制度の拡充を訴えたウィリアム・ベヴァリッジの一連の報告書が発表されたあと、社会保障は、より幸福な世界を構築するという国際的合意の核心的地位に置かれた。ルーズベルトは、一九四四年の一般教書演説で社会保障について潜在的に憲法的地位を有する社会的「権利」として説明した。このことは、アメリカにとって重要な突破口であったといえる。しかし、その当時、ルーズベルトのニュー・ディール政策の転換と脱急進化は、人びとに公共の利益ではなく、個人に注目を向けさせた。公共の利益は、ニュー・ディール政策の頂点にたち、政府が経済的不安定に対応するうえで重要な枠組を演じていた。[*34] 戦時中、アメリカと世界各国は福利主義に対して強い共通認識をもち、本質上、以下のような簡単で完全に一致する意見を反映した。すなわち、制御することのできない資本主義が、再び世界を深淵に引きずり込むことは許さない、と。この時期に制定された多くの新憲法のなかにも、初期の国連創設の過程においても、社会的権利についてかわされた論争は、私有財産に対する持続的な所有権はどの程度制限されうるのかという点が論点となった。しかし、戦後になって、政府の規制側面でも社会保障の側面でも、このような普遍的な共通認識は、人びとが異なる制度設計のなかから、決定的な選択をくだすことに役立ち得なかった。人権は、自らのあいまい性の犠牲になったのである。

人びとが社会的・経済的権利を含む様ざまな権利に共通認識をもっていたことに鑑みれば、世界人権宣言を起草するときに、人びとはある特定のイデオロギーの優越性に固執するはずはなかった。しかし、起草者のほとんどはキリスト教的社会思想に親しんでいたし、さらに、この思想が国連の議論のなかでも驚くほど先導的地位にあったため、宣言は、事実上キリスト教に主導されていた。キリスト教的人格主義の論客だったジャック・マリタンは、早期のキリスト教的伝統に、ある種の共同体的自由主義を付け加えようとした。しかし、いまでは、彼は権利の哲学的基盤の研究に取り組み、ユネスコと幅広い分野で協力し、人びとの人権に対する理解を推進しようとした。キリスト教的思想とは異なる方法で、宣言の起草を担った三人の主要メンバーの世界観を根本から構築したのだった。この三人の主要メンバーとは法律家のジョン・ハンフリー（国連の人権部門を二〇年にわたって率い、人権リストの第一稿をまとめ上げた）、レバノンの外交官チャールズ・マリク、そしてエレノア・ルーズベルトその人だった[*35]。

ヨーロッパから起草作業に参加したユダヤ系フランス人法学者のルネ・カサンは、宣言採択の二〇年後にノーベル平和賞を受賞したが、人権宣言の起草にかかわった他の参加者と比較すれば、カサンの貢献は見劣りするものだった[*36]。著名な思想家ではなかったとしても、彼は卓越した人物だった。カサンが考える戦後の秩序は、すでに示された権利に裏づけられていた。このような権利の起源は一九四一年の秋、ロンドンのセント・ジェームズ宮殿で開かれた連合国間会議だった。そのとき、カサンは、愛国者、人道主義者として、すでに降伏した祖国を代表して出席していた。彼の立場からすれば、肥大した国家で流行《はや》っていた全体主義を痛罵する教皇の言い回しにとって代わる人の権利に固執した。終戦直後の数年は全イスラエル連盟という名のフランス系ユダヤ人団体を組織し、急速に拡まった「ナチス全体主義の犠牲者」という考え方を受け入れた。いずれにせよ、フランスの共和主義の伝統の下で、カサンは少しずつ世界人権宣言起草委員会の同僚たちと歩調を揃えるようになった[*37]。

宣言の交渉におけるもう一人の立役者は、マリクだろう。ナチス時代にマルティン・ハイデッガーのもとで学んだレバノン人キリスト教徒のマリクは、ハーヴァード大学で学位論文を完成し、その後、外交官として名を馳せた。戦後、マリクは、キリスト教人格主義に則っていたが、このイデオロギーは彼の反共的傾向の源になり、中東をはじめとする世界各国での将来の展開にかなりの自信をもっていた。事実上、マリタンの「個々の人間」という概念が宣言において中核的な役割を演じることになったのは、マリクのおかげだった。マリクの義兄だったエドワード・サイードは、戦後、マリクと親しくしたが（サイードはマリクのキリスト教的反共思想を嫌うようになり、二人の仲が破綻する）、サイードは、マリクは尊厳と人格に対する献身は世界観の統一を促進することができず、マリクの献身はかえって文明の衝突、東西両陣営の対立、共産主義と自由主義、キリスト教とそれ以外の規模が小さい宗教との衝突を惹起する恐れがあると考えていた。[*38]

現代の圧力と希望に駆られて、人びとは安易に世界人権宣言の起源のグローバル性と文化多元性を誇張する。無論、宣言の条文は、確かに世界各国の、とりわけラテン・アメリカ諸国の憲法を参照して作り上げられた。しかし、参照された憲法の底流にあるのは、ヨーロッパがずっと前から展開していた、グローバルな政治だった。国内の立憲主義とそれが許容する市民権闘争の範囲内で権利を語ることは、世界中のどこででも――とりわけラテン・アメリカで――みられることである。しかし、これ以外に、具体的かつ通説的な国際人権にかんする概念を発見した者は世界を見わたしてもどこにもいなかった。同様に、宣言案の起草には、キリスト教を信仰しない人たちも参加していた。カサン以外に、もっとも言及する必要があるのは、コロンビア大学でジョン・デューイの指導を受けて哲学の博士号を取得した中国国民党の張彭春である。草案は、僅かな修正をめぐって国連総会で長い議論が続いた。このような議論において、ラテン・アメリカ諸国――とりわけキューバが積極的だった――が自らの外交課題のなかで優先的に考慮したのは、あらたに採択される宣言を一九四八年春にコロンビアで採択された人の権利と義務にかんする米州宣言との整合性をいかに担保するかということだった。ラテン・アメリカ諸国の動きを受けて、ハンフリーは「様ざまな演説は、カトリック的社会哲学が入り交じり、ときどきカトリック信徒と共産主義者が議場の主人公になり、とくに後者は厄介だった」[*39]と苦言を呈した。

しかし、右の事実は、世界人権宣言の多文化的起源の証というよりは、むしろ西側世界で教育を受けたグローバルなエリート外交官の存在を示してくれた、と考えた方がよかろう。彼らは、当初宣言の採択を象徴的な団結を示すように内容の修正を手助けした。確かに、この会議に「西側」の外から参加したマリクやフィリピンの国連代表カルロス・ロムロといった立役者たちの胸の奥に潜んでいるイデオロギーは、キリスト教的なものだった。それでは、宣言に規定された条文は、欧米的な価値観を反映しているのか、というと実のところそうともいえない。一九四〇年代には、ある種の「人権」と称されるものしか、とある文明の遺産あるいは遺産の核心だとみなされなかった。とりわけ、ヨーロッパのキリスト教圏からすれば、ヨーロッパという場所で、ほんの以前まで人権概念は、非自由主義的誘惑を拒絶することに重要な役割を果たしていた。非欧米的伝統、あるいはキリスト教的社会思想の影響をうけ、さらに第二次世界大戦のあいだに福利思想を吸収した国ぐに（とりわけラテン・アメリカ諸国）では、社会的権利は承認される可能性が高かった。いずれにしても、人権宣言の外交交渉から採択までの一連のときの流れにしろ、これ以外にしろ、世界各国の外交交渉への参加は、人類文明の多様性の証にはならない。自由主義的権利概念にしろ、それとももっとも古い形式の、あるいは個人の尊厳を強調する新たな形式のキリスト教的自然法にしろ、どちらも昔から世界に伝わったのだった。世界人権宣言が国家の独立した地位を重視したことは、以下の問いかけの答えがそれほど簡単に出せるわけではないことを証明してくれている。この問いかけとは、「ある文書に対する合意は、実践において国内の原則を超越するのか[*40]」というものである。

著名な進化生物学者にして人道主義者、さらにユネスコの初代事務局長を務めたジュリアン・ハンクスリーはマリタンなどの研究者、知識人たちと人権に対する論拠について調査したが、その成果は人をがっかりさせるものだった。当時のもっとも権威のある哲学者たちの思想——明らかに実存主義を指す——を排除したことで、なぜ権利が重要なのか、それにはどういう意義があるのか。マリタンの理論はこの二つの疑問に答えを出すことができなかったために、説得力を欠いた。「我われは、これらの権利に同調する、しかし、なぜ同調するのかは尋ねないでくれ」とジョーク交じりに語ったほどだから、マリタンも自らの理論の弱点を意識していたはずである。しかし、実際に、このような賛同の意見のなかでもっとも興味深いのは、意見を支える根拠の欠落ではなく、むしろこのような意見を主張する論者がいなかったことである。注目するべきは、アメリカ人類学会は、同時期に人権概念を欧米的あるいは政治的なものとして認めなかったことである。逆に、同学会は、人権概念をすべての文化が合流して作り上げた多言語（polyglot）、もしくは多種多様な人類の伝統を統一した「元言語」（metalanguage）だと認識していた。人類学者たちは、『二〇世紀における人間の権利』において一九世紀の人の権利を証明することができず、もしも、人びとが文化の多様性を無視して、強引に人間の権利を証明するのであれば、その先で待ち受けるのは失望でしかないと主張した。実際に、非欧米文化を学ぶ欧米の学生は、いまだにある種の普遍主義を認めるのであれば、彼らはこのことを、巧みに自己決定を戦略的に放棄することを通じて示してくれている。「大西洋憲章が人権の適用範囲が制限される以前から世界中で賛美されていた」、「大西洋憲章こそ、文化の違いが極めて顕著な諸民族でもその内実を理解でき、さらに自由を追求する証である」[*41]、つまり、自己決定を放棄したことが個人としての人権を生み出したのである。広範に流行した最近までの意見は「冷戦の危機の前まで、人権の普遍的な性質や、その多文化性が賛美された」ことである。しかし、この意見は脆弱である。なぜなら、人類学者が考える、彼らが党派的イデオロギーに影響されずに認める普遍的な原則は、すでに人権が発明される過程で明確になったわけではなく、むしろ捨てられたからである。

一九四八年一二月一〇日に世界人権宣言は、採択された。冷戦の始まり以外に、イスラエルが建国されたこと、さらに南アジアの独立運動など、緊迫していた当時の世界情勢は、本来、宣言の採択を簡単に阻むことができたはずである。厳しい情勢を跳ね返し、採択にたどり着いたのは、間違いなく外交の成果である。

長期的にみれば、宣言は間違いなく重要な存在である。しかし、もしも、宣言の外交とイデオロギーの根源を明らかにしたいのであれば、次の興味深い、さらにほかよりも重要な問題、つまり、宣言が採択された一九四〇年代に人権は、その生誕の地だったアメリカにしても、その後の祖国となるヨーロッパにしても、さらに、世界規模で、これほどに辺縁の地位にあったのはなぜか？　という問題を放置するべきではない。人権史上の転換点として、一九四〇年代における謎は、人権は何のために生まれてきたのかということではなく、のちの時代のできごとに鑑みれば、その謎は、なぜ人権が一九四〇年代にあらわれなかったのかということになるはずである。

明らかに、重要性こそ低いものの、第一の理由は、人権の国連での扱いにおける運命にかかわっていた。各国の外交上の問題にしても、非政府組織が注目することがらにしても、人権は数十年にわたってかなりの制約を受け続けた。人権委員会は、人権条約の編纂を最終目標として掲げていたが、同委員会ははじめに作り上げる人権リストに拘束力がなく、あくまで宣言的な性質のものだと明らかにしている。人権委員会の機能についても、国連経済社会理事会が一九四七年夏に公表した「ノン・ポッスムス（non-possumus）」宣言で明らかにされた。人権委員会は調査権限をもたず、一切の行動もとることもできない。ハンフリーが繰り返しコメントしていたように、上述の事実が、「人権委員会を世界でもっとも精巧なゴミ箱」にしたのだった。国連の人権にかんする機能を象徴レベルに限定したことは、受け入れられなかった路線と比較して考えられがちである。しかし、多くの側面から考えてみると、人権委員会に権限が付与されなかったことは、当然の成り行きだといわざるを得ない。国連憲章が、人権にかんする内容を取り入れた時点から、知らず知らずのうちに人権の根幹を破壊してしまった。人権の要求を実現するためには、国連の組織基盤をあらためて議論しなければならなかった。この点をもっとも理解していたのは、委員会のインド代表だったハンサ・メフタという興味深い人物——世界人権宣言のジェンダー中立性を保つために、その言葉遣いの改訂を任されていた——だった。メフタが擁護したのはすでに失敗した提案だった。この提案は、人権を国連憲章における中核的な内容に据えること、さらに国連憲章を人権にかんする基本法にするべきだと訴えていた。概念の構築の段階においても、メフタが主張した提案が数十年後になって、ようやく復活したのだった。[*42]

無論、アメリカとソ連は、当初から法的効力をともなう権利ではなく、法的効力のない人権の宣言をめざしていた。これは、理論的には、のちに人権に法的効力をもたせようとする議論に繋がった。しかし、現実は想定とは裏腹に、人権に法的効力を与える作業——世界人権宣言に続く人権規約の起草——は、二〇年の歳月を費やして、ようやく最終草案がまとめられた。この作業を可能にした、たった一つの理由は、一九五〇年代からソ連が人権委員会に出席しなくなったことだった。ソ連が行動をおこしたのは、国連の大多数の加盟国が内戦に敗れた国民党政府の代表資格を剝奪して、中華人民共和国政府を支持することを拒んだからだった。ソ連の行動は事実上、規約案の迅速な完成に資することとなり、同時に、当初は政治的、市民的権利に制約を加えていた人権概念にも——今日のヨーロッパ人権条約のように——多くの西側世界の人権概念が盛り込まれるようになった。チャールズ・

マリクは、ソ連の退場は表面的には恩恵だと捉えることができるが、これは事実上人権がめざした現代世界の崇高な事業としての意義を損なっていた。事実上、人権概念が徹底的に欧米化したことは進歩を意味するどころか、むしろ、人権の重要性の観点からして、恥じるべき後退だったと報告している。[*43] 一九四九年になっても、なお一部の論者は、人権に国境を越えた法的効力を与えることが可能だと考えていた。しかし、人びとが権利を宣告するときに諦めたこの願いは一九五〇年まで息をひそめた。[*44] 冷戦の初期、人権に国境を越えた法的地位を与える事業は、西ヨーロッパにしか居場所がなかった。なぜなら、地域的範囲が制約されたのは、人権の法制化が容易に、冷戦に深くかかわっていたためだった。

一九四五年の時点で、欧米的な人権概念が優勢を占めることは、予見できなかった。国連で、マルクス主義を信奉するソ連は喜んで人権を定義する作業に参加していた。ソ連は、人権という言葉がみせかけの言辞だとは考えていなかったし、脅威として捉えてもいなかった。実際に、ソ連は、建前上、一九三六年のスターリン憲法が世界に先駆けて人権を体系的に宣言したものだと主張することは、共産主義と個人の関係について自国の人民の自覚においても欧米に対する宣伝活動においても重要だった。ソ連法研究をリードしてきたコロンビア大学の教授ジョン・ハザードは、一九四七年に発表した論文で、ソ連が人権を回避する理由がどこにもないという見解を示していた。それ以前の論者たちは、明らかに偽善的であるにもかかわらず、一貫してソ連を反植民地主義の一大勢力だと自認しているとみなしていた。世界人権宣言における平等と差別禁止原則は、かなりの程度、ソ連のおかげで盛り込まれていた。一方で、ソ連は、自国の内政を決定することを例に挙げて、大西洋憲章で棚上げされた民族自決の原則を人権宣言に盛り込むようにと主張した。しかし、一度、民族自決を宣言した欧米諸国が勝利を手にしたのである。[45]最終的に、ソ連は世界人権宣言の採決において棄権票を投じたにもかかわらず、国内では一〇年にわたって、宣言の教訓に従った。ソ連は、世界人権宣言のなかに欧米的な特質が含まれていることと、西側諸国が、イスラーム諸国が起草段階で異議を唱えた宗教活動の権利を中核的な地位に据えはじめたことが、重要な理由だと棄権を自己正当化した。[46]それに加えて、ソ連はすでに、もともと「個々の人間」という概念に内包されていた個人主義が少しずつ遠ざかっていることを認識していた。ソ連は公開の議論でこの点についてたびたび反論したが、世界は、ソ連が懸念している点に充分に注目しなかった。ユーゴスラビア代表による一九四八年一二月一〇日の投票に際して行われた発言からすれば、世界人権宣言は単に、概念としてすでに確立されている政治的・市民的権利を編纂したにすぎず、宣言は、現代経済の切実な要求や人類の集団的な相互依存を含めていなかった。[47]理論原則の見地からすれば、ソ連の外交政策およびソ連の国際法に対する構想が、根本的に強調したいのは人権問題ではなく、国際関係における主権平等原則だった。この立場は、ソ連が公式に反植民地主義的な主張を唱えてきたことと一致している。しかし、一方で、ソ連が主権平等原則を強調する立場は、スターリンが明確かつ一貫して主張していた大国一致の原則を国連の枠組とする基礎構想とは緊張関係にあった。[48]

しかし、ソ連が棄権票を投じたことによって、人権概念はすぐさま反共主義と繫がりはじめた。南アフリカにおける南アジア出身者に対する差別問題にかんする論戦のほか、国連や国際会議の場で人権を引き合いに出した反共主義による世間の注目を浴びるできごとが起こった。第一の事件は、ソ連国籍の女性たちが国外にいる夫と一緒に生活するために移住することを禁止したことが人権侵害にあたるとの批判に晒された事件だった。第二の事件は、もっとあからさまな事件だった。この事件は、ハンガリー当局が一九四八年から一九四九年にかけてハンガリーのカトリック教会枢機卿、ミンツェンティ・ヨージェフに対する拷問をめぐって展開され、さらに東欧で発生したキリスト教徒に対する虐待事件、例えばヨーゼフ・ベラン大司教に対する軟禁も含まれていた。世界人権宣言が採択された直後に起きた二つの事件は、奇しくも世界人権宣言の意味合いを明確にした。[*49] これらの事件が国連による決議案の採択を促し、さらにたびたび繰り返される南アフリカのアパルトヘイト政策に対する批判とともに、冷戦時の数十年のあいだ、国連が人権を保障していると見せかける主な事例となった。[*50] 無論、ミンツエンティの事件は、充分な調査がなされないまま忘れ去られようとした。しかし、どのような基準を用いるにしろ、ミンツエンティ事件が当時の国際政治の舞台でもっとも重要なものだったことは確かで、この事件は当時の代表的な人権侵害事件ともなった。さらに一九四七年から一九四八年にかけて、国連は、国家が人権と基本的自由権を尊重することが当該国に国連の加盟資格を与える条件だと規定したヨーロッパ講和条約の条項をハンガリー、ブルガリア、ルーマニアの共産党政権が無視したことを理由に、国連加盟の資格を停止した。三か国の資格停止問題は、ミンツエンティと他のカトリック司祭に対する迫害をめぐる議論とも相まって、とりわけ信教の自由に注目を集める契機となり、人権を伸張させる傾向に拍車を掛けた。この傾向は、キリスト教の運命とかかわっていた。なぜなら、共産主義は世俗主義をもって世界で開花すると約束したからである。[*51] その応答として、当初は国連が南ア問題に注目するべきだと主張したソ連は、この頃から国家主権を擁護することに政策転換した。この政策転換によって、賽は、投げられた。

国連は、確かに創設当初から、以前から取り組まれてきた人道主義的理念を引き継ぎ、国際連盟が先駆けとなった現代奴隷制、強制労働、女性と子どもに対する人身売買を撲滅する戦いを拡大した。

かつての国際連盟のように、国連も戦後、急激に増加した居場所を失った難民の定住に取り組んだ。国際連盟の時代には、このような注目に値するが、文化的特性や政治的な選択制が極めて顕著な活動は、各種の普遍的権利によって概念化されることがなく、こうした活動は、階層化された世界において在留外国人に対する違法な扱い、宗教や残酷で野蛮な帝国主義を撃退するために展開された[*52]。戦後、国連、大衆のどちらも人道的な活動と人権のあいだには、本質的な区別があるとの認識をもっており、この状況は長く続いた。無論、人権は、人道主義的活動の一部分として訴えられることもあったものの、人権は、人道的な活動の一部として引き合いに出されることはありこそすれ、その領域の拡張や国際的であれ国内的であれ、新たに発足したオックスファムのような非政府組織や政府が展開する人道的活動を再定義する場面では、自らの力を発揮できずにいた。主たる例外といえば、戦間期に展開された国際労働機関による反強制労働キャンペーンくらいである。このキャンペーンは、第二次世界大戦後に人権概念を取り込んだことは確かであるものの、人権という概念がもつ広範な公的な意義を明確にすることができなかったこともまた事実である[*53]。

しかし、問題を一切解決できないことが、戦後の人権思想を当たり障りのないものにしたもう一つの原因である。もしも、欧米諸国がそれぞれ異なる理由によるのであれば、権利を主張するという一つの課題を確定することが困難になったはずである。しかし、このような理由は根本的に、いかなる紛争も解決することができなかった。皮肉なことに、福利思想は戦間期に広範に受け入れられていた。この事実は――無論、各国の国内政治は社会保障という決定が実践でどのような意味をもちうるのかを決定するが――社会保障の可能性が空前のコンセンサスを得られたことを意味した。もっとも先行きが明るい社会モデルとは何か？　この重大な問題を目の前にして、人権にかんする議論は福利主義体制と共産主義体制とのあいだで選択を下すことができなかった。他ならぬこの事実こそ、人権が新たなイデオロギーであるにもかかわらず、辺縁に追いやられた理由だった。一九四五年に、すでにフランスの哲学者レイモン・アロンが、「権利に対する声明は必ず虚偽的である。一部の人はこの権利を支持するが、互いが競争しあう社会モデルのなかでどれか一つを選択しなければならないときに、彼らは迷わず個人の自由の原則か、富の平等分配の原則を犠牲にする」と主張していた。E・H・カーは、のちに懐疑的な態度で、「社会的権利が決定することがらはどこにもない。すべてのことがらは、社会的権利の範疇の下の社会体系の属性による」[*54]と評した。トルーマン・ドクトリンが一九四七年三月に公表され、二つの生活方式から一つを選ぶようにと人びとに選択を迫った。これは、一九四八年一二月に採択された世界人権宣言は、双方が交差する点で一致団結を保つ言い訳であるかのようにみせかけているだけで、実際の効力をもたないことを意味した。

つまり、もし最新の人権というスローガンが――国家や地域を問わず――ある程度、注目を集めることがあるとすれば、それはアメリカの自由主義者ではなく、ヨーロッパの保守主義者のあいだにおいてである。人びとが良かれと思って歴史を振り返り、アメリカで国際主義が盛り上がることが、人権とのあいだに繋がりがあると考えるとき、「孤立主義を支持する保守主義者が、人権という概念を攻撃するのだろう」という推論を強調する。たしかに、時間が経つにつれ、アメリカ法曹協会のメンバーであるフランク・ホルマン、さらに上院議員のジョン・ブリッカーを中心とする政治的潮流は、すべての形式における国際主義を、偽装された共産主義だと批判した。しかし、これらの人びとが国際主義に反対する運動に加担したのは、自由主義者が超国家的規範に対して発する微弱な呼びかけが自らにとっての脅威になったからではなかった。彼らがすべての形式における国際主義を、偽装された共産主義だと批判したのは、国際主義と富を再配分する社会主義と同一視する扇動的な言論は、ポピュリストがアメリカ的な生活様式に対する訴えとして、保守派に有利だと証明していたからだった。[*55]それにもかかわらず、アメリカの保守主義者の度を越した強調は、最終的に歴史を歪曲することになる。なぜなら前記のように強調する者は、人権概念が第二次世界大戦末期に氾濫するようになったという記述が、大体において人権と冷戦期におけるヨーロッパの保守主義とのあいだのゆったりとしながらも強固な繋がりを反映していることがみえていなかったからである。そのため、人権概念が、第二次世界大戦末期に氾濫したという言説によって、人権が潜在的な共通の理想との相関性を失ってしまったのだった。事実上、人心を鼓舞する人権概念が流産した背景のもとで、人権の意味をめぐる論争において、主要な生き残りは、保守的なキリスト教的解釈だった。この解釈は、人権概念が誕生したときにそれを定義するために役立ち、さらに冷戦が始まったときには人権の意味を強固にした。言い換えれば、保守主義は人権を明確にしたのであって、破壊したわけではなかった。

戦時中に流行した、様ざまな人権のカトリック的解釈の勢いは、それほどではなかったが注目を引くような存在だった。そのなかで、もっとも重要な解釈は、おそらく第二次世界大戦後に少しずつ台頭した人権のキリスト教化だろう。この解釈は、なぜ世界のあらゆる場所で、戦後に人権が西ヨーロッパの復興の過程のなかでしか唯一の居場所を獲得できなかったかを教えてくれる。しかし、キリスト教的な定義を流用することが世俗主義的な解釈に対抗するに際して、困難に直面したというよりも、カトリック教会は、長いあいだ、様ざまな抱負が互いに衝突しあう状況に悩まされたと考えるのが妥当だろう。簡潔にいえば、ファシズムに対するキリスト教の反応がなくなったことが、キリスト教が人権の構築において果たす重要な役割の礎を形作った。この役割とは、第三の道で、人格主義的で、さらに共同体主義的で、自由原子論と唯物論的共産主義に代わるオルタナティブとして、権利の内実に大きな影響を及ぼした。そのため、宗教学者は、戦時中と戦後の初期に人権の取り組みに転じ、その後、人権を反世俗主義という持続的な事業の核心的な要義とみなしていた点に注目しなければならない。

大多数の宗教人、なかでもとりわけ戦後に重要な意義をもつようになるカトリック信徒は、長いあいだ世俗主義的で、独善的な権利概念を拒絶してきた。カトリック教会がこの政治的言葉を貶しめ続けたことは典型的な例だろう。一九四〇年に影響力をもつイギリス国教会のチチェスター司教だったジョージ・ベルは「一七八九年の観点を一定程度修飾したうえで、一九四〇年の文脈に適用することは当然、可能である。しかし、現在の状況を作り出したのは、まさに世俗主義である。弱り果てた病人に、すでに適量を超過して吸収してしまった世俗主義を処方することは、毒をもって毒を制することに似ている。さらに多くの世俗主義的宣言、人権の主張を打ち出したとしても、これらが精神的聖別を欠いていれば、我われを破滅の道から導き出すことができない」と世俗主義が役に立たないことを指摘した。しかし、終戦後、多くの卓越したキリスト教神学者は、新たな人権概念を擁護した。この人権概念が国家レベルで、あるいは国際レベルで道徳的共同体を反映してくれるなら、支持を惜しまなかった。同時期に、人間性を神聖で不可侵という条件の下で、ベルは「人の権利は直接的に人が神の子だからということに由来する、国家に由来するわけではない」と断じた。他にも例がある。スイスのプロテスタント神学者の重鎮、エミール・ブルナーは、一九四七年に人の権利の由来について演説したとき、彼は「人権は自らを誕生させた信仰の土地に生まれた」と述べて、人権は、神の法あるいは錯覚のいずれかしかないと指摘した。しかし、逆に数十年にわたってキリスト教を信仰しない学者で、権利を訴える理論家や思想家はいなかったし、擁護する者もいなかった。[*56] 人権が生まれる過程で死んでしまったことが証明してくれるのは、自発的に人権を保障する、いわんや人権を定義する思想家たちの論争に委ねることはできないだろうという事実である。

キリスト教と保守主義者が人権を保障するためにみせた情熱と誠意が意味するところは、他の人は自然に、人権を党派のイデオロギーが強い概念だとみなすことである。一九四八年、ドイツ人で、初めての人権史学者となったキリスト教徒の知識人、グルハルト・リッターは、価値の高い証拠を示してくれた。この証拠は、人権が戦後のヨーロッパのキリスト教的な環境のなかで、さらにより広範にアメリカのキリスト教的なアメリカのキリスト教から養分を吸収したのかもしれない――欧米世界を含めていることを示してくれている。リッターは、保守的な民族主義者で、ヒトラー暗殺のために結集した貴族と軍人のグループに参加したことから、一九四四年から一九四五年にかけて強制収容所に収監された。終戦後、リッターは、キリスト教の統一は必ず実現しなければならない、これしか共産主義を避ける道はないと悟った。この点からすれば、「全体主義国家による奴隷制」とは異なる欧米文明の特徴としての人権は、極めて重要だった。[*57] それというのも、マリタンは欧米のキリスト教に人権は世俗主義的な自由主義から生み出された危険な産物ではないことを気づかせ、人間性のある人に対する強調によって人にキリスト教世界の道徳共同体を連想させたからである。さらにキリスト教徒の先頭にたつジョン・ダレスは、人権をキリスト教の理念に導入した。確かに、リッターが強調しているように、ダレスが戦時中に非平和主義からではなく道義論的な観点からした説明からすれば、共産主義の脅威と対抗するための、最後で、最高の防衛線にしたいからこそ、人権が援用されたのだった。無論、人権そのものの幅は、無限に拡げることができ、とりわけアメリカ史が話題になるとき、人権は、神聖な宗教を議論する好材料として用いることができるし、快楽を追求する享楽主義的な物質主義の議論にも持ち込むことが可能である。期待として、このような享楽主義はフランス革命をはじまりとし、ソ連の全体主義を経て、欧米のキリスト教世界の伝統に至るまでの歴史を経験した。このことが意味するのは、人権は、現在の危機において精神主義的な形式で保存されなければならないことである。

リッターが、ダレスと会ったのは一九四八年である。そのとき、ダレスは重要な意味をもつアムステルダム会議で演説した。会議において、長い時期にわたって追い求められたキリスト教の全世界的な統一が、最終的に世界教会協議会というかたちで、実現した。当時の環境において、人権は、平和のための活動に積極的な影響を及ぼしていたから、このできごとは、人権への肯定を示しているといってよい。しかし、そのとき、リッターは、ダレスが謳ったアメリカとヨーロッパの統一は、信頼できる世界的な連合ではなく、あくまでキリスト教世界の真なる願望を反映したにすぎないと認めた。マリタンとリッターを筆頭とする人びとからすれば、人権は、一七八九年に起源したものではなく、キリスト教の遺産であり、依然として脅威をもつフランス革命の遺産、あるいは革命そのものに対抗するものだった。地政学的な角度からみると、リッターは、「間違いなく、過去において、我われが当たり前のように考えるキリスト教文化の伝統にあたるすべてのことがらの未来は、ほぼ完全に宗教的な情熱を頼りにしている。いまのアメリカは、まさにこのような情熱で普遍的な人権原則を保障し、さらに全体主義的な国家システムと対峙している」[*58]と述べた。ダレスこそ、数年後アイゼンハワーの国務長官として、アメリカが法的拘束力のある人権条約に同意しないと宣言した張本人である。しかし、だからといって彼は以前の、とりわけ海外で行われた、人権にキリスト教的な解釈を付与させることに全力を尽くしたその努力を裏切ったとはいえない。たしかに、アメリカが、人権概念から急速に距離をおいたことで、人権がおかれているヨーロッパのキリスト教的な環境と人権がもつ反共産主義的な立場は、より鮮明になった。戦後の短い沈黙を経て、人権が、戦後の早期のヨーロッパ一体化のプロセスに影響を与えた。そのもっとも顕著な例は、一九五〇年に採択されたヨーロッパ人権条約をめぐる政治と文化の起源である。

いわゆる連邦主義者の行動指針は、戦間期のヨーロッパの歴史に深く根ざしており（ソ連と同盟関係にあったにもかかわらず）、戦時中に議論がすすめられた。例えば、チャーチルは将来を見越して「ヨーロッパの栄光の回復、近代国家と文明の発祥地、古き良きヨーロッパを野蛮なロシアから救う」[*59]必要があると語った。戦時中の交渉で相互に排斥し合うという亡霊が祓われたのち、国連と地域的な協定が同時にあらわれた。こうしたできごとは、いまだに一体化したヨーロッパの構築という構想が基本的な政治的に一般的な言葉になっていなかった早い段階においてさえ、西ヨーロッパ地域と権利を結びつけたのは終戦直後のアイデアで、その後の数年間のあいだに拡がった。当然、大多数の西ヨーロッパ諸国において、自由人権協会は、戦間期から活発に活動していたが、いまだに辺縁の地位にあって、このような活動が、政治における主流な考え方を再定義することができ、さらに、各国の世論を動かすることができるとはいえなかった。すくなくとも社会党の指導者だったポール・フォールが融和的な立場に傾斜したために、第三共和制が瓦解した一九四〇年にはフランスにおける人権の伝統と深く結びついた、歴史的にラジカルな（つまりはリベラルな左翼）政党は、存亡の危機に瀕した[*60]。このことは同時に、いずれの国においても戦時下においてはキリスト教徒による抵抗運動が組織され、そしてフランスでは一九四〇年以後、人権を基本原則の一つに掲げる世論が警察国家による政治的発言を封じ込めることができなかったことを意味した。しかし、このようなときでさえも、人権は、どこかの国家で発生した反抗運動の旗印となることはなかった。自由フランスにおいては、愛国主義こそが主流だった。さらに、占領下のフランス、つまりヴィシー政権下においても愛国主義が明らかに優勢を占めていた。

しかし、ヨーロッパを再建したのは、別の力だった。もっとも象徴的なシンボルはヨーロッパ人権条約である。この条約は、戦後ヨーロッパを権利の故郷にした。戦後、非共産主義的な社会主義がイギリス、フランス、あるいは占領されたのちに強力な政党が組織された当時の西ドイツで、人権という言葉に何らかの方法で再び脚光を浴びせたことを示す証拠はどこにもなかった。ある程度、これは当然の成り行きだったといえる。なぜなら、権利のリストは、こうした国ぐにの内部においては自明なものとされ、遠い過去においても、最近の記憶からしても、これらの権利は保障されていたからである。例えば、新たな憲法をめぐる議論や議会における討論においても、例えば権利にかんしてはキリスト教保守主義が空前の一致を（財産権と教育問題で対立がみられたものの）みたことがこの事実を証明している。同時に、権利――とりわけ新たに出現した国際的な権利――は、戦後の社会主義における権利をめぐる世論が復活しなかったという意外な事実も明らかにした。[*61]

戦後の西ヨーロッパにおける権利をめぐる議論の主流――とりわけ、ヨーロッパ人権条約――は、優勢を保つ保守主義の改革ということだった。さらに一九四七年二月に共産党がチェコスロバキアで政権を握ったことは、西ヨーロッパ以外の国ぐににおいては保守主義にとっては迫り来る脅威だった。それというのも、数十年来、「資本家階級によるヨーロッパの復興」という掛け声は、キリスト教民主主義の政治的覇権を頼りにしてきたからだった。そのため、このキリスト教民主主義という理念が存続しているにもかかわらず、人権のヨーロッパ化を推し進めることができないというのは、きわめて興味深い現象になるはずだった。ヨーロッパ諸国の復興と統合の計画――この計画には、政治的領域においてかなり普遍的な計画、さらにヨーロッパにおける人権の伝統を存続させる計画という二つの側面――の礎をつくりあげた主要なメンバーたちのなかで、かなりの数の人びと――例えば、ロベール・シューマン、ポール・アンリ＝スパーク、ピエール・アンリ・デジャン――が自身はキリスト教人格主義者だと自認していた。[*62] この人権を保障し、伸張することをヨーロッパ人権条約のなかで、ヨーロッパ文明精神の運動の根源だと定義する運動を推進する勢力があった。この勢力は、当初は保守主義者から生まれた。保守主義者は、自国で徘徊する社会主義の亡霊に怯えていたチャーチルと失脚した彼の盟友たち、さらにヨーロッパ諸国も同様に、唯物論が精神的価値に対する勝利に近づいていることを恐れた。[*63] 最終的に、政治的・市民的権利は西ヨーロッパのアイデンティティの根幹とみなされ、独自の保障を得た。しかし、その一方で社会的・経済的権利は無視されてしまった。ヨーロッパ人権条約の交渉が世界人権宣言の内容よりも拡大されたことは、基本的価値観に対するイデオロギー的合意はもはや維持できないことを意味していた。さらに、一九五〇年になるとヨーロッパにおける人権は、冷戦下で西側の基本的価値観として奉られた。イギリスでは、冷戦の影響で、チャーチルが力を惜しまずに支持したヨーロッパ統合の勢いが失われつつあり、交渉を行う際にもはや労働党を無視することはできなくなっていた。イギリスでは労働党は、冷戦によって、ますます交渉に引きずり込まれることは避けがたく、下野したチャーチルの熱心な統合主義に対抗して、保守党によって内政を攻撃されるよりは人権を引き継ぐことが得策だということに感づいていた。ヨーロッパ地域を俯瞰すれば、キリスト教という共通の基盤は、大いに重要なことで、いわゆる「キリスト教人格主義者」のみならず、怖いもの無しの労働党政権の外務大臣で西ヨーロッパの権利を宣言する理由として「精神的統合」を主張していたアーネスト・ベヴィンにとっても重要だった。いまとなっては、野党は、ヨーロッパの地域文明（と宗教）を代表して全体主義的国家主義に触発されたと考えられる。人権は、ある種の波のような社会民主主義の導入から冷戦下において確固たる地位を取り戻した。

ヨーロッパ人権条約と条約が規定するヨーロッパ人権裁判所の設立という地域政治の諸要素を勘案すれば、これらの事実をもって――人権法はひとまずおいておくとしても――人権という言葉が最初から役割を果たしたと考えるのは大きな誤りである。この条約が法律上の強制力をもつ実施措置を保障することよりも、この条約が発した西ヨーロッパ的なアイデンティティに依拠したイデオロギーの方がはるかに強かったからである。条約が最初にめざしたのは、人権がすでにその効力を失なっている領域に力を与えることだった。しかし、戦後の基本原則は、西ヨーロッパをただちに人権の原則を担うことのできる神聖な土地に仕立てたわけではなく、むしろ力を担う領域にした。もっとも明白なことは、のちに世界という舞台で積極的に人権を標榜するベルギーやオランダのような小さな君主制国家が存在したことである。ヨーロッパの人権に対する関与を明らかにする上で、例えば、西インド諸島マルティニーク出身の詩人で政治家でもあったエメ・セゼールは一九五〇年にヨーロッパで支配的だった権利の枠組に対して「有名な作家にしろ、有名な学者にしろ、法律と宗教に殉じた者にしろ、人間性のある人の擁護者にしろ、誰一人、反植民地運動を支持しなかった」と怒りをあらわにした。確かに、ヨーロッパ人権条約の保守主義的な起源だけでなく、条約が君主制に干渉する潜在能力を有していたため、フランス人権連盟の指導者を含むフランスの左派は三〇年のあいだ、自国が条約に署名することを拒絶した。少数の法律家が執拗にヨーロッパにおいて、数十年間努力したものの、彼らの勝利は依然として、ヨーロッパのアイデンティティと人権が緊密に接合するグローバルな転換を待つしかなかった。[*64]

本質的に死産したヨーロッパにおける「人権体制」に生命の息吹《いぶき》がみられるまでには一九五〇年代から一九六〇年代まで待たなければならなかった。しかも、その結果は、僅かばかりだった。一九五〇年代末期、イギリス領キプロスで発生した危機によって、はじめてヨーロッパ人権システムが諸国間で本来の効力を発揮することができたものの、ヨーロッパの外交関係にある種の基準を設定できたのは相当な時間が過ぎ去ったのちのことであり、ヨーロッパ人権体制はヨーロッパ域内の際だった特徴として挙げられることは一度もなかった。条約にもとづく個人申立制度の道を遂に開いたのは、ストラスブールに設置されたヨーロッパ人権裁判所による一九六〇年のＬａｗｌｅｓｓ対アイルランド判決だった。それにしても申立権は、一九八〇年代半ばまでは、あくまで理論的に可能だとされていただけだった。しかし、一九八〇年代半ばには裁判所に付託された申立と受理された申立も、どちらの件数も急速に増加（一九七〇年代半ばまでにヨーロッパ人権裁判所が判決を下した事件はわずか一七件しかなかった）していた。[*65] つまり、ヨーロッパ人権条約の〝起源〟は、我われにこの条約の実際の運用について説明してはくれなかった。むしろ、のちの時代において、人権は、文化とイデオロギーの二つの側面で勝利したことが、人権がヨーロッパという地域において法的有用性と妥当性があることを決定づけたのである。保守主義という冷戦の起源は、すでに忘れ去られた。人権は、何かしらの急激に変化した新たな環境――たとえ、ホロコーストの自覚の一層の重要性がヨーロッパ社会を力強くして暴力を一掃し、人権にとって最悪の時期というよりは、むしろごく最近の異なったできごとが起きた直後に新たな信条を受け入れさせるという新たな環境――において異なった意味をもつようになった。

保守主義の理念も新たなひらめきをもたらすことができることに疑いの余地はない。例えば、空前の危機に陥ったとき、保守主義の理念は、西側の社会を支えるのに理想的な説明だった。人権は、良きにつけ悪しきにつけ、戦時中は美辞麗句に飾られた天使のお告げのようなほろ苦い宿命を負った唯一の解釈として生き延びた。この事実は、人権が戦後の長い年月を生き残り、のちに復活するという懐古趣味的な時代錯誤の都合の良い見方であることを物語っている。しかし、この事実に隠されている本当の物語とは、人権はそののち、誕生したときからすでに自らに内在していたあいまいさと解りづらさから、さらに元は保守主義的で、宗教的な意義と関連をもつ定義から逃れなければならなかったことである。〝冷え切った〟冷戦は、人権に深刻な影響を与えたが、人権に終わりを告げるものとはほど遠く、単に人権が誕生する雌伏のときを引き延ばしたにすぎなかった。

人権の新たな国際的重要性にもかかわらず、一九四〇年代における「人権」の核心的意味は、近代国家――国民の統合を背景とする原則にもとづく――と国内的な人の権利という古くからの伝統と両立するものだった。このような時代にあって、人権は、次つぎに条文化され、ある種の新たな人権にかんする潜在的なグローバルな地位の政治的理解を確立することよりもはるかに遠くまで行ってしまったことは事実である。いうまでもなく、世界人権宣言は国際組織によって宣言されたものだったが、その条文によって明らかにしたのは国家の神聖な義務にとって代わるというよりは、むしろそれらを維持するものだった。この点について、もしも他に幾ばくかの意味があるとすれば、それは、人権宣言が将来、法にもとづく超国家的なガバナンスのユートピアを示したのではなく、人と市民の権利の記憶を留めたことである。一九四〇年代半ばに、公民権運動初期の産物であり、いまだにかろうじて国際秩序に影響を及ぼすにすぎなかった社会的・経済的権利を盛り込むことには重要な意味があった。しかし、もう一つの観点は、終戦直後という時期に権利という古い概念が、正真正銘の特権の制限という英米法の伝統でもなく、権利を第一の原則とみなすフランス法でもない、まったく新しい構成で宣言され、世界人権宣言が世界政府の基盤を損なうことのないあと知恵として生まれたことである（一九四八年まで人権のためにたった一人で奮闘し、世界人権宣言は恥じるべき惨敗だと激怒し、宣言そのものが謳う理想の敗北だと憤慨した国際法学者のローターパクトをおいて他にこの事実を明確に指摘した者はいない）。

そののち、終戦後の一時期をまったく異なった回顧、すなわちひどい偽りのあたかも終戦後の一時期の復活を許すかのような時期が生じた。それは、人権が死産だったというよりは、むしろ人権が死――とりわけユダヤ人の死――から蘇ったことを宣告するような展開だった。同時期に何週間にもわたる国連総会での世界人権宣言をめぐって、たびたびナチスによる次元の異なる残虐行為から保護を与えるための特定の法的措置の発動や人間の尊厳を守らずに疎かにした結果を説明する議論が交わされたにもかかわらず、ユダヤ人集団虐殺には言及されなかった。こうした議論は、最近になってホロコーストの記憶を当惑させるような理解を焚きつけ、ニュルンベルク国際軍事裁判が実際にはユダヤ人の苦難を無視することを助長し、大規模な残虐行為に対して倫理にかなう伝統を確立することにも通じている。さらに重要なことは――当時はまったく明確にはなっていなかったものの――ニュルンベルク国際軍事裁判と裁判にかんする法の定立――例えばジェノサイド禁止条約――は、人権にかんする条約の制定と軌を一にするプロジェクトの一部だとみなされていた。いうまでもなく、裁判にかんする法の定立は、それ自体が独立した、多方面にわたるプロジェクトの成果だったものの、それだけが人権にかんする条約の傘に下におかれた。ジェノサイド禁止条約の採択を推進したラファエル・レムキンは、彼が手掛ける運動が国連の人権プロジェクトとは隔たりがあると認識していた。さらに、何といってもジェノサイド禁止条約は、人びとに世界人権宣言よりも辺縁に追いやられ、重要ではないと考えられていた*66。

しかし、一九七〇年代以降、とりわけ冷戦終結後に人びとは、第二次世界大戦は普遍的正義を追求する戦争だったと理解することが当たり前になったものの、積極的に国際人道秩序を追求している人びとがいることにも驚きをもって気づかされた。戦争の余波が、このような不確実で脱政治化した見解を介して「人権は世紀の罪に対する直接的な応答から生まれた」という神話を生み出した。この見解は、現代においてユートピア的発想を探究することの重要性を示唆している。確かに人権に対する約束は、ホロコーストの記憶の結果として具現化されたものである。しかし、その具現化は、数十年後に人権が新たな目的のために呼び戻されるときまで待たなければならなかった。一九四〇年代において人権にかんして事実上もっとも重要なことは、この時期の到来の問題ではなく、より深遠な過去のように、この時期が過去の単なる回復ではなく、再構築でなければならないことである。

第三章　なぜ反植民地主義は人権運動ではないのか

一九四五年五月、ベトナムの反植民地主義者ホー・チ・ミンはアメリカの歴史のなかから、自らの事業を支える基本原則を探そうとした。当時、ベトナムとアメリカのあいだには日本帝国主義を打倒するという共通の利益が存在していた。あるとき、ホー・チ・ミンがアメリカからきた戦略情報局の工作員と会談した。そのときの状況を、この工作員は「ホー・チ・ミンは、繰り返し私が独立宣言の内容を覚えているのかと質問した。私は確かに標準的なアメリカ人だが、独立宣言の内容をそれほど覚えていない。独立宣言をめぐる議論が長引くにつれ、ホー・チ・ミンが私よりも多くの内容を知っているように思えた」と振り返っている。[*1] 一九四五年九月二日、日本が降伏したあと数週間にわたってイギリスの支持とアメリカの暗黙の了解を得たフランスによる植民地統治はいまだ力を蘇らせていなかった。そこで、ホー・チ・ミンは一七七六年に公布された有名な「合衆国独立宣言」の冒頭部分――以前からあまり注目されていない節――を自らの「ベトナム独立宣言」の冒頭に引用した。曰く、「すべて人は、生まれながらに平等で、創造主は、奪うことのできない権利を授けている。そのなかには生命、自由と自らの幸福を追求する権利が含まれている[*2]」。

この引用は、反植民地主義と権利のあいだにある極めて重要な歴史的関係をうまく捉えているが、無論、この関係を正しく理解をすることにはある種の前提が要求される。時間の経過によって両者の関係がいかに解釈され直されたとしても、アメリカの独立宣言は本質上、権利と何ら関係がないことである。もっとも重要なのは、ベトナム独立宣言が世界中の国ぐにに対して、自らがポスト植民地時代の統治権を有していることを表明したことである。国際法のレベルまでいくと、アメリカの独立宣言は、個人の保護ではなく各国に対する承認こそが核心である。実践上、ホー・チ・ミンもほかの反植民地主義者と同様に、個人の権利ではなく人民の解放を主要な目標に据えた。アメリカの独立宣言における「不滅の声明」を引用したあと、ホー・チ・ミンは「より広い意味から観ると、この文言は、世界のすべての民族がみな平等に生まれ、どの民族も生存、幸福、自由に対する権利をもつということを意味している」と書き記した。彼の意図は明確である。つまり、いま、もっとも重要なユートピアは、依然として、国際法に規定された個人の権利ではなく、帝国主義からポスト植民地時代における集団的解放を獲得することだった。[*3]

意外にも、戦後の反植民地主義者はあまり人権という言葉を引用してこなかったし、世界人権宣言が採択され、さらに反植民地運動も勃興したが、一九四八年の世界人権宣言が意図的に援用されることはなかった。反植民地主義者は、明らかに人の権利と国民国家の権利の両者は、以前から密接不可分にあることを知っていた。だからこそ、彼らは、第二次世界大戦が終結したあと、両者の連携を構築することに強い興味を示した。人の権利と国民国家の権利の連接は、ウラジーミル・レーニンとウッドロウ・ウィルソンが民族自決権の名で一九一九年に作り上げたものである。当時、パリに潜んでいた若きホー・チ・ミンは、大胆にもヴェルサイユ会議の会期中にウィルソンを訪ね、なぜ民族自決権の原則がベトナムの人民に適用されないのかを問い詰めた。ウィルソンの大原則は、第二次世界大戦が終結したあと――つまり、人権の革命と呼ばれる時期――になってようやく実現された。民族自決権に付随しているその他の国際的な権利ではなく、民族自決権の約束そのものは、大西洋憲章の強力な後押しによって、全世界に響きわたった。しかし、その結果は変わらなかった、つまり、大西洋憲章は反植民地主義者を覚醒したが、人権の約束は喚起しなかった。人権という言葉は、それぞれの同盟国が公式に民族自決権を約束しないようになったのちに、舞台に登場しはじめた。

戦後、普遍的な意味からしても、人権に対する国連の説明からしても、反植民地主義を人権に近づけさせる変化はなかった。脱植民地化によって多くの新生国家が国連で影響力を発揮できるようになったときに、人権そのものが、民族自決権の主要原則に含まれた。もしも、反植民地主義が人権を軽視しているといえば、かの概念が現代史で暗黙のうちに示されたように、人の権利にかんする運動は、国家への忠誠を主要な地位においていたからである。さらに、反植民地主義の視野は、国家の範囲を超えていた。この点からすれば、反植民地主義は違った顔をした国際主義としてあらわれていたはずである。それに内在している精神は、現在の人権とかなり異なっていた。国際主義は、自らよりも低い地位にある民族解放を融合させたものの、反植民地主義は、伝統的な意味では自由あるいは社会的権利に興味を示さず、あくまで集団的な経済的発展に注目した。しかし、この事実を根拠に、反植民地主義が人権を裏切り、あるいは人権を反故《ほご》にし、最初の約束を裏切ったとはいえない。一九四〇年代の人権概念がもつ意義、さらにそれがいかなる効力を果たせるのかは明らかではなかった。そのため、国連における反植民地主義の力を自らの特別な伝統とみなした方が、まっとうだろう。人権の現代的な意義からすれば、人権の台頭がこのような伝統に代わることは当然の成り行きだった。

人権史の枠組を考える際に、第二次世界大戦後にあらわれた反植民地主義者に注目することにはいくつかの理由がある。なかでももっとも重要な理由は、反植民地主義は、我われにあらたな視点で欧米の普遍主義とグローバルな闘争の関係を検討するように迫ったことである。人びとは、弱い立場におかれた民族がいかにして自らの主張を、虚偽の言説からグローバルな現実に変えていったかという過程に着目する。こうした議論は、「下から上への実現」の視点が紙の上の約束をどのように現実の政治に変えるのかという問題に根本的な判断を下すことである。それにもかかわらず、現実には必須のある種の「権利のための論理」が存在しない。この論理のなかで、全世界の民族が、自らの普遍主義が机上の空論にならないように努力する、権利は、欧米の創造者の意図を超えて一連の行動を展開したようにみえる。[*4] 確かに、第二次世界大戦後に注目しておくべき事実がある。それは、国際組織と国際法の潜在的保護を受ける個人の特権が実現できないのは、従属的地位におかれている民族が世界的にその地位が決定されたわけではないからである。簡潔にいえば、約束が果たされない根本的な原因は、植民地主義にある。しかし、この原因は、反植民地主義運動が集団的解放であり、人権ではなかったことにある。

人権は、道徳的な計画や世界的な希望を新たに喚起する主要な推進力として出現するには長い歴史――この歴史が多種多様な人類の幸福の理念に満ち、互いに競争しあっている――のなかで反植民地主義の時代以外に、この事実を鮮明に説明してくれる例はないかもしれない。世界の歴史において、反植民地主義は、主権の合法性を認めさせる手段ではなく、主権を普及するもっとも有効な手段だった。反植民地主義が人権史にもたらした経験は、反植民地主義という理念が、戦後に増した重要性を指していないわけではなく、人権という理念が置かれている状況を指している。この状況の下で、人権は、自らの現代的な意味にもとづいて一九七〇年代半ば以降に頼れる信念となり、同時に、かつて説得力をもっていた集団的自決権は、危機に瀕した。

当時の植民地主義はめざましい結果を得ていたが、反植民地主義は、突然あらわれたものではない。しかし、第一世界で権利を用いた女性運動や労働運動とは異なり、一九四五年以前に反植民地主義は、権利を用いて自らの取り組みを表すことはあまりできていなかった。植民地で統治されている人びとは、欧米の人道主義が彼らに恩恵をもたらさなかったことを痛感していた。[*5] フランス自由人権協会は一九三一年に植民地化と人の権利の関係を主題とする議論を交わした。公然の暴力がもたらすショックによって、協会の会員が当時の植民地主義に対して心から遺憾の意を表明したが、最終的に彼らに割り当てられたのは、権利の名で植民地主義を改良することだった。「科学を持たない人びとにそれを与え、彼らに道路、水路、鉄道、車、電報、電話をもたらし、彼らに公共の保健サービスを構築し、さらに――最後ではあるが、もっとも重要――彼らに人権を伝播する」。講演者の一人がいうように、これは「互いを助けあう、愛に満ちた任務」[*6]だった。

確かに、活動家たちが働いている植民地の法律と合致する手段をとおして助けを求める。イギリスとフランスが本国で施行している法律は、植民地の法律とのあいだには階層的な差異があった。しかし、建前上、両者の法律は、宗主国管轄下にあるすべての被統治者に法的権利を付与している。さらに、国内の市民的自由の伝統――一種の個人主義的文化で、様ざまな方法で主要な植民地の民族的伝統に浸透していた――は、海外の植民地に移植されうる潜在的な能力をもち、意外な役割をよく果たしてくれた。しかし、第二次世界大戦以前には国際人権という発想は存在していなかった。存在していたのは身分にもとづく限定的な人の権利とのちに愛国主義から批判を浴びる市民的自由だった。確かに、以前の時代に市民としての身分と市民的自由を勝ち取る運動は、国際的に権利を勝ち取るよりも、独立主権を追求することに資するかもしれなかった[*7]。

しかし、強調しておかなければならないのは、第二次世界大戦のあいだに形成された市民の身分と市民的自由は、帝国主義に反対する者たちに、理念という遺産を遺した。これらの理念は、どれ一つ一九四〇年代半ばに到来した人権の盛り上がりに自然かつ開放的な態度を示してはいなかった。一九一八年以後、意義をもつ権利はただ一つしかなかった。あるいは、意義があるのは、一つの権利でしかなかったといえる。それは、レーニンとウィルソンが、国際人権を目標にしない――当時ではいまだに理念として完成されていない――反植民地主義が出現する環境を整えたからこそ、他のすべてよりも優先される集団的権利を位置づけることができた。「ウィルソン主義」は第一次世界大戦が終結したあと、瞬く間に中断したが、第二次世界大戦のあとに再来した。この事実が意味しているのは、当時「ウィルソン主義」と同じような人権の勃興期があらわれなかったことである[*8]。世界中で脱植民地化の現実が如実に示しているように、すべての普遍主義が瞬く間に低層からそのいまだ実現されていない潜在的能力を喚起できたわけではなかった。おそらく、世界史固有の論理、すなわち歴史上の様ざまな概念は、良きにつけ悪しきにつけ、みせかけ以上に人為的な選択に左右されるものである。

植民地世界に対する戦時中の約束をめぐる歴史が詳細を明らかにしているように、実際上は、人権と自決権とは片方の勢いがませば、もう一方が衰退あるいは消滅するという一進一退を繰り返しながら、世界的な概念体系に組み込まれた。チャーチルとルーズベルトは自決権の意義に対する考え方に相違があったものの、両者は一九四一年の大西洋憲章では人権ではなく、自決権を同盟作戦の目標の一つとして宣言した。チャーチルにしてみれば、民族自決権の原則は、ヒトラーの帝国を解放するためにのみ適用され、普遍的な意義での帝国、当然ながら、大英帝国とも関係がないと考えていた。しかし、道徳的に優れていると評価されるルーズベルトはそうは考えなかった。ある日の晩餐会で、ルーズベルトはチャーチルに「アメリカには様ざまな人がいる、これは紛れもなく事実である。しかし、一つの民族として、一つの国家として、我われは帝国主義に反対する、帝国主義に我慢ならない」[*9]と語っていた。世界人権宣言が公布されたのちに、様ざまな人権をめぐる構想があらわれはじめ、その結果、自決権は否定されてしまった。

大西洋憲章が、全世界で大きな反響を引き起こしたことは明らかな事実である。ヤルタ会議での「解放されたヨーロッパに関する宣言」のように、さらに共産主義が東ヨーロッパを占領したことに対する批判のように、自決権がヨーロッパで効用を発揮し続けた。他の場所の人びとが、全身全霊で抗争に満ちた時代に身を投じたとき――さらに世界人権宣言で自決権が盛り込まれなかったことから――人権はもはや決定的に自決権の代替品となった。ホー・チ・ミンは、一九四五年初頭に、自らと対話を重ねてきたアメリカに対して大西洋憲章の約束――および彼が称賛したアメリカの伝統――を履行すること、さらにフランスが再びベトナムに介入しないように要求した。しかし、あとになって、ホー・チ・ミンはこのような要求を放棄し、さらに、世界人権宣言の諸権利を核心的地位に位置づけることはなかった。[*10]

このような基本的であるにもかかわらず無視された事実は、人権が西側先進国で経験した死産よりもはるかに多かった。しかし、このような事実は、一九四一年以降に形成された意見とは一致しない。なぜなら、一九四一年は、国際主義の伝統が真正の普遍主義の精神にもとづいて形成された時期だったからである。ある論者はこの形成過程を世界でもっとも重大なできごとだと位置づけていた。大西洋憲章は〝人権文書〟というレッテルが貼られたとき、我われは大西洋憲章には人権という言葉が含まれていないことに注意していなかった。一九四〇年代、人権という言葉を神聖化した結果、大西洋憲章で規定された自決権の概念が放棄されてしまった。さらに、より大きな視点からみれば、人権の誕生よりも興味深いのは、連合国は人権と自決権のあいだには、解決することができない隔たりが存在していることを自覚していなかった。[*11] もしも、人権が、自決権の確かな後継者あるいは代替案だったとすれば、植民地の人びとが、すでに新たな人権に触発されたことを主張するのは、非常に意外なことだといわざるをえない。

さらに、全世界が、この事実を受け入れたことも前出の仮説と符合している。大西洋憲章が世界的に多くの人びとを触発したことは明らかなことである。しかし、これらの事実をもって人権が注目を浴びることができたと結びつけるのは誤りである。無論、もう一歩踏み込んで世界人権宣言が世界で信じられないほどの注目を浴びたと仮定することはできる。[*12] しかし、この仮定を証明してくれる証拠がなければ、人権がなぜ無視されたのかを理解することはそれほど難しいことではない。

自決権が、第二次世界大戦終結後に人権より重要だったことは、反植民地主義において国民国家の建国、未来に唯一可能あるいは実現できる道であることを意味しない。ことはそれほど簡単ではなく、共産主義以外に、汎アラブ主義、汎アフリカ主義などの規模は共産主義ほどではないにしても国際主義としてあらわれた。簡単にいえば、人権はいくつかの国家という範疇を超える価値観を含んでいたが、単にこれらの価値観を訴えるだけでは現実を変えられなかった。大西洋憲章が世に出たあとでも、人権が経験するとされた短期的な発展も必ず反植民地主義が絶えず発酵していくことを背景としていた。換言すれば、人権がプラットフォームに上がったとき、電車はすでに遠くまで行ってしまっていた。

例えば、興味深いことにガンジーは、人権に代わる新しい概念をみつけられなかった。はるか以前から、ガンジーはイギリスの支配下にある人びとがイギリス人しか有しない権利――彼は同時に責任の概念を権利の概念を補完するようにと主張した――を獲得するためにサティーヤグラハと名づけた非暴力・不服従の理論と実践について説いていた。しかし、大西洋憲章が締結されたのち、ガンジーが、人権という概念を提起したことを証明してくれる資料はどこにもない。そのため、ガンジーが人権概念を称賛したかどうかを主張することはなおさら無意味なことだし、仮にガンジーが自らの人権概念を作り上げたにしても、それは彼があいまいな態度でユネスコに人権概念にかんする要求に対応しただけだった。ガンジーは一九四八年に暗殺され、その年の末に、世界人権宣言が公布された。このような事実を目の前にして、我われはガンジーがどのように人権を理解し、どのように人権を用いたのかを知ることはできない。類似の例として、ネルーを挙げることもできる。ネルーは南アフリカのインド人を保護するために、積極的に国連に請願していた。しかし、これ以外に、彼が国際的に権利を用いることはなかったし、世界人権宣言が採択された一か月後の国連パリ総会で講演したときも同じだった。[*13]

ネルーのほかにも、反植民地主義を主張した人びとが、第二次世界大戦後に人権概念が影響を与える前に登場した。インドネシアのスカルノ、エジプトのナセルのような、卓越した反植民地主義者でさえ、戦後の人権活動には参加しなかった。スカルノは戦間期に結成された反帝国主義グループのメンバーで、ナセルは一九五二年のクーデタの準備に取りかかり、何よりも、世界人権宣言の最終草案がまとめられていくのと同時期に、彼はパレスチナでの戦いに積極的に参加した。[*14] 反植民地主義運動の理念は、通常、左派や都市の学生、あるいは移民ネット・ワークから生まれる。そのため、反植民地主義の理念は、民族主義と国際主義のあいだで様ざまな形式の妥協を図ることができた。反植民地主義と共産主義のあいだには、あまりにも知られた結果がある。それは、反植民地主義は共産主義とのあいだで強固な連携が図られ、この連携は二〇世紀の歴史に大きな影響を及ぼした。共産主義そのものには人権という概念をとおして訴えかけるという独特の文化があり、とくに一九三四年から一九三六年のあいだ、および第二次世界大戦後の短い時期にこの文化は極めて顕著にあらわれた。しかし、共産主義を帝国主義からの解放のための絶好の機会と捉えていた人びとは、いかなる時代においても前出のような文化を生み出すことはできなかった。中国の民族主義政府は一定程度、国連における初期の人権活動に参加したが、政権崩壊によって中国と人権のあいだの一切の理念上の繋がりが断ち切られた。東南アジアにおいては、大西洋憲章はウィルソンがもたらした希望の新たな基礎になったが、日本が敗れたあとに発生した数か月にわたる混乱に乗じてイギリスが慌ててこの地域での帝国主義の再建を試みたため、すべての基礎は瓦解した。偶然にもフランスはインドシナ連邦を復活させた。地球の片側が世界人権宣言に向けて邁進しているときに、他方で、イギリスはいたるところで最終的には失敗したが、呵責ない鎮圧作戦によってマラヤの統治を維持した。[*15]

こうした反植民地闘争に何らかの違いがあるとしたら、少なくとも反植民地主義思想が力をもちつつあったマルクス主義に影響されなかったことだろう。一九五五年のバンドン会議やその他の機会をとらえて反植民地主義者は自らの国際主義を喧伝したが、彼らの国際主義は、人種的アイデンティティやアフリカの、あるいは「アフロ・オリエンタル」な従属を基調としたサバルタン、すなわち被支配者の側から捉えるというものだった。[*16] 一九四五年、イギリスのマンチェスターで開かれた第五回汎アフリカ会議において、ンクルマは、かの有名な演説「世界中の植民地の人びとに告ぐ」において、人権に言及しなかったものの、彼は「すべての人びとの自治の権利」を主張した。[*17] ガーナが比較的早い時期に独立したことは、サブ・サハラ地域のアフリカ人の政治的願望に大きな影響を及ぼし、とりわけ、他の実現性のある目標に先んじて民族自決を優先的目標にさせた。ンクルマは「あなたたちがはじめて政治を司る王国を建国しよう。そうすれば、すべてのものはあなたたちに与えられるのだ」というスローガンを残した。人権は、一九六三年に創設されたアフリカ統一機構の設立憲章で言及されたものの、副次的な地位におかれた。憲章が人権に言及した目的は、あくまで「我われの主権や領土保全、さらに得難い独立を保護し、強固にすること、およびあらゆる形式の新植民地主義に対抗する」ことだった。[*18] このような空気のなかで、C・L・R・ジェームズが復活させたフランス革命式の〝黒いジャコバン派〟が驚くほどの勢いをもつようになった。しかし、ジェームズはフランス革命期のハイチ独立運動の指導者トゥーサン・ルヴェルチュールらを、自らの時代の人権活動家に勝る存在だとみなさなかった。ジェームズはトロツキストとして、彼が語る人の権利にかんする主張は、経済の真の原動力の歴史についての「雄弁な論者の熱弁」による「口約束」になってしまった。彼らは反乱者の刃物の脅威に直面するとき、最終的にはその表面的な貴族性を捨てるしかなかった。確かに、一部には例外もあった。もっとも典型的なのは、反植民地主義者は同時にマルクス主義者であるかどうかという問題にかんして、論者たちの意見は一致していた。しかし、論者たちは厳粛に創設された国連での人権を核心的な言辞としていた証拠はどこにもない。[*19]

フランスにおける黒人性運動（negritude）の状況は少し違っていた。終戦直後この運動の参加者の一部は、ブラザビル会議以後、フランス人が最終的に自分たちを平等な存在だとみなすことに希望をいだいていた。そのため、偉大なフランスの人権の伝統は、怒り心頭な文書でさえ虚偽ではなく、歪曲されたものだと受け止めた。マルティニークの詩人エメ・セゼールが一九五〇年に発表した有名な『植民地主義論』で、「私は、偽りの人道主義に反対する。人の権利を貶めてきた。これは私がやっている偉大な事業である。長きにわたって、このような偽りの人道主義は、人の権利を貶めてきた。偽りの人道主義の権利にかんする概念は、あまりにも長いあいだ――いまでもそうだが――偏狭で断片的かつ未完成、さらにいうなら見苦しい存在である。また、全体的にみて、それは卑怯な人種主義に偏っている」と痛罵した。重要なのは、その背景である。この代替的で、すでに実現された人道主義的方法は、二度の世界大戦で行われた植民地改革計画で形成された対話のなかから生まれた。しかし、セゼールにしても、サンゴールにしても、それは、当初から自立的な主権の出現を意味していなかった。黒人性運動を牽引する指導者たちは、一種の人を呼び覚ますことができる人道主義を求めていた。このような人道主義のもとで、文化特殊性への回帰や復活は、真正で普遍的な文明に干渉するのではなく、それを促進していくと考えられていた。サンゴールは一九五〇年代に、フランスがこのような人道主義を認めることを期待した。しかし、サンゴールにしても、セゼールにしても、どちらも国際主義的な人権に言及しなかった。[*20] セネガルが独立したあと、サンゴールの思想はほかの人びとと同様に、非共産主義的なアフリカ型社会主義の発展の道を歩んだ。[*21] 反植民地主義は、一九六〇年代半ば以後に盛り上がり、マルクス主義が広範に浸透したにもかかわらず、排他的な力の均衡を変えることはできなかったし、利己的で、苛烈な暴力に妥協した人道主義も変えられなかった。フランツ・ファノンからすれば、「この問題は人類の歴史を新たな段階にすすめるものであり、この歴史的段階は、かつてヨーロッパから主張され、ときに非常に重大な命題を提示する」と述べた。[*22] しかし、人権は、この歴史的段階では、核心的な原則どころか、重要な役割すら果たせなかった。

戦中から戦後にあらわれた人権が、反植民地主義の構想を再構築できなかった背後には、ほかにも理由があった。国連が、公開の場で一連の新原則を議論できる場所にならなかったからである。国連は、創設当初から、戦後の植民地統治に加担したといえる。アフリカ型反植民地主義者のW・E・B・デュボイスは、一九四五年に「ダンバートン・オークス提案は、七・五億人を人道的組織の外に排除した。この国連が最初に推進した計画を忘れてはならない」と嘆いた。[*23] デュボイスの言葉は、大西洋憲章が一度も人権に言及しなかったかのように聞こえるが、事実上、ダンバートン・オークス提案と同様の文書は、自決権にすら言及していなかった。さらに、反植民地主義者の挑戦は空しく、国連という組織が創設当初から推進しようとした植民地主義を継続させるという目的を変えることはできなかった。

アメリカの支持の下でイギリスがヤルタ会談で大西洋憲章を抑制的に解釈したあと、高官たちの政治的駆け引きによって、ただちに植民地主義の暴虐を終結させるか否かという課題は、議論の中心から外されてしまった。その代わりに、政治家たちは国際連盟の委託統治条項をめぐる論争に巻き込まれ、議論の中心は、国際的監督がすべての非独立地域に及ぶのか否か、あるいはその委託統治制度の監督は充分な効力があるのかどうかに移った。[*24] しかし、これらの挑戦のほとんどは失敗に終わり、信託統治制度の適用範囲を大幅に制限したものの、国際社会による監督権限は、国際連盟の時代に逆戻りした脆弱なものだったし、戦後の帝国主義が強固な時期において植民地支配されている人口の一〇分の一しか信託統治下におかれなかった。しかも、国連憲章第一二章と第一三章で規定されているように、先進国の〝神聖な信託〟によって国際の平和を維持するという国連の主要な目標の下で、信託統治下にある人びとに裨益することが期待されたものの、信託統治制度は独立に向けて行動する責任を明確に含むものではなかった。[*25] ダンバートン・オークス提案よりも、自決権という概念が国連憲章で二回しか言及されておらず、言及された箇所でもあくまで修辞的で――仮に、修辞的なかたちだったとしても、この時点で人権という文言が挿入された――他の文言に付随していた。ポール・ロブスンが率いるアフリカ問題評議会の機関紙『ニュー・アフリカ』は、「国連憲章は、サンフランシスコ会議の終了を意味していた。この会議において、国連憲章は仕方のない妥協の下で採択され、アフリカの人民は、ルーズベルトがまだ健在だった頃のアメリカに対していだいた希望と信念は地に堕ちた[*26]」と嘆いた。

結果的に、強いて国連が脱植民地化に貢献したと主張したとしても、それは意図したことではなかった。しかし、脱植民地化はたしかに大きな影響を及ぼし、国連を〝西側が主導する時代〟から〝脱植民地化の時代〟へと向かわせた。[*27] その最初の兆候は、まちがいなく一九四六年にインドが国連総会で南アフリカにおけるインド系住民に対する人種差別を非難する決議案を提出したことだった。[*28]

国連の人権にかんする原則は、この時点では明確に形成されてはいなかったものの、国連総会における議論の核心は、反人種主義、反差別主義――主権への干渉は、植民地主義国家が冒した犯罪行為という特定の事案に限定させる原則――へと事態を急展開させた。[*29] この流れはバンドン会議に受け継がれ、主権への干渉は、白人による帝国主義的支配に反対するという考え方に収斂された。[*30] 南アフリカ連邦の首相だったヤン・スマッツの反対にもかかわらず、フランスとメキシコが事態の改善をめざして提出した決議案がかろうじて採択された。スマッツは、直近では国連憲章の前文にも盛り込まれた長年にわたる自由主義的な国際主義が自国を非難するのを目の当たりにして強いショックを受けた。しかし、これは始まりに過ぎず、戦後のアパルトヘイト政策が原因で南アフリカは、辺縁に追いやられ、国際的に孤立した。[*31] しかし、こうしたできごとはあくまで嵐がやってくる前の小雨でしかなかった。

反植民地主義が急速に拡がり、本当に世界に轟いたとしても、それは国連の活動によるものではない。一九四五年以後の残酷な戦後の時期に、世界中で帝国主義が復活したことと比較すれば、世界人権宣言は脇役にすぎなかった。イギリスによるマラヤでの決起に対する鎮圧は世界に前例を提供した。イギリスに倣って、アメリカはベトナムに対して同様なことをしたが、イギリスのようにうまくはいかなかった。しかし、反植民地主義の勝利は、武力あるいは交渉による脱却が慣例になった。それに続いてやってきたのは、「新興国家」の時代だった。国連とその抵抗することができない不可抗力によって、反植民地主義は人権と結合した。現代西側世界における国民国家の優先課題は、権利問題になった。世界人権宣言が採択された一九四八年当時、国連の加盟国は四八か国しかなかった。数年のあいだでこの数字は倍増し、ソ連の援助によって、アジア・アフリカ諸国は、国連総会の表決に際して、第一世界諸国を上回ることができた。さらに、数年後——もっとも注目するべきは一九六〇年以降、一六のアフリカ諸国が国連に加入したことである——アフリカとアジア諸国はソ連の援助なしに表決において第一世界諸国を超えることができた。さらに続く二〇年で植民地支配されている人口は七億五〇〇〇万人から四〇〇〇万人以下にまで減少した。このような過渡的な状況は、一九四五年には予測できなかったが、一〇年が経過したあと、超大国の論者たちは、反植民地主義が実質的な影響を及ぼしたのかもしれないということをようやく理解した。バンドン会議に参加したのはまさに、排除された人びとだったから、バンドン会議による結果も容易に理解することができた。イギリスのアナリストは、「新興独立諸国は、バンドン会議の成功を用いて、アラブ・アジア諸国の立場を擁護した。さらにバンドン会議の参加国が世界において国連が設立された当初から与えられた規模ではなく――国連の現状が反映しているように――さらに多くの権力を獲得する資格があることを主張するだろう」[*32]という悲観的な分析を示した。

もしも、ここで言及した「資格がある」ということが、人権あるいはこれに類似したものを指しているのであれば、それは自決権に等しいのではなく、自決権に隷属している。不思議に思えるのは、国連において、計画としての人権と問題となった非独立地域とのあいだには、政策的あるいは機構的な繋がりがなかったことである。しかし、新興国民国家がもたらす圧力は、漸進的かつ完全にこの状況を変化させた。短期間のうちに国連は、繰り返し人権規約草案に含まれていた植民地的――施政国と非独立地域――地域を免除するかどうかを考慮しなくなったかもしれない。その代わりに、直接人民に自決の権利、つまり草案が言及したすべての人権の基礎となる権利を付与した。この動きによって、国連における人権の含意をめぐる議論を根本から変え、人権の含意がより繊細に議論されなければならないようになった。

一九五〇年一〇月、国連社会・人道問題・文化委員会――第三委員会――は、植民地宗主国が、将来、規約によって人権に拘束力をもたせることができる可能性、さらに、人権に法的拘束力を与えることによって国連が植民地宗主国の行動に干渉する条件が厳しくなるのではないかを議論した。ベルギー代表からすれば、人権にもとづく統治は、高い水準の文明を前提条件としている。そのため、いまだに高い水準に発展していない民族の観念は、人権と合致しないと考えていた。人権による統治をただちに彼らに押しつけることは、その社会的基礎を破壊する恐れがある。この押しつけが、彼らに対して、今日の文明的国民国家がきわめて長いときを経たのちに実現した発展を、短時間で達成することを要求することを意味した[*33]。国連では、当初、人権の象徴だったルネ・カサンとエレノア・ルーズベルトは、ベルギー代表の主張に賛成した。第三委員会における彼らの発言は、フランスとアメリカ政府を代表したときと同じだった。しかし、帝国主義から人権法の適用可能性を免除する計画は成功しなかった。

同時に、同じ年に国連総会が、アフガニスタンとサウジアラビアの提案による、国連人権委員会は、戦後、自決権が無視されている状況を打開するための方法を考案するべきとの決議を採択した[*34]。自決権を条約の実質的内容とみなす案は——世界人権宣言に反映されなかったが——一九五一年末の第三委員会の会議および一九五二年初頭の国連総会で大きな物議を醸した。ベルギー代表だったフェルナンド・デウースは、自決権によって各国のあいだにある国境線が倍増してしまうことを懸念して、自決権に反対した。彼からすれば、自決権は一九世紀の自由経済主義者による人為的な創造物であり、いまでは〝国際的連帯の理想〟にとって代わられたのである[*35]。デウースは、自決権を規約に盛り込むことをとおして植民地宗主国と対抗するべきではないと主張した。このベルギー代表の主張に対して、アフガニスタン代表アブドゥル・ラフーマン・パズワクが憤慨し、彼と他の自決権を権利とみなす支持者たちは「我われが、誰かを痛い目に遭わせるつもりはない。歴史が、彼らに思い知らせるのだ」と怒りを露わにした。パズワクはさらに「他人より優れていると意気込む大国の統治下で、この世界は圧迫、侵略、虐殺を知ったのだ[*36]」と欧米諸国を強く牽制した。リビア代表コリー・タムバは、「自

利であると主張した。

サウジアラビア代表のジャミル・バローディは長く印象的な演説で以下のように自決権こそ第一の権利であると主張した。

決権とは本質的な権利であり、他のいかなる権利よりも上位にある」[*37]と述べた。総会での表決を前に

「規約に自決権にかんする条文を挿入することが要請されて以来、いわば多くの水が橋の下を流れた。世界の多くの地域で、外国の統治からの解放を求める悲痛な叫びが高まり、政治的便宜のために真綿で耳を塞がざるを得なかった人びとでさえ、もはやその声を否定することができなくなった。自由を求める人びとがすでに新しい時代を切り拓いた。これを認めようとしない人びとは、もはや夜は明けておらず、まだ暗闇が拡がっていることを装うことはできない……自由の門への圧力は高まっている、しかも、突破しようとする何百万人もの人びとが戦車に乗り、銃剣や機関銃を持って準備している。しかし、圧力が絶大である。最前列にいた人たちは自由の殉教者として倒れ、拘束された何千人もの人たちが刑務所の奥深くで苦しめられ、さらに何千人もの人たちが光を見えぬところで生活している。……私たちがここで求めているのは、非自治領に住む人びとが本来もつべき自由である。自由でなければ、いかなる人権も享受できない。自決権を宣言するのは、規約のような文書においてこそふさわしい[*38]」。

国連総会は最終的に、「すべての民族は、自決権を有する」を人権規約に含めるよう命じた。この条項は、今日も存在し、「市民的及び政治的権利に関する国際規約」「経済的、社会的及び文化的権利に関する国際規約」をはじめとする主要な国際条約において、自決権は最初の権利として記載されている[*39]。

この重大な日を祝賀するにしても、遺憾に思うにしても、以下のような事実を受け入れなければな

らない。すなわち、人権があらためて自決権原則として意味するようになったことは、我われに対して、自決権は主要でかつもっとも重要な基本的権利として、その集団性と主権性は人権の必然的な基礎であることを強調してくれている。さらに、国連での議論において、自決権を前提条件として捉え、他の権利にかんする考慮から排除することは、理論上不可能であるが、実践上は可能である。もっとも重要なことは、自決権はその他の権利を一斉に集団性を伴う主権と結合させたが、この集団性を伴う主権こそのちに人権が超克しようとする巨大な障害だった。そのため、一九六〇年代、のちに人権のために奮闘するコロンビア大学の法学教授、ルイス・ヘンキンは、自決権を再解釈した人びとを痛烈に批判し、自決権を一種の反植民地主義のための武器にしてしまったと貶しめた[*40]。目下、別の批評家がいうように、「自決権は、すべての人は自らが高貴な道徳をもっていることを示すための公に言及しなければならない決まり文句になった[*41]」。新生国家の加入に伴い、また別の論者は「国連の人権に対する注目はもはや意味がなく、自決権は、単に植民地主義とこれに伴う人種差別に対する攻撃を展開するための武器になった[*42]」と訴えた。

もっとも明確なのは、一九六〇年に国連総会が採択した「植民地独立付与宣言」で、人権と自決権を同一視した。この宣言は「基本的人権に対する信頼は、すべて人民は、剝奪することのできない充分な自由の権利を有していることを意味する」と規定した。この文言の実質的な意味は、この文言によって国連が帝国主義に対抗するためのフォーラムの場になったことである。歓喜したポルトガル領ギニアの革命家アミルカル・カブラルは「植民地は、もはや罪である。我われの闘争は、鮮明な民族主義を帯びず、新たな段階に発展した」と述べた。興味深いことに、反植民地主義が国際慣例の水準に高められた一方、南アフリカではシャープビル虐殺事件が発生した。南アフリカは、痛烈な批判の的になり、図らずも数かずの人権に基礎づけられた国連決議を誕生させてしまった。[43]

これらの決議とその他の同類の事件が表しているように、人権は、より普遍的な側面で、反人種主義と反植民地主義の影響を受けて定義された。この二つの主張に定義された人権は、完全に帝国主義が終戦後に直面した人権概念の苦境を逆転させた。たしかに、ポルトガル領アンゴラに注目が集まっているとき、インドが一九六一年一二月にポルトガル領ゴアに武力侵攻した際には相変わらず一九六〇年の宣言を援用していた。一九六二年、国連総会が実際の行動をとおして、人びとにどのように世界人権宣言公布一五周年を祝賀するかを示した。国連総会が決議を採択し、人権の進歩と植民地支配から獲得した独立と自主を有効に連携させ、将来にわたる人権を実現する希望を「全人類が解放に向かう決定的な一歩」と定義した。一九六三年、国連は同様の方針の下で「あらゆる形態の人種差別の撤廃に関する宣言」を採択し、二年後の一九六五年にもう一つの宣言、すなわち「国家の内政不干渉、独立の保護及び主権に関する宣言」を加えた。この宣言は「あらゆる人種差別を根絶する宣言」と同じ一一月二〇日に採択され、両者は自決権に対する賛歌となった。[44]

国際法の枠組が大幅に変更されるなか、このような宣言は、国連の内部における人権活動の焦点となり、人権活動のなかでも、もっとも想像力に満ちた目玉となった。南アフリカでいまだに対話が完結していないにもかかわらず、のちに建国するイスラエルが同じ轍を踏んでしまった。通常の状況で、国連の管轄権を明確に超えることがなければ、このような変革は冷戦の局面を打破することができ、人権が国連の保護のもとで一つの規範を定立する計画として推進される。一九六一年から一九六六年のあいだ、経済社会理事会は、人権委員会の規模を倍にすると決定した。国際人権規約が一九六六年に採択されたのは、新興国家が演じた変革的な役割のおかげである。[45] しかし、より重要なことは、国際人権規約が締結されたことで一九四七年に定められた人権委員会への申立の受理を禁止する規定を廃止すると同時に、人権を侵害する悪質な事件を処理する制度も打ち立てられた。しかし、この制度が選択的に事案を取り上げていることからもわかるように、反植民地主義にもとづく国連の公開討論は、依然として主権の勝利を優先的な地位に据えていた。主権はサバルタンの国際主義と連携し、それが反民族主義としてあらわれるときこそ人権を再定義することが可能となる。[*46] 人権が、もしも、この領域で国連による対処を超越したとすれば、どうであれ、人権はあらたな定義をもつようになる。この事実をアフリカ系アメリカ人の活動家マルコムXが証明している。

アフリカ系アメリカ人による地位向上のための闘争をよりよく理解するために、それを国際主義の視点から反植民地主義の枠組のなかに位置づけなければならないのであれば、アフリカ系アメリカ人による地位向上のための闘争と人権のあいだにある連携は、珍しいものであり、複雑なものでもある。周知のように、二度の世界大戦のあいだに、左翼のアフリカ系アメリカ人とその海外の同胞は同じネット・ワーク内にいた。彼らは、自らの闘争を反植民地主義の進展と絡めて差別的なジム・クロウ法に対する闘争を全世界の有色人種の解放運動の不可分の一部として理解していた。デュボイスが全世界の解放に対して想像をいだくようになったのは、かなり前の時期まで遡ることができる。少なくとも、彼が二〇世紀初頭に提起した有色人種のアイデンティティというあの時代で有名な議論にまで遡ることができる。デュボイスが『黒人のたましい』を一九〇三年に出版し、その三年後、彼は「有色人種に対する差別は、この世界を困らせている[*47]」と警鐘を鳴らしていた。戦間期には広範囲にわたる団結が少しずつ形成されていた。しかし、第二次世界大戦はこの団結を他の方面と連携させて、さらに拡げた。とりわけ大西洋憲章が世界中で巻き起こした熱狂は、アフリカ系アメリカ人にも共通するものだった。彼らのなかでヒトラーの暴政に反対する戦争がすでに制度化された人種主義を別のところで存続させたのか、その原因を知る人はいなかった。[*48] 一九四四年、デュボイスは数十年ぶりに全米黒人地位向上協会に戻り、汎アフリカ主義の復興に努めた。この事業において、彼は主要な任務は国連を支配しているアメリカ人に強権を抑制するように呼びかけることだった。彼がいう強権とは大西洋憲章を筆頭とする一連の文書を無視する傲慢な態度をとり、さらに、あからさまに新植民地主義に傾倒することだった。さらに、全米黒人地位向上協会もデュボイスが行っている主要な任務に優先的な地位を与えた。

全米黒人地位向上協会内の異端として、彼らは穏健な態度をとる協会指導部——とりわけ宿敵であるウルター・ホワイト——とのあいだでは衝突が絶えなかった。当時、デュボイスにとって幸運だったのは、彼が、数十年前に掲げた反植民地主義と反人種主義という組織の目標が冷戦の出現によって再び分かたれる直前だったことだった。デュボイスは自らの異端ぶりに執着しつつ、ダンバートン・オークス提案に怒りを覚え、一九四四年末から一九四五年初頭の数か月間に重要な意義のある著書『人種と民主主義』を書き上げた。さらに、彼は、一九四五年の春にハーレム植民地会議を主催し、同年の冬には政治家と歴史家としてマンチェスターで開催された汎アフリカ会議に参加した。[*49]

当然、デュボイスは全米黒人地位向上協会の幹部たちとは犬猿の仲で、アフリカ系アメリカ人の運動と植民地解放運動とを共闘させることは容易ではなかった。事実上、両者の均衡が崩れたときにはじめて、人権という概念が、彼の頭に浮かび上がった。デュボイスは最初、より広範な反植民地的目標をもち、サンフランシスコ訪問と会議に参加する準備のために、ダンバートン・オークス提案の修正を掲げて全米各地を訪問した。一九四五年の春にはニューヨーク・タイムズに人種の平等と植民地主義を終結させることを趣旨とする簡単な声明を発表した。しかし、著書『人種と民主主義』において、デュボイスは戦略的に――無論、長い生涯において後年人権を使うようになるが――人権という視点から自らの主張を展開しなかった。著書において、彼は自らの主張を平和組織内部における優先度の低い課題として書き上げ、植民地解放の訴えを弱めた。単に、植民地の資源を管理するための信託機関を設立するよう要求した。要求の目的は明らかに、将来、各民族の独立を獲得することができるように準備をすることだった。[*50]人権が、ダンバートン・オークス提案に盛り込まれないことが明らかになったとき、デュボイスが――現実にならなかったが――もっとも注目していたことは、いかにして全植民地人民の最終的な主権原則を国連という新たな世界的組織の基本文書に盛り込むかということだった。[*51]

デュボイスは、一八か月後に第二段階として「世界への嘆願」キャンペーンを組織して、アフリカ系アメリカ人の現状を人権侵害として世界中に訴えた。このアイデアはマックス・イェルガンの理念から由来したものである。イェルガンは、全国黒人会議の議長かつ共産主義者として、一九四六年の南アフリカのインド人にかんする国連決議がもたらす様ざまな可能性に突き動かされていた。全国黒人会議の解散後、ロイ・ウィルキンスの反対にもかかわらず、ホワイトはなお、全米黒人地位向上協会が考案した請願運動に類似した運動は、「売名行為」ではないと考えていた。[*52]その後、デュボイスは――この頃になって各州で黒人団体の利益のための闘いに人権という言葉を用いることができると意識しはじめた――数人が連名で起草する声明に加わった。しかし、この声明は発表されることなく、一九四七年一〇月に開催された私的な会合の場で世界人権宣言の起草者の一人だったジョン・ハンフリー国連人権部長に委ねられた。

この時期になって、状況が明確になりはじめた。国連人権委員会――委員会の最初の、かつ未完成の任務は、国連憲章で示されたあいまいな人権の意味を明確にすること、すなわち世界人権宣言の起草だった――は不服申立に対していかなる行動もとることができなかった。ホワイト（全米黒人地位向上協会の理事だったエレノア・ルーズベルトの支持を期待していた）は、国連人権委員会によって彼らの要求が退けられたことに大いに失望し、デュボイスは声明をいくつかの新聞社に送ったが、大した宣伝にはならなかった。人権委員会のソ連代表団はジュネーブでの非公式協議で、デュボイスらの声明を拒否したことをめぐって議事を混乱させた。夏になって、デュボイスは、声明が秋の国連総会で注目されるように二度目の挑戦をした。しかし、エレノア・ルーズベルトは「アメリカの黒人はやがてよい扱いを受けることができるだろう」と述べ、その条件は、ソ連の冷戦プロパガンダに利用されないために、すでに失敗したキャンペーンを中止することだった。同時に、トルーマン大統領の市民権委員会は、国内で制約を受けているにもかかわらず、その地位はかなり向上していた。全米黒人地位向上協会は、大統領市民権委員会を支持していたが、その支持によって国連内部において「世界への嘆願」キャンペーンを埋没させてしまった。大統領市民権委員会が制作した『権利を保護する』と題する冊子が大きな注目を集めたため、デュボイスによる運動は外部から、時代遅れのもののようにみられた。ホワイトたちは、最終的にアフリカ系アメリカ人の利益を推進していくもっとも有効な方法は、アフリカ系アメリカ人を冷戦の利益と連結させることであると考えた。しかし、全米黒人地位向上協会の妥協によってデュボイスを激怒させ、彼は全米黒人地位向上協会を脱退した。彼が全米黒人地位向上協会を離れて独自に行動をとってから一年後、世界人権宣言の採択が間近に迫った。しかし、デュボイスがこの宣言に何らかの評価を下したことを示す証拠はどこにもない。[*53]

デュボイスの身に起きてしまったことは、よくアフリカ系アメリカ人とアメリカがともに失ったチャンスだと考えられがちだが、この考え方は誤っている。デュボイスは人権という言語がまだ充分に形成されておらず、荒削りな状態から、人権を用いた訴え方に注目しはじめていた。彼が以前からこの訴え方を用いてこなかったように、この訴え方が用いられることもなかった。もっとも重要なのは、この訴え方は単なる道具にすぎず、彼の思想と彼が信奉する急進主義の本質ではないし、この訴え方を用いるときもそうだった。デュボイスは、明らかに国連憲章が集団的自決権の理念のための空間を設ける努力が頓挫したときあらためて人権に転向したのである。なぜなら、人権は、よりマクロな政治構造のなかでマイノリティの人権を保障することができるからだった。彼は自らが記した声明の標題に「すべてのマイノリティの人権」という概念を援用したことは、彼がとった戦略を証明している。実際に、この声明の副題、すなわち「アメリカ合衆国における黒人系市民の例にみるマイノリティの人権の否定並びに国連に救済を求める嘆願」と国連に救済を求める呼びかけも彼の戦略を証明していた。未開の領域に足を踏み入れたことで、デュボイスは、またもかつての信条だった民族自決権、汎アフリカ主義、経済的民主主義に回帰した。人権を用いた訴えはわずかな人びとの注目しか集められず、あらたに誕生した人権概念は、当時、低下したアフリカ系アメリカ人の地位の問題を解決してくれる主要な方法に有意義な影響を及ぼすことはできなかった。[*54]

全米黒人地位向上協会やほかの組織が冷戦の考え方を受け入れたことにより、戦時と戦後でアフリカ系アメリカ人がもっていた反植民地精神は消えてしまった。この消滅は、公民権の勝利を促したと同時に、公民権の有限的な範囲を明確にした。[*55]他の国際主義戦略のなかで、穏健な態度をとったラルフ・パンチが、一時期国連の信託統治部を率いていた。これを機に、彼はアフリカ人の国際的な影響力を自決権へと繋ごうとした。彼は、自決権を有効な手段と考えていた。しかし、行動の結果が示しているように、運が少し足りなかったようである。[*56]もしも、我われはデュボイスが短期間擁護した人権を、すべての結果に対する歴史的な選択としてみなすなら、あるいは彼が定義した人権が当時もっとも独特な人権だとみなすのであれば、我われは時期を区別できていない錯誤を犯してしまうだろう。あとになって、ごくわずかな場合、例えばアメリカの公民権運動がもっとも有意義な歴史的段階に入ったとき、フレッド・シャトルスワース牧師が率いたアラバマ・キリスト教人権運動においても、人権という言葉を国内的な意味に限定していた。無論、何年ものあいだジョモ・ケニヤッタとクワメ・ンクルマが、非公式にデュボイスが呼びかけた運動を支援したにもかかわらず、人権は、反植民地主義において当たり障りのない役割しか演じなかった。[*57]最終的に、アフリカ系アメリカ人はかなり批判されたが、グローバルな反植民地主義を引用する伝統が一九六〇年代半ばに様ざまなかたちで復活するときでさえ、人権は短いあいだしかあらわれなかった。しかし、人権を回復させた方法は、人権に定義を与えた輝かしい一九七〇年代には続かなかった。

マルコムXの生涯は、その好例である。イスラム国家民族組織と決裂したあと、とりわけ一九六四年の海外長期旅行の数か月間、人権は、彼の脳内を漂っていた。無論、その人権は、従属関係からの集団的解放を意味する。彼が一九六四年四月、クリーブランドで「投票か弾丸か」と題した重要な講演において、明確に公民権と人権を対立させた。なぜなら、公民権はあくまで国内闘争に限定され、しかし、国家の寛容の程度でわかるように、国家は揺さぶられたくないのである。マルコムは「公民権である限り、アンクル・サムの管轄を受けなければならない。しかし、国連は皆が知っている人権規約を握っている。公民権はアンクル・サムが善意をもって諸君と接することを意味するが、人権は、諸君が生まれながらにしてもつものである」[*58]と述べた。彼がメッカ巡礼を終えたのち、五月に記した手紙で「ムスリム世界は、その宗教的観念にもとづく道徳的立場に服従しなければならない。しかし我われの苦境は明らかに我われの人権を阻害してしまっている。クルアーンは、ムスリム世界は人権が侵害された人びととともにいることを要求している」[*59]と書いた。マルコムはンクルマや、他のアフリカのリーダーたちと出会い、さらにアフリカ統一機構の第二回総会で自らが創設した新しい組織、アフリカ系アメリカ人統一機構を代表して演説した。この演説においてマルコムがようやく人権の戦略的応用に深い印象を残した。[*60]国連が新たな反植民地宣言を採択したことを踏まえて、マルコムは、シャープビル虐殺事件後の運動の混乱ぶりに触発され、アフリカ系アメリカ人統一機構を代表して、デュボイスが行ったように国連に請願――帝国主義に隷属するアフリカ系アメリカ人について想像力をかきたたせ誇張気味で、さらには汎アフリカ主義と革命哲学をも取り込み、人権を声高に主張したが故に、辛辣な批判にさらされるという代価を払った最晩年のマーティン・ルーサー・キング牧師と同様に、公民権をグローバルな枠組に位置づけることを基調とするもの――を準備していたものの、一九六五年二月に暗殺された。[*61]

こうした行動は、連鎖反応を引き起こせなかった。一九六七年、アフリカ系アメリカ人統一機構が急進的で一層好戦的になった黒人公民権運動と連携すると、学生非暴力協調委員会は自らが人権組織であると宣言した。翌一九六八年、一部のアフリカ系アメリカ国籍の選手たちが「オリンピック・人権プロジェクト」を企画し、一九六四年のオリンピック東京大会に続くメキシコ大会で、陸上男子二〇〇メートルの表彰式の壇上で金メダルを獲得した黒人選手のトミー・スミスと銅メダルを獲得した黒人選手のジョン・カーロスが、ブラック・パワーの象徴だった黒手袋をはめて拳を高く掲げる「ブラック・パワー・サリュート」で黒人差別に抗議した。このような派手な行動で論争を巻き起こした人権をめぐる表現の仕方は、同年のテヘラン会議でも起きた。テヘラン会議の精神は、一〇年後にはまったく異なる政治的環境の下で拡がった。デュボイスが一九四〇年代に護ろうとした人権は、一九五〇年代、一九六〇年代に公民権にとって代わられることで、その急進的な精神を失ったのだとすれば、一九七〇年代末に人権が道徳の理念に回帰したときには、より踏み込んだ変化がみられた。権利は、続いて国際主義的な視点から空前の実用性を発揮した。しかし、人権の台頭は以前から抑止され、いまだに構想段階にある黒人国際主義の復興を意味せず、マルコムとキング牧師は、自らの生涯が終わるまでその復興を待ち続けたが、それは叶わなかった。アメリカの公民権運動は、一九七〇年代初頭にニクソンと彼が選んだ連邦最高裁判所判事によって、さらなる変革を遂げる可能性は絶たれた。このような背景にもかかわらず、国際人権はさらに数年間の空白を経て、ようやく台頭した。

人権が輝きを放った時代、すなわち一九七〇年代半ばから末に国際舞台でその名を轟かせたとき、人権は一種の反強権主義的な存在だった。しかし、デュボイスと彼の後継者たちはこの結果を想像できなかった。一九七〇年代、人権は、海外においてもアメリカ本土においても、無論、南アフリカで発生した事件や一九七六年の「ソウェト蜂起」を除いての話ではあるが、単なる人種の不平等に抗議する運動や未解決の植民地問題を解決する集団的な解放運動ではなくなった。そのため、アフリカ系アメリカ人は人権との関係性を唱えたものの、皮肉にもそのような関係性は、一方で、人権は、広範な反植民地主義にとってそれほど重要ではない特徴にしかならず、他方で、植民地主義そのものは、人権がより重要な地位を占めたために打倒さなければならないものと受け止められた。デュボイスは、短絡的に人権を広範な反植民地主義の一部分として扱い、人権を次善の策とみなさなかったものの、人権は反植民地主義が脆弱になり無視されようとしたとき、洗練された体系的な理想主義として具現化された。このような文脈では、自決権も人権にとって代わられるのは当然の成り行きだったといえる。

そのため、反植民地主義を人権史に含める努力が、次のような時代に直面する。この時代に人権概念は、いかなる運動も引き起こさず、一方で反植民地主義という強力な運動は、新興の人権概念を、以前の時代の権利のなかに内在していた初期の集団主義に接近させた。たしかに、脱植民地化と同様に広大で複雑な現象において、人権は、完全に消えることはなかった。国連が創設されたことは、戦中に宣伝された希望が明らかに弱まったことを意味したが、戦争を美化する願望は依然として人びとに蘇った。もっとも国連を含む国際舞台は反植民地主義が勝利を勝ち取る場だとみなされたのである。このように人権が国連という重要な場でより普遍的な意義と同時にあらわれたことを真剣に受け止める必要がある。

しかし、当初、人権という新しい理念が引き起こした連鎖反応は、冷戦初期にアメリカの側についたごく少数の反植民地主義者に衝撃を与えた。アメリカの側についた反植民地主義者は、より自由な反植民地理念を作り出そうとした。他の理念とは異なって、このような反植民地主義は共産主義と手を組むことを拒み、衝突の際に折衷主義も採らなかった。[*62] いかなる基準で測っても、二つの言及しておかねばならない実例がある。レバノンのチャールズ・マリクとフィリピンのカルロス・ロムロが国連で人権問題に深くかかわり、二人とも人権が第三世界の政治における潜在的な日常用語になることを願った。彼らの状況が表しているように、人権概念は、その当時においてまだ明確ではなく、例外的に引用される規範にすぎなかった。

マリクとロムロはバンドン会議に参加していたが、ナセル、ネルー、スカルノ、周恩来と比べて、彼らは脇役にすぎなかった。彼らは手を組み、アジア・アフリカ諸国と反植民地主義とを結びつける理念を——人心を鼓舞し、あるいは現実に適合しないかに関係なく——探った。バンドン会議において、人権は、上述の有名人の演説で言及されていなかった。しかし、マリクの提案によって、アジア・アフリカ諸国は、ようやく世界人権宣言に関心を向けるようになった。しかし、バンドン会議の公式文書で関心が向けられたというだけで、世界人権宣言の効用を過大評価するべきではない。マリクとロムロが自らの立場を堅持したことによって、彼らは最終的に反植民地主義から離れ、明らかに会議の趣旨からもはずれた。一九五五年になると、国連の原則を訴えかけるということは、人権をとおして訴えかけるのと等しく、当時は、人権が概念上の革命を経験し、バンドン会議最終声明が主張しているように、自決権が主要な基本的権利になり、すべての基本的人権を充分に享有する必要条件となった。[*63] そのため、バンドン会議で人権を宣伝した側からすれば、彼らが、優先的に反植民地主義を考慮しても、何らの矛盾も生じない。会議の参加者も反人種主義という目的を果たす際にだけ——例えば国連が、当時、南アフリカに対して迅速に注目したように——国家主権に干渉することを考えた。

マリクとロムロのような事例は、実に稀である。マリクは、絶えず旧植民地では、冷戦の勃発につれて、分離主義と共産主義が台頭するのではないかと懸念していた。彼は、ダレスの後押しを受けて、バンドン会議に参加し、その場で中国を孤立させる主張を展開した。また、中東とアジアが冷戦の対立において重要な役割を担っているとき、彼をとおして、西側の主張が、着実に発せられた。より普遍的な意義からして、当時のマリクは、西側の精神的原則の守護者だった。当時、彼が手がけた声明で示されているように、彼は自らがいう西側の精神的原則を人権という言葉で表現している。バンドン会議に際して彼は、「西側世界は、絶えず共産主義と東側からの挑戦を受ける際に、自らがもつ精神的根拠に依拠するようになった」と記した。[*64] ロムロにかんして、フィリピンは、アジアの国家でありながら東南アジア条約機構に加盟し、西側の一員になった。そのため、彼は、アメリカがその政策を転換して植民地と旧植民地の国民的支持を得ることと共産主義がこれらの民族の支持を勝ち取ることからもたらす脅威とのあいだで折衷案――そのなかにはネルーの中立主義を痛烈に批判することが含まれている――を採ることを提案しなければならなかった。そのため、ロムロの基本的立場は、自由を擁護し、さらに西側を支持する民族主義だった。同時に、彼は、アメリカが内政と外交で反人種主義原則をよりよく履行することに微かな希望をいだいていた。[*65] マリクと同様に、ロムロの道徳的背景はキリスト教であり、第二次世界大戦のあと、キリスト教は時代とともに進化し、「権利の享有主体としての人」という核心的概念を強調するようになった。[*66]

どうであれ、バンドン会議において、有名人を含めてアジア・アフリカ諸国が暗黙のうちに個人を守る国際法メカニズムの形成が推進されると信じる者はいなかった。さらに、バンドン会議のあと、非同盟運動は人権の理念を無視していた。とりわけ一九六〇年以後、国連総会は、人権が反植民地主義と反人種主義の闘争で果たす役割を釈明していた。反植民地主義と反人種主義は自決権のための武器の一つである。総じていえば、両者は独立と主権を支持する方法にすぎなかった。ザンビアの初代大統領ケネス・カウンダが、一九六三年のとある時期、国連の勢力均衡がいかに図られたのかを考える際に「我われの基本的人権のための闘争の物語――民族独立と自決権による自治――は、他の様ざまな闘争と異なる側面をいまだに示していない」と語っている。[*67] 簡単にいえば、人権は集団的自治を勝ち取るための闘争手段だった。

人権をめぐる対話が、このようなバランスを前提としたことは、カウンダが生活していたアフリカ大陸でとりわけ顕著だった。一九五五年の「南アフリカ自由憲章」が批准され、アフリカ人の道徳的な原則となるとき人権という言葉に言及していた。そのため、人権という言葉はきわめて魅力に満ちていたことは確かである。国連の信託統治制度は、主にアフリカ大陸に向けられていたため——最初に信託統治された一一の地域のなかで、アフリカが七つを占めていた——人権が他のいかなる場所よりもアフリカでは戦略的に取り入れられたのだった。だからこそ、人権は、アフリカ大陸できわめて魅力的だとみられた。信託統治理事会は、国連の組織構造からすれば独立の機関である。しかし、国連憲章に鑑みれば、信託統治理事会は明らかに、民族、性別、言語と宗教を問わず、すべての人の人権と基本的自由の尊重のために設置された機関である。その設置の目的は、一九五〇年代から六〇年代まで国連の信託統治活動において、人権を理由とした申立や調査が可能だった。同時に、他の状況下で規定された国際メカニズムと比較して、人権はより具体的で、より規範化された政治の分野で反植民地主義を追求する最適な方法だった。我われは信託統治制度が実際上どのように作動したのかを知る由がない。しかし、請願権の影響によって理事会に寄せられた資料は、数万単位に及んだことがわかっている。イギリスが施政していたタンガニーカの状況からすれば、多くの請願内容は独立を要求するものであり、それ以外の請願は、人権を理由としなかった。しかし、信託統治によって人権という概念が海外にまで伝播されると予測されていたのかもしれない。[*68] 皮肉にも、人権は、国連において信託統治というもっとも規範化と制度化されたメカニズムに数十年も身を寄せていたのである。

　このような背景から、我われはのちのタンガニーカとタンザニア大統領になるジュリウス・ニエレレが反植民地主義者のなかで、もっとも頻繁に国連の人権概念に言及した人だったことを偶然だと思わないようになるだろう。ニエレレは、いちはやく人権概念を自らの演説や作品に取り込んだ。[*69]ンクルマと同様に、ニエレレは自決権を第一の権利に据え、彼は一九五九年、新聞記者にアフリカ人民が主権と人権を保護する能力を侮っては困ると警告していた。「ここに、我われは人権というテーマにおいて、外部の共感を勝ち取るようになった。我われは人間がもつ権利のために戦っていることを世界に伝えている。我われはアジア、ヨーロッパ、アメリカなど世界中の友人たちから支持を得ている、彼らは我われが人権を要求することが正義であると認めている。我われが人権を踏み荒らしているなどと誰が本当に信じるのか？　なぜ、我われは、アメリカのリトル・ロックでおきた事件を聞いて苛つくのか？　それは、我われが、アメリカの黒人が人間であると認めているからである。彼らが黒いかどうかは関係ない。彼らが真正なアメリカ市民として平等に扱われていないことを目の当たりにして憤慨しているのだ。我われが独立を達成したあとに『人権を見捨て、我われは、単に世間知らずの同情を利用するための戦術として人権を使っていたことを理由に人権を見捨てるのか』と言い出されるだろうか？　人間の本性はときに堕落してしまうことはよく知られているが、民族の指導者たちが自らの目的を達成するために偽善者として振る舞い、かつて闘争を繰り広げた問題を繰り返すほど堕落していくとは思わない[*70]」。

　のちに、彼が自らの国家が国連に加盟できるように、外部の人びとに向けてなされた演説において、類似の声明を発表した。[*71]たしかに、一九六七年「アルーシャ宣言」を発表し、タンザニアが社会主義国家へ邁進することが宣言されたとき、ニエレレは、社会主義への邁進は世界人権宣言を実現するためであると説明した。自決権実現という第一綱領と社会主義現代化という目標のあいだに挟まれながら、二番目の原則として、人権が挙げられていた。[*72] もしも、このような例をもって人権という言葉が反響を引き起こしたといえるのであれば、ニエレレは、国家がある種の道徳的原則を体現しなければならないことを暗示したいからこそ人権を援用したのだろう。しかも、彼が暗示しようとする道徳的原則は、上位にある統治原則に屈服するべきではないと考えたのだろう。

一部の人は、新興国家の憲法――ときに世界人権宣言に影響される――において、押し寄せる権利の波が道徳的原則や人権を保護するための充分な証拠を提供できるのかを考えるかもしれない。憲法制定の動向を示す好例、つまり新興国家はその基点となる文書で、権利の重要性と権利が果たす保護の効用を確保したがる。しかし、戦後、ただちに憲法の歴史と国際人権の歴史が合流し、お互いから権威を得る権利の革命は、勃発しなかった。

各種の社会的保護を含まない権利章典は、戦間期に勃興した新たな立憲主義とともに拡がった。戦後数十年のあいだ、同様の法案は世界中に拡散したが、この状況は、国家を中心とした思潮を継承したものだった。[*73] インドでは、一九三五年のインド統治法で最終的に取り入れられなかったが、国民会議派は、一九三三年時点にすでに基本的権利を主張していた。特殊な環境によって、インドには実現しなければならない権利が無数にあり、なかにはかつてイギリスの立憲主義的伝統においても主張されたことのない権利も含まれていた。しかし、第二次世界大戦がもたらした災難と圧迫を経験したあと、権利にかんする議論は弾圧された。その結果、人類史上もっとも完全な権利章典が誕生した。人びとはこの法案が世界人権宣言の内容と重なっていることを指摘し、誕生したタイミングを無視するかもしれない。しかし、国家が市民の権利を保護する伝統からすれば、この権利章典においてとりわけ注目するべき点は、世界人権宣言との時系列よりも、権利章典としての典型であることだった。重要人物だった、ビームラーオ・アンベードカルにしてみれば、一心不乱にダリット——カースト制度の最下層に位置づけられた人びと、不可触賤民——平等のために奮闘していた。[*74]

イギリス政府は、一度だけ立憲過程を支配あるいは影響を与える機会を得た。当時、イギリス政府は、権利章典は不必要で、無用で、危険なものだとみなし、この態度は一九六二年に憲法の施行を承認する政策に変更するまで継続した。たしかに、アルバート・ヴェン・ダイシー以後のイギリス人法学者たちが、数十年のあいだ基本的に、適切で文明的な政治体制は、権利を保護することを主張する必要はないと考えていた。かつて植民地だった地域の憲法の起草に携わったアイヴァー・ジェニングスをはじめとする著名な法思想学者たちも、権利章典について「我われは、植民地が必ずしも我われが本質的な自由に与える影響に対してほとんど本能的に反応することを可能にする直感を獲得することを保障できない」ことはまったく考慮されないかもしれないと考えていた。権利章典は、大衆の感情が別の選択肢を絶対に必要とする場合を除き、避けるべきだった。しかし、イギリスの施政地域内で権利章典への方針転換は、最初から地域の政治的な理由によるものだった。例えば、ンクルマのガーナでは少数民族アシャンティを保護するための法案を起草したが、この法案は新しい制度の下で実現することができないと考えられたために廃案に終わった。[*75]

実際に、慣例からすると、各種の主張が明確なかたちで緩やかに新憲法に盛り込まれる過程でもっとも抵抗された問題は、人種ごとにいかにして権力を分かち合うのか、そしていかに植民者の財産権を処理するのかだった。しかし、これらの問題は簡単に解決されなかった。意外にも、ニエレレは一九六一年にイギリス人が起草した人権章典案を拒絶した一方で、タンガニーカの新憲法では、前文に原則としてこれらの権利を盛り込んだ。権利章典が少しずつ他の場所で開花し、結果を生み出したが、基本的にはフランス、アメリカ、ソ連の憲法を模倣していた。一部のアフリカ諸国は「世界人権宣言」を部分的に、あるいは全面的に参照したものの――チャド、ダホメ、ガボン、コートジボワール、モーリタニア、ニジェール、セネガル、オートボルタはフランス人権宣言を参考にした。アルジェリア、カメルーン、コンゴ・ブラザヴィル、マダガスカル、マリ、ソマリア、トーゴは特別に起草された――状況は本質的に変わらなかった。当時、アフリカ系アメリカ人初のアメリカ連邦最高裁判所判事だったサーグッド・マーシャルは友人であるトム・ムボヤの要求に応じて、一九六〇年、ケニアに権利章典の草案を送付した際に、他の資料とともに明らかに世界人権宣言を参考にしていた。しかし、この草案は最終的に採用されなかった。[*76]

国際人権がのちに重大な進展を迎えられたのは、憲法上の権利が短期間のうちに迅速に台頭した勢いに乗ったからかもしれない。しかし、いくら世界人権宣言が各国の権利のカタログに有効な参照資料を提供したと考えても、憲法上の権利が国際人権の下敷ではなかった。これらの憲法の主要な目的は、やはり独立した主権を有する政治体制を立ち上げることだった。もしも、この時代を「国際人権運動が法学者を含めた多くの支持者をかかえ、さらにこれらの支持者が絶えず国際規範を憲法に盛り込み、詳細な憲法制度が制定される時代」と考えている人がいるならば、彼らは大きな勘違いをしているとしかいいようがない。権利を宣伝する初期の伝統とポスト植民地主義時代の憲法制定の融合が、我われに国民国家で持続的な権利の枠組がいかに形成されたのかを示してくれている。この枠組は、人権概念の歴史だけではなく、一方で、国際舞台における権利の法化に役立ち、他方で、その形成を阻害してしまった。とりわけ、ポスト植民地主義時代にあらわれた憲法上の権利が、外国から簡単に手に入れられなかった主権を阻害した際に、すべてが無意味となった。我われが直面する芳しい状況とは、現代史において権利と主権が相互に交代するという伝統において、憲法上の権利が国民国家内における民主的競争に有利な条件を作り出すことができることだった。悪い状況とは、憲法上の権利が、国民国家を建国するためにという理由で踏み潰されることだった。[*77]

人権が一九七〇年代に第一世界で誕生したことに鑑みると、直接的な闘争が発生している地域の外――そこでは、国家と国民の構築が主要目標である――から、関係モデルを改善することは、人権史を紐解くことができる本当の鍵である。もしも、人権が、数年早く国際舞台で国際的な規範になっていれば、のちに人権を用いて自らの理想主義を定義する支持者を含めて、人権から反植民地主義を導き出すことはできなかったはずである。終戦後、典型的な反帝国主義運動がみせた体系的、さらに全体的な特徴――人権が新興国家の一部分になることが約束されたとしても――からすれば「名指し批判」のような組織的な実践は、より極端な運動を推進するときにとられた多面的戦略において、重要な役割を果たした。ガンジーの例は、一種の消極的ではあるものの、全体的な反抗に属している。なぜなら、暴力的な手段で実現された蜂起や革命は、全世界の注目を集めることができ――これは現在、人権と繫がる実践とはまったく異なっていた。我われは、独立という視点からしても、行為がもたらす影響からしても、各種の反植民地主義の象徴がごく稀に人権を援用する行為は、第一世界の共感と依怙贔屓《えこひいき》に合致すると思わないだろう。実際に、驚くことに合致する可能性はわずかしかなく――明らかに、反植民地主義者にしてみれば、人権は重要ではなかったといえる。

もしも、アメリカの指導者が、マリクやロムロのような人物を育て、自らが反植民地主義から得られる国益を保護したとすれば、アメリカ国民は、彼らが人権の名においてこれを遂行したことを気づかないだろう。イギリスで、帝国主義に批判的な運動を展開した左派系団体において、共産主義と融合した団体にしても、それとも独立の立場をつらぬく労働党にしても、自らが展開した運動で新たな人権を援用していなかったし、一九五四年に植民地の自由を勝ち取る運動においてもそうだった。しかし、フランスが蜂起を弾圧——とりわけアルジェリア戦争において——したことを批判する意見においては権利という言葉が用いられた。ピエール・ヴィダル＝ナケはその一人である、彼は疲れを知らずに、国家による暴虐を告発した。アムネスティ・インターナショナルの協力で、彼が数学者のモーリス・オーダンを擁護する際の逞しい姿は人びとに深い印象を残した。このような状況においても、フランスが生まれながらにしてもつ伝統と共和主義的精神とは無関係で、ましてや反植民地主義の立場ではなかった。[*78]

同時に、第三世界の革命とゲリラ戦にかんする伝説は、のちの人権の実現とのあいだに、鮮明な対照関係を生じさせた。この鮮明な対照関係が作り上げられた主要な原因は、一九七〇年代末の人権革命が革命とゲリラ戦にかんする伝説にとって代わり、さらにこの伝説を強烈に批判したからである。植民地主義時代の末期に、第三世界では武装闘争を帝国主義に対抗する唯一の手段と解釈する理論家がたくさんいた。さらに、穏健な態度をとる人物でも妥協するために暴力的な手段を採用することを放棄しなかった——例えば、フランスではじめて憲章というかたちで形成された帝国主義国家共同体において、平等に対する約束が捨てられたときに、サンゴールが怒りを露わにした——。ファノンは暴力を「洗浄する力」とみなした。ジャン・ポール・サルトルがファノンを紹介する際に、彼は「この抑制することができない暴力は、叫びでもなければ怒りでもない、野蛮な本性の復活、憎しみの結果でもない」と述べた。サルトルは、権利に言及したが、それは権利を実現することができないとき、現地の人びとは暴力的手段以外の選択肢がないことを説明するために言及したにすぎなかった。サルトルは「リベラル派は驚いた」と記した上で、「彼らは、我われは現地の人びとに対して充分な善意をもっていなかったと認める。さらに、可能な限り、現地の人びとに一定の権利をもたせることは賢明な選択であると同時に、公平な対応でもある。現地の人びとは、特別なクラブに入会するのではなく、あくまで緩やかなかたちで自らが人間であることを承認してもらいたがっているだけである。いま起きている、この野蛮な、狂気の沙汰は、邪悪な植民地支配者以外に、誰が鎮めることができようか」と述べた。[*79]それまで相対的に、非政府組織は、革命を起こさなかった。

いろいろな側面からして、第三世界で積極的に宣伝された革命理念は、ホー・チ・ミンや毛沢東のように国外から引用されたか、あるいは知識人たちが自ら作り上げたものだった。エクバル・アーマドは、様ざまな国を訪れ、暴力からの解放を擁護し、さらに実力が不均衡な反革命運動の理論を構築した。こうした人びとの行動は、ソ連共産主義に代わる構想を試していると理解することができる。こうした代替案は妥協のみならず、はじめて世界革命に挑むときに犯してしまう錯誤を防ぐことができる。カストロが、世界が注目する成果を挙げられたとき、さらにチェ・ゲバラの影響でキューバ革命が世界中に拡められたとき、武装闘争にかんする論争の拠点は、ラテン・アメリカに移った。そこで、第一世界で有名な支持者だったレジス・ドゥブレがキューバに渡って革命に加わり、ゲバラとともにジャングルでの戦いに参加した。蜂起を支持する、あるいは支持しない理論家たちにとってもっとも重要なのは武装闘争が大衆の支持を勝ち取ることができるか否か、そして闘争に勝利したいという強い欲求である。毛沢東がいうとおりに、魚が水から離れると生きていけないように、武装闘争を繰り広げるゲリラには大衆の支持は不可欠である。第一世界の若者たちは、人権運動が乏しい時代に生きていたため、彼らは熱烈にドゥブレの実践に追従し、その実践理論を吸収した。さらにドゥブレが逮捕され、反革命罪で死刑に処されるとき、若者たちは彼の運命を心配した。この時代に西洋の若者に幻想を呼び起こしたのは、人権ではなく、武装闘争による極端な行動だった。左派の人びとが堅持した武装闘争におけるロマン主義的な情緒は、マルクス主義による批判の影響を受けていた。マルクス主義者たちは権利を中産階級の偽りだと批判したが、一九七〇年代半ばをまたず、このロマン主義的な感情は新たな挑戦に立ち向かわなければならなかった。まずはその同調者だったジェラール・シャリアン、のちにパズカル・ブリュックネールのような「西側世界の自信」を呼び覚まそうとする人びとの批判を受けた[*80]。そのため、人権が、植民地に対する希望が幻滅し、人びとが積極的に新たな方法を探るなかであらわれたのである。

もっとも肝心なのは、反植民地主義にみられる理想主義と実践主義と、のちにあらわれる理想と実践のあいだに、どのような違いがあるのかを明確にしなければならないことである。両者は継承や実現の関係ではなく、代替する関係だった。国際的領域において、反植民地主義という文脈における権利は、原則からしても実践からしても、自決権というもっとも基本的な権利を中心に据えた。しかし、人種主義は、これまでとはまったく異なる理念を構築しようとして、自決権という権利を承認した。反植民地主義は、早期の欧米の人権に忠実で、新たな国民国家の独立と自主を優先した。なぜなら、権利は国民国家のような公共の場においてのみ実現されるからである。国際社会が、個人の権利と国民国家の国際法に対する服従ではなく、集団的主権と国民国家の至上性を強調していた。

そのため、もしも脱植民地化が人権を促したというのであれば、それは主権が世界に受け入れられたからこそ成し遂げられたのである。この過程はきわめて特別で、一部の人びとにしてみれば後退として捉えうる。戦後、帝国主義時代から国民国家の時代への転換として捉えられることは否定できない事実である。国連という人権と反植民地主義が融合した重要な公共空間においても、基本的権利として公平な発展の願望および新国際経済秩序を樹立する要求と繋がる自決権は重要である。新国際経済秩序を樹立する願望は優先度が高い権利であり、追求する事業の正義という視点からしても、あきらかに国連人権委員会の行動に影響を及ぼしていた。[*81] 国連における反植民地主義は一九七〇年代に最高潮を迎えたとしても、現代的意味合いからして、人権が、国連の枠組の外において西側世界で至高な地位を勝ち取ることができたのは、反植民地主義の資源をうまく開発し、利用できたからである。事実が示してくれているように、人権の勃興は第一世界の意識にのみ存在していた、さらに以下で述べる二つの互いが関係しあう事件が同時に発生していれば、進捗は、すべて当然の成り行きにみえるようになる。

まず、植民地制度の卑劣な本質は、絶対に暴かれざるを得ず、永久に終わらせなければならなかった。もう一つの回避することができない事実は、人権は、脱植民地化の途中ではなく、それが終了したあとに、広範に知れわたった道徳的な言語として勝利を収めた。さらに、帝国主義が失敗し、自由主義――人権の対話は含まれるが、自由主義が早期に海外に対する圧迫と暴力に巻き込まれたことは含まれない――の再利用にスペースを残したときにのみ、人権は、脱植民地化によって勝利する。最後まで残った植民地は、ポルトガルの施政下にあったが、それも一九七〇年代半ばに一掃された。同時期に、アメリカが南ベトナムで失敗した。アメリカ人はすべてを賭けて、流血の手段で南ベトナムが共産主義陣営に参加することを止めようとしたが、カーターがいうように、ベトナム戦争は簡単に道徳を損なう、あるいは失敗した民族主義から脱する行動として捉えるべきではない。ベトナムでの失敗は、アメリカという国家が、将来に人権をその外交理念と政策の中軸に据える契機を与えた。帝国主義と直接的な冷戦下の干渉が失敗すれば、権利にもとづく国際主義が台頭する。

第二に、伝統的な反植民地主義が道徳と政治的計画として、すでに失敗したことが拡まった。その主要な原因は、第三世界の指導者たちが権力固めに奔走し、さらに極端な方法で深刻な結果を生み出しかねない経済再建――財閥政治において自らの約束を履行しようとしないエリート集団ではないとしても――を遂行するとき、人びとは自然と様ざまなことを心配するようになる。国内的自由を全世界に普及させることを強烈に支持する人びとでさえ、一九六〇年代半ばに人権を保障する社会的条件を創出するために、ある程度は独裁政治が必要であることに同意した。しかし、一〇年後これは無意味なことになる。一人の国際法学者がこう質問した、「自決権は時代遅れになったのだろうか」と。[*82]

少なくとも先進諸国においては、答えは明瞭だった。明確に自決権を支持した学者である、ハーヴァード大学政治学教授のルパート・エマーソンが一九七五年に「ダブル・スタンダードによって第三世界諸国の道徳システムが動揺し、彼らが遂行しようとする事業の魅力を傷つけることになった。新興国家が自国内で多数発生する人権と尊厳を侵害する事件に慣習的な無視を決め込んだとき、反植民地主義と分離主義に反対する正当な推進力は一定程度疑問視された」と批判した。アーサー・シュレジンジャーが、人権勃興年とされる一九七七年に述べたように「すべての国家が、民族自決権のすべての基準を満たすかもしれないが、この世界において、自決権は依然として欠陥を孕んでいる。しかし、人権は、すべての個人の自決権として高い基準を満たすことができる方式である」。国際法学者ルイス・ヘンキンが著書『今日の人権』において次のように想像している。「トマス・ペインは、これほど多くの新国家が樹立されたことを歓迎するだろう。なぜなら、これらの国家が革命と自決権の産物だからである。しかし、同時に彼は「富と平等は独裁政治の下でのみ実現されるとする。そのためには、自由を代価としてもかまわない。現在も犠牲にすることができ、希望を不確実な未来に託す」、という見方に対しては怒りを示すはずである」。ニューヨーク州選出の上院議員ダニエル・パトリック・モイニハンは、「戦後、人権が、自決権の壇上に押し上げられたとき、西側世界の方針は、人権を後押しすることができなくなった。過大な希望を我われの目の前にある幼い芽に託したことで、我われはもはやそれらにかんする問題を考え、議論しなくなった。彼らは次に、『これによって、ベトナムを傷つける原因となって、我われはより必要だと思うようになったのは、我われはベトナムのようなかつて我われが傷つけたことのある国の同意を得なければならなかった。』しかし、簡単にいえば、これはすでに多くの時間を浪費してしまったのであり、我われが第三世界を批判することはもはやできず、さらにベトナム戦争も終わってしまったのである」[*83]。自決権が危機に晒されたときになってはじめて人びとはポスト植民地主義の夢から解放され、より新しいユートピア、つまり、個人の人権を尊重する世界の到来を待ち望む。少なくとも西側の論者たちはそうだった。

第四章　闘いの純粋性

一九七〇年代末、元ポーランドの反体制活動家ブロニスワフ・バチェコは「一部の人びとは、私たちを一九六〇年代の最終盤と分離させたのは、一〇年ではなく丸一つの世紀だと思うかもしれない」という言葉を遺している。バチェコは、一九六八年にワルシャワから西側に亡命した。彼が亡命したのは、世界の抜本的な変革を要求する急進派が横行していた時代だった。とりわけ若者は、自らが衰えつつあった旧社会を複製することではなく、新しい社会を創造することが使命だと信じていた。「パリの壁に書かれたグラフィティ」を思い返したバチェコは、そのグラフィティは「『想像力』への呼びかけであり、『不可能を創造したいというリアリズムのロマン』への賛美だった」だと絶賛した。しかし、その後の一〇年間、自由と正義が支配する世界を創造するという希望が薄れ、変革に向けたユートピア主義は西側世界で崩壊したようにみえた。かつて取り上げられたユートピアは、今や軽蔑されるようになったが、軽蔑する者は、かつての強硬な支持者たちだった。「まるで集団が悪魔祓いをしているようなものだ。私たちの時代をとりまく得体の知れない悪魔たちを追い祓おうとしている。ユートピアは、その悪魔祓いの犠牲になっているのだ」とバチェコは綴った。確かに一九七〇年代後半には、ユートピアに対する幻滅を癒すために何かが起きたようだった。しかし、非常に賢明なバチェコは、この現象に惑わされなかった。彼は、ユートピアの理想が「衰退」もしくは「崩壊」を経験していると思わず、現実が「ユートピアの最前線への移動」という別の状況を経験しているのではないかと考えた。この移動によってユートピア的理想は新たな装いで復興した。「ユートピア的『システム』に対する幻想の破滅」に対して、バチェコは「漠然としたユートピアへの希望と、それに関連した考え方を持続させることはできないだろうか。このような持続は、一方でユートピア的理想への不信をいだき、他方ではユートピアを渇望するというような矛盾に満ちた心理状態が交差する時代に我われがいることを明らかにしてくれるかもしれない[*1]」とも述べている。

バチェコの洞察力に満ちた主張は、理想主義の崩壊と変革という文脈のなかで、人権がどのように頭角をあらわしてきたかを浮き彫りにした。人権は、きわめて劣悪な環境から逃れることができ、実現するための敷居も低いが、一九七三年のオイル・ショックと世界的な不況による世界経済の衰退した「悪夢」と「精神的崩壊」の数年間に屈強なユートピアとしてあらわれた。しかし不満に包まれた冬を過ごした西側世界は、一切の綱領的な文書、さらに変革のためのより壮大な計画、とりわけ革命に対する不信感を強めた。人権は、一九四〇年代以前にはグローバルな理想主義の焦点にならず、一〇年経っても浸透しなかった。さらに、一九五〇年代から一九六〇年代にかけて反植民地主義闘争や若者の行動主義的運動にも浸透できず、これらの運動の焦点にならなかった。これらの事実はさほど重要ではない。我われが考えなければならないのは、なぜ一九七〇年代になって突如頭角をあらわしたのか、という問題である。一九七〇年代になって、多くの人びとは人権を用いてより良い世界への希望を表明し、それを実現するための行動をとった。これらの行動は、決して無意味だったわけではない。人権は、他の考え方との競合と比較をとおして発見された、現実の要求に応えられる現実主義的なものである。そうだとすれば、人権は、比較的範囲の広い文脈においてしか理解されず、この文脈は、他の人権よりも壮大で人権に利用され、とって代わられるシナリオによって創出されたものである。

何よりも重要なのは、社会運動が初めて人権をスローガンとして採択したことである。一九七〇年代をとおして人権のための闘争に対する賛同がますます強烈になり、一〇年のあいだで――事実上現在に至るまで――世界中に拡がっていった。賛同の渦は、一九七五年に調印されたヘルシンキ宣言の最終草案の交渉中にも起こり、交渉は偶然にも北大西洋の人権活動家の新しいフォーラムとなった。さらに、一九七七年になると、人権は空前の勢いで推進された。この時代が我われに与えたもっとも深い教訓の一つとして、我われは世界人権宣言と国際人権活動が始まった頃の状況を知らないし、さらに初期の「資源」が、どのように掘り起こされてきたのかも知らないことが挙げられる。他の選択肢が不可能と判断されてきたことにつれて、様ざまなアクターが人権を共通の目標として据えた。アクターが集中的に集まることは、かつてのようなより大きなユートピア的理想の撤退をも意味している。

人権活動は、一九七七年に飛躍的な進展を獲得したが、これを促した一般的な枠組は、それまでいろいろなユートピアの崩壊の原因を把握し、別のところに居場所をみつけた。国際的な領域における市民による主張の歴史を辿るのは一つの課題である。その歴史のなかで人権がいかにして成功を収めたのか、さらに新たな激動する社会運動の文脈において、一九七〇年代という厳しいイデオロギー的雰囲気に包まれた時代に人権がいかに登場し、生き残ったかを説明するのは、別の課題である。国連やヨーロッパにおける超国家的人権のメカニズムがどのように進化してきたかを記録することが、独立した課題のように、何十年も陰に追われた人権の文化的地位がなぜ急速に高まりはじめたかを説明することもまたさらに別の課題である。最後に言及しなければならないのは、一九七〇年代半ば前例のない新しい状況の下で人権活動を推進してきた国ぐにや不安定な環境のなかで悪魔化された政治システムを検証することと同じ作業である。しかし、なぜ一般の人びとの生活からして、人権が当時のユートピアのなかで生き残れたのかも別の問題である。この問題の答えを挙げることができる。つまり、他のユートピア的幻想の破滅とこれらの幻想が人権へと転換したことが、人権が生き延びることに強力な機会を提供したのである。

時代遅れの人権擁護NGOの少数代表の一人だったモーゼス・モスコウィッツは失敗例の一つだった。一九一〇年にウクライナで生まれたモスコウィッツは、一〇代の頃に家族とともにアメリカに移住し、シティ・カレッジやコロンビア大学で学んだ。第二次世界大戦が勃発する前は、アメリカ・ユダヤ人委員会に勤めていたが、アメリカ軍に加わってヨーロッパ戦線に従軍し、戦後は占領下のドイツで、ヴュルテンベルク＝バーデンの政治情報部長として特別な役割を果たしていた。一九四六年、国連が創設されて間もない頃に帰国したモスコウィッツは、世界組織の法廷にユダヤ人の代表として参加しようと考えた。ルネ・カサンのような人びとの支持を得て、モスコウィッツはユダヤ人組織諮問評議会を組織し、さらにアングロ・ユダヤ協会やイスラエル世界連合にも参加した。モスコウィッツは、戦後、人権が日陰に追いやられたにもかかわらず、自身が粘り強く、匿名で人権のために働いてきた理由を「私は永遠で普遍的な価値があり、かつ破壊できないもののために闘いたいと思う。私は人権が救済と贖罪をもたらすと信じていないが、この原則が国際条約で確固たるものにならない限り、我われは、それを促進することはできないと信じている」[*2]と説明した。

モスコウィッツは、この任務に対して、単独で婉曲な方法をとることが最善の道だと考え、実際、彼は最終的にアングロ・ユダヤ協会と訣別した。戦後、彼は戦前の精神から脱却し、「パンフレットやチラシの印刷を専門とする大衆組織」に化してしまったアングロ・ユダヤ協会を目の当たりにした。「ユートピアなんて存在しない」、逆に「それが私の救いの取り柄だった意味である」と付したうえで、彼は、「様ざまな手続き、様ざまな手順を発明し、さらに最終的に活動を破壊するバベルの塔を建設した」とアムネスティ・インターナショナルを批判した。モスコウィッツは、ニューヨークのユダヤ人社会と国連で、「ミスター人権」として知られていたが、一九五〇年代から一九六〇年代にかけてモスコウィッツと彼のグループは基本的には穏健で自らの活動を高らかに宣伝しようとしなかった。この姿勢は、ユダヤ人組織諮問協議会に何十年も勤め、国連における人権の運命にかんするもっとも優れた研究を行ったにもかかわらず、その姿勢が崩れることはなかった。ときが経つと、彼は飽くことなく、本質の同じ研究を繰り返して人権の法規範化を追求し続け、人権のための「法務官」の創設を提唱――モスコウィッツの時代からずっとあとになった一九九三年にようやく国連人権高等弁務官という役職が設立――した[*3]。

ユダヤ人組織諮問協議会は、本質的には国連での活動に焦点を当て、ワンマン・ショーを演じ、完全に初期の人権擁護活動を代表していた。国連憲章第七一条に規定された諮問的地位の条件を満たす、完全に民族的アイデンティティを基盤とした組織だった。戦後、無数のNGOが――モスコウィッツがユダヤ人を代表していたように――新しい国連の行政システムと言説を中心に、自分たちの事業の当初の規約を修正した。一九世紀末の起源的段階さらに二度の世界大戦での急速な拡大を経て、NGOの数は第二次世界大戦後のわずか数年間で一〇〇〇以上にのぼり、約一〇〇以上——人権に注目しているいくつかの団体を含めて——が国連の諮問的地位を獲得した。しかし、貿易、労働、農業、社会福祉、または平和に従事していたかどうかを問わず、当時のNGOの理念を強調できた団体はなかった。長年NGO研究の第一人者だったライマン・クロムウェル・ホワイトは、一九五一年に「国際問題の分野では、NGOはいまだ未開拓の大陸である」と不満を漏らしていた。モスコウィッツのように、あらゆることを新しくあらわれた人権と結びつける組織は、この大陸のほんの一部を占有したにすぎず、こうした団体は、人権を普遍的な課題として運営していなかった。これらの団体は予《あらかじ》め設定された目標——典型的には、平和や特定の集団の保護——と、新しい人権論の戦略的推進とのあいだでバランスをとった。国連の創設から五年間、ホワイトの権威ある調査においてさえ、人権組織を一般的な類型の一つとして分類することはできなかった。[*4]

モスコウィッツが所属したグループは、国連の人権活動に取り組むすべてのグループにおける典型例だった。グループの活動は、自らが代表しようとする対象の宗教、民族、性別の範囲によって定義される。平和のような普遍的な事業を追求しても、それらの指導部や構成員は、グループのアイデンティティによって決定される。例えば、国際的フェミニズムがめざすのは、投票権、人身取引や売春の根絶、より高い賃金、そして、ときには男性中心主義的な地政学にフェミニズム的な平和を盛り込むことである。[*5] 戦後、宗教、集団、性別によって定義された特定の対象に取り組む組織が存在したにすぎない。これらの組織は、構成員のアイデンティティを変えずに活動目的の普遍化を図ろうとした。戦後のアングロ・ユダヤ協会にしてみれば、ユダヤ人の権利事業は、より壮大な人権事業によって実現された方がよいというのが実情だった[*6]。それでもユダヤ人団体を含む各団体は、特定の支援者と繋がる事業を続けた。

第二次世界大戦中、アメリカ自由人権協会と国際人権同盟の共同設立者ロジャー・ボールドウィンは「手続き上の事項においてのみ、NGOは国連と関係を確立することができる。しかし主要なテーマについて、彼らは、ばらばらに行動している」と論評した[*7]。人道的活動は、様ざまで広範な基盤の上で継続して展開された。一方で、一部の地域的、民族的、国際的な団体は国家、国際組織または自らの力で人道的活動を運営する。これとは裏腹に、人権にかんする主張は、国連を利益、活動、改革のための特権的な場所にした。

無論、人権という理念のイメージと影響力を、より広範な公共のレベルで高めようとする人びとがいた。多くの初期のNGOが結集して人権の法規範化と強制力を追求しようとした。しかし、一九五三年にジョン・フォスター・ダレスが、法律分野の人権実施よりも人権の教育を優先すると発表したことで、その試みは公的に展開された。著名な児童作家のドロシー・カンフィールド・フィッシャーは『すべての人に公平な世界――世界人権宣言の意味』という教育マニュアルを作成し、一九五〇年代初頭に多くの団体がこれを配布した。同様にアメリカ国連協会は、教会と女性団体との連携を構築するために、マリアン・アンダーソンとダニー・ケイが出演した世界人権宣言一〇周年を記念するキャンペーンを全米のラジオで放送した。さらに、一九五八年一二月七日の午後、アメリカの観客は、アメリカ国連協会が同様の方法で、人権意識を宣伝するためのテレビショー「あなたの手のなかに」をテレビで視聴した。しかし、希望に満ちているがいまだ初期段階にすぎない努力は、人権の理念を普及させられなかった。

ボールドウィンが所属した国際人権連盟だけが、人権活動そのものに取り組むNGOとして登場した。この組織は一九四一年末、フランス自由人権協会のアメリカへの導入をめざしたヨーロッパからの移民たちによって設立された。ボールドウィンは、一九四二年に組織の指導を引き受け、一九五〇年一月にアメリカ自由人権協会を退職したのちに、その仕事に専念した。国際舞台における市民の自由主義への組織の関与は、確固たるものであると同時に、ユニークなものでもあった。しかし、ボールドウィンの反植民地主義的な態度が組織の市民的自由への関与を強くした。若者たちのためらいを経て、ボールドウィンはずっと前から反共産主義のための闘争を第一目標に据えた。しかし、興味深いことに彼が指導する組織は、人権の追求を反植民地主義に対する約束とみなした。この主張にもとづく行動は時代の先を行きすぎたのか、人権という理念の外見と影響力を高めることができなかった。新しい社会運動の時代が到来する前、国際人権連盟の発展はその構成員の人数に縛られ、また、活動を牽引できる専門家を養成できなかったため、他のグループが模倣できる一般的な成功モデルを構築できなかった。そのため、連盟の主張は基本的には国連のそれを基調としている。一九四七年以降、国連人権委員会が請願活動を一切取り上げないことを決定し、自己崩壊したときも、ボールドウィンと国連人権部門の初代部長ジョン・ハンフリーは頻繁に接触を続けた。[*8] 一九六〇年代後半までに、とりわけアムネスティ・インターナショナルが創設されてからは、人権を標榜したNGOや国際連盟がとった初期の戦略は、ほとんどうまくいっていないことが明らかになった。世界人権宣言二〇周年を記念したテヘラン会議ほど、人権の理念がはっきりと確認された瞬間はなかった。

国連の文書は、いくつかの基本的な価値観を追求するべき目標として据えていたが、当時のNGOのリーダーでさえ、人権活動の主なフォーラムとしての国連は失敗するのだろうと認識していた。四月から五月のひどい会議における反植民地主義への称賛――そしてイスラエルの占領に対する非難――を経験したあと、国際法律家委員会のショーン・マクブライド事務局長は、「この会議は、多くの時間を現在の政治姿勢に対する訴えに費やしてしまった」と嘆いた[*9]。世界人権宣言の周年事業の慣例にしたがって、民間団体は再び発言の機会を得ようと試みた、彼らを後押しするために、アメリカ政府はアヴェレル・ハリマンを委員長とする大統領委員会も設置した[*10]。しかし、結果は満足できるものではなかった。テヘラン会議の「刺々しい」雰囲気は気まずいものだと思っていたモスコウィッツも、「いかなるできごともテヘラン会議以上に国連の人権活動の意図された目標を達成する能力に強い疑念を抱かせないものはない」と記した上で、テヘラン会議は「形式的にも内容的にも、期待された結果と程遠い」と無力さをあらわにした。モスコウィッツが残念だと思ったのは、テヘランでの最後の決議文が使命感も、探求欲も、発見もなく、まったく刺激がなかったことだった。それ故、希望と情熱を触発するだけでなく、将来を象徴する大きな社会的・政治的テーマの中心をみつけるために、モスコウィッツらは、活動と決議に注目した。しかし、人権会議は、国際社会の人権への関心を妨げる一切の障害を排除できなかった[*11]。

しかし、一九六八年九月から始まる会期に、NGOはテヘラン会議での人権戦略の失敗からもっとも重要でかつ示唆に満ちた教訓を得たに違いない。テヘラン会議と比べれば、パリのユネスコ本部で開催されたNGO会議の状況はまったく異なっていた。会期中に、各NGOは第一世界の住民の参加を促した。参加した住民の多くは、様ざまな宗教団体から来ていたが、一部の主要な発言者は、会議に新しい風を吹き込んだ。ザンビアのケネス・カウンダ大統領はその一人である。また一九四〇年代から建国のために闘った者たちも集まっていた。数週間後にノーベル平和賞を授与されたルネ・カサンは、ＮＧＯにおける「過激派」は引き続き国連改革、とりわけ強制力のある人権決議を採択すべきだと主張した。テヘランの状況を鑑みれば、一九四〇年代にチャールズ・マリックのキリスト教的人権の枠組に対する惜しまない支持が、当時、大きな反響をもたらしたことが、いかに重要だったかを理解できるだろう。マリックは、「我われの時代で、人権と関連があると宣言されたものはない。例えば、世界人権宣言には何も書かれていなかったし、この宣言は、キリスト教の偉大な源流にまで遡れない」と強調した。さらに、彼は「我われが今いるこの時代に、非宗教的な立場の人びとにしても、あるいは反宗教的な立場の人びとにしても、人権にかんする重要な責務を誠実に担う際に、意識的にも無意識的にも、人権という伝統が秘めている原初的な可能性に原動力を求めているのである」と述べた。比較の観点からいえば、現在の形式からすればイスラームはもはや人権に貢献するという方向性から逸れてしまった。確かにイスラームでは、「明らかな人道的伝統があり、この伝統は我われの時代に復活し、移り変わりが早い政治から独立するべきである」。しかし、テヘラン会議以後、世界的に激変した環境のなかで、若者の急進主義に対して、マリックは強い不満をもち続けていた。若者の急進主義は、人権を推進することができない。急進主義によって、若者は現存する社会に対する華麗だが、内実が存在しない批判に己を見失い、すでに達成されてきた実質的な文明の成果を直視することで、不公正な批判を緩和することができなくなる。「私は、望んでいる。一人の好青年が思い切って他の若者の前に立ち、彼らに世の中に正しいことがたくさんあることを知らせ、それらを保護してよくする責任があることを訴える。ＮＧＯは、若者世代がニヒリズムの罠に嵌まることを座視するわけにはいかない」とＮＧＯに若者を導く責任を負うようにと呼びかけた。

しかし、マリックとは対照的に他の人たちは、人権が他のような野望に満ちた構想とは異なり、若者の願いを叶える有効な計画を構築できていないと考えていた。フリードリッヒ・ノルダーもNGOの設立にかかわってきたが、彼はNGOが長いあいだ展開してきた——彼自身が設立したプロテスタントの一般組織のようなNGO——活動を批判していなかった。彼は、周囲を見回し「誰もが自ら想像力と記憶力を高めるべきである。若者のコミュニティに潜り込み、大多数の参加者を見つけようとするべきある。いまの状況は変えられるだけでなく、変わらなければならない」と皮肉った。[*12]

なぜ人権がこれまで絶えず失敗に見舞われてしまうのかを考える者にとって、ユネスコ本部での一件が、次のような重要な事実を突きつけてくれている。通常、国連を中心とした計画は無効ということ、さらに、人権は、欧米諸国を揺るがしている他の社会的・政治的事案とはまったく異なるということである。ジャマイカの国連大使として一九六三年に初めて人権の年を設けることを提案したエガートン・リチャードソンの率直な意見は、注目に値する。「テヘランは、我われにとって最大のヤマ場である」。彼は高らかに「我われは、生まれながらの野獣性を直視しなければならない。このときこそ、政府を中心に人権活動を推進することが何を意味するのかを知ることができる」と述べた。テヘランでは「提起された問題はたくさんあったが、成果はとても少ない。今は、政府よりも多くの人びとに頼る必要がある。彼らは情熱をもって、人間の権利と人間の尊厳の実現を推進する。人権の計画は、人権を介さない、互いを敵視する様ざまなユートピア的理想に直面したとき、確実な道筋を見つけなければならない」と述べた。[*13]

国連によって導入されたと同時にその促進も妨げた人権の概念が、なぜ成功したのかを説明するのに、ここ数年の国連における人権をめぐる動向を無視するのは大きなまちがいである。それ自体が緩やかな進化を遂げてきたが、イギリスの政治学者ハーバート・ジョージ・ニコラスが主導した調査は、一九七〇年代半ばの人権の位置づけについて、次のように厳しく指摘した。

「むやみに人権を追いかけることほど、国連組織およびその専門組織、とりわけ経済社会理事会に被害を及ぼすものはない。むやみに人権を追いかけることについて、無謬な国家はない。サンフランシスコ会議で人権条約の採択を拙速にめざしたアメリカにしても、人権そのものに冷淡な態度を示し、単に人権を口実に利用したがるソ連とその衛星国にしても、人権が自分たちの好みを豊かにするために完璧に利用できると考えていたラテン・アメリカ諸国の民であろうと、あるいは自分たちの自由と人道の理念に含まれていた現実主義の伝統を捨てて、代わりに人権という「新しい皇帝の衣服」を他人とともに礼拝したアングロ・サクソンの人びとであろうと、いずれも同じ穴のムジナだった。そのため、昔から場所を問わず、人権保障をめざすべきだった政府組織が人権を破壊する悪役に転じたとき、隠された陰謀は政府組織によるでたらめな行為に対するごまかしと変化した[*14]」。

一九五〇年代、一九六〇年代に一部のグループに属していた労働者と官僚の小集団が妨害したにもかかわらず、人権は一九七〇年代に開花した。そのきっかけは、人権規範についての公的な議論の中心として、さらに想像上、人権規範の唯一の擁護者としての国連が国際政治の辺縁に追いやられたからだった。国連が頓挫したため、第二次世界大戦中のアメリカの国際主義、そしてその戦後の残党は、いかなる先例も提供できなかった[*15]。何よりも重要だったのは、アムネスティ・インターナショナルの行動だった。テヘラン会議では新しい動員形態の必要性が提起されたが、アムネスティ・インターナショナルの活動がますます、そのモデルになっていた。

実はそれまで、アムネスティ・インターナショナルは、単独で草の根レベルでの人権擁護活動を展開し、市民の人権擁護意識を刺激し、それをとおして広く人権に対する公共意識を促進してきた。一九七七年は人権にとっては完全に画期的な年だったが、同年ノーベル平和賞の受賞によって、アムネスティ・インターナショナルの貢献――その活動はずっと前から展開されてきた――は、大きな注目を集めた。人権問題をときどきあるいは頻繁に訴える初期のNGOとは異なり、アムネスティ・インターナショナルは、各国支部の組織を利用して市民との交流を維持し、どの支部も迫害を受けていた特定の個人のために活動してきた。また、アムネスティ・インターナショナルは、初期の人権団体のように国連を人権擁護の主要な場とは考えていなかった。国際政治の改革を避け、個人の団結をとおして政府に手紙を書き、慈悲と釈放を訴えることで、直接的に人の痛みとの関係を形成しようとした。これらの実践面でのイノベーションは、戦後にまで残された現実主義の財産を見事に解釈できたこと、さらに、象徴的な姿勢の重要性を深く理解したことによる部分が大きかった。

アムネスティ・インターナショナルは、キリスト教が冷戦に立ち向かう際に生み出した産物で、本来あらわれるはずがなかった。それが有名な人権団体として変容したことは、このような団体の設立、進化、そして再受容という組織の道のりを、区別する必要があることを示してくれている。その設立者ピーター・ベネンソンによって、アムネスティ・インターナショナルは、初期のキリスト教平和運動における興味深く、かつ臨時的な展開をとおしてあらわれた。クェーカー教徒のエリック・ベイカーとともに、ベネンソンは、社会主義が失敗した実験であることが明らかになったとき、冷戦の行き詰まりで苦境に立たされた理想主義者に新しい道を切り開くことをめざした。アムネスティ・インターナショナルの結成式のあと、ベネンソンが執筆した「忘れられた囚人たち」と題した記事が、一九六一年五月二八日のオブザーバー紙に掲載された。この記事において、ベネンソンは「この運動の潜在的な目的――この運動に深くかかわっている人たちには心に刻んでもらいたいが、公の場で決して公表しないことを願う――は、社会主義が失敗したことにより、日々頓挫を経験している理想主義者のその秘められていた情熱を吸収することである。同様に、自らの理想を追い求める若者を惹きつけることである」と記した。驚くべきことに、ベネンソンは私的な場で、アムネスティ・インターナショナルが理想主義者に活路を提供できるが、不幸な人びとに対してわずかな役割しか果たせられないと考えていた。「真の殉教者は苦しみに耐える傾向があり、私が付け加えるように、真の聖人は刑務所のほか、この地球上の他のどこにも居場所がない」とベネンソンは語った。[*16]

ベネンソンのいうとおりだとすれば、重要なのは活動家が、自らが注視する被害者を理解するだけでなく、自分たちの実践的な行動を理解することも同様に大切である。さらに、理想主義を受け入れる新しい空間をみつけるには、冷戦の崩壊を前提にする必要がある。我われは、アムネスティ・インターナショナルの起源のなかから、人権を理解する貴重な手がかりをみつけられる。なぜなら、一九七〇年代半ばとは、多くの人びとが、もう一つのユートピアを求めていた時代だったからである。ベネンソンが、活動をはじめたときの環境は、カトリック教徒のパックス・クリスティ運動（ユダヤ人家庭に生まれたベネンソンは、一九五八年の改宗後もその一員として参加した）のような宗教的平和運動や、プロテスタントによる世界教会協議会の普遍主義運動などが頻繁に起こっていたからかもしれない。非常に重要なのは、フレデリック・ノルデは、人権を核心的な理念に据えたが、どちらのグループも人権を重視しなかった。[*17]この点からすれば、アムネスティ・インターナショナルの活動と人権との繋がりは、当初は核心的なものも、必然的なものでもなかった。「良心の囚人」のための請願運動のなかで、人権の理念に言及した人はいたが、驚くことにそれはベネンソンではなく、彼の弁護士仲間のピーター・アーチャーだった。[*18]人権の理念に言及したことは、意外ではあるが、アムネスティ・インターナショナルの歴史においてますます重要になり、結果として、アムネスティ・インターナショナルが、人権の歴史における先駆的な役割を果たすことになった。

ベネンソンがオブザーバー紙に寄稿した最初の記事では、ヨーゼフ・ベランやヨージェフ・ミンツェンティのようなカトリックの聖職者に焦点を当て、彼らが共産主義の下で苦しめられた経験は、一九四八年一二月以来の国際人権の意義を詳《つまびら》かにしてくれた。ベネンソンの思惑は、戦後、急速に人権が構築されたことと自然と結びついていた。同様に、ベネンソンは、思想の自由と密接に結びつく信教の自由を重要な地位におき続けた。その著書『迫害一九六一』では「アムネスティ・インターナショナルは「非政治的、非宗派的な国際運動」として発展し、それによって自由な思想の交流と自由な宗教の実践を保障すること」が書かれている。ベネンソンと同じくアムネスティ・インターナショナルに加わった著名人だった、ショーン・マクブライドがアムネスティ・インターナショナルを率い、その最初の任務はチェコスロバキアでベランの政治的拘禁を調査することだった[*19]。しかし、まもなく、アムネスティ・インターナショナルの活動は、過去に設定した目標を超え、戦後の枠組との明確な関係を断ち切った。それまで、さらに当時の運動は、政治犯一般を中心に展開してきた。この方法は、戦間期には様ざまな運動の共闘を生み出した。しかし、アムネスティ・インターナショナルは明らかにそれらとは異なる「非政治的」な方法で活動を展開した。その活動は、核軍縮を訴える運動と文化的に起源を共有する部分はあったが、アムネスティ・インターナショナルが左派政権の被害者に焦点を当て、リベラルな路線をとることで、より鮮明に反左派の立場に立っていた。組織の立場についても、各国支部の「アダプション・グループ」ごとに、第一世界諸国、第二世界諸国、第三世界諸国から、「良心の囚人」を一人ずつ選んで支援をするという有名な活動方法によって、アムネスティ・インターナショナルは自らの強力な発言力を頼りに、政治の枠を超えた。政治の枠を超えるということだわりこそが、ベネンソンの最大のイノベーションだった。

数年後、コロンビア大学のイワン・モリス教授がアムネスティ・インターナショナルのアメリカ支部を設立し、さらにリバーサイド・グループがアッパー・ウエスト・サイドの哲学者、アーサー・ダントーの居間で集まりはじめたときも、「世界を救い、一度に一人救う」という趣旨は変わらなかった。[*20]これが実は、アムネスティ・インターナショナルが力を発揮できた理由である。これは、まさにアムネスティ・インターナショナルがもつ訴求力の根源だった。つまり、様ざまな腐敗した政治的ユートピアに直面したとき、超党派的な道徳観念がそれから離れ、独立した存在としてだけではなく、その汚れたユートピアを乗り越えることさえできる。しかし、アムネスティ・インターナショナルがイギリスで劇的な進出を果たせたにもかかわらず、その主張は、限定的な魅力しか生み出さなかった。一九六八年前後の大規模なできごとを経て初めて、アムネスティ・インターナショナルの訴えにはますます奥深い意味があらわれるようになる。つまり、アムネスティ・インターナショナルがNGOのアドボカシーを再定義しただけでなく、人権闘争の勝利への道を整えたのである。しかし、アムネスティ・インターナショナルの進撃が起きるまで、人権は有効なユートピアとしてあらわれることはなかった。

要するに、何よりも重要だったのは、人権をめぐって鋭く対立する議論ができる公の場が創られたことである。このような公共空間では、人権は一九六八年の嵐に耐えて成功へ邁進できた。人権は、本来なら成功を実現できる多くのイデオロギーのうちの一つにすぎず、現実からしてもそうだった。実際には、冷戦時代の様ざまな社会モデルが競争しあったが、いずれも、一九六〇年代に衰退した。一九四〇年代、人権を排除したイデオロギーは崩壊したが、新たな熱情によって、人権が選ばれたわけでもなかった。ベネンソンと彼の初期の同調者たちは、人権を追いかけた極端な少数派だった。あの一〇年間において、大半の人びとが冷戦に対して強い異論をとなえた。たしかに、崩壊目前の冷戦の関係は、短時間のあいだにイデオロギーを生み出させることを、ベネンソンは敏感に意識していた。もっとも重要なことは、核の対立そのものが安定の条件を破壊したことだった。しかし、冷戦時代の政治家たちは、核による対立のエスカレーション、それが引き起こす恐怖と忠誠心を利用して安定を保ってきた。戦い合う陣営は、あらゆる犠牲を払ってでも勝ち残ろうとしたが、戦いは膠着状態に陥り、東側と同様に、西側でも軍拡競争に賛同する者が減り、国内の悪化する環境や海外での不道徳な行為への不満が増大した。[*21]

一九六〇年代になると、冷戦の渦中からの脱却を模索する社会変革が世界中で試みられた。アムネスティ・インターナショナルを含む人権運動は、この変革において、もっとも疎外された分野に過ぎなかった。人権の起源は「新しい社会運動」の流れのなかで始まったが、長いあいだ、この運動における他の分野ほど注目されなかった。つまり、人権運動は、「新しい社会運動」という大波のなかで生まれたが、注目されるようになったのは、他のカウンター・カルチャーが衰退したことの恩恵を受けてからだった。したがって、我われの分析は、新しい社会運動で大衆を頼りにし、動員したユートピアにおいて、なぜ人権運動は、試練に生き残ることができ、さらにその重要性がますます注目されたのかに焦点を当てる必要がある。一九六八年の五月に嵐が過ぎ去ったあとの夏、ＮＧＯのパリ会議の参加者たちは、「時代の精神が、若者たちに伝わり、これまでは人権以外のイデオロギーが競争に勝っている」と結論づけたが、彼らには明らかに表面的なものしかみえていなかった。

その後の一〇年間、他の社会運動が次つぎと頓挫し、人権運動が厳しい現実的闘争に新しい枠組を与えた。ソ連陣営では「反体制」の現象は、緩やかに展開された。「反体制」の起源は定かではないが、ニキータ・フルシチョフによる脱スターリン化政策が開始されたのちに表面化した。フルシチョフによる一九五六年の世界を驚かせた「秘密報告」はそのきっかけとなった。この秘密報告は、スターリン体制に対する批判を巻き起こした。ヴァレリー・チャリーゼは、「共産主義陣営内の人権運動は、ニキータ・フルシチョフからはじめられた」と語った。[*22] 地下ルートや地下出版――もっとも有名なのは一九六八年春に発行された『時事クロニクル』――をとおして、人びとは自らの友人や恋人が遠隔地の収容所や精神病院で苦しめられていることを知った。なかでも、アナトリー・マルチェンコやウラジミール・ブコフスキーの証言は、とりわけ衝撃的だった。地下出版と一緒に浮き彫りになったのは、フルシチョフが「氷を割った」後の数年間も「スターリン主義」が後退していなかったという事実である。しかし、フルシチョフの下でようやく新しい時代が開かれた。とりわけ一九六六年にユーリー・ダニエリとアンドレイ・シニャフスキーが裁判にかけられたあと、「反体制」活動がソ連の作家や科学者のあいだに拡がった。一九六九年に「人権保護のためのグループ」が結成され、反体制活動も成熟した人権運動となった。その翌年には重要な意味をもつ人権委員会が発足した。

こうした運動は、どのようにして始まったのだろうか？　人権戦略は、部分的には反体制派が社会主義法の原理の下で構築した。このことは、ソ連政府が、自らが制定した法律を実行できないという問題点を浮き彫りにした。この「法治主義者アプローチ」――アレクサンドル・エセーニン＝ヴォーリピンによって創られた――は、最初から国内の権利が国際システムにおける「人権」になるのではなく、憲法上保障されるべきであることを示唆していた。確かに、従来、反体制派は、一九六五年一二月五日のグラスノスチ集会と呼ばれる市民権運動から始まった。この集会は、五日後の世界人権デーではなく、いわゆる一九三六年のスターリン憲法を記念する日に起こった。一九六九年に結成された「アクション・グループ」もスターリン憲法にもとづいて、社会主義建設のために自発的に結成された市民組織という体裁をとった。ヴォーリピンの法治主義アプローチは、人権概念を掲げた反体制運動以前から既に際立っていた。[*23]さらに、反体制派の当初からの主張は、西側世界で政治的変革を見限ったベネンソンのアプローチに外見的には似ているが、現実にはソ連の政治体制を改革することが困難であるという点からみれば、両者の違いは、容易に理解できるだろう。不可解なことに、この行動グループの創設者たちは初期の反体制派のように主に国内的保護を求めることをせず、人権に言及したことに明確な答えがみつからない。一九六八年は、世界人権年としてソ連でも国際人権規約に調印する祝賀行事が催された。この祝賀行事が、触媒になったのかもしれない。『時事クロニクル』が一九六八年四月三〇日（五月一日のメーデーではなく）に初めて発行された際に、ソ連政府がこの人権を記念する年に犯した各種の迫害行為を列挙した。[*24]しかし、これは人権運動にはならなかった。「アクション・グループ」は一九六九年五月にピョートル・グリゴレンコ元将軍が逮捕された直後に結成され、同時に、ソ連の指導者にではなく、国連に請願書を提出した。彼らは気づいていないかも知れないが、この動きは世界史上とても重要な一歩となった。[*25]

　ソ連の体制に反対する人権運動が盛り上がったことは、人びとが社会主義制度に対する幻想を諦めたこととは繋がらず、このユートピアを再興しようとする者もいなくならなかった。反体制を唱える人びとによって構成されたグループでは、最初から立場は異なっていた。彼らは、ソ連の政治体制が様ざまな原因で壊滅的な敗北を招いたと考えていた。このグループには――とりわけロイとジョレスのメドヴェージェフ兄弟がよく知られているが――「古参ボルシェビキ」の後継者たちがいた。彼らは今の政治体制が単に歪んだ道を歩んだにすぎず、当初の思想を堅持した姿に戻らねばならないと考えていた。二人のこれまでもっとも知られた反体制者、物理学者のアンドレイ・サハロフと作家のアレクサンドル・ソルジェニーツィンのあいだには世俗的な自由主義と宗教的民族主義の立場の相違がよく知られているが、最初のうちこのような違いは協力の妨げにはならなかった。反体制運動では、このように連帯して形成されるという自然な性格は、あとになって再び東側諸国全体であらわれることになり、異なる要素が共存可能であることを示した。異なるタイプのナショナリズムの抵抗運動のあいだでは、基本的な綱領として人権を据えていたことから、より簡単に相互の合意点をみいだすことができた。しかし、対照的に、修正主義路線にもとづく共産主義には、このような合意は不可能だった。[*26]それにもかかわらず、何によって運動内部の統一性を維持するかにかかわらず、国内における運動の拡大と海外における運動への共感の声は、まちがいなく、一九六八年以降の共産主義の伝説の崩壊に帰結した。あらゆる反体制運動も、共産主義世界に衝撃をあたえ、西側世界にとってこのような反体制運動は誰もが知るところとなった。一九六八年の夏のできごとによって、西側世界では共産主義が改善できることを信じる者はいなくなった。

一九六八年春にパリで起こった「五月革命」によって若者のユートピアは、世界的に知れわたったが、夏にはソ連を中心とするワルシャワ条約機構軍がチェコスロバキアに侵攻し、アレクサンドル・ドゥブチェクによる「プラハの春」と呼ばれた共産主義改革の息の根を止めた。この衝撃的な事件は、批判を認めない全体主義政権の下で、硬直した共産主義のユートピア的理想にはそれを超克するユートピアをみつけるために超えられない一線があることをみせつけた。ソ連の戦車がプラハに到達したとき、「民主化」を推進していた反体制運動は急速に静まり、別の戦略にとって代わられた。「マルクス主義的ヒューマニズム」への希望は、地域全体において崩壊したことで、人権というこれまでとはまったく異なった戦略のための新しいイデオロギー的空間が作り出され、一九七〇年代初頭のソ連だけでなく、その後も多くのところで中心的な立場に位置づけられた。ヴォーリピンの強力な法治主義的アプローチが少し前に実践されたとすれば、「プラハの春」のあと反体制派の一部、とくにモスクワで反体制組織が結成されたときから、自らが「人権運動」を展開していると考えるようになった。共産主義の改革が失敗したあと、イデオロギーの空白を埋め、反体制派は道徳的批判という名の下に政治策略を発展させた。

チェコの劇作家で反体制派のヴァーツラフ・ハヴェルはもっとも良い例ではあるが、ソ連に対する異議申し立ての声は、一九七二年に道徳的に失敗した政治との対立をまねいた。反体制活動家のアナトリー・ヤーコブソンにとって、反体制は「政治闘争――政治闘争といっても、まだ条件が成熟していない――」に高められない。逆に、彼は「反体制は道徳的闘争としてあらわれる。我われは、真理が他の理由のためではなく、ただ自らのために存在する」と説明した。逆に、第一に真理は自身のためのみに存在するが、他の理由のためではないと仮定しなければならない。もう一人の注目された著名な反体制派のスポークス・パーソン、物理学者のユーリー・オルロフは、一九七三年に、反体制運動の基礎を「全人類に共通の倫理」となぞらえた。さらに翌年、バヴェル・リトヴィノフは、反体制運動の「非政治的」な性格が重要であると説明した。しかし、現実には、反体制運動は、ソ連共産党政権の基盤を脅かすという意味で政治的なものだった。[*27] しかし、それはかつてのベネンソンが主張したように完全に政治を超越する方式で機能する政治だった。

サハロフの独特の軌跡は、一九六八年がいかに重要な年だったかをいきいきと示しており、その後の数年間で彼の身に起きたできごとは、きわめて劇的だった。サハロフは、一九六八年よりも前から活動していた。例えば、彼は一九六六年の憲法記念日に民主化を支持する小規模な集会に参加していた。しかし、サハロフは文学に従事する反体制者と距離をおいていた。彼とロイ・メドヴェージェフとの短い、しかし、重要だった友情には注目しておかねばならない。ロイ・メドヴェージェフがレーニン主義史観のもとに完成したスターリン主義についての考察は彼に大きな影響を与えた。メドヴェージェフとの友情は、当時、少数の反体制派とのやり取りよりも、はるかに大切な関係だった。その後、彼は、勇気ある行動によって、一躍世界中で有名になった。ソ連政府の指導部との接触を長く維持している核科学者として、サハロフは共存を訴えた嘆願書を密かにニューヨーク・タイムズに送り、一九六八年七月二二日の紙面に掲載された。

西側世界がサハロフの嘆願書を掲載したときは、ちょうどデタントの時期だった。サハロフの行動は、世界の人びとに希望に満ちたモデルを示した。つまり、共産主義と資本主義は共存しながら自己変革し、両者のあいだに形成された核の対峙を打破することができる。しかも、その上で、ある日合意に達することができる。「進歩・共存・平和の思索」と題されたサハロフの嘆願書が発表されたタイミングを解釈するためには、発表をチェコスロバキア民主化の実験――ザ・タイムズは、ワルシャワ条約軍の車列の写真の下に記事を載せた――から切り離すべきではない。サハロフは、「プラハの春」は共産主義の民主化運動にプラスに作用する可能性があるとして、非常に肯定的な実験だったと高く評価していた。

この時点では、反体制派の言語としての人権は、まだサハロフの眼中になかった。世界人権宣言に言及したのはあくまで西側の帝国主義およびカウンター・カルチャーといったものに反対するためだった。サハロフは「外交政策は現地の特定の条件を活かしてその影響範囲、さらに他の国を妨げるものではない」と述べた上で、国際的保護を受ける集団的自決権を援用し、「外交政策の目標は、世界人権宣言が世界範囲での実現を確保することを目的として据えるべきであり、さらに国際的緊張の激化や軍国主義および民族主義的な流れが強まるのを防止しなければならない」。このような原則は、反動と反革命的闘争、つまり革命闘争と民族解放闘争を否定していない。[*28] しかし、そのわずか二年後、「プラハの春」の破滅は、サハロフにとって転機となった。

二年後、サハロフはヴァレリー・シャリデに会い、シャリデは彼に人権委員会への参加を提案した。一九七〇年以降、人権委員会は中心的な反体制団体だった。それまでサハロフは人権問題に距離をおいていたが、人権委員会への参加を決心したのち、彼は人権を優先的な問題に位置づけた。まず、彼は、敢えて自らの威信を生かして、一九七〇年にレオニード・ブレジネフに書簡を送り、当局の反人権行為を抑制するためソ連当局が国際社会に対して法的義務があることを注意喚起した。人権委員会は、当初はソ連の精神医学の研究に着目したが、その後、より論争的な宗教の自由に焦点を当てた。やがてサハロフは、ユダヤ系市民だけでなくドイツ系市民も強く求めていた移住の自由に注目するようになった。急激な転換を目の当たりにしたソルジェニーツィンは、サハロフがロシアを救うためではなくユダヤ人問題によって血迷ったのではないかと心配した。このことを契機に、ソルジェニーツィンはサハロフを外部の影響を受けやすい人間ではないかと思いはじめた。サハロフも負けるまいと、ソルジェニーツィンが人権そのものに関心がなく、ただそれを利用して何か他のことを復活させようとしていると批判した。しかし、西側世界において、サハロフと同様にソルジェニーツィンの公的立場は、革命の青写真が破綻したとき、国際的な意味の道徳がもっとも重要になるという理念を示していた。一九六〇年代にすでに世界的に著名な作家だったソルジェニーツィンは、やがて人権運動に加わった。彼の理念は一九七〇年のノーベル賞受賞演説のなかに隠されている、つまり、「この混み合った地球には、内政問題など存在しない」[*29]。

サハロフは、海外では「人権の盾」として知られるはずである。「人権の盾」として知られるようになったのは、チェコスロバキアでの実験の失敗と、一九七〇年代初頭の彼の人生の劇的な変化のおかげである。一九七三年一一月にヘドリック・スミスがニューヨーク・タイムズに彼のプロフィールを紹介したことで、サハロフはようやく人権活動家としてアメリカの人権運動のモデルとなった[*30]。しかし、彼は人権委員会や独自の活動をとおして、ますます多くの人権に対する責任を負うようになった。一九七五年一二月にストックホルムでのノーベル賞受賞のスピーチは、妻のイリーナ・ボナーが代読し、そのタイトルは「平和、進歩、人権」だった。このスピーチでは、一九六八年以来彼が把握していたことがすべて記録され、そのとき、平和と進歩が民主化と合意を意味するようになった。しかし、これらの言葉は、いまでは新しい内容を表すようになった[*31]。これらすべてを推進するのは一つのゆっくりとした蓄積の過程で、はじめに緊張緩和に期待を寄せ、少しずつ形式的に安定し、もっとも純粋な個人の参画に移行する。この政治から道徳への移行についてサハロフは次のような素晴らしい説明を行った。

「私は、我われの国家が現在の条件の下で、道徳と法に立脚することがもっとも正しいと信じている。なぜなら、これは社会の要請と可能性とに一致しているからである。我われに必要なのは、人びとを暴力、宗派主義で狂乱に煽動することが避けられない政治闘争ではなく、人権と理想を総体的に護ることである。私は、このようにして初めて、最大限に開かれた社会が実現できるなら、西側諸国が我われの社会の本質を認識することができると信じている。そしてそのとき、この闘いが全人類を解放するための世界的運動の一部となるだろう。これは、なぜ私の関心が、当然のことながら、世界的な問題から個別の民族の防衛に転じたのかという疑問に対する部分的な答えである」[*32]。

サハロフにとっても、人権がオルタナティブとしてあらわれたのは、失敗した政治的ユートピアが道徳にのみ余地を残すだけだったからである。

世界史上、最初に「人権運動」と自称した行動は、国際的には反響を招かなかった。人権をめぐる議論は、ミュンヘンのラジオ・リバティでソ連の事態を監視していた人びと、『時事クロニクル』の英語版『現在のできごと』を発行していたイギリスのアムネスティ・インターナショナルのメンバー、あるいはブリュッセルに設置された「ソ連の人権を守る委員会」のような、ばらばらな小グループのあいだで交わされた[*33]。ニューヨークで、ヘドリック・スミスの記事が発表されてから一か月後、国際人権連盟はサハロフに連盟の年間賞を授与した。国際人権連盟が新設したジェイコブ・ブラウスタイン・インスティテュートと協力して、反体制派の初期の地下文書の翻訳を担当し、情報の収集は弁護士のエドワード・クレインが一人で担当した[*34]。東欧陣営など他の場所でも、言論の自由の価値が高まったことで、ライターーズ・アンド・スカラーズ・インターナショナルのような組織が生まれた。この組織は、一九七二年に『検閲の索引』を出版した。編集者のミシェル・スカメルは、自身の初版の冒頭で、言論の自由の事業は、政治を超えるものであると述べていた。「すべてのイデオロギーには共通点がある。多かれ少なかれ、異議や反対には耐えられず、不寛容である」。しかし、東欧で修正主義路線を歩んできた共産主義が次第に凋落しはじめ、他のいくつかの場所でも体制に対する反対意見があらわれるなか、マルクス主義は一九六八年からの五年間で、西側でクライマックスを迎えたが――サハロフが指摘したように、一九六八年から一九六九年にかけて、全世界で毛沢東の『毛沢東語録』は彼の平和共存にかんする文章よりもはるかに有名だった――人権はそうではなかった[*35]――。しかし、ソ連の人権運動に連動するように、別の事件が次つぎと起こり、偶発的な相乗効果を引き出して、人権の時代が到来した。

一九六八年に「人間の顔をした社会主義」が東欧で凋落したとすれば、一九七三年九月にチリのサルバドール・アジェンデ大統領が暗殺されたときから、社会主義は他の場所では致命的な衝撃を受けたといえよう。とあるチリ急進主義者は「人権という言葉が私の辞書に入ったのは、一九七三年九月一一日だった」と話していたが、これはクーデタが起きた日を指している。その夏にウルグアイでも軍事クーデタが発生した。その次に、チリでも驚くべき事件――一九七六年以降、アルゼンチン軍事政権の下で起こった汚い戦争も起きていた――が起きた。しかし、これら一連のできごとは、人権を促進し、それを有機的な枠組として形成させた。しかし、他のキーワードがチリ人の辞書に入ってくるのではなく、なぜ人権だったのだろうか。さらに、その言葉が以前そこになかったが、あとからどうやって入ってきたのだろうか。チリと似たような独裁政権期、例えば一九五四年以降のアルフレド・ストロエスネルの独裁下にあったパラグアイや、一九六四年以降のブラジルの軍人支配の時代は、過去にもあった。さらに、アメリカ政府はチリのクーデタの前後のように、誰もがその悪名を知るアウグスト・ピノチェトに経済援助を提供した[*36]。

ラテン・アメリカ諸国の独裁のドミノは、この時期、確かに人に恐怖を感じさせる。とりわけラテン・アメリカ南部の南回帰線以南地域――以前はこの地域が比較的安定していると思われていた――で起こった事態はなおさらそうだった。しかし、一九七五年に右派の国際的同盟が革命的左派を打倒するために団結し、悪名高いコンドル作戦を行ったときでさえ、この世界の犯罪は、人びとの人権への興味をまったく喚起しなかった。政治的閉塞期において政治的変革の壮大なビジョンが失敗し、さらに道徳的批判が可能なときにかぎって、人びとは新たな望みを呼び起こす。以前のクーデタは、このような壮大なシナリオを解体できなかっただけではなく、このような構想を促進することもできなかった。それゆえテロ体制は、いくつかの驚くべき偶然の事件で重要な役割を果たしたように、左派の期待に重大な影響を与えることができた。一九六八年の「プラハの春」は、ソ連の勢力圏において修正主義路線の社会主義が容認されないことを証明したが、一九七三年のサンディエゴ事件は、アメリカの勢力圏においても同様に修正主義路線の社会主義は容認されないことが証明された。ソ連で反体制派が増えたのと同じように、なぜラテン・アメリカ諸国では人権の重要性が高まったのかを解釈するには、次のような説明がもっとも説得的である。つまり、左派の大多数が自らの戦略において、似て非なる願望を捨てなければならないと意識したからで、現実も確かにそうだった。ラテン・アメリカ諸国が革命的やゲリラ的なユートピアの継続性により多くの好感を抱くにしても、人権はその土地で根づく。事実からして人権はより持続的で、ユートピア的理想も引き続き冷戦が終結するまでラテン・アメリカの大地で効用を発揮した。[*37]

人権は、応答の枠組としてその移行は緩やかであり、迅速ではなかった、ウルグアイがこれを示す好例である。当初、一九七六年のクーデタが発生する前にアルゼンチンに追放された左派は、軍事政権の抑圧的な統制を非難し、自らのイデオロギーに合致する道を探していた。数年のあいだ、ブルジョアの反革命に対して展開されたソ連の国際的なキャンペーンは、投獄されていたチリ共産党の指導者ルイス・コルバランに焦点をあてたが、その目標は、軍事独裁政権に公開討論の場を設けることだった。有名なウルグアイの左派活動家、ゼルマール・ミケリーニは、ブラジルとチリの左派に同行し、ローマへ向かった。なぜなら、バートランド・ラッセルが一九六〇年代末ベトナム戦争でアメリカが犯した犯罪を告発するために創設した左派法廷が、ラテン・アメリカ南部の南回帰線以南地域で新たな犯罪を裁くために再び創られなかったからだった。[*38] このような国際主義は、早い速度で形成された人権運動とは何らの関係もない別世界のものだった。確かに、ウルグアイ政府の政治犯拘禁政策に異議を唱えたウルグアイ人は、最初こそ人道主義的な煽情や純粋な宣伝活動を拒んでいた。彼らは、「革命闘争まで我慢すれば、収監された人びとはやがて自由になる。革命闘争にまでなれば、ブルジョアジーとその武器から収監された人びとを釈放させるとき、あるいはブルジョアジーとその搾取制度がともに一掃されるときが来れば、搾取された者は刑務所の扉を開くことができ、自由を手に入れるだろう」と考えていた。[*39]

しかし、ウルグアイ政府を批判した人びとは、すぐにアムネスティ・インターナショナルと連携し、ラテン・アメリカ諸国で拷問の実態の調査や公表をはじめた。このような調査は、アメリカ議会がアメリカ政府とラテン・アメリカ諸国の独裁政権とのあいだの接触を調査することを促した。ラテン・アメリカ諸国の活動家たちは、彼らが絶えず社会変革に対する急進的な主張をし続けているからこそ、自分たちの批判が効用を発揮していると理解していた。しかし、その社会変革を求める急進的な主張は、彼らが展開する人権活動とは相互に分離していた。空前の抑圧の波のなかで、極端な急進主義に残された空間が現地で縮小しつつあることを彼らも認識していた。それゆえ彼らは政治参加を継続するための新しい方法を模索した。本国ではほとんど効果的に活動する能力がないため、ウルグアイ政府に彼らの仲間の左派活動家に対する弾圧を放棄するよう圧力をかけられる仲介者を探っていた。ときが経つにつれて、当初の戦略だったものが「社会主義的人権概念、つまり革命的な社会経済的意味でのみ実現される人権概念を認めることから、普遍的権利の概念を受け入れる」という哲学にかわった。[*40] 過去や他の場所で起こっていたように、あらゆる政治の道が妨害されたことは、人権が発展するもっとも重要な原因である。

これらのイニシアチブは米州諸国間で設けられた人権保障のための「制度」を前提としていなかった。時間が経つにつれてその人権保障のための制度が関心の的になった。時代を通して、副次的な存在だった米州国家間の枠組は米州機構（ＯＡＳ）によって形成された。ＯＡＳは一九四〇年代にボゴタで人権を擁護することを宣言したが、字面にとどまっていた。しかし、米州の国家間枠組は最終的に一九五九年に米州人権委員会が創設され、さらに一九六七年に、より広い拘束範囲をもつ組織憲章を制定し、その上一九六八年に米州人権条約を起草――この協定は一〇年後の一九七八年に発効――した。戦後ラテン・アメリカ諸国は、人権やその他の理由にもとづく外部からの干渉を防ぐための絶対的なルールを確立した。キューバ革命後、ラテン・アメリカ諸国は、外部からの侵略に加えて、内部の不安定によって「公共の秩序」が脅かされるという新たな問題に直面した。この点をみれば、現政権にとって人権はより魅力的なものになった。一九六二年にキューバを追放したのち、米州機構は共産主義政権の不正を摘発するための新しい人権委員会を設立した。しかし、国際的にさらに米州機構内部で露呈したブラジルでの拷問に対する消極的な対応が如実に示しているように、そのような進展がみられたとしても、市民のレベルで人権をもう一歩前進させられなかった。[*41]

この意味からすれば、米州国家間の枠組は人権に向かって自らを発展させたとはいえない。人権システムが形成されつつあるなか、フィデル・カストロの撥剌とした社会主義の理念は多くの人びとの想像力を刺激し、人権ではなく革命を支持した。一九七〇年代の局地的な弾圧事件を経て、米州機構は左派政権ではなく右派政権の闇を暴きはじめた。ミケリーニは米国の道具となった米州機構と訣別し、キューバの安全保障のために、自決と不干渉を名義に全力を尽くした。彼は自決が「ある種の……自国の範囲内で残虐行為およびもっとも基本的な人間の生存基準に対する故意の攻撃を自由に決定する権利ではない」と強く主張した。[*42]

ラテン・アメリカ諸国の左派は、人権の名において局所的な弾圧に抵抗してきたが、その主張が、人権という概念を地域やそれ以外のところに拡めた。過去のソ連と同様に、同じく重要なのは、異なる言語を使用する人びとにコミュニケーションのためのツールを提供する際に、言語そのものは普遍性と高度な接合性をもっていたことである。ソ連の勢力圏で人権のための組織が形成されたもっとも初期の要因は、バプテスト運動だった。鉄のカーテンの陰に隠れた信教の自由をキリスト教会が何十年にもわたって注視してきたにもかかわらず――現地あるいは国際的な支持者が推進したか関係なく――国際的な人権運動に匹敵することはできなかった。ラテン・アメリカ諸国における人権への進展においてカトリック教徒は重要なパートナーだった。教皇ヨハネ二三世の指揮の下で、カトリック教会は有名な近代化を遂行した。とくに彼の回勅『パセム・イン・タリス（*Pacem in Terris* 一九六三年）』ではカトリックの教えは人権と直接的な関係をもつようになった。両者の繋がりは、ジャック・マリタンのような初期の活動家にしか思いつかなかったかもしれない。カトリックの教えが何か人権と呼ばれるものを代表しているという理念は、一九六〇年代に世界に急速に拡まった。しかし、一九六〇年代において、宗教政治はまだ暗躍しており、とりわけスペインとポルトガルでは反動的な宗教強権主義が蔓延していた。人権の名の下に行われたキリスト教の教義の政治的革新や、これにもとづくメカニズムの改革は、個人の行動と同様に重要だが、ラテン・アメリカ諸国を含めて、このような革新は、人権運動を触発できなかった。のちに発生した一連の事件からすれば、これらは基本的な条件に過ぎない。とくにエバリスト・アーンズ枢機卿が、拷問の犠牲者への同情から、一九七五年にブラジルで起こった組織的な人権運動への支持にまわった。[*43] そのため、カトリックの人権擁護活動が本当に意味しているのは、適切な時期に、人権という概念を中心とした同盟の出現を可能にしたことである。

ラテン・アメリカ諸国では、カトリック教会の政治的立場は、基本的に一九六〇年代から民主的政府を支持してきたが、その後、左派革命勢力の台頭が問題となった。そのため教会は、専制主義政権との結びつきを図った。また、カトリック教会の政治的立場は、いまだ人権というイデオロギーに傾倒していなかったために異論を差し挟むことがあった。一九六〇年代にカトリック教会の改革が「解放の神学」という新しいイデオロギーを生み出すことを可能にしたが、専制主義者のクーデタが発生して間もなく、とりわけ一九七三年以降のチリでは、最低限の道徳である人権を訴える穏健な集団があらわれた。ピノチェト政権による秩序回復を掲げて、カトリック教会は世論の支持を背景に世界教会協議会の支援を受けたキリスト教左派を中心に、キリスト教の教派を越えた「平和のためにエキュメニカル協力委員会」を結成した。これに対して、チリのシルヴァ・エンリケス枢機卿は、一九七六年一月に軍事政権の要求に同意して委員会を解散し、人権にもとづく組織「連帯教区」（Vicariate of Solidarity）を創設することで、軍事政権樹立当初にみられたカトリック教徒の反体制派に対する弾圧は終わった。カトリック教会の実践がどのように異なっていようとも、軍事独裁は、カトリック教会との表面的な友好関係に依存し、政権批判の道徳的枠組が危うい政治的脅威を容易に取り除くことができないとき、カトリック教会の人権の訴えはイデオロギーの観点からして、非常に重要だった。一九七八年になると、カトリック教会が専制政権をどれほど支持していたかに関係なく、エンリケス枢機卿は「すべての人は人間として生きる権利をもつ」という名言で人権年に対する支持を表明した。[*44]

カトリック教会は、明らかに人権活動の枠組のなかで、政治に道徳的な制約を加える態度を堅持していた。この態度により、チリの軍事政権がもっともその支持を必要としているときに、政権を批判していた人びと——とりわけ左派は——カトリック教会批判を回避した。しかし、このような態度により、左派系団体と改革を実行する右派との前代未聞の協力を促し、両者がともに戦略上補完的で、しかし立場的には敵対するという道徳的言説に向かっていた。カトリックの道徳的主張を観察した評論家の一人は、「それを、政治から離れたある種の『純粋な』力としてみることはとても難しく、無駄だった」と述べた。[*45]しかし、かつてソ連で起こったように、政治から得られた道徳的自立性の構想は、政治上における結びつきが形成される一つの前提条件だった。これは、カトリック教会の反対を国家による弾圧から免れさせたが、同時に、最低限の言葉を提供した。この言葉において、かつて双方を分離した課題は、ふたたび調和された。カトリック教徒は、結合的な道徳の名のもとに政治に対する超越をとおして、運動の構成要素となったが、彼らが一〇年前に推進した宗教改革は、このような運動を触発できなかった。

それと同時に、とりわけ一九七三年以降、海外からの同調や関与は急激に高まった。一九七〇年代に国際人権運動が盛り上がった五年間、ソ連とラテン・アメリカ諸国における運動は、新たな人権運動を触発した。この運動に関心を寄せた人びとはみな、アムネスティ・インターナショナルに注目した。一九六〇年代後半、ベネンソンが愚かにもイギリスの諜報機関と呑気に関係したために、組織内での主導権を失った。それによってアムネスティ・インターナショナルは解散の寸前にまで追い込まれたが、ヨーロッパ諸国の支部はその直後に結成された。アメリカ支部だけは、一九七〇年代初頭になってから小さな拠点から拡大し、その後は急速に発展を遂げた。一九七二年から七六年にかけて、地方のグループは、七から八六にまで増加した。アメリカでは、一九七〇年代初頭に数千人のメンバーしか活動していない状態だったが一〇年後にはメンバー数は急速に増え、当初の約三〇倍の九万人に膨れ上がった。アムネスティ・インターナショナルは、一九六〇年代初頭からヨーロッパで国ごとの支部を急速に拡大させ、一九七〇年代にはメンバーは三〇万人に達した。アムネスティ・インターナショナルは、一九六〇年代初頭に急速に拡大したが、組織全体としては一九七〇年代に大きな飛躍を遂げ、ちょうど同じ時期に凋落を経験した他の大多数の社会運動と比較すれば、アムネスティ・インターナショナルが経験した拡大規模は劇的だった。その成功の背後には、ユートピアの代替概念を推し出すことに成功したという究極の要因を挙げることができる。

アムネスティ・インターナショナルは、一九六〇年代に主流とされた政治的急進主義との訣別を意味する。アムネスティ・インターナショナルは、一九七〇年代に社会問題を全面的なイデオロギー的対決と技術的な組織手段で解決しようとし、システムを変革し、両極化を解消しようとする崇高な理想という一九六〇年代の社会運動の基本的な要素から、意識的に距離をおいた。アムネスティ・インターナショナルの活動家たちは、「世界の悪を少しでも取り除く」という、真に実用的なアプローチをとっていた。この点に鑑みれば、一九七〇年代の人権運動は、ポスト革命的理想主義の産物であり、それ以前の一〇年間ですでに幻滅した政治運動の教訓を汲み取り、楽観的で崇高な理想を捨てた。ユートピア的理想をもたず、さらに政治的虚飾で組織的動員もしない。あるグループのメンバーは、きわめて現実主義な観点で次のようにアムネスティ・インターナショナルの成果を「カードを送るだけでは世界を大きく変えることはできない。しかし、少しの時間と郵便料金を足し合わせ、他人の正義が守られるように助けること、あるいは少なくとも彼らに勇気をもたせてあげることは、まちがいなく価値がある」と評価した。[*46] 支持者にとって重要な数十年間、アムネスティ・インターナショナルの魅力は、人びとに政治的ユートピアの理想を残し、より小規模でより実践的な道徳的行為に目を向けることだった。

アムネスティ・インターナショナルがはじめた情報収集の方法は、一九七〇年代には、個人の釈放を求める嘆願書を作成するためのチームを形成するという当初の方法をはるかに超えていた。また、こうした仕組みはすぐさま他の組織に模倣されたので、組織の存続のためにも重要だった。以前から、ロンドンを拠点とするアムネスティ・インターナショナルの調査部が早い時期から、反体制派の作品を翻訳したが、一九六〇年代末からは拷問に焦点を当てはじめた。一九六七年から一九七四年にかけてアムネスティ・インターナショナルは、率先してギリシャの軍事政権下で起こった一連の拷問事件にかんする情報収集を行った。一九七二年にアムネスティ・インターナショナルは反暴力キャンペーンを行い、グローバルな問題分析報告を発表し、請願活動も行った。この請願運動の最初の署名者は一九七三年四月のコンサートでサインを披露したジョーン・バエズだった。[*47] この運動への貢献が讃えられ、ショーン・マクブライドは一九七四年にノーベル平和賞を受賞した。受賞によって人権の知名度が高まり、社会運動と人権が結びつけられるという重要な理念が拡がった。チリとウルグアイでクーデタが発生したのち、アムネスティ・インターナショナルや他のNGOは両国で情報収集に尽力し、人びとに被害状況を把握する意識を高めた。彼らが集めた情報は、すぐに国連や一九七六年アムネスティ・インターナショナルが構えたワシントン事務所から発信された。これらの活動により、アムネスティ・インターナショナルの調査成果は、学界だけでなく、幅広い人びとに普及した。[*48]

そのような行動が現場で実質的な変化をもたらしたかどうか、あるいはより具体的に、国際規範の構築という、より大規模な変化をもたらしたかどうかにかかわらず、何よりも重要なのは、かつてベネンソンが望んでいたように、アムネスティ・インターナショナルの活動に命が吹き込まれたことだ。一九六八年以降、他に選択肢がなくなったとき、このような活動に取り組む最低限の方針は条件や力の蓄積になった。ジェリ・レイバーは、一〇年近く閉鎖されていたNGO、ヘルシンキ・ウォッチ——現在のヒューマン・ライツ・ウォッチ——の創設に協力したが、彼女は一九七〇年代初頭には、人権という言葉すら聞いたことがなかったと振り返った。彼女はニューヨーク大学ロシア研究所で専門的な教育を受けていたが、惹きつけられたのはソ連の急進主義ではなく、アムネスティ・インターナショナルの活動家ローズ・スタイロンが一九七三年一二月にニュー・リパブリックに寄稿した拷問の全世界的復活についての記事だった。それをきっかけに、レイバーは「何かをしよう」と決意した。その少し前にニューヨーク・タイムズでパートタイムのフード・ライターをしていたレイバーは、リバー・サイドのアムネスティ・インターナショナルのグループに参加した年からアムネスティ・インターナショナルにかんするメッセージを取り上げた新聞記事を執筆した。「私は秘訣をみつけた。私はまず拷問の恐るべき形態についての詳細な説明からはじめ、それがどこで起こったのか、そして起こった政治的背景について解説した。最後に、嘆願書を起草し、このような犯罪を公に晒した」と回想録で述べた。[*49]

アメリカと西ヨーロッパにおけるアムネスティ・インターナショナル活動家たちの「世界的な関心」によって、ソ連とラテン・アメリカ諸国からの声が聞こえるようになり、外交では予期しない事態が相次いだ。とりわけ一九七五年のヘルシンキ宣言に対する意外な反応によってある枠組が確立された。このような草の根運動がもつ力とそれらが一九七〇年代半ばから国際的に認められるようになったことを考えると、我われは現地政府の角度からも、国際外交の角度からも一九七〇年代の人権革命を把握できない。何しろ、これは冷戦という環境下における各種枠組そのものの権威性の融解を意味する。その結果、多くの市民が冷戦の相手国の公的なイデオロギーに惹かれなくなり、一般の人びとも公的な権力の正当性を疑うようになり、人権という観念が有意義なものとなった。しかし、ヘルシンキで開かれた欧州安全保障協力会議（ＣＳＣＥ）における人権に対するさらなる肯定や一九七七年一月にジミー・カーターと人権のあいだに形成された死活的結合がなければ、人権は、一部の人びと、つまりゆっくりと拡大してはいるものの弱体化している組織と、その国際的なメンバーや発起人に独占されていたのかもしれない。確かに、カーターがいなければ、人権自体がこれほど人を沸き立たせる効果をもつようにならなかったかもしれない。レイバーが、一九七四年にアムネスティ・インターナショナルが受刑者の世界的状況を公表していくことを後押しした記事を発表したあとも、彼女は「私は『人権』という言葉を使って自らの活動を表現したことはない。これは、私が日常的に使う言葉でもなければ、大多数の人にとってはこの言葉はあまり意味がないものだった」と振り返った。[*50]

欧州安全保障協力会議は東西冷戦の緊張緩和の産物だったが、結局のところ人権はその緊張緩和の可能性を壊してしまった。ヨーロッパ内での義務化をめざしたフィンランドのイニシアチブ（一九七二年）は、交渉当事者にしてみれば人権活動を推進するためのものではなかった。ソ連からすればこの交渉の目的は、過去三〇年間の東欧の占領に対する国際的な承認を確保することによって、緊張緩和という目的を果たすことだった。人権擁護派は、ヘルシンキ宣言はソ連にとって「古い夢が実現した」物語だったのかもしれないと考えていた。[*51] とりわけ、主権不干渉の原則は、条約において明確に確認されている。西側の人びと、そしてヴィリー・ブラントによる東方政策が実行されたのちの西ドイツ人にしてみれば、重要なのは、いかにして冷戦の緩和という結果を制度化するかだった。確かにそれは、第二次世界大戦以来、西側ヨーロッパ諸国によって文書に明記された人権への関心を喚起し続けることも含まれていた。人権については、一九七〇年に発表され、たまに外交交渉でも触れられ、西側の安全保障戦略を大まかに描いていたダヴィニョン報告書でも言及されていた。他にもオランダのように、一九七五年のヘルシンキ宣言の交渉の過程で、一人の疑り深いジャーナリストがいうような「誰にもわからない外交的トリック」ではなく、融和的な政策に密かに抵抗していた。ヘンリー・キッシンジャーは、ヨーロッパにおける緊張緩和の推進を称賛していた。彼は次のような有名な言葉を残している。「人権条項という『第三のバスケット』は、最初は副次的ながら、きわめて重要な任務、すなわち離れればなれになった家族が鉄のカーテンを越えて再会を実現させるためにできたものであるが、私にとってはそれが自分とは無関係のスワヒリ語で書かれたものにすぎない」。しかし、ヨーロッパ人でさえ、交渉が下から湧き上がってくる人権と非常に慎重なかたちで結びつくことを予想できなかった。[*52]

確かに、以前から人権をめぐる運動があったことに鑑みれば、ヘルシンキ宣言の交渉では、反体制派からすると援用できる文書が増えたに過ぎない。国際規範で訴えるという手法は、以前にもあったが、ヘルシンキ宣言は、もう一つの規範を提供した。ヘルシンキでは、主権不干渉の原則と個人の権利とのバランスを図る際に、国連憲章がかつて犯していたような自己矛盾の誤りを繰り返し、それらの関係をまったく新しい方向に転換させられなかった。ソ連は、一九七三年に国際人権規約に署名しており、ヘルシンキ宣言は、より有意義な監視システムを構築した。長いあいだ無為をきわめた国連の人権活動も、改善され続けていた。国連の人権活動の端緒は、一九六七年の経済社会理事会決議一二三五号にもとづく、いわゆる「一二三五手続」が採択されたときだったが、これによって人びとは、大規模な人権侵害事件にかんする論争に関心を寄せるようになった。しかし、ますます多くの同時代人にとって、ヘルシンキ宣言の監督・管理条項は、くだらない国連の仕組みよりも、人権活動のための斬新な仕組みを提供し、さらに制度的機能をとおして、初めて国家対国家による人権を主張する機会を確立した。[*53] ヘルシンキ宣言の成立は、一九七六年五月、モスクワにヘルシンキ・グループが創設されたことにさかのぼる。このグループはユーリー・オルロフがサハロフの自宅の居間で行った宣言によって設立されたが、ヘルシンキ宣言が採択されたことは、一九七六年から一九七七年にかけての国際人権意識の高まりを具現化した不可欠で特筆すべき人権運動の結晶となった。[*54]

歴史をつくるターニング・ポイントにおいて、人権が一九七〇年代初頭にアメリカ民主党の対外政策の潜在的なスローガンとなったのは、一九七七年に民主党の大統領選挙で勝利したジミー・カーターが、人権をもっとも重要な価値とするよりも前のことだった。一九七四年末には、ある博識な評論家は「人権に対する多くの考慮は、今後数年間のアメリカの外交政策において、相対的に限定的な役割しか果たしていかないようである」[*55]と記した。三年後、満を持して人権運動は驚くべき変貌を遂げ、その様相は大きく変貌した。

　アメリカでは、人権は、民主党が自らの立場を旗幟鮮明とするために、戦時に用いる対抗手段になりはじめた。もっとも強力な推進力は、明らかに左派勢力から発せられており、ベトナム戦争末期にウォーターゲート事件が起こったとき、人権は、議会の抵抗勢力が用いる武器の一部となった。戦争権限法の下で、そしてのちにアイダホ州選出の上院議員フランク・チャーチが行った冷戦における背任行為調査の影響によって、民主党リベラル派の党員たちが国際人権に目をつけた。なぜ人権に着目できたのかの理由について、我われは知る由もない。しかし、一九七三年一月からミネソタ州選出の下院議員ドナルド・フレーザーは、下院の国際組織・国際運動小委員会をとおして、人びとの人権の規範とそのメカニズムに対する注意を惹きつけた。公聴会が続くなかで、チリではクーデタが発生した。クーデタののち、フレーザーは、アメリカ国内問題小委員会を人権の影響を議論するフォーラムにした。フレーザーが出したもっとも重要な結論の一つは、国連の人権活動を改革することは不可能のようにみえるため、政府、とりわけアメリカ政府は、人権の価値を普及するためにより多くの時間を費やさなければならないということだった。評論家が「国務省が先に動かなければ、議会は、国務省の手から人権を奪取する」との結論を出す前にフレーザーが公聴会を開いたからこそ、彼と彼の同僚たちが一九七五年にキッシンジャーを促し、国務省に人権局を発足させることに成功した。この新しい部門は、政府による人権の監視をはじめさせたが、キッシンジャー自身は、この部門から提供された情報を使用していなかった。このような趨勢があったからこそ、対外援助と人権の実践との結合が認められるようになったのである。[*56]フレーザーは、人権をアメリカ政府の政策における不可欠な要素にすることを提唱した先駆者だったといえるが、政府の政策は、まだ人権を普遍的なスローガンやイデオロギーの選択肢として受け入れていなかった。人権は、依然として辺縁に追いやられていた。

しかし、ジミー・カーターが大統領に就任した最初の数か月間に人権を用いたことについては、個別に考えなければならない。確かにフレーザーの小委員会や民主党右派による行動に加えて、初期の兆候はいくつかあった。ワシントン州選出のヘンリー・ジャクソン上院議員が、「国際人権」の名の下にソ連のユダヤ人のためにキャンペーンを行った。ジャクソンは、オハイオ州選出の下院議員チャールズ・ワニックとともに提出した法案修正案に、彼なりの「連動」の原則を掲げた。この原則は、ソ連が国内のユダヤ人の移民権を認めなければ、貿易上の最恵国待遇をなくすと宣言した。ジャクソンは一九七二年末から、ソルジェニーツィンが「世界にはもはや内政問題は、存在しない」という執拗な主張を引き合いに出しながらも、ソ連のユダヤ人の苦境を一種の普遍的現象として描写しようとした。緊張緩和政策への嫌悪から、彼は多くの普遍的原則にかんする示唆に富む演説を行った。一九七三年一〇月、ワシントンで開かれた「平和のための会議」では「私は、世界人権宣言を信じている」と高らかに宣言した。その上で、「国連が、この宣言を採択してから二五年が過ぎたが、それを実行することが決して遅くも早くもないと私は信じている」[*57]と述べた。ジャクソンの最大の関心は、緊張緩和政策を打ち砕くことで、ソ連のユダヤ人にかんする独自の人権活動を展開し、それを普遍的な言葉によって守ることだった。

ジャクソンは、移住の自由と移民の自由という普遍的な原則にもとづいて、ソ連のユダヤ人が長年続けてきた人権活動の性格を変えた。その意味で、「拒否された者」（refuseniks　ソ連が出国ビザの発給を拒否したことからこう呼ばれている）のための活動は、自らの力で人権の地位を高めるというよりも、もっと大規模な変革に繋がっている。一九七〇年代初頭、ソ連において、移民の権利の実現を求めるユダヤ人は、反体制派組織の一つにすぎなかった。「六日間戦争」に「プラハの春」が重なったことで、多くのユダヤ人が団結し、出国ビザの申請数が急増した。もっとも有名な人物であるアンタトリー・シチャランスキーは、サハロフの通訳となり、サハロフがこれまで大切にしてこなかった人権に注目するように促した。この時期以前において、国際政治でもアメリカ政治でも、ソ連からユダヤ人を移民させることは、人権活動ではなく、民族問題あるいはシオニズム的事業とみなされていた。若い活動家たちが、それを人権やその他の主張にもとづく草の根運動に変えたあとでも、この認識は変わらなかった。一九七二年にアングロ・ユダヤ協会ブローシュタイン研究所がスウェーデンのウプサラで重要なフォーラムを開き、移民の自由を普遍的人権に位置づけた。さらに、ジャクソンもこの権利を立法の中心に据えるために世界人権宣言も援用したが、この運動は直ちに人権と結合しなかった。逆に、ソ連のユダヤ人が経験した苦痛は、一九七〇年代の世界的潮流のなかで、より大きな枠組が作られるにつれて、少しずつ人権の焦点となった。こうした事実から、ソ連のユダヤ人問題は全面的な改革よりもはるかに大きな利益をもたらしたといえよう[*58]。

一九七六年末になっても、フレーザーの粘り強い努力とジャクソンの激情的なレトリックがあったにもかかわらず、人権が民主党の外交政策において直ちに重要な役割を果たせられるという兆候はみられなかった。その年の六月にジミー・カーターが登場し、民主党綱領委員会が党内派閥間の意見の対立を解消したときでさえ、人権には言及されなかった。反戦活動家のサム・ブラウン・ジュニアは、右派独裁政権に対する反対を人権と結びつける原則を綱領に盛り込むことを提案したが、盟友でもあったニューヨーク州選出の上院議員ダニエル・パトリック・モイニハンが、この原則は左派全体主義にも同様に適用されることを条件として彼の提案に同意した。モイニハンは、テーブルの向こうに座っているブラウンに向かって「私たちは、あなたがもっとも嫌う独裁者に反対するだろう」と語った。翌年、モイニハンは「もしも、あなたも好ましくない独裁者にも反対するなら」と述べつつ、この綱領の成果を「我われの歴史上、綱領で人権についてもっとも確固とした約束がなされた」と回想していた。しかし、この綱領は、カーターに影響を及ぼさなかったし、全国のメディアもただちにこの瞬間を取り上げなかった。逆に、全国のメディアはこの綱領を、緊張緩和政策を調整するものとして、共産主義に反対するのではなく、友好関係を保持するための産物であると理解した。[*59]

ジミー・カーターが民主党候補として大統領選挙に出馬したのは、ウォーターゲート事件が発覚したのち、民主党が左寄りから再び右寄りに転換した時期で、経済の崩壊とポピュリズムの衰退もみられた時期だった。一九七六年夏に行われた民主党全国大会の報道を担当した『ニューヨーカー』誌のエリザベス・ドリュー記者は、四年前のジョージ・マクガヴァンが掲げたイデオロギーと比較して「民主党内だけではなく、国においても変化がみられるようになった。……戦争が終わり、情熱が消え、大会に参加する人びとは、私の友人がいうように『改宗した共和党員』のように見える」と書いた。一九七六年、カーターが突然あらわれ、予備選挙ではモーリス・ウダル下院議員、ジャクソン上院議員が選挙戦から撤退した。カーターは、民主党内の様ざまな派閥が総じて評価している人物として浮上したのだった。[*60]

選挙運動において勢いに乗るカーターを、当時台頭していた人権と結びつけるものがあるとすれば、それは彼が代表する道徳観しかないだろう。一九六〇年代半ばの「新生」を経験し、カーターの道徳主義は、彼の強い宗教的信念を反映するようになった。一九七六年の大統領選挙は、進展するにつれて少しずつ緊張緩和政策に対する国民投票の色彩を帯びはじめた。カーターのライバル、ジェラルド・フォードは、選挙戦で「デタント」という言葉さえ使用しなかったが、一〇月六日のテレビ討論で、彼はソ連が東欧を支配していないことを指摘するという致命的な誤りを犯してしまった。カーターはこの失敗の隙をついて、一九七六年の夏から秋にかけて、現実主義の政治的立場を捨てて、思い切って道徳主義を選んだことで、カーター個人の道徳観とアメリカの有権者の気分が一夜にして一致した。

カーターは、選挙戦をとおして政治的立場を超えて道徳を守ることを宣伝するために努力を惜しまなかった。広い意味でいえば、彼の当選は、アメリカの政治的構図の全体に人権を出現させるための道を拓いたといえよう。カーターは、就任した当日、始終、外交政策の重要な原則として道徳と正義を掲げるよう呼びかけた。*61 一九七六年後半の六か月のあいだ、道徳主義は低下するどころか、至高の地位を占めるようになった。カーターに批判的だったキッシンジャーでさえ、カーターよりも多くの機会に公開の場で人権に言及した。*62 カーターは、大統領就任半年で、人権を自らの道徳主義の核心に据えることを決意した。しかし、彼は、それ以前は絶えずあらゆるタイプの道徳理念を自らの外交政策の核心的価値に位置づけることを試みた。そして、人権をひときわ高い地位に押し上げようとしているあいだに、カーターを大統領に押し上げるまでまったく変わらなかった社会条件が崩れた。この国はすぐにほとんど正常な状態に戻ったが、その後に「アメリカ人の不道徳さを非難する」のは「おかしい」ことのようにみえた。*63「カーターは、適切なときに、適切な場所で人権を底辺で漂う状態から世界の言説の核心に押し上げた。

一九七七年は、人権の年と呼ばれているが、これは一月二〇日、カーター新大統領の就任式から始まった。アメリカ史上、はじめて「人権」がテレビで放映された。この人権が飛躍を遂げた年は、一二月一〇日にアムネスティ・インターナショナルがノーベル平和賞を受賞したことで、最高潮に達した。カーターの一月二〇日の就任演説によって、人権は一般市民に広く受け入れられる流行語になった。「私たちは自由だからこそ、どこか別の場所での自由の運命に無関心ではいられない、人権に対する我われの約束は、無条件でなければならない」とカーターは議会議事堂で宣言した。カーターの政策では、人権という言葉がもつ象徴的な意味と反響がもっとも重要なものだった、なぜなら、彼がはじめてこの言葉を人びとの意識と日常の用語に深く植えつけたからである。アーサー・シュレジンジャー・ジュニアは「未来の歴史家」たちに、「立ち返って、この頃の国内世論をよく研究してみよう……カーターの就任演説であの際だった言葉が発せられたときに、世論は最高潮に達した」と語った。しかし、その後、人権という言葉は、カーターの神学的な観点として解読されるようになった。カーターは、罪悪を回避することができないにしても、祈り続けることはできた。[*64]

フォードは、一九七五年にソルジェニーツィンによるホワイト・ハウスでの面会要請を拒否したが、カーターは、すぐに反体制派の人物に敬意を表した。ニューヨークの弁護士で、リベラル派のマーティン・ガーバスがモスクワでサハロフと面会し、サハロフからの手紙をカーターに届け、彼はこの機会を利用して返信を送った。その後、ガーバスの妻ルースがこっそりとこの手紙を盗み、下着に隠してKGBに渡した。このできごとで、人びとは人権が簡単に手に入れられない冷戦の緩和を破壊するのではないかと思い知った。ソ連は、アメリカの動向に反応した。一方で、ソ連外務省は、サハロフが展開する活動にアメリカ国務省が参加することを防ごうとした。また、アメリカの偽善を槍玉に挙げ、一九四〇年代と同様に、人種差別的な態度を皮肉って批判した。しかし、このときに、何千人ものアメリカ人がテレビの前で、アレックス・ヘイリー原作のアフリカ系アメリカ人の家族史を描いた作品、『ルーツ』を観て、誰もが奴隷貿易とプランテーションに注目するという驚くべき偶然が起こった。「ソ連のテレビで一週間ものあいだ、強制収容所での生活を描いた番組が放送されることを想像できますか？」とニューヨーク・タイムズのコラムニスト、ウィリアム・サファイアは、皮肉たっぷりに反応した。サハロフが二月中旬に発表した内容に対するカーターの用意周到な応答は、大きな騒ぎを引き起こしたが、これはむしろカーターの言行一致を示していた。

記者たちは「人権問題は、カーター政権の最大の関心事である」とサハロフ氏のアパートに保管されていた手紙の複写からその内容を伝えた。「アメリカ国民と政府は、国内だけでなく海外においても、人権の尊重を促進し、引き続き我われの不動の約束を果たしていく」。この報道の翌月、カーターは、ソ連の警告を無視して反体制派のウラジミール・ブコフスキーと会談した。さらに、国連総会で人権の重要性について演説した。ルーズベルトを含めて、これまでのアメリカの大統領のなかで人権をアメリカ、さらには国際社会における核心的な立場に据えた人物はいなかった。[*65] カーターに追随していたのはベテランの政治家でイギリスの新外務大臣、デービッド・オーウェンだけだった、彼はやる気に満ちていた。外相就任直後の一九七七年から七八年にかけて、彼はすぐに人権問題にとりかかり、一九七八年には人権というテーマについての彼の見解をまとめた本を出版した。[*66]

『ニューヨーカー』誌に掲載された長い記事において、ある外交官はエリザベス・ドリューに対して「特定の人権運動やプロジェクトを推進するための特別な計画があるわけではないことが明らかだが、残念ながらこれは事実である」と語っていた。別の官僚は、彼女に「これは運命だろう。この事件が、これほど騒がれるとは誰も思っていなかった」と述べていた。しかし、春になると、カーターはノートルダム大学の卒業式で行った演説で、本格的な人権にもとづく外交哲学を説明した。一方で、サイラス・バンス国務長官は、ジョージア大学ロー・スクールにおいて、具体的な論点について発言した。カーターのスタッフたちが政策決定を「模索」しているあいだに、アメリカのエリートたちは長期的な議論を展開し、歴史的起源から、その現代的意義、さらに具体例の意味に至るまで、人権にかんする内容を広範に議論していた。カーター政権の人権局に加わったロベルタ・コーエンは、ニューヨーク・タイムズに「この問題の関連性が高まり、流行し出したのである。我われは、何年ものあいだ、布教者であり、生意気な理想主義者で、あるいはおせっかい者であり続けた。しかし、いまでは、誰もが人権にかかわる仕事をしたいと思っている。それはいいけれど、もし飽きてしまったらどうすればいいんですか?」と語った。このような人権への関心の高まりは一九四〇年代とはまったく異なる。当時なら、国の最高権力者でさえ人権という言葉を使わなかったし――ウィンストン・チャーチルが首相退任の際に一度使っていたが――国際主義者たちは国連にしか関心がなかったからである。これに比べて、一九七〇年代には、民衆の動員とカーターによって、より広範で、より公的な場での対話が始まり、それが今日まで続いている。*67

カーターは、短期的に、ダブル・スタンダードの指摘に直面した。彼は、世界規模の人権弾圧に対処する際、人びとの注意を引くために偏った目標を選択していると批判されていた。当初、ソ連・東欧諸国は過度に注目されたため、批評家たちは、カーターが自分の主張を誇張していると批判し続けた。カーターは、「私は、ソ連を単独でもちだして、そこだけで人権が侵害されていると言ったことはない」と反論した。*68 台頭した新保守派は政策に「偽りのバランス」を追求しないよう警告していた。新保守派にとって人権は、反共産主義のもう一つの名義でしかなかった。一方、一九七七年六月にはノーム・チョムスキーはその極左の立場から、「人権闘争は、反革命的干渉が大衆の支持を取りつけようとするためのプロパガンダによって操作された装置である」と訴えていた[*69]。カーターが世界規模で人権を侵害している国への対外援助を中止すると提案したとき、彼は各方面から疑問視された。カーターの外交が裏目に出たのは、三月上旬だった。ウガンダの独裁者アミンが、カーターの公開批判に応えようと、国内のアメリカ人に脅しをかけた。このような結果を喜ぶ人もいる。カーターの行動規範によって起こされたソ連との外交問題、例えばソ連大使アナトリー・ドブルイニンの不快感や、その春のモスクワでのレオニード・ブレジネフのヴァンスへのきわめて冷淡な対応などは、カーターにとっても意外なものだった。その頃から、彼はラテン・アメリカ諸国の独裁政権に関心をもつようになった。アルゼンチンの「汚い戦争」にかんするニュースは、カーターの立場の変化を示してくれている[*70]。

一九七七年末になっても、カーターは政策をうまく展開できなかった。どちらの立場にも一貫性をもたせることの難しさから、カーターの改革運動は「難産」であると考える人びともいた。しかし、カーターの政策立案者――とりわけ、キッシンジャーが創設した国務省人権局を率いたパトリシア・デリアン――の改革は、つねに様ざまな要素との統合を模索した[*71]。「人権のプロセス」とは何かについて、外交の専門家は何度も問いかけるが、現実には外交の専門家はそれほどいない。長期的な観点から、アメリカの外交政策の議論は、道徳的な要素――この時点では明らかに個人の人権をさしているが――を考慮することによって、永続的な変化を遂げる。さらになによりも重要なことは、カーターはこのきわめてあいまいな理念を世界中の人びと――かつてこれほど多くの人がいたことはなかった――に伝えた。そのなかで、アメリカ人が最初にその理念を引き受けたのだった。

人権とアメリカの歴史のあいだには、どれほどの繋がりがあるのだろうか？　さらに、人権史において、最終的に、カーター政権下のアメリカが占められる地位をどのように理解すべきだろうか。多くのアメリカ人にとって、人権の理念はすでに、一連の自由に対する長期的な約束を意味していた。しかし、いかにアメリカの伝統に直接人権を植えつける試みがなされたにせよ、カーターが人権を訴えたことがもたらした衝撃は、確かに様ざまな側面で新しい局面を形成していた。外交政策の面では、人権の海外への拡大とは対照的に、自由主義は戦後の長いあいだ、非常に異なったかたちで登場していた。国内では、アメリカの人種関係を変えた公民権運動が、人権に対する新たな呼びかけを喚起した。この点は注目を浴びながらも、果たして本当なのかどうかを示してくれる証拠は、明らかではない。公民権運動の参加者のなかには、のちに人権運動に参加する者もいたが、後者が発生した時期はあまりにも遅く、前者と緊密な関係をもつことはできなかった。公民権運動が数十年間にわたる絶頂期を迎えたとき、その「後継者」はまだ成長していなかった。

また、一九七〇年代初頭に始まった急進主義の衰退は、人権の初期の軌跡が断ち切られたのちに突如として爆発したのである。人権が、頂点に達するまで無名のままだったことが、これは逆に人権運動が非常に特別で、より直接的な源をもっていることを示唆している。さらに、重要なのは、初期の人権運動によって、人びとは社会的経済的不平等を無視したが、これらの文脈における不平等によって、その後の公民権運動を保守主義の反乱という危険に直面させた。[*72]

アメリカ人が人権を重視していくこの過程は、他の国におけるいくつかの事例と類似点があった。こうした事例は、お互いに強固に繋がり、人びとは、道徳が政治を変革する希望に満ちていた。カーター政権の波乱に満ちた歴史は、「反政治の苦悩」と要約される。[*73] しかし、アメリカにおいて一九七〇年代には、人権擁護派によって結成された同盟関係は、かつてのラテン・アメリカ諸国のような宗教的道徳主義者と世俗的道徳主義者のあいだではなく、民主党の派閥のあいだに位置づけられている。しかも、人権の主張が、超大国の指導者によって打ち出され、かつ超大国が自らの力を示すための指導原則でもあり、このような道徳的主張は、草の根の主張とは明らかに異なる。多くの自由主義者にとって、カーターの人権に対する指導力は、新しいユートピア的理想を提供できず、むしろ、人に集団主義的な国民復興の感覚を与えていた。その指導力によって、この「これほどまでに道徳の泥沼にはまり込んだ」世界で、国家の道徳と政府の信用の再構築のために、権利にもとづく国際主義にアメリカ的な意味づけがなされた。[*74]

カーターは、ノートルダム大学での演説で、人権の枠組が意図的に、冷戦時代の誤りから回復することの全体的意義を考慮することを繰り返し強調した。最終的には、マキャヴェリズムのみならず、一〇年前にベトナム戦争を起こし、エスカレートさせたことを民主党も克服しなければならない、として「長年にわたって、我われはまちがった原則と敵に対する戦術を喜んで採用してきた。ときに、我われは、彼らの行動によって自らの価値観を放棄していた。失敗をとおして、我われは今、我われ自身の原則と価値観に立ち返った、失った自信も取り戻した」と語った。この発言はシニカルなものではない。カーター政権の下で、多くの民主党の外交政策立案者は、かつてベトナム戦争に全力で取り組み、のちに招いた不幸な結果を深く反省していた。長年の試行錯誤からの回復は、多くの人びとの注目を集めた。エリザベス・ドリューの情報提供者の一人は、彼女に対してアメリカは、「かなり回復している」と告げた。我われは、一二年間の国内旅行で、倦怠感よりも悪い気分を感じ、時間が自分たちに不利になりつつあるという印象を受けた。関係を維持する観点からすれば、これは人をがっかりさせるものだった。一部の人びとは、我われがやっていることを冷戦における武力乱用主義であると解釈しているが、これはまったくの誤解である。[*75] 冷戦の枠組が人を惹きつける力を失ったとき、人権は、何かしらの新しいものを提供する。たとえその新しいものが忘れられた国の伝統というかたちで表現されなければならなかったとしても、人権はそれを提供する。

しかし、実際には、アメリカが人権に転向したという事実に含まれている意味は、単なる国際主義の背景に対する転換に過ぎなかった。この背景の転換において、旧来のユートピアが新規のユートピアに道を譲った。リベラル派は、国家を復興させる希望に喚起され、カーターの呼びかけに応じていた。しかし、大統領から一般市民に至るまで、アメリカ人は外部や底辺からの呼びかけがなければ、行動をとらなかったはずである。なぜなら、こうした人びとは、最初に人権を浸透させた人びとであり、アメリカ社会において犠牲者と見做されている人びとだったからである。もしも、二つの呼びかけが本質的に異なり、さらに異なった方向に向けられていたとすれば――一方は国家の道徳化、他方は「力なき者たちの力」を基礎としている――当時では、それがまだ明らかではなかった。重要なのは、両者が同じ人権の要求のもとに収斂しているようにみえたことである。

ヴァーツラフ・ハヴェルが「異議の哲学」と名づけたように、力無き者の力が人びとの視野に入ったのは、そのときになってからである。ソ連本土における人権の急速な台頭とは対照的に、その衛星諸国では一九六八年に発生した類似の運動がかなり遅れて勃発したのであり、マルクス主義修正路線に対する希望が長く続いた。それでも、一九七六年から一九七七年にかけて、チェコスロバキア、ポーランドやその他の地域で結成された反体制派のグループはヘルシンキ宣言を基本とした。以前と同じように、ポーランドの労働者保護委員会やチェコスロバキアの「憲章七七」は、モスクワのヘルシンキ・グループとともに、国際的な人権文書に助けを求めた。しかし、これらのグループは、イデオロギー的に混乱していた一九六八年以後の時代とは対照的な新しい時代にあらわれ、人権を新時代の国際的な公共活動の領域の頂点に導いた。

「憲章七七」はチェコスロバキア当局があるサイケデリックなロックバンドを弾圧したのちに自発的に結成された。この憲章は、新入共産党員を含めた様ざまな人びとを団結させた。他のメンバーとは異なり、新入共産党員は「プラハの春」の崩壊から教訓を学んでいた。様ざまな行動をとおして政府による市民に対する迫害に対抗したのち、「憲章七七」は国際的に知られるようになった。「憲章七七」は、ポーランドの労働者保護委員会とともに、東側諸国で広範な同盟を推進するうえで大きな役割を果たし、ソ連における初期の反体制派よりもはるかに優れていた。一九七八年後半になると、反体制論についての著述に没頭していたハヴェルは、マルクスの著作を模して「幽霊が東ヨーロッパを徘徊している。この幽霊は、西の世界では反体制と呼ばれている」と書いた。[*76] これは画期的な瞬間だった。

ハヴェルは飾り気のない、カウンター・カルチャー的気質をもつ英雄で、道徳的な強さは彼に象徴的な地位を与えた。彼は、修正主義路線に同意する共産党員ではなかったにもかかわらず、「プラハの春」の到来を歓迎し、さらに「社会民主主義の確立」という共通の目標のもとに団結する諸団体のあいだで多元化を達成することを掲げた。[*77] ソ連による弾圧ののち、彼は一九七〇年代にプラハを離れ、彼自身が「静寂」と呼ぶ時期を過ごした。一九七〇年代半ばまで、ハヴェルは「プラハの春」を経験した人びとがおかれた時代を説明するために力を尽くした。この時代を生きた人びとは、時代の終わりや精神と社会の雰囲気の崩壊、さらに、精神が散漫になることを経験していたことが、ハヴェルが説明に全力を尽くした理由だった。アレクサンドル・ドゥブチェクの後継者であるグスタフ・カザフ政権の下でチェコスロバキアは「正常化」政策をすすめた。政策の進展につれて、ハヴェルは実存主義から多くの知恵を引き出し、一九七五年にカザフに送った公開書簡のなかで、当時の政権に対する道徳的批判を提起した。[*78] ハヴェルが記したもっとも有名な声明「力なき者たちの力」において、イデオロギー的に新しいものは何もないが、これがかえって人権があらわれる基礎と条件を示してくれている。それゆえ、我われはこれについて、慎重に読みすすんでいくべきである。

道徳的な異議申し立てによって、日常的な政治はもはや通用しないことが真っ先に明らかとなった。ハヴェルからすれば、一九六八年の教訓は明らかだった。彼は、いまだに政治に非現実的な夢を抱いている人たちに向けた講演で、「伝統的な意味での直接的な政治的行為の重要性を過大評価することは最大の誤りである」と警告した。このような理由から、もっとも重要な原則は、「政治的代替案をみつけようとする発想」を捨てることである。彼によれば、この事実は一九六八年時点ですでに明らかだった。しかし、いまではこれを信じようとしない理由などもはや存在せず、「いかなる政治的異議申し立ても自らの意図を行動に移す前に粛清される」。革命や暴力は、かつては不思議な力に満ちた言葉だったが、もはや何の幻想も抱いていない時代には、それ以上の意味はなかった。[*79]

ハヴェルの近代に対する執拗な批判が、彼の根深い思考の根幹を生み出した。彼は、時代の危機は全体主義からではなく、「高度に発達」した社会の下で過剰に発展した技術と魂のない消費主義から生じたと主張した。ハヴェルからすれば、全体主義体制の明らかな失敗は、別のより大きな世界的な問題の兆候として捉えなければならなかった。このような深い考えから、ハヴェルは特別な哲学書——哲学のなかでもとりわけ重要なのはチェコの哲学者ヤン・パトチカの著作だった——だけを読んでいるわけではないことがわかる。パトチカの思想は、ハヴェルが非修正主義的な反体制の原則を定義することに役立った。ハヴェルはさらに、一九六〇年代に世界を席巻した魅力的な思想的傾向を再考し、近代性がすでに悪変していることに懸念を示した。同時に、彼は、不安を人びとが思いつかない、しかし頼れる新しい形式に転化させた。ハヴェルが人権擁護の思想的基盤を保護するという立場は、世界的な人権の拡大によって形成されたわけではない。しかし、重要なのは彼が言ったことを覚えておく必要である。つまり、反体制は、西側世界から示唆を得られたことではなく、西側世界に警告しているからこそ重要である。なぜなら、西側世界において、道徳の悪夢は、東側世界より深刻である。東側では全体主義制度による統制は目に見えるかたちをとっているからである。「全体主義における、生命の暗さと空虚さは、現代生活全般に対する辛辣な風刺ではないだろうか」とハヴェルは聞き返した。このことが原因となり、彼は、「伝統的な議会制民主主義は、技術文明の背後にある機械的行為論に反対することはできない。伝統的な議会制民主主義の観念を一人の人間の政治的理想に局限したうえで、一つの幻想に溺れる。つまり、正しいかたちを試したからこそ人びとの継続的な尊厳を保障することができる。私からすれば、これはどうみても短絡的な表現である」と説明した。[*80] 当時のハヴェルが強く望んでいたのは、自律的で小規模な共同体の存在だった。彼は、このような存在形態こそ生活そのものと、よりリアルで確実な関係を構築できると考えていた。

戦略的状況への洞察、さらに実存主義的道徳にもとづく思考によって、ハヴェルは、人権をとおして訴えを発することを選んだ。この選択には、反体制派がもつ価値観、「法治主義」に対する擁護が含まれている。ハヴェルにとって重要だったのは、共産主義政権が「人権を尊重するふりをしていること」であり、さらに、反体制派が「永続的かつ絶え間なく法律に訴える」ことによって対応することだった。これまでソ連にあらわれた反体制運動に鑑みれば、これまで戦略上オリジナリティをもつものは国際法と何らの関連もなかった。それにもかかわらず、これらの戦略上オリジナリティをもつものは非常に有力だった。「憲章七七」は、頻繁にヘルシンキ宣言や国際人権規約から引用されている。皮肉なことに、一九七五年にチェコスロバキアがこれらの文書を承認したからこそ、世界的に法的拘束力をもつようになった。ハヴェルは、確かに法に訴えるという行為は、ブルジョアジーのイデオロギーに似ていると認めている。しかも彼は、これを普遍的かつ正確な批判であると認めている。しかし、今や、イデオロギーに対するマルクス主義的な批判は、マルクス主義政権を標的にしなければならず、しかも、その批判が法的権利を捨てるのではなく、法的権利と結びつくものだった。ハヴェルが言うように、「言葉、言葉、言葉」によってこそ、政権は「市民の前に、学校の子どもたちの前に、国際的な公共領域の前に、そして歴史の前に……正当性を確立した」。ハヴェルは率直に「法律は、決してより良いものを生み出すことはできない」と言い切っている。しかし現在では、合法性や人権法に訴えるのがもっとも希望のある方法である。[*81]

ハヴェルは、人権が生まれた当初におかれた苦境を振り返る文章のなかで、次のように例えている。つまり、人間性の欠如した政権に身をおく身分の低い八百屋は、ロボットのようなものであるが、同時に、この八百屋は内なる資源を絶え間なくもっているがゆえに、政権の活力を消耗することができる。ハヴェルは、法律化された道徳を政治化された闘争に置き換えるという戦略的傾向を隠すことがなかった。さらに、彼は、政治を否定しても政治から逃れられないし、そうするつもりもないと主張していた。ハヴェルは、道徳的な訴え――「リアリティのなかで生きる」、一九七六年にポーランドの反体制派アダム・ミヒニックはこの呼び方を受け入れていた――そのものはかなりの政治性を含んでいた。彼は「ある不明確さには政治的態度がある、もしも、この制度の主要な柱は嘘のなかで生きるということであれば、真実のなかで生きることはこの制度に根本的な脅威となるのは、それほど驚くべき事実ではない」と異議を唱えた。この意味合いにおいて、道徳はきわめて特別な政治的意義をもっている。これが、他の人びととともに「憲章七七」を起草した活動家ヴァーツラフ・ベンダが提唱した「パラレル・ポリス」を生み出した。他の場面でも、ハヴェルは力を惜しまず、ときとして改革を遅らせることになっても、道徳を政治に代えることは、政治変革の条件をつくることになると主張した。「（道徳的異議が）最終的に、いつ、どのようにして特定の政治的変革を生み出せられるかでさえ、予測ができない。しかし、それはまちがいなく真実のなかで生きることの一部である」。ハヴェルはこの言葉をとおして「予期せぬ社会不安と不満の爆発が、直接的な目的ではなくなるときにのみ、最終的な結果として起こりうる」と予言した。彼が新入共産党員と接触したのち、とくに、政治的変革への希望が重要になったことを認識した。これらの新入共産党員は、以前の「憲章七七」運動においても、依然として重要な地位を占めていた。とりわけ、「プラハの春」を推進した元・外務大臣のイリ・ハイエクは、マルクス主義的人道主義に希望を抱き、彼は「現在、我が国の現代的社会主義制度は一種の当たり前の基礎と枠組であり、これらの人権条項は、このような環境において実現されたのである」と述べていた。[*82]

しかし、一種の意味深い側面からして、ハヴェルは、人権が今後、ある時点で、あるいは別のかたちで簡単に政治と同一視されるのではないかもしれないと考えていた。しかし、彼は、道徳が、永久に政治にとって代わると断言していた。この側面からすれば、ハヴェルは政治を「抽象的な幻想」とみなす信念に溺れており、このような背景には、道徳が「個体としての人間」と直接に関係をもつ。このことは、政治の失敗がこれほど具体的だからこそ、政治も恐ろしい日和見主義に扉を開くということを示している。その一方で、道徳は「暫定的」、「否定的」、「最小限」、「単純」のままだった。この立場は、明らかにアムネスティ・インターナショナルの哲学と明らかに共鳴していた。実践を無視して「隠し領域」に根ざした道徳は、純粋性と信頼性を提供できる一方で、妥協を許さないため、暴力と失敗をもたらす。ハヴェルにとっての恩師パトチカは、グループが結成されてから亡くなる二か月前まで「人権という概念は、確固たる信念として以外の何物でもなく、この信念からして、国家や社会全体は道徳的支配に服従すべきこと、同時に自らの上に絶対的なものがあること、つまり、ある種の神聖な拘束力をもつ不可侵の何かが存在していることを認めている。そして、このような目的を達成するために、法規範を定立さらに確保する力を利用しようとすることを好む」と明確に「憲章七七」を弁護した。[*83]

この精神にもとづいてハヴェルは、最終的にハンガリーの反体制作家ジェルジ・コンラッドが「反政治」と呼んだ道徳を、政策を乗り越えるものであると考えた。それは、真正でかつ、総体的な代替案だった。法律において無意識的に何らかの痕跡を残すこと以外に、ハヴェルは内面生活に根ざした道徳は、政治と何の関係もないと主張し続けた。道徳は、人類に政治を越えさせる「道徳は、人びとが政治を一時的な必要性としてではなく、恒久的な果実としての超越を可能にし、世界における人類の地位を再確認するとき、つまり、彼らと彼ら自身との関係、互いの関係、さらに宇宙との関係を構築する際に、道徳は便益のための道具ではなく、永久的な実現を迎える」。ハヴェルは優柔不断な態度を示すことなく、また、道徳は、唯一さらにもっとも良い政治であること、あるいはそれが永遠に政治を乗り越える方法を提供できることを疑わなかった。このようなジレンマにこそ、なぜ人びとが人権に助けを求めたのかを解釈することができる。ハヴェルが「闘争の純潔性」と呼んだものは、少なくともしばらくのあいだは、政治を規律すること、および政治を越えることの両方に華麗ながらもあいまいな方法を提案した。それゆえ、この「闘争の純粋性」は、突破口を開くと同時に負担でもあった。東・中央ヨーロッパ反体制派の研究者トニー・ジャットは、「機能的であるがゆえに、その力には限界がある[*84]」と警戒心を込めた口調で説明した。

過去のソ連やラテン・アメリカ諸国のように、東欧での反体制派は、宗教勢力と修正主義支持者との連携に依存していた。とりわけポーランド、もちろんチェコスロバキアにおいてもそうだった。カロル・ヴォイティワ枢機卿――一九七八年一〇月に予期せずローマ教皇に選出されたのちにヨハネ・パウロ二世と呼ばれた――が国際政治における役割を果たしたように、カトリックは政治的に至高な重要性をもっていた。ポーランドでは、かつて修正主義者だった知識人がカトリック教会と前例のない同盟を結び、知識人が「倫理の優位性と政治の道徳性」をつねに主張することによって、人権の主張があらわれた。この文脈において人権は、一九七五年から一九七六年にかけて、ソ連によるポーランドの自主権を弱体化させる新たな憲法修正案に反対するというかたちであらわれた。そして、一九七七年以降は反体制派が道徳化していく傾向が一般的となった[*85]。

一九七〇年代において、キリスト教の力の重要性は否定されなかったが、強調しておくべきは、当時のキリスト教勢力の人権に対する主張が、一九四〇年代に比べて明らかに少なかったことである。

キリスト教勢力は、一九四〇年代において人権観念の確立においても、その観念を辺縁化することについても大きな力を発揮した。世の中はそれ以来大きく変化した。カトリック、さらにプロテスタントを含むキリスト教は全世界で爆発的に発展していたが、人権と明確な関係をもたなかった。もちろん偶然ではないが、カーターはノートルダム大学というカトリック教会の施設で外交や人権にかんする有名なスピーチを行い、そこでブラジルのアールンス枢機卿とともに名声を得た。[*86] しかし、アメリカでは、人権をめぐる党派間の対立によって、初期に達成された宗教的結びつきを失っていた。この結びつきは、カトリック教会内部、さらにカトリック教会とプロテスタントの各教派にもあった。[*87] 西ヨーロッパでみられたその典型的な例として、国境を越えたキリスト教、より具体的にいえばカトリック教会は、すでに労力を費やして人権に意味を与えてきた。しかし、一九六〇年代にキリスト教は、まさにこのような地域で急速に衰退した。[*88] 一部では、東側とラテン・アメリカ諸国の人権から明らかな宗教的要素を引き出せるが、しかし、人権の時代が到来したのは、アメリカのリベラル派とヨーロッパの左派の両方を含む世俗的左派が自らの行動に人権という概念を取り入れたからだった。

ヨーロッパでは他のユートピアを選ぶことができるし、同時代にも際立った例はいくつも挙げられる。しかし、いずれも行き詰まっていた。もっとも忘れがちなのは、「ヨーロッパ共産主義」という活動がもたらした新しい波である。いまだ強大な勢力を維持していた西ヨーロッパの共産党が、再び凍りついた東側の路線にかわって、彼らなりの「穏健」路線を計画していた。いわゆるユーロ・コミュニズムは、一九七〇年代初頭の一時期には、先行きは明るいものだった。一九七五年以降に人権に移行するまで、チェコの反体制派の人びとは、ユーロ・コミュニズムとのかかわり方を模索していた。しかし、ユーロ・コミュニズムが、冷戦の論理を超えようとしたとき採用した政治路線は失敗した。戦後の一九六八年以降、左派知識人の多くが分裂の波のなかで、いわゆる西側マルクス主義に着目し、歴史に見捨てられ、裏切られた社会主義を追い求めることが知的復興のための一世代の努力を刺激したが、最終的に彼らの目の前にあらわれたのは二度と戻らないインスピレーションだけだった。他にも敬虔な人びとがいた。なかで有名なのはレシェク・コワコフスキである。こうした人びとは、自らを左派の象徴になることを助けた修正主義から転向した。ポーランドを離れた一九六八年、コワコフスキは、依然としてユートピアの理想がきわめて重要であると考えていた。たとえユートピアの理想がこの時点で堕落しやすいものとしても、それはすぐに簡潔な内容で人権の繁栄に応答する、つまり、人権を尊重する社会主義政権はないと考えた[*89]。人権のなかに発見されたものが新しいユートピアではなく、崩壊した神権を塡補する応答だった、これは、まちがいのない事実である。この事実はきわめて保守的で、最初の場所から啓示を得るための理念的解釈に余地を残していた。

フランスにおける人権の台頭が示しているように、左派の変容こそが革命の鍵で、原動力となっていた。なぜなら人権は、左派とその敵ではなく、左派内部の闘争によって推進され、最終的に勝利したからである。さらに、この勝利は、ユートピアの変更をとおして実現された。パリでは、一九六〇年代のラテン・アメリカ諸国のように、ソ連型の共産主義の実現可能性が崩壊したにもかかわらず、革命への情熱が退潮することがなかった。むしろ、より良い、より純粋な共産主義を追い求めるという情熱を燃やした[*90]。一九六八年以降、一部の先駆者がプラハの教訓を学びはじめたのち、パリでの激動は、学生たちに大きな衝撃を与えた、いわゆるグアンチズムと呼ばれる左派急進主義の波を立たせた。トロツキズムは復興を経験したが、しかし、一〇〇〇もの左派系団体において、革命の純粋さを求める同時代に影響はほとんど受けなかった毛沢東主義こそ注目に値する受益者だった。

反体制が最初にあらわれたのは、左派急進主義に反対する立場ではなく、左派急進主義の内部からだった。数学者レオニード・プリュシュは、マルクス主義に忠誠を誓ったことから、初期のフランスの左派にとってもっとも重要な人物だった。彼はチェコの「正常化」政策によって傷つけられた修正主義共産党員と盟約を結び、後者も同様に一九七〇年代における左派のなかで象徴的な存在となった。一九六八年までは、反体制派は「社会主義における法的義務の履行」の名の下に集うという伝統が流行した。知識人たちは、この伝統にもとづいて「プラハの春」とその失敗に刺激されて、何度もデモを組織し、反体制派のために記した請願書を配布した。ソ連行動グループの創設メンバーであり、精神病患者として社会福祉施設に収容されていたプリュシュの釈放を祝うため、約五〇〇〇人の参加者が集った。このような集会は当時、どの国においてよりもかなり大規模な集会だった。フランス共産党が釈放運動に加わったことによって、ソ連はプリュシュを釈放し、パリに向かうことを許可した。この事件を祝賀したことで、反体制によって左派急進主義は共産主義に漂う頑固な態度を変えさせた。[*91]

しかし、やがて左派は反体制という名義でソ連政府と陳腐なフランス共産党を左右することがその活動のすべてとなった。一九七七年という決定的な年においてこの「新哲学（ヌーヴォー・フィロゾフ）」は政治的批判にまで発展した。これにより、フランスの左派を、以前他の場所で人権を支持する立場と同じような状況に陥《おとしい》れた。「新哲学」の中心にいた哲学者アンドレ・グリュックスマンとベルナール・レヴィが「新哲学」の基礎を固めた。急進左派の初期のメンバーだったグリュックスマンは、一九七四年から一九七五年にかけてソルジェニーツィンを支持し、無政府主義的な立場にもとづくポピュリズムを訴えていた。しかし、ソ連国家への嫌悪によって、グリュックスマンはすぐさま政治そのものを告発しようとし、純粋性に対する追求が左派の政治的苦悩に悩まされないように道徳的行為を採用した。なぜこうしたのかといえば、左派の政治的苦悩はかつて、彼の嫌悪感を引きだしたからだった。著書『思想の首領たち』のなかで、グリュックスマンは、現代のあらゆる哲学が「権力」と共謀しているとし、これらを痛烈に批判した。驚くべきもう一つの新哲学の傑作、レヴィの『人間の顔をした野蛮』は、人権意識に飛躍的な進展をもたらした条件に対する考察としてはまちがいなくもっとも優れている。レヴィは、グリュックスマンが残したポピュリズムを捨てて、政治を絶対に失敗する領域として非難した。一九六八年代後半の左派の論客として、レヴィは、一九七五年にソルジェニーツィンからはじめて「西側左派の運命」の意味を学んだ。しかし、彼はすぐに、読書から得たユートピアは、いつも失敗に終わっているという教訓も学んだ。しかし、レヴィ自らの作品は、道徳にかんするものだった。彼がテレビで一躍有名になったため、その作品は歓迎され、「倫理にかんする論文」を書くことを提案された。さらに、人権に対する道徳的原則への忠誠心から、彼は現在多くの国で活動をする人道的団体「アクション・アゲインスト・ハンガー」を共同設立した。この団体を設立した理由について、レヴィは、集団主義的ユートピアの仕業にあまりにも長いあいだ翻弄されたあと、目下の最優先課題は、生きているすべての人間を救うことだと述べた。[*92]

こうした変化のなかで、下層階級や知識階級への動員は、カーターが果たした大陸を超えた役割とはまったく異なっていた。かつてフランスの大統領を務めたヴァレリー・ジスカール・デスタンが説明したように、アメリカ大統領の反体制派に対する態度は、国際関係の緩和にとって厄介なものであり、無礼な介入である。彼のライバル、共産主義者との同盟戦略によって政権を獲得した社会党のフランソワ・ミッテランも彼の意見に同意していた。[*93] しかし、表面的にも心の底でも反体制と反体制派は、ある種の象徴的地位を獲得した。ブルガリアの難民で毛沢東主義者だったジュリア・クリステヴァは、一九七七年に「反体制者」は「新型の知識人」と述べ、革命を反体制派がとって代わることを批判した他の左派にまったく配慮しなかった。新旧のユートピアがともに危機に陥《おちい》るなか、人権が台頭した。かつてアナキストだったマルセル・ゴーシェは一九八〇年、「人権が、突然このような運命的な復興を経験していることに、私たちは驚かないはずがない。まして、人権は、一昔前までは、もっとも不評なものだった」とした上で、「つい昨日まで、人権は支配的なイデオロギーの粗末な道具にすぎず、初心者が嘘をつくための手段として勝手な扱いを受けた。しかし、なぜか知らないが古いものが新しいものになり、もっとも疑わしいものが、疑いをさしはさむ余地のないものになった。しかし、時代遅れで、くどくどしく、さらに虚偽だった人権は、敏感で酷薄の前衛派において、優雅で純粋かつ無畏なイメージを勝ち取った」と述べた。[*94] この変容が印象深い理由は、人権に道徳的な解釈を与えたからであり、この解釈が、これほど人びとの心に深く刻まれたのは、政治的救済が明らかに失敗したことが理由だった。

このような道徳的次元にもとづく解釈は、確かに画期的で、人びとを革命的幻想から引きずり出したが、このような解釈はフランスにおいても、他の場所――国ごとの差異を考えるべきだが――においても他の幻想を完全に打ち砕くことができなかった。一九七〇年代というきわめて重要な時期において、人権意識の顕著な特徴の一つは、汚染された領域においても、道徳性への訴えが純粋な手法にみえることだった。フランスの状況において、初期の渇望を堅持していた忠誠にとって政治的決裂の発生はきわめて鮮烈だった。それは、かつて革命の情熱と結びつくことを望んだ純粋性への渇望を、全体性が欠如している人権へと移した。しかし、人権は、確かにより有望なものだった。なぜなら人権は、戦略上必要なもので、実践においても展開でき、道徳的には純粋なものとみなされたからだった。初期のユートピアが放棄された理由には、政治を道徳的に批判することによって、ある種の純粋な目的を実現したかったことが挙げられる。この純粋な目的は、かつて政治そのものの領域で求められる対象だった。

しかし、これはブロニスラフ・バチェコの見解である。彼はもっとも人気があったユートピア思想から、数年で立場がきわめて微妙なものになったユートピアまでを研究した。人権は、一九六八年に危機に陥った。なぜなら、人権の堅実な信奉者たちが、自らを大衆運動の荒波と結びつけることができる道をまだ発見できていなかったからである。しかし、時代のユートピア的エネルギーが枯渇したとき、彼らはようやくもう一つの道を発見した。しかも、この道は、政治から道徳に移行するものだった。それが決定的な発想の転換に繋がっていた。長期的にみれば、道徳的ユートピアが政治的ユートピアにとって代わることとは、人権の出現を意味する。この転換は、ユートピアの信奉者たちが、かつてユートピアに宿らせた魅力を放棄することを意味する。この魅力のなかに、天地を動転させる改革、あるいは革命と暴力的なユートピアが含まれていた。

西側の人びとが人権意識の歴史的起源を無視しているあいだに、反体制派のあいだでは、いまだに人権意識が何らかのかたちで社会主義と結びつくかどうかにかんする公開討議が続いていた。スロバキアの反体制活動家ミラン・シメカは一九八〇年代半ばに「敗北し、瀕死のユートピアに怒りをぶつける機会がたくさんあった。しかし、今、私は、数年後にはユートピアと平和に暮らすことになるだろう。ユートピアの力で人類を救えると信じていないが、ユートピアがなければ世界はもっと悪くなる。……ユートピアのない世界は、社会的希望のない世界であり、日々繰り返す政治生活とステレオタイプに屈する世界である」と反省した。[*95] しかし、ハヴェルは、ユートピアにもとづく空想が、詳細な計画を置き去りにしてしまうことを懸念していた。なぜなら、変化をきわめ、捉えどころがなく、手に入らない理想、例えば真理と道徳に開放的な態度をとることは、依然として重要だが、ユートピアのためには必要ではないからである。[*96]

人権意識の最低条件は、この意識の「対象」がこの時代にどのように機能しているかに深く影響を与えていた。人権は、短期間に発展途上国の最貧国ではなく、ラテン・アメリカ諸国とともに、東ヨーロッパ圏に焦点を当てた。国境を越えた人権活動の具体的な実践において、もっとも有名な制度上の発展の軌跡は、ヘルシンキ宣言である。ヘルシンキ宣言は、強制的に一連のフォローアップ会議を要求していた。ヘルシンキ宣言が合意された当初、誰もが、東側陣営の反体制派がこれほど多くの人を動かせたことやアメリカの大統領がこれに身を投じることを予想できなかった。

一九七五年、公務でソ連に行き、ユーリー・オルロフや他の反体制派に会ったニュージャージー州選出の女性下院議員ミリセント・フェンウィックは、立法という方法によってアメリカにヘルシンキ委員会を設立することを提案した。一九七七年春から夏にかけて、一〇月にユーゴスラビアのベオグラードでの最初の会合が期待されるなか、ヘルシンキ宣言はあらためて大きな関心を集めていた。フォード財団などの慈善団体は、アメリカ国内における組織の支部や学術性をもつ団体に大金を注ぎはじめた。フォード財団はヒューマン・ライツ・ウォッチの前身だったヘルシンキ・ウォッチや人権研究の先駆的存在だったコロンビア大学人権研究所にも寄付した。この研究所は、NGOによるロビー活動や学術界の注意をひくもっとも卓越した存在だった。[*97]

しかし、人権への視座は、世界全体の状況と繋ぐ必要がある。このような繋がりの構築は、迅速でかつ選択性をもたなければならない。通常、人びとはグローバルな犯罪を無視して他のものを追求しようとするが、それは、彼らは、例えば一九七〇年代にカンボジアで起きたジェノサイドのような限られた情報にしか接することができないからである。しかし、一方で、イデオロギー的な要素も大きく働いていた。フランスの左派が初期にクメール・ルージュに示した熱狂は、単なる無知の結果ではなかった。ラテン・アメリカ諸国で起こった革命家による破壊的行為が注目されたとき、アムネスティ・インターナショナルは、暴力に関与している者は、潜在的な救援対象にはならないという原則を取り下げることには至らなかった。集団に対する暴力は暴力であり、道徳的非難を避けることはできない。カーターが、冷戦時代にダブル・スタンダードを採用した意図は否定できないが、最初から明らかなことだった。カーターは、右派の独裁者には厳しい態度をとったのに対し、左派の独裁者を野放しにした。一九七八年になると、アーヴィング・クリストルは、カーターが左派の独裁者を甘やかしていると訴えかけ、態度をあらためることを要求したが、ロナルド・レーガンが政権を獲得してすぐに変化が起こった。[*98]

理念の転換は、ユートピアの選択と形成に影響を及ぼす。とくにインドネシアのような第三世界におけるる暴力的なユートピアは好例だった。アムネスティ・インターナショナルとその他の西側の団体は、ジャカルタの独裁政権が行った反対者の政治的拘束に注目していたが、東ティモールにおける先住民の民族自決運動に対する、より残虐な行為を完全に無視した。この件について、情報の入手が重要だが、イデオロギーも重要な要素だった。東ティモールの抵抗行動は、ポスト・コロニアルにおける民族自決という名の下で醸成され、さらに暴力的な手段も振るわれた。それゆえ、彼らの抵抗行動は、外部からの同情を得られなかった。したがって、人権活動が勝利するには、エリートたちによる安易な反植民地式の民族主義的感情に助けを求めることが許されなかった。一九七〇年代の終わりになると、民族自決は他の変容した政治的ユートピアと同様に、暴力を頻繁に引き起こしていたために、西側諸国の人びとが魅力を感じなくなった。そこで、人権にもとづく理念がオルタナティブとしてあらわれた。南アフリカでは、反アパルトヘイトの条件が絶えず変化していた。反植民地主義の観点からすれば、アフリカが暴力を選んだとき、このような条件の変化は国際性をもつようになるが、我われは、この点の詳細を知らなかった。一九七六年半ばに起きたソウェトの暴動では、双方が明らかに暴力行為を振るった。しかし、南アフリカ政府が暴動を手荒く弾圧したとき、反アパルトヘイトの国際的な運動は、結局のところ他の地域と同様に人権運動へと発展した。[*99]

人権は、一九七〇年代に再定義され、さらに公共の場でも爆発的な知名度を得たが、人権は異なる実践をみせてくれるのかについて、我われは、知る由がない。象徴的なレトリックは、しばしば政治上、強力なかたちで表現される。例えば、ブラジルの活動家は、一九七八年三月のジミー・カーターの訪問に合わせて暴力行為を非難した。カーター政権は、アジア問題に人権政策を適用しなかったが、アメリカ大統領の中国訪問に合わせて、いわゆる「人権団体」が宣伝攻勢を起こし、中国市民も人権から利益を得なければならないことを示した。一方、カーターの呼びかけは、海外だけでなく国内でも予想外の結果をもたらした。例えば同性愛者の権利活動家は、自らの活動を人権闘争として説明しはじめた。サンフランシスコの活動家で同性愛者としてはじめて選挙で選ばれた公職者となった市会議員のハーヴェイ・ミルクは、自らの演説や全米で結成された同性愛団体に人権を、という言葉を導入し、人権との新しい関係を反映するために団体名も変えさせた。[*100]

人権革命は、世界各地で現地の事件に対してきわめて複雑な影響を及ぼし、人びとの希望を変えさせたとき、一九七〇年代に発生した。サハロフは、人権の驚くべき台頭を見届けていたが、一九七八年の終わりに「人権というイデオロギーは、くどくどした理論や教義に縛られたくない人びとや、他の多くのイデオロギーに飽きた人びとにとって新たな立脚点となっていた。なぜなら、そのようなイデオロギーは、人類に僅かばかりの幸せすらもたらせられなかった」と振り返った。人権の時代が到来したのち、人びとは、ようやく新しい世紀を迎えることができ、小さな幸福を追求できるようになった。国際連盟やアングロ・ユダヤ協会のメンバーで、のちに国連人権委員会のアメリカ大使を務めたジェローム・シェスタクは、一九七七年七月に行った演説で、「このエキサイティングな瞬間」がＮＧＯにとっては「不満足な季節だった」と認めた。その上で「人権がもっとも流行している今、彼らは歩むペースを落とし、人権を乱用する必要がなくなった。彼らは時代の鏡をとおして、眠りのなかのヘラクレスを見るのではなく、彼らが望んでいるシジュポスを見る」[*101]と述べていた。シジュポスが受けた罰は、最初から名誉と不条理を伴っていた。国境を跨がる人権運動は、国ごとの事情の違いに注意を払う必要がある。しかし、これをもって、我われは、なぜこの概念と運動が、当時とその後にこれほど多くの人びとと関係するようになったのか、という根本的な問いを回避できない。もしも、人権が歴史を変えたとしたら、それは一九七〇年代の騒がしさに満ちた混乱期に、人権が他の多くのイデオロギーとの競争のなかで、人びとの心を刺激するイデオロギーとして生き残ったからである。なぜなら、人権が昔のユートピアを諦め、何としてでも新しいユートピアを作ろうというそのときの期待に合致したからである。さらに、人権は、合理的にみえる道徳が政治にとって代わることに代償を払う必要があるかもしれない。

第五章　国際法と人権

国際法のおもな目的として個人の権利を保護することが挙げられ（この目標はおそらく国際法の本質かもしれない）いまでは、このことは、もはや自明の理になっている。ある研究者は「新世紀初頭、国際法は、少なくとも多くの理論家や実務家からすれば、新たな構想にもとづいていた。それらは、もはや諸国家の法ではなく人権にかんする法だった。」と述べている。[*1]

現代の法と法思想において、前述したような変化が本当にあったとすれば、これよりも人びとを絶句させるのは、この変化があまりにも遅れてやってきた、実際は最近始まったばかりということしかないだろう。国際法があらわれる以前の歴史段階、つまり、第二次世界大戦では、前述した変化にいかなる基礎も提供しなかった。数十年後に人権が基準になっていることを推測する人も、信じる人も当時はいなかっただろう。

人権は、数世紀前その創設者の人道的精神に対する継承でもなければ、第二次世界大戦であらわれた残虐行為への反動でもない。国際法学者にとって人権はきわめて奇妙な出発点に根ざしていた。しかし、わずか数十年のあいだに、国際法自体が現代の道徳意識のなかで高い注目を集めているように、人権は、国際法学者の活動の中心を占めるようになった。国際法が改良を目的とした普遍的な枠組になる前まで、人権は依然として辺縁にいた。しかし、ユートピア的理想が危機に陥り、再構築を急ぐという背景のもとで人権はもっとも利益を得られた側かもしれない。

第二次世界大戦後に試みられ、その後放棄された国際刑事裁判というモデルは、一九九〇年代以降、旧ユーゴスラビアやルワンダにおける民族紛争や大量虐殺をきっかけに復活した。のちに、このモデルは制度となり、あわせて国際刑事裁判所も設けられた。現在では、この過程が移行期正義、過去の暴力に対する清算と呼ばれるようになった。一九四〇年代に人びとは、この過程が人権に纏わる事業を打ち立てるためのものであるとは予想していなかった。しかし、現在ではこの二つの取り組みが統合された。戦争行為規制を目的とした一九四九年のジュネーブ条約は人権に言及していなかったが、その地位は二〇〇一年以降急速に高まった。とくにグアンタナモ基地の刑務所でテロに関与したアメリカ政府の囚人たちのための運動ではかなりの拡がりをみせた。一九七〇年代には、新聞のトップ・ニュースには数えきれないほどの国際人権にかんする議論が掲載された。それ以来、同様な議論が急速に増え、その内容は拷問や女性差別の禁止、子どもや先住民の権利の主張などが挙げられる。

人権法が、国際問題に介入したことで本当に人権を改善できるのかという議論が論争を巻き起こした。[*2] しかし、あまり注目されていないのは、国際法学者自身が、近年どのように身近な人権問題に目を向けたのかということである。一九世紀半ば、国際法学者は自らを組織し、自らが規則によって力を得ようとする目標を打ち立てた。重要なのは、現実的に存在する国家間の関係を公式化することだった。これは長年の宿願であり、公式化そのものは、つまり聡明な法学者によって組織された善良な団体の指導のもとで、ルールを制定することによって、国際関係により多くの人道的要素を注入することだった。国家は、主権を犠牲にする必要はなく、むしろ、主権は、世界秩序の礎石とみなされなければならない。条約や慣習によって構築された国際的規範は、必然的に主権を実りのない争いから遠ざけ、調和のとれた統合へと導くことになる。国際法学者が辛抱強い作業を通じて文明を発展させるというのは、ルールそのものが文明を発展させる手段として紛争を回避することができると考えられたからだった。すでに覚悟を決めているが、彼らの任務にはもちろん、つねに困難がつきまとった。第二次世界大戦をつうじて、国際法学者は、国家間関係の幻想的なうぬぼれと平和な世界の巨視的な構築とのあいだに、良心的に信頼できるもの、道徳的に健全なもの、政治的に許容可能な妥協点を模索した。しかし、この取り組みによって彼らはジレンマに陥り、同時に対立する双方から批判に晒された。一方では彼らが認識したように、自分たちはこの世界を向上させる力をもっていない。もう一方では、彼らは国家権力にへばりついているがゆえに、他のより良い道徳的理想を成長させる余地を一切残さなかった。彼らが国際秩序の基本単位としての国家主権に対して抱く偶像的崇拝は、充分に後者の指摘を裏づけた[*3]。しかし、このような理由に依拠していたとしても、国際法学者が受け継いだ事業は、なぜ国際法が現在「人権」と結びついたのかを説明できない。両者の結びつきは現在では自然で必然的なものにみえるが、典型的な大学教授で、ときには自らの国家と国際組織を代表する二〇世紀の国際法学者は、国際組織において多元的な内実を伝えようとしていた。この道徳的計画――法の理論――を個人の権利と結びつけるためにどれくらいの期間がかかったのかは、明確になっておらず、国際法の理念と個人の権利の向上と結びつけるには、最終的に一つにまとめさせるにもかなり時間がかかった。国際法と人権との結合は少なくとも一九七〇年代半ばまでまだ完成されていなかった。この結合を促進したのは、理想主義が人権の名の下で経験した大規模な再構築だった。アメリカの状況については、第二次世界大戦後の時代全体における、最初の紛争とその時代に経験した脱植民地主義化の過程、さらに一九七〇年代の人権停滞期に至るという国際的文脈のもとで理解しなければならない。

アメリカの状況からわかるように、国際法学者は人権の流れに便乗したが、「聖火を守る」責任をあまり負っていなかった。人権の黎明期とされる第二次世界大戦後の時期には、国際法の規範のもとで人権は進展できなかった。確かに、振り返ってみると国際公法実務家の多くは、世界人権宣言が登場するまでの数年間は、人権は単なる戦後の机上の空論にすぎないと侮っていた。彼らは、とくに一九四四年に締結された戦後秩序の強大な基盤を示したダンバートン・オークス協定は、人権の始まりではなく終わりだと考えていた。国際法学者が、冷戦の分裂的構図を悲観的であれ、楽観的であれ受け入れたとしても、どちらもこの結論を裏づけている。冷戦が終わる頃、彼らは、自分たちはもはや永遠に実現できないスローガンの下でいかなる行動も取れないということに気づいた。同じく面白いのは、国際法学者が苦痛と感じていたのは、人権に対する反植民地的な解釈は完全に自決という建前にもとづいているため、のちの意外な進展がみられるようになるまで、彼らはそれを回避しなければならなかったことである。人権史において、反植民地主義が退潮し、さらに一九七〇年代に人権が意外にも反強権主義というかたちであらわれたとき、国際法学者はあらためて自分たちがこれまで堅持し続けた立場を問い直すようになった。

この分野の長期的な軌跡は、最近の人権活動が焦点になったとき、変わったようにみえる。国際法は、冷戦の初期には確かに相対的に周縁的な環境に位置づけられたが、冷戦後期と現在では、各項目の発展が黄金期を迎え、国際法をとおして人権を規範とし、ビクトリア時代の創造者たちが抱いていた狂気の夢がようやく実現可能となった。国際法は、道徳上の魅力をもつ社会変革のためのメカニズムのようであり、人びとがそれを受け入れはじめるにつれて、その最終の軌跡は、あるいはいまの軌跡は落ちこぼれていくのではなく、台頭していった。人権の発展は、紆余曲折があったが、それは自らが運命を転換していく際に必ず経験する陣痛にすぎなかった。

人権と数十年間すれ違ったあと、人権の結合——とくにアメリカの場合——が重要であることを示す第二の理由は、人権が社会運動と法の優先性との関連性をいきいきとみせてくれていることである。アメリカの憲政を研究する人びとは、とくに長年裁判官を務めたアール・ウォーレンが在職した最高裁判所を熱狂的に崇拝していたが、いまになってこの人たちは国家の法的課題を再構成する社会運動において重要な役割を果たした不可欠な人びとを賛美する方法を学んだのである。[*4] しかし、今では単に判事の英雄的な行為だけを賛美し、彼らも下から押し寄せる社会活動家の力を頼りにその仕事を推進していることを無視する者はいない。同様に、人権は、一九四〇年代に人権が社会運動から実質的な支援を得られなかったがゆえに、国際法学者はただ戦時中にこの概念にかかわったが、その後、無視し続けた。のちに社会運動のエネルギーのおかげで、人権の重要性を認める世論が急拡大し、人権が自らの時代をひらくと同時に、国際法学者が最優先に考慮する対象となった。

第二次世界大戦で連合国の勝利が近づく頃、戦後の平和を提案する膨大な数の計画において、人権の概念に言及した提案者はほとんどなかったと同様に、国際法の中心的な役割を提唱する者もほとんどみられなかった。よくみられるのは、例えば「ドイツ問題」をいかに政治的手段で解決するのかといった内容だった。戦時中、国際法学者が直面した基本的な脅威は、人権を踏みにじるだけではなく、むしろ彼らが考えていたすべての提案が無視されていることだった。国際連盟とその法的地位が崩壊した後、第二次世界大戦中の国際法は、ある深刻な問題に直面した。生き残りをかけた闘いのなかで、国際法学者団体は、二つの大戦の災厄を経験して、自らが提唱する法体系およびその規範的な秩序が担っている役割のすべてを、自分たちが積極的に主導して守らなければならないと考えていた。実際、国際法学者は人権をまったく気にしていなかった。なぜなら、彼らにはより根本的な任務があったからである。すなわち、新しい秩序の確立、つまり平等な同盟や安全保障という目的で考慮した枠組の構成は、赤裸々な力のバランスではなく、正式な規則にもとづくべきだという考えを浸透させていくことだった。著名な亡命者ハンス・ケルゼンがいうところの「法による平和」を第一原則の観点から考え直さなければならない。さらに、国際法学者たちの主張は、第一次世界大戦の結末時に比べて、第二次世界大戦では不発に終わってしまっていた。[*5]

イギリスとアメリカは、一九四一年に国際法の将来における重要性とその地位を明らかにするための計画を考案した。平和が訪れた場合、国際法が機能を発揮していくためには、この二つの側面を修正しなければならなかった。[*6]一方で、アメリカのプロジェクトは、二つの大戦のあいだに提唱され、忘れ去られた世界人権宣言にかんする案を再提起することだった。しかし、一九四二年以降、アメリカ人がもっとも注目したのは、自国の国民と国際法の連携をどのように確保するのかということだった。[*7]他方で、イギリスの国際法学者は、以前作られた国際法規則における欠陥を埋めようとした。彼らは強固で進歩的な国際秩序の構築を推進するという重要な役割を果たしてくれる者があらわれることを渇望したが、自らの改革に期待していなかった。二つの大戦時に改革の先頭に立った国際法学者セシル・ハースト卿は、一九四七年に「国際法は戦争の災いを根絶することができないし、権力政治を廃止することもできていない。しかし、国際法が将来に重要な役割を担うことを我われは信じている」と批判的な意見を述べた。[*8]

国家主権は、一九世紀においてすでに国際法分野の中心的な地位を占めていたが、現実主義と制度主義は第二次世界大戦後に、この概念を批判したことで、戦後、法主体はその他の選択することができる基礎に立脚しなければならないという雰囲気が漂っていた。多くのイギリス系アメリカ人――ハーシュ・ローターパクトがもっとも有名だが――個人に転向するべきであると提唱したが、個人を国際法の主題としてではなく、新たな受け手と参加者としてみなした。ニューヨーク大学法学教授クライド・イーグルトンは、一九四六年に「すべての法律とすべての政府は、個々の人間の利益のために存在している」と述べた。その上で、彼は「もし国際法が人を助けられるとしたら、人は国際法を支持する。なぜなら、国際法がこのような支持を必要としているからであり、もしも支持がなければ国際法は適切な方法で人を守ることができない。国際法学者は単に事情変更原則や帰国権にかんする論文を書くだけでは、人民を教育することができない」と主張した。しかし、未来を見通せることができる時代に生き、さらにこの時代に個人が立ち上がることができるなら、すぐに平和を推進する者があらわれる。そのような環境にいるからこそ、国際法学者も自らが根本的な闘争、つまりすべての人のための闘争に身を投じていることを意識するのだろう。[*9]

平和の確立、とくに国連が設立されたことが、すべての国際法学者がみな認めている主権が統治する時代が終わっていないという事実を思い知らせた。ダンバートン・オークス協定では人権が実際に無視されているし、国連憲章でも人権はただの飾りに過ぎなかったことを、国際法学者はすでに看破していた。いずれにしても、それ以上に不安なのは、冷酷な現実主義に支配された時代には、人権だけでなく国際法そのものが余計なものにみられることである。このような基本的な挑戦に直面する現実を考えると、その後の行動によって、実際には最後の防衛戦を守ることができ、あらゆる種類の法律の地位も維持された。国連総会は、国際連盟規約における重要な規定を立て続けに改訂していた。国連憲章は、国連総会の目的が「国際法の確実な進歩発展と国際法法典の編纂促進」と定められている。明らかに、これは小さな勝利である。「国際法は国連憲章において副次的な存在となっている」と、とあるアメリカ人が国連憲章公布直後に述べていた。その上で彼は「政治思想の振り子はウッドロウ・ウィルソン時代の『理想主義』から、サンフランシスコ会議に代表される現実主義に揺れ動いた」と続けた。*10

国際法は実用性の欠如という危機に直面し、さらに、様ざまな混乱がこの危機のなかに充満していた。平和の促進は、国際法が新しい方法でその責任をまっとうするべきだが、しかし、今になって、人権どころか個人に対する強調すらみられない。多くの人は自然法を最後の砦と考えているが、自然法に向き合えるときも、人びとは自信ではなく疑念を抱いている。もちろん、当然、自然法という概念は確かに少しばかり役立ってくれた。一部の人は、二〇世紀の災難を「実証主義」の氾濫に帰した。実証主義の観点からすれば、すべての有効な規範は、国家に由来すると考えられている。このような考えに抵抗するために、自然法がもちだされた。しかし、古き自然法が新しく確実な道を提供してくれることを信じる人はほとんどいなかった。人権が、国際法の潜在的な保護対象として、注目されるようになっていく過程でも同じようなことがみられた。とくにフランスでは、レオン・ディギイらは、個人主義こそ近代国家における主権の代替案ではなく、基盤であることを早くも見抜いていた。第二次世界大戦中になされたこの批判は、いまになっても正鵠を射ている。そうだとすれば、国際法に個人という要素を植え込み、それを新しく構成させるのは、容易なことではないだろう。理論的にも実践的にも、個人主義はつねに主権と結びついているからである。イングランドでさえ、長期間にわたって、個人主義的自由主義に対する批判が盛んに行われており、社会学者モーリス・ギンズバーグが一九四四年「国際実務における個人主義を完全に捨てよう」で呼びかけたことに喚起される人びともいた。*11

もしも、国際法学者から個人の権利を合法化していく転換点を感じ取れるとしても、それは戦後からではなく戦時中である。その後、国連憲章のメカニズムの下で、個人の権利は大原則が推進されるのではなく、周縁化されつつあった。一九四六年、国連憲章第二条が主権を謳歌したことに鑑みれば、先頭にたつイギリスの国際法学者は、人権という概念を完全に無視したのかもしれない。彼らにとって、人権は、単なる「善良な改革家の叫びと立ち遅れた同世代の人が注意力をそらす無害な娯楽」でしかない。より広い公共空間を装飾する必要があるかどうかに関係なく、国連が成立したという現実そのものは直視されなければならない。「自らの意見を自由に発表する権利をもつ市民が、重要な立場にある四五か国の嘘に抵抗しなくなったとき、彼らが権力を握り、票田を手放したくない政治屋のように振る舞ったとき、未来の世界は人に幸せを感じさせてくれないだろう」と、とある国際法学者が一九四七年に嘆いていた。残念ながら、市民は反抗することはできない。確かに、この時代の国際主義者たちは、問題を穏便に解決することを有効な手段として考えていた。さらに、国際法学者は、基本的に人権を考えておらず彼らは人権を、恥を隠す道具とみなし、様ざまな国際組織もそのようにみなされた。*12 国際法学者が国連憲章の華やかな言葉に希望を抱いているとすれば、彼らは嘲笑されるかもしれない。

ハーヴァード大学の元法学教授で常設国際司法裁判所の判事を務めたマンレイ・ハドソンは、一九四八年に人権という言葉は、単に希望ではなく危険を伝えているものであると非難した。彼があたかも国連という場で述べられた内容は厳粛な法的意義をもっていると信じる人びとに警告する際に「国際契約が完全であることに注意しない限り、国際法が実質的な発展をすることを想像できない」と述べた。さらに、このなかから、彼はとくに、我われが憲章第五六条からいかなる実質的な内容も導き出すことができないという。なぜなら、あの条項は単に経済社会理事会を人権にかんする事柄を取り扱う責任主体として規定したに過ぎず、人権に一切の法的効力も付与していないからである。大多数の国際法学者は、ハドソンの意見に同意している。つまり、新たな国際秩序は、国家主権というもっとも伝統的な基礎の上に成り立つため、憲章にかんする交渉は人権を促進したのではなく、むしろそれを後回しにしてしまった。サンフランシスコ会議の議題は平和、正義および法にわたっていたが、人権は含まれていなかった。しかし、ここに挙げられた課題だけでも国際法学者は自らの営みを展開することができた。[*13]

戦後、国際法学界で人権理念の運動を起こしたローターパクトは、果敢に現実主義にもとづく結末と対抗した。戦争の過程で、彼は最初から自らの見解を発表していた。第一次世界大戦終結後の数年間、彼は国際法律家協会で人を鼓舞するために力を尽くし、最終的には『国際法と人権』(一九五〇年)を執筆した。しかし、自らの取り組みの失敗に直面した際に、国際組織のレベルでも自身の専門分野においても、驚くべき誠実さをみせた。彼は、大西洋憲章が単に表面的な四つの自由に少しばかりの基盤しか与えていないことを率直に認めた。そして、ダンバートン・オークス協定――その他の大多数のイギリス系アメリカ人とは異なり、彼はこの文書を不充分なものであるとみなした――によって国連憲章は伝統的な主権原則が損なわれていることを説明できないことを理解した。[*14]

周知の事実ではあるが、ロータ－パクトは、世界人権宣言は法律という建前で人権に対する重視を見せかけたが、実際には役立たず、危険な文書であるとさえ批判していた。しかし、主権への代替案としてのロータ－パクトの提案は規則から遊離して発展と一致せず、一九四〇年代末になると、国際法学者たちもその提案を嘲笑していた。一九四九年、ラジオでの対談において、ロータ－パクトは、世界人権宣言が法的拘束力を欠いていることを批判しつつ、国連憲章が現在では主権に譲歩をせざるを得ないが、長期的な観点からして、それは将来の発展を促進する唯一の礎石であることを強調した。さらに、彼は、国際法学者たちに対して「世界人権宣言で法律に命を与える」試みとしないよう警告していた。対談の最後に、彼は希望をもって「国連憲章第二条は、主権不可侵の伝統的観念をあらためて強調したが、それは国連が将来に強制的に人権を実行する可能性を最小化しておらず、あるいは抹消していない」と述べた。この時代に人権の最期にかんする現実的な考察は、人権が非常に不確実な未来に復活する希望の基礎になった。[*15]

しかし、人権が未来の世界の舞台に復帰する余地を残して欲しいというロータ－パクトの穏健な弁明をどのように捉えても、あの時代における国際法のコンセンサスは、実際には人権復活の可能性を放棄したといえる。ロータ－パクトの主張に対する反論は、彼の地政学的状況に対する楽観的な判断にも依った。フランス人、ルネ・ブリュナイは、ソ連による一九三六年の「スターリン憲法」にもとづいた先進的な権利に対する集団主義的な抑圧は、「短期的」状況にすぎないと判断していたが、一九四七年に他の国際法学者たちから嘲笑された。政治学の国際関係分野で現実主義理論派に属さない人たちは、ソ連は早いうちに人権を知り尽くしていたことに鑑みれば、この世界は人権を重視しようとしていないと看做した。そのため、ローターパクト自らが感じ取ったことから説明できるように、国際法は人権を宣言していないのである。本当は、国際法学者が人権は人びとが頼りにする計画になっていないことを大多数の人よりも早く気づいていた。戦後の国際法学者の人権の未来に対する懐疑的な態度は、のちの国際法学が発展していく軌跡に対する評価において非常に重要な役割を果たした。[*16]

この危機や不確実性が満ちたとき、最善の方法は根源に立ち返って活路を見出すことだろう。しかし、ローターパクトは、グロティウスがいち早く人権の理念を受け入れていたと指摘したが、他の人びとは逆に、グロティウスの人権の創設者としてその権威性は、すでに失われていると反論した。「グロティウスの伝統」に助けを求めることは、過去の思想を古典として他者を啓発するにすぎず、人権の国際的保護にいかなる権威も提供できない。ローターパクトは、グロティウスについて記した有名な論文において、自分が追従したグロティウスによる著作では「個人の基本権利と自由」を擁護するという理念を見出せなかった。しかし、ローターパクトは、グロティウスが人権擁護を提起しなかったこととの背後には、彼が何らかの錯誤を犯していたのではないかと考えた。グロティウスの思想があらゆる面で一致した将来を示していることに鑑みれば、これは「例外的なケース」ではないか？　人権の分野で孤軍奮闘していたように、ローターパクトもグロティウスにかんする問題について一人で意地を張り、グロティウスがもう少し人権について深く考えていれば、彼もまた人権も受け入れることができたと考えていた。その他の国際法学者、例えばロンドン大学国際法教授のスミスは、グロティウスたちが活躍した遠い昔の時代の歴史的状況を知ることができなければ、二度の世界大戦の期間中に権威があった国際法学者たちが経験した時代も知ることができない。超大国による形成したばかりの冷戦の膠着状態の世界からすれば、過去の経験は適用不可能である、過去には一度も今のような状況が起こったことがないのである。「我われが今いる世界と私たちの父親がいた世界との間の距離は、我われの父がいた時代からグロティウスの時代までの距離よりもはるかに長い」と述べた。[*17]

以上に述べた理由からすると、世界人権宣言が世に出たとき、国際法律家協会はそれを歓迎したという証拠はほとんどない。なぜなら、国際法学者は、人権が法的執行可能性を犠牲にしてこそあらわれたものであるということを理解したからである。[*18] 世界人権宣言が起案された期間、フランス人のルネ・カサン、カナダ人のジョン・ハンヴァーナを除けば、国際法学者たちの活動に際立ったものはなかった。国際法分野でもっとも重要な組織、国際法学会は、一九四七年に会合を開き、最初の議題は権利宣言の草稿の討議で、将来に拘束力をもつ権利宣言を視野に入れた。ローザンヌにおいて、戦後の有名な法学者シャルル・ド・ヴィシャは議題を提起し、国連憲章が戦後の秩序がもとづくべき道徳的原則を放棄したことを厳しく批判した。一九四七年以降、国際法学会において、人権はもはや議論のテーマにされなくなった。一九四九年まではアメリカ国際法学会は、国際人権規約が成立する見通しに着目していたが、人権を法的義務に押し上げる動きが失速したことから、人権を嫌った。[*19]

結果として、一九五〇年代から一九六〇年代にいたるまで、人びとは国際人権にそれほど注意を払っておらず、主要な教科書や論文にはその姿はほとんどなかった。さらに、今日のように、国際人権論も国際法学の一分野として具体化されなかった。トロント大学で教鞭をとっていたジョセフ・クンツは、一九五一年に学生に向けて、「一方では我われは研究者として、客観的かつ批判的に取り組まなければならない。美しい言葉だけでは難しい問題は解決されない」と話した。こういう理由から、数年前に宣言された壮大な課題を再び俎上に挙げた。クンツはさらに「一部の人は、個人を国際法の直接の課題にさせ、個人が特殊な国際法廷で行動する権利を与え、自らの国家に反対する。しかし、実践的側面や理論的側面の原因により、実際にはこのような考え方を実現する機会がない。理論上からして、我われは、我われの国際法と国連憲章が国家主権原則にもとづいていることを理解しなければならない。実践する理由は、次のような簡単な事実に立脚している、すなわち国家はこのような提案を受け入れる可能性がないことである」と述べた。このような計画を守る価値がないことは明らかである。[*20]冷戦では、権力が持続する現実に対する法的な洞察や国際法学者たちが極端なユートピアに抵抗する態度が肯定された。このように展望と厳しい現実主義が結びつくとき、国際法学者たちも準則を進歩的に扱っていく手段をみつけるために努力した。彼らは、依然として法的手段を介して権力を維持する長期的な計画を堅持していた、しかし、間接的あるいはその手段以外でないかぎり人権法は用いられなかった。コロンビア大学の法学教授フィリップ・ジェサップは「戦略的撤退」という優れた例をとおして、一般的に可能な手段をとることができることを証明した。一九四〇年代には、彼は一歩進んで主権の原則を撤廃し、個人の人権を主張しようとした。しかし一九五〇年、彼が記した『国家の現代法』で表現された態度からすれば、この提案はうまくいくはずがなかった。

国際社会において、個人の権利を保護する最良の方法である民族の権利は、国連の人権制度においてうまく進展できないという状況の下では最善の策である。一九五三年にジェサップは「ある人は学術雑誌でユートピア主義者が自国の利益を無視する人びとだと理解したとき、選択はそれほど難しくない。つまり、馬鹿げたものを信じることは果たして現実的なのか、それとも現実主義が地獄に行くべきなのかを考えるのは簡単なことである」と嘆いた。彼はルーズベルトがかつて皮肉ったことを反映していた、つまり、ユートピアは馬鹿げた代替案に過ぎない。このような環境の下で、ジェサップは、権威のある国際法学者団体も最終的には「アメリカ国際現実主義協会」にならざるを得ないと危惧した。[*21]

マキアヴェッリ流の「国際関係」の下で、国際法は軽んじられたが、いずれにしてもこれはアメリカで起きているだけではなく、グローバルな冷戦における一般的なパラダイムの変化を反映していた。ハンス・モーゲンソウ――弁護士に転身した国際関係論の創設者――は、このような転換を全力で支持し、熱心に擁護した。しかし、国際法の分野では、たしかに多くの人びとは、人権に対するいかなる潜在的な強調も、災いを伴うかもしれないと制度の優越性を説明する際に権力が現実に働く場合の実際の状況を補足することを忘れなかった。ゲオルク・シュワルツェンバーガーは、ドイツで生まれ育った国際法学者として、戦後ロンドンの大学で四〇年間教鞭をとった。この間に彼は、国際法が政治的なものになるなら、まずは科学的で中立的な姿勢を捨て、全身全霊で反全体主義の戦いに参加しなければならないことを提起した。国際法の内部の視点から、モーゲンソウがアメリカで主張したことと同様に現実主義的な理念を提唱した。この理念は国家間の力学が歴史を推しすすめるための確実なエンジンとみなし、国際法は、この権力を事実の裏に偽装する道具である。このような認識はごく一般的だった。ローターパクトは、一九五〇年へブライ大学の講義で述べたように、「第二次世界大戦中、枢軸国に対して行われた不法行為は、権力の利用は不法行為を勝利させるためだが、すでに権力をその目的とした」ことを認めていたのかもしれない。[*22]

驚くことではないが、シュワルツェンベルガーは、戦後、全体主義にもっとも注意を払うべきであると述べ、国際法にかんする議論に、権力政治にかんする深い洞察を取り入れることを強く主張した。

現実主義にもとづく政治によって、第二次世界大戦における同盟が崩壊した。彼は、人権法が未来に置かれる状況によっては、国際法学者は充分に熟成されていない運動を政治に対する現実的な考慮よりも重視することを警告した。彼は「冷静の局面が形成されてまもなく、サンフランシスコ会議のもとで国連を中心に人権と基本的自由を展開させるための試みは、この過程に参加した人びとからすれば、有名無実な成功に過ぎなかった」と記した。さらに、彼は笑いながら、「東西という二つの世界のあいだで人権における一つの共通した特徴を見出すことができると思われたが、実際には人びとが人民の民主主義の真の構造を無視した」と記していた。[*23]

一年後、シュワルツェンベルガーは初版が戦争中に発売された『権力の政治』を改訂し、そのなかで人権が軽視されている現状に対する激しい批判を記した章を加えた。彼は「我われの時代に人権の立案者が国際的な領域で達成した成果はまったく意味のないことだった」と述べ続けたが、これは意外なことでなかった。「主権国家の、とくに強権から個人を保護する任務は、諸強国の代表者に委ねられた。しかし、彼らの自由な裁量権は統制されている」。それゆえ、意味のない裁定、または悪効果をもたらす裁定は、普遍的なイデオロギーのレベルだけでなく、国連の官僚主義者のレベルでも発生している。一九四七年、国連人権委員会が進行中のすべての請願を直ちに中止しなければならないという行動拒否の決定を下したあと、彼は「人権委員会の行動は取るに足らない」と冷ややかに批判した。[*24]

アメリカが冷戦時代に発した命令も原因の一つだが、何よりも法現実主義が多くの法学教授に影響を及ぼしたことで、国際法学以外の分野では、人権という理念は、法律実務において依然として中心的な課題ではなかった。一九五九年のアメリカ国際法学会での国際関係専門家のスタンリー・ホフマンの発言はかなり嫌われた。彼は、「徹底的な政治化は、政府が過去に離脱した国内と国際行政の分野をすべて消滅させた。このような世界で、政治から抜け出すという考えは、私にとって完全に妄想にみえる……人権に普遍的な定義を付与するのは偽善であり、政治的緊張を高めてしまう」。嫌われてしまっているが、彼がこのように素直に指摘したのは、変節者に警告したいからだった。もしも、国際法のような形式を重視する研究が、このような環境の下で中断されたとすれば、人権が保護ではなく諦められてしまう。知識人や新しい政治勢力は、強すぎるがゆえに、他の場面で機能しなくなる恐れがある。[*25]

冷戦が進行するにつれて、ジェサップは、自分の学術研究が重要な役割を果たせられるように努めたことで国際法学界からの譲歩をうまく引き出した。国際法学界は文明の普遍的な道徳を主張するふりをしているが、両極化された世界では双方が法ではなく政治に従って行動するため、このようなやり方は何の役にも立たなかった。一九四七年にスミスは、「ここ三〇年のあいだで、法の自らの基盤、つまり共通の文化的統一性はその発祥地だった。ヨーロッパによって掘り崩された」と述べていた。この過程は、一九一七年のロシア革命から始まったが、残念ながら終点ではなかった。南アジアでの植民地の領土分割の立役者シリル・ラドクリフ判事からすれば、一九五〇年「人権は衣服でしかないが、人が着るには贅沢すぎる」と言った。一九五三年にプリンストン大学の国際法学者パーシー・コーベットは、人権の価値に関心をもつ者は、誰も法律の制定によって人権を追求したいと考えないだろうとまとめた。また、「時代が政治的現実の寒風を労働と技能を植えられた知識人たちの庭に吹き込んだのに違いない。見たところどうやら気候は相変わらず不向きのようである。種のカタログに掲載されている写真は素敵だけれど、気候がいつ変わるかは誰も知らないのである[*26]」。

一九四五年、人権がすぐに消滅すると考える国際法学者はほとんどいなかった。戦時中に、彼らは人権を中心に位置づけたが、冷戦は人権の命を長引かせたのではなく、それを破壊した。その理由の一つは、国家主権が戦後の信念として存在し続けたからである。ヨーロッパの国際法学者は確かに、彼らのアメリカの同僚よりも早い時期に国際法における国家の中心的地位を徐々に弱めていく立場を選んでいた。カザンは、人権の飛躍的な進展が偉大な時代とともに目の前にきていると考えた。他のヨーロッパ人も、あまり喜びはしないが、これに同意するだろう。二度の世界大戦で、社会的事業で知られるスイスの国際法学者マックス・フーバーは一九四〇年代の人権の進展を楽観的に扱った。彼は、ローターパクトの著作を何度も引用して自らの見方を証明したが、その後起こった冷戦については言及していなかった。彼が最後に書いた文章で、比較憲政学派の創設者ボリス・ミルキヌ＝ゲツェヴィチも似たような内容を記していた。西ドイツとオーストリアでは、時間が経つにつれて法実証主義から自然主義に移行する過程が徐々に衰えていった。しかしケルゼンの学生だったアルフレッド・フィドロスを筆頭とする一部の人びとは、人権が数十年間にわたる人間の尊厳から必然的に導かれるものであると考えていた[*27]。

しかし、もしもヨーロッパ人が人権を守るとすれば、かなりの頻度でキリスト教の「人格主義」に助けを求めなければならない。なぜなら、戦後の幕開けとともに、人権がより保守的な意味合いをもつようになったからである。人格主義は、西ヨーロッパにおける人権の取り組みに強力な表現方法を提供した。国際人権協会が再び会議を開いたとき、指導者であるシャルル・ド・ヴィシャがこの見方を支持した。彼は「人権は、今現在きわめて強力な思想的潮流を頼りにすることができる、この潮流は、我われがすでに目にしている人権の濫用に反対することを目的としている」と書いた。時間が経つにつれて、このような人格主義は、世界平和の哲学を提供しているわけではなく、より直接的な方法をとおして反共産主義、および西側世界の統一性を再構築した。欧州人権委員会にかんする学術的文献が発表されて以来、ヨーロッパの国際法学者は実質的な行動をとおして人権をより広範な計画にしてこなかった。なぜなら、欧州人権委員会は自らの価値観を拡められたが、完全な法的メカニズムが描かれていなかったからである。人権が採用した局所的な地域化はグローバルな普遍化に代わって、我われに新しい方法を提供した。これが学術の側面で非常に重要な影響をもたらした。以前のヨーロッパの国際法学者は人権全般に注目していたが、その後、一部地域が人権の学理的な解釈とその関連制度の詳細に目を向けるようになった。しかし、同じような状況はアメリカ人や彼らがいる米州諸国間の制度では発生しなかった。この点において、従兄弟であるヨーロッパ諸国と比べれば、些細なことに過ぎなかった。[*28]

このような理由から、人権は、組織化された概念として一九五〇年代から一九六〇年代にかけて、アメリカの学界から抜け落ちた。そして戦後の歴史の移り変わりにおいては、最終防衛線としての制度的ユートピアと、権力に対する現実主義的戦略の洞察とを結びつけ、通常、人権の学説を適切な登場機会を待つために一時的に保存されるのではなく、より周縁化された。ハーヴァード大学ロー・スクールで教鞭をとり、アメリカの政界において極端な理想主義に位置づけられるルイス・ソーンの研究業績は、我われを啓発できる実例を提供していた。ソーンは、戦後、アメリカ国連協会のメンバーとして活動し、ときには人権にかんする議論にも参加し、人権のあり方についての意見を述べていた。一九五八年、クラークとともに発表した国連憲章改正案では、核と世界秩序を重要な問題として位置づけるという前提の下で、国連代表の民主化や代表資格問題を優先し、次に、経済発展と近代化問題を考慮した。また「個人の反政府行為を無条件に保護する」ことについての明確な計画を提出した。確かに、クラークとソーンが提案に加えた「権利章典」は、明らかにアメリカの憲政制度を基調にして、国連自身の消極的権利に対抗するもの――連邦の中心をいつも相対的に強い地位に立たせたのは、アメリカ合衆国憲法が制定されたときに、消極的な権利が最終的に必要だったこと――と同じだった。換言すれば、この時代をとおして、ソーンは、直接に個人の権利を保護することをまったく擁護しなかったが、あとになって国際法がつねに個人保護の原則に従うべきであると主張した。[*29]

この時期、アメリカで重要な立場にいたコロンビア大学――あるいはもっと大きなマンハッタン地区――の例からも似たような結論が出される。コロンビア大学は、前世代から非常に純粋な理想主義を受け継いでいた。そして、将来への希望について国際法学者のための「目に見えない学院」が――このラベルは、オスカー・シャクターというコロンビア大学教授が仲間のために用いたもので――人類に善の影響をもたらすことができるという信念をもっていた。シャクターは、国連で働いていた頃、国連憲章にかんするローターパクトの考えを擁護しただけでなく、憲章がアメリカの国内法の形成に与える有力な影響についても大胆に論じていた。しかし、その当時は、彼の見解は時宜に合わず、一九五〇年代が継続していくにつれて、シャクターもそのような考えを追求しなくなった。[*30]

その同僚で、おそらく法学分野で人権中心論を主張したもっとも代表的な活動家ルイス・ヘンキンはその初期の作品において、人権という主題にはあまり関心を寄せなかった。ヘンキンは、自らの師であるジェサップがとった慎重な国際主義という立場を継承しながら、複線の研究アプローチを追究した。つまり、軍縮協定とその制限条件――アメリカ憲法が国際的な法規範を取り入れる際に取られる制限的な方法——をとおして核の災難を回避する。彼が早期に出版し、二番目の研究アプローチについて議論した著書で人権規範に言及した。そのなかにジェノサイドに反対する規範が含まれていた。この例は、関連する国際的立法がなくても、アメリカの議会は、依然として国内の状況を理由に、外交の延長線という範囲内でこの課題を処理できると説明するために援用された[*31]。

実際、彼は最初に執筆した人権と関連する文章のなかで（作品は一九六五年に出版され、当時彼は五〇歳代だった）、彼はかつてあれほど期待した人権を、道徳的規範を超えたものであるとみなせず、平和を保障し、不平等を消滅するといった普遍的戦略をとおして、人権を保障することができないと考えた。また、彼は「自分らの目線から権利の王国を作ろうとする人はいないだろう」と述べて、事実もそうなっているように、自分もそのような人間ではないことを自認した。さらに、彼は「人権に対する期待は、持続的な国際平和の持続、緊張が緩和された国際情勢、国内の安定や政治制度の発展、生活レベルの上昇にある、ほとんどの場合、人権を間接的に推進するしかない」と述べた。言い換えれば、人権は、教義上の目的そのものとして捉えることができない。国際的な法曹界では、平和の世界を構築し、福祉を促進するという永続的な使命に良い方法で取り組むことができる。驚くことではないが、ヘンキンは、慣習国際法について記した『諸国家の行動』という古典的な著作の初版で、人権がほとんどの国家がほとんどの期間に遵守する規範の特徴として、まったく重視されていないと指摘した。彼自身の言葉からすれば、彼もまた人権を権利に押し上げる運動に参加していなかった[*32]。

ユーモアに富み、礼儀正しいウォルフガング・フリードマンは、一九五五年にコロンビア大学に着任するまで、英語圏の様ざまな場所で教鞭をとっていたが、彼は、人権が将来の国際法における核心であることを示す証拠をもっていなかった。ヨーロッパ大陸に長く滞在したことで、彼は「コロンビア学派」の同僚であるヘンキンやシャクターとは異なっていた。ヨーロッパでの経験によって、フリードマンは国際法だけでなく、法全般を社会学という文脈で考えることや、この分野のなかで完全に理想主義を破壊できる最終的な方法を見出すことができた。しかし、戦後、法の社会的基盤から革命的で、進歩的な傾向を探り、国際法が共存状態から協力状態に移行しつつあるとき、彼は、国際法を個人化していく試みをあきらめたし、人権に対しても何らの希望も抱いていなかった。一九六九年まで、彼は、ロータ―パクトの教義的提案を「ある種の怒り狂ったもの」と冷たい視線でみつめ、この提案は、国際法が個人の保護を促していくことについて「非常に限られた役割しか果たしていなかった」と考えた。同じく一九六九年に彼は、国際人権規約が登場した最初の三年間で批准した国はほとんどないことにも注目した。この事実を理由に、彼は、「国連加盟国のあいだには、イデオロギー、政治および社会制度においてかなり相違が存在し、これらの相違によって国際人権規約のようなものは、手が届かない願望になるだろう」と推測した。一九七二年、フリードマンはこの意見にあらためて言及し、「我われは……基本的政治と社会的信念の影響をあまり受けない分野に転向すべきだ。なぜなら文明的な方法で生き残ろうとするという切迫感は、国際的な法制度とその基準の発展を促進させるだろうから」と献言した。彼は、同じ年にコロンビア大学ロー・スクールの外にある場所で揉み合ったことから、確かに彼が「生きる」ことを求めようとしたのは人権が瞬《また》く間に爆発することをみたいことではなかった。[*33]

いくつかの点では、敵対する側「ニューヘブン学派」のモリス・マクドゥーガルとその仲間たちは、最初から、アメリカにおけるいかなる競争者よりも人権のために広範な解釈空間を残していた。戦後初期には、この「政策指向」の学派の理想は、人権を最低限度の世界秩序に取り込み、国際機関の目標はこの最低ラインを実現することだった。さらに、この学派は、人間の尊厳を自らがすぐに追求するより具体的な最高度の秩序の核心として定義した。この学派のもっとも典型的な特徴は、大げさな約束に鑑みれば、この学派のメンバー自らが主張する目的価値は批判から免れないと思っていた。その目的価値は、時代遅れの自然主義が新たなかたちで現われたもの、アメリカの外交政策をごまかす手段として批判されていた。対照的に、「マンハッタン学派」やルイス・ソーンのハーヴァード大学ロー・スクールが残した形式主義は、核心的な教義綱領として人権にこだわっていなかった。[*34]

脱植民地化の過程こそ、国連における人権の運命を決定した。人権の含意が、徹底的に再構築されたにもかかわらず、その運命は自決と集団的権利を基礎としていた。不思議なことに、この変化にもかかわらず、国際法学者は依然として権利を辺縁的な地位に位置づけていた。国連憲章が合意されるまでの長い道のりにおいて、自決権に付与された優先性はいかなる長期的な事業にも保護を提供できず、逆に、人権は、自らを支持した国際法学者のなかでより周縁化された。

一部の人びとは、第二次世界大戦と大量虐殺ではなく、反植民地主義や脱植民地化は、国際法学者が長いあいだなされた国家計画に対する言い訳を無効にしたと主張するかもしれない。脱植民地化以前から、国家はその教義的な支配を続けていた。戦争が終結してまもなく、脱植民地化が完全に展開する以前、ラテン・アメリカ諸国は、国家の権利に対する解釈は、国連が推進しようとする人権と一致しなければならないと主張していた。さらに、国際法学者は、国連が、設立された最初の数十年間において、個人の権利よりも、主権国家の地位を高めるための公共空間だったことを理解していた。彼らは、国家を遠ざけるやり方がいきなり画期的な革新をもたらすわけがないと推測できたはずである。国連国際法委員会の専門家が制定した「国家の権利と義務に関する宣言」は、国連総会で承認されない可能性が高いことも認識していた。しかし、国際法学者は、この信念によって政治的な意味だけでなく、主権国家の問題に対する考察を自らの主要な仕事としてみなしつづけた。[*35]

その後、新興国家は爆発的に歴史の舞台に登場した。「国際法の脱植民地化」は即座に反響を呼び、緩やかな転換をはじめた。脱植民地化と国連総会の再編成のスピードはあまりにも速く、激しく、それゆえ無視できるはずがなかった。しかし、帝国主義と百年にわたる戦いののち、学界が想定した脱植民地化の困難な過程と国連加盟国の多元化は、一九七〇年代、八〇年代になってようやく実質的な進展を迎えた。しかし、その時点に至っても、古い国際法がこのような新興の事物と結びつけられることを誰もが予測できていなかった。一九七三年、国際司法裁判所に一〇年間勤務して退職したばかりのジェサップは、新興国家の国際フォーラムにおける地位が揺らいでいることを察し、彼が「実践上ではなく、単に理論上国際共同体に受け入れた普遍的概念に失望した」。その上、彼は、古い国家と新しい国家が互いに直視できたら、国際法がより一層、すべての単なるみせかけの希望をあきらめるかもしれないと結論づけた。[*36]

国連において、自決を中心とした人権の台頭について反省が迫られた。このような反省は、小さなレベルで人びとが国際法に対して抱く懸念を反映している。この懸念は、ヨーロッパの伝統的首都とアメリカ大陸の海岸線にそびえ立つ、いくつかの新興国家の首都に蔓延した。しかし、西側の国際法学者の自決に対する批判は、他のいかなる巨大な変化よりも人権が一九七〇年代の台頭――とりわけ秩序の教条を守るという側面――はどれほど皮肉なことなのかを反映してくれている。平和を中心とする政治学および冷戦のはじまりが、人びとが早い時期に人権に対していだいていた微かな興味を消し去り、脱植民地は、人権を単なる偽善的なスローガンではなく、赤裸々で破廉恥な言い分としてみせかけた。一部の国際法学者は、自決を否定する非常に説得力のある理由を提示していた。すなわち、第二次世界大戦中に、ヨーロッパであらわれた自決のための政治は、限界に達する民族グループが集団的救済を求める過程に伴い、被害を受けた個人と集団に悲惨な結果をもたらした。しかし、新しい民族が主権を宣言して以来、もう一つのより明確に自決に反対する理由は、国際法の根本的な脱植民地化の傾向に対する似て非なる反対だった。

洞察力がある人のほとんどは、反植民地主義が、国連の人権活動を「拉致」したということを意識している。この活動において、自決権は各人権における第一権利として位置づけられた。ベルギー人、ド・ヴィッシャーは、戦後、国際法について記した古典的テキストにおいて「価値観を徹底的に攪乱すること、および人権を保護するということに目をつぶることはかなり困難であるように思われる」と自決の台頭に要点を突く評価を述べた。おそらく典型的なのは、イギリスの法学者による開発の権利への批判である、厳しい非難よりも鋭い風刺が多かった。のちにヨーロッパ人権機関の初期の権威者となったイギリスの法学者サミュエル・ホールは、国連総会でもっとも皮肉な口調でその意見を述べた。

「一九四八年、当時の国連総会は、すでに世界人権宣言を採択した。しかし、明らかに自決を基本的人権と考えていなかった。なぜなら、この文書には、あらゆる内容が記されたが、自決に言及していない。はじめて、人民と民族の「権利」に言及したのは、一九五〇年の決議だった。しかし、一九五二年になると、「すべての基本的人権を充分に享受するための前提条件」とされた。そのため、国連総会は、知らないあいだに人権の礎石を見落としたのか、あるいは、各代表団がその後の会期で重要な原則を確認することで方法を見失ったがゆえに、彼らは、ある原則を普遍的権利に転換することがもたらす法的および政治的効果を充分に考えていなかった」。

この理論的な観察にもとづいて、時間が経つにつれて、他の人びとは実践的な側面で自決を非難するようになった。オックスフォード大学の法学教授フォージットは、一九六〇年代から、「国連は、自決の原則を理解し、様ざまな側面でそれをとおして人権を保護するようにしはじめ、政治的な効果があらわれた。しかし、このような効果は、終始人権に有利なわけではない」と懸念をあらわにした。西側世界の国際法学者は、自決の優先性に大きな懸念を抱いているが、この優先性を考慮しなければ、我われが、なぜ人権が冷戦期で抑制されたあとに、再び過去の伝統的な議論に復帰したのかさえ理解できない[*37]。

したがって、これはアメリカ人にとってきわめて皮肉なことだけではなく、ポスト植民地時代の国民国家の形成が、人権をめぐる議論の主要な議題になったことはきわめて奇妙なことだった。もしも、アメリカの洞察深い国際法学者たちが、この時代の人権に関心をもち、絶えずその考えを深めたとすれば、彼らは自らが構築した新しい枠組みには重大な欠陥があることを認めただろう。ホールにいたっては、自決の原則から権利への転換はとくに激しい論争を巻き起こした。クライド・イーグルトンは、フォーリン・アフェアーズ誌で、怒り心頭で「議論を展開し、行動をとることによって、あらゆる人が独立した国家を組織する権利をもつようになった。だが、不幸なことに反植民地主義の怒りがこのように崇高な原則を歪曲したはず」と記した。クインシー・ライト、シカゴ大学の専門家は、戦時中に精力的に人権を主張したが、彼は論理的に理論的な観点から異議を唱えた。

「自決権を権利として認めるとすれば、それは確かに個人の権利ではなく、集団的権利であり、それゆえ国際条約に居場所がない。しかし、この意見を受け入れた場合、権利をもつ集団とは何か、という疑問が生じる。それは、国際法上、人格をもつとされる帝国式の国家なのか、それとも外国に在住する人びと、あるいはマイノリティなのか？　それとも、自決を要求し、承認をめざす人びとなのか。明らかに、これらの異なる集団が同時に要求する『自決』は、紛争になりかねない。視点を変えると、自決が個人の権利であるならば、すべての政治的権威が終焉を迎える。なぜなら、すべての個人は、自らが忠誠を誓う対象を選ぶことができ、自ら主権を主張することができるからである」。「怒りからであれ、理性的な思考からであれ、アメリカの国際法学者は、国連に新規参入した国家が主張する人権に追従しなかった[*38]」。

ただ一人の解釈者、人びとに忘れられてしまった重要な人物、エゴン・シュヴェールだけは、真剣に新しい方式を模索し、条約が、冷戦によって放置された事実を前向きに検討しただけではなく、反植民地主義の立場から人権を再考した。戦間期にプラハで弁護士や市の職員を務めたシュヴェールは、長年国連の人権部門で職務を担い、定年後はイェール大学ロー・スクールで、人権を教え、アメリカの大学における最初の人権コースを開設した。長いあいだ人権条約を制定できないからこそ、一九六三年に彼は世界人権宣言こそ「重大な意義をもつ取り組みであり、提案者たちが準備してきた他の取り組みよりもはるかに偉大なものである」と評価した。シュヴェールは、この時代に国際法学者は国連憲章ならびに世界人権宣言がもつ固有の人権擁護義務を保護することをとおして、ロータ一パクトが一九四〇年代にすでに提起した意味のない主張をあらためて提起した。シュヴェールは「世界人権宣言は、国際的な権利条約が果たすべきだった効用を果たすためのものだった」と記した。また、彼が認めているように、ローターパクトは一九五〇年に世界人権宣言が効力をもたないことをすでに批判していた。しかし、シュヴェールはまた、一九六〇年、ローターパクトはその生涯を閉じる最期の瞬間に、事態の進展につれて彼の心を苦しめた負の感情が次第に緩和し、無論、人権の意義の変化は自決を基礎としていることを証明した。しかし、シュヴェールが依然として一九六〇年に公表した「植民地独立宣言」で世界人権宣言は合意事項を規定していないため、法律上の有効性がないという仮説に反論した。シュヴェールは「早期の宣言が単なる成功基準としてみなされてしまうと、新しい宣言は、自らの課題をこの時点における必須事項として宣言する。さらに、実際には、人びとを鼓舞する効果をもつ早期の宣言に強制的な作用を付与する」と述べた。[*39]

当然ながら、この意見に同意する国際法学者はほとんどなく、いたとしても極少数だろう。なぜなら、この議論は、国連の文書だけを考慮した、実践を無視した議論だからである。しかし、戦後の人権の展開を描いた進歩的な見方はきわめて独特で、長い目でみれば、重要な意味をもっていた。その後、ますます多くの国際法学者が――必ずしもシュヴェールのアプローチに依拠しているわけではないが――世界人権宣言の高まりつつある合法性を認めるようになった。彼がこれを認めたのは、宣言は、慣習と意見によって発展を遂げることができるからだった。アメリカ人研究者のなかでシュヴェールに次いで、ソーンもやがて同じ結論に達した。一九六八年三月、モントリオールで開かれた短期間の「人権会議」――ソーンが国際法委員会のショーン・マクブライドとともに招集した国際法学者と官僚からなる団体――で「世界人権宣言は、国連憲章に対する最初の権威的解釈であり、数年来それはまさに習慣国際法の一部となった」ことを宣言した。[*40]

こうした動向は、結局のところ、ごく少数の国際法学者のあいだで蔓延する焦りを緩和するための試みにすぎなかった。第一位の人権としての自決権の台頭が国際法学者のあいだでさえも、より広範な不安に直面した。巧妙な工作によって闇に葬られるはずだった国連人権制度が、新興国家の予期せぬ台頭によって冷戦が無意味化したことで救済された。しかし、陰気なこの時代に、それらはただ実施される可能性のある計画に過ぎなかった。一九七〇年代になると、人権問題に関心をよせる理由はほとんどなくなった。客観的な評価を誇りとするウィスコンシン大学教授のリチャード・ビアードは「この理念は、非常に空洞的なニュアンスを含んでいる。……直近の二五年間で、人がおかれていた状況はほとんど変わっていない。確かに、物事は、つねに悪化しているようにみえる。この理念の忠実な支持者でさえ、国際社会の努力が、人権の目標の達成に実質的な希望を与えられないと疑っている」と語った。もちろん、事態は変わるかもしれない。ビアードも「一世代の偽善は、次世代の人びとの闘争の信条になるかもしれない」と、この点を認めている。[*41]

一九七〇年に起こった世界的なイデオロギーの変化が発生させた本質的で外部的な環境を考察することは、人権がどのようにしてアメリカの国際法の中心となったかを説明してくれる。ルイス・ヘンキンの生涯は、まさにこの変化の過程に対するいきいきとした描写である。アメリカという舞台で、彼は唯一の先駆者だった。ために、我われは、彼の生涯を考察することをとおして、人権の発展を知ることができる。この分野における第一人者だからこそ、我われは、一つの事実に注目しなければならない。つまり、ヘンキンを例にとっても、我われは、人権に対する熱意がどこから湧いてきたのか、人権が、そののち、なぜ非常に意外なかたちであらわれたのか、また、どのような外部環境の影響の下であらわれたのかを知ることもできない。ほかにも重要な人物として、カリフォルニア大学バークレー校法学教授のフランク・C・ニューマンがいた。一九六〇年代半ばから一九七〇年代半ばにかけて、カリフォルニア州最高裁判所の判事を務めたとき、彼は人権問題に関心を寄せはじめた。この頃、シュヴェールは、人権についての講義をはじめていた。ニューマンが、人権擁護に精力的に参加したことが、アメリカ国内で人権に特化した研究機関の設置を促した。数年間、彼は、自らが指導する「バークレー・クルー学生団」を率いて、国連人権委員会の会議に参加し、国際的な学術ネットワーク、とくにカザンとその同僚たちとの関係を築いた[*42]。

アメリカの国際法分野における人権の「元祖」、若い世代のアイドル、さらにこの分野でのキャリア・モデルとしてのヘンキンの究極的な中心的地位をいくら強調してもしすぎることはないだろう。しかし、人権問題に真剣に取り組みはじめた頃、ヘンキンも、反植民地主義運動という潮流で人権がどのように位置づけられるのかに疑問をかかえていた。一九六五年に執筆した人権にかんする最初の論文のなかでも、この点については懐疑的に記していた、その理由は、まったくおかしなものではなかった。つまり、彼にしてみれば、最初にいかなる潜在的なビジョンをもっていたとしても、当時の人権論は、もはや利用できないものだった。冷戦中に懐疑論の雰囲気があった時期を除いて、このテーマに触れていた者はいなかったが、反植民地主義が、事態をさらに深刻化させた。ヘンキンは「植民地主義を終結させるための闘争は、人権をともに推進するという最初に定められた目的を丸飲みした。反植民地主義は人権に対して公約に介入した。個人の権利であることが明確にされていないにもかかわらず、自決権は反植民地主義の追加的な武器として、人権のリストに記載された」と記している。これ以前、冷戦の懐疑的な雰囲気以外で、彼はこのテーマに触れずにいたが、今では脱植民地化は事情を複雑にしたと考えられている[*43]。

ヘンキンを再び人権活動に身を投じさせた原動力は、彼自身とアメリカ系ユダヤ人が提唱する世界とを繋いだことだった。アメリカ・ユダヤ人委員会による国連のロビー活動で、人権は、国連における議題の一つとなった。アメリカ・ユダヤ人委員会が一九六三年に開催した会議に招かれたヘンキンは、理想主義者ではなく現実主義者を演じ、その発言は冷戦に一層の楽観的な装いを着せた。彼は、実行可能と仮定されたすべての拘束力のある条約が、人権基準の実施を促進する可能性があると指摘した。彼がかつて考えていたとおりに、人権に反映された価値観に対する唯一の希望は、依然として間接的で不明確だった。この希望は、両国間関係における軍縮の推進は、国連のもったいぶった姿勢を警戒していた。しかし一九六八年以降の一〇年間で、一連のできごとが非線形なかたちで急激に変化した[*44]。

ヘンキンは、アメリカ・ユダヤ人委員会から一九七〇年代における政治の方向性を評価する事業の依頼を受けた。彼の立場は、「ユダヤ人の権利が人権そのものだ」という組織の長年の立場と一致していた。テヘラン会議の相互非難の現状に言及した際には、彼は、慎重な姿勢をとるべきだと提言した。彼は委員会を代表して、権利を主張することについて国連が役に立ってないということを指摘して「アラブ人は、イスラエルが占拠地域で人権を破壊しているという告発を喧伝した」と発言した。人権が、道徳における権威的な地位を占めたとき、もしも、この地位が真の合法性のあるものではないとすれば、ユダヤ人にとって人権はかえって双刃《もろは》の剣となる。確かにユダヤ人は、「人権を国際的に認められ、その地位を向上させる、さらに人権が保護されるために、あらゆる努力を率先して行っていた」。しかし、反植民地主義や国際的な場でイスラエルが人権を乱用していることに鑑みると、ヘンキンとその同僚が「ユダヤ人の努力に失望と疑念をいだいていた[*45]」。

このような懸念にもかかわらず、ほぼ同時期にヘンキンは、アメリカでカザンがノーベル賞の賞金でストラスブールに設立した国際人権団体と姉妹関係を結んだ組織を立ち上げた。カザンの組織と同じように、このアメリカの組織は、大学レベルの教育を実施することをその主要な使命としていた。最初の活動には、史上初の人権事例集の作成支援が含まれていた。ヘンキンは一九七一年から一九七二年にかけて、コロンビア大学ロー・スクールではじめて国際人権法を講義し、それはコロンビア大学で最初の国際人権法課程となった。ソーンも同じ年に、ハーヴァード大学ロー・スクールで、同じテーマの講義を開講し、人びとに強い印象を残した。さらに、一九七三年には、彼の影響を受けた学生のトーマス・ボーゲンテルとともに、重要な意味をもつ人権事例集を出版した。同年末、ヘンキンはドナルド・フレーザーが主催したアメリカ合衆国の外交政策と人権にかんする議会の公聴会で証言した。そこで彼は、戦後の国連は無力で、西側諸国とそのイデオロギーに左右されたことで、例えば人権が何を意味するのかといった基本的な問題でさえ、コンセンサスが得られていないことを報告した。現在のところ、平等原則にかんする合意を除いて、第三世界の台頭、共産主義の持続的な影響が、当事者間で人権にかんする定義には非常に大きな矛盾がある。「国際人権の保護に対する危機感」を解消する唯一の道は、国連の改革しかない。ヘンキンは、あまり触れていなかった草の根のNGOの台頭や、フレーザーが開く公聴会は意義があるものである。なぜなら、これらは人権の理念に対する議論を独占する国連という公共の場を回避したからである。この点を考えると、まちがいなく国連には改革が必要であると主張した[*46]。

最後に至っても、すべては、そのままで何もかも形になっていなかった。ヘンキンは、一九七四年にマギル大学で開かれたユダヤ教と人権にかんする特別会議に出席した。会議において、彼は人権保護の全過程が理想主義の見地からして人びとを失望させるものであることを引き続き主張した。ヘンキンは、理想主義者は急進的な改革をとおして自分たちの事業の行く末を変えようと強く望んでいるが、それは、彼らがかつて犯した過ちを繰り返すにすぎないことを明確に警告した。我われは次のように結論づけられる、つまり、一九七〇年代半ばの時点に、少なくともヘンキンにとって、反体制の勢いが増して、さらに他の勢力も結集していくなか、人権は、教義としてその勝利の転換点を迎えられなかった。予言者の役割を強いられた限り、これは個人的な失敗である。しかし、ヘンキンは差し迫った目新しい物事を想像することができなかった。これは単に、この目新しい物事がどれだけ予測不可能なのかを証明してくれている[*47]。

一九七五年から一九七七年にかけてのヘンキンの独特な経歴をみれば、当時の人権史全体が断絶されていることがわかる。当時の変化を促す力を示しているにしても、彼の作品はどれも意外なものだった。人の心をときめかす瞬間から、人権事業に全身全霊で没頭していた。しかし、彼は、徹底的に自己創造を促すことができる非法律的な要素を真剣に剣《つるぎ》としたことがなかった。彼は、一九七七年にコロンビア大学で一連のシンポジウムを開き、翌年にはアメリカ初の人権センターの設立に注力した——ほぼ同時期に、ヘンキンの妻アリスはアスペン研究所に加入し、影響力を持つ人権会議をたて続けに開催した——。ヘンキンは、引き続きアメリカ・ユダヤ人委員会とプロジェクトを展開した。彼を人権との対話に引き入れたのは、勿論、これら一連のプロジェクトだった。しかし、多くのユダヤ人が反イスラエルの言論で自らが裏切られたと感じたため、ヘンキンは、ようやく人権がユダヤ人の政治における中心的地位であると強調しはじめた。イスラエルの人権問題の政治化に反対するユダヤ人は、自分たちは裏切られたと感じていた。ヘンキンは、「国際的な場で政治化された問題を解決する唯一の方法は、それと最後まで闘うことである。闘う人びとを見捨てるのではなく、人権を敵対視する人たちに陣地を残してはならない」と述べた。ヘンキンはからみれば、人権保障を推進する国連以外の力、とくに非政府組織の力がまちがいなく重要だと明確に認識していた。彼は一九七八年に人権弁護士会の理事会に入り、はじめの数年間で指導的な役割を果たした――この非政府組織は、現在「Human Rights First」と呼ばれている――。多くの国際法学者のなかで、ベテランであれ新人であれ、ヘンキンだけでなく、多くの人びとが人権思想の突然の革命を経験していた。昔はそれほどの数でもなかったが、今ではより多様な角度から人権を追求することを志すアメリカの国際法学者が増加している。[*48]

人権の発展の道は、紆余曲折に満ちているが、ヘンキンの人権に対する新たな熱意は、自身のキャリアにおいても、非政府組織のような勢力やカーターの大統領就任のような現況で人権の発展を紆余曲折させた歴史的条件を超えた。彼が一九七八年に出版した『今日の人権』(*The rights man today*)は、欧米の権利の起源を歴史的な見地から研究した力作だった。ローターパクトは、以前に同じようなモデル・ケースを用いて、憲法よりも、どのような実践が実質的に権利のグローバル化の主要なプラットフォームとして機能するかに注目した。加えて、より新しいが補完的なプロジェクトについても研究した。しかし、興味深いことに、本質的に、ヘンキンが宣言した真新しい権利の時代にとって、肝心な人権史の進展にみられる乖離、例えば国内政治と国際法史のあいだにある断層、あるいは、国際法における人を失望させた時代と新生の希望とのあいだにある断層について分析していなかった。[*49]

戦後の国際人権の歴史について、ヘンキンはその歴史的叙述において最初から人権概念を「アメリカ化」した。これは、注目に値する点である。ここから、ヘンキンの力作『今日の人権』ではいくつかの点で明らかにローターパクトの作品に依拠しているのにもかかわらず、ローターパクトが一九五〇年に発表した作品とのあいだに隔たりが生じていた。ヘンキンの穏健な愛国普遍主義にかんして、一般的にこれは彼の戦略的布石の一部ではないかと考えられている。一九四五年以降、国際人権の理念に対するアメリカの関与は、とくに人権規約のような正式な条約を受け入れることにかんして、独断的――アメリカは、いまでもこれら条約をすべて批准していない――だった。一九七七年にニューヨーク・タイムズへの投書のなかで、ヘンキンは、アメリカが加わらない条約は、いかなる事態に対しても拘束力をもたないことへの懸念をなだめるとともに、「市民的、政治的権利に関する国際規約は、西洋的価値観への驚くべき賛辞」だけではなく、より具体的には、アメリカの根本的な理念に敬意を示し、「我われのイデオロギーが普遍的な基準となった」と述べている。[*50]

ヘンキンには戦略とともに、心からの自信もあった。ヘンキンが『今日の人権』で明確に述べていたように、彼はアメリカの政治的、社会的制度の優位性に対して、人権への関与と同じように、心から期待を抱いている。アメリカは、率先して人権の価値を認め、反対者さえも建前上支持しなければならないとヘンキンは考えていた。彼は、その時代に流行していたアメリカ的自由主義の伝説に溶け込んでいた。この伝説は、人権の追求とともに、初期の悲惨なグローバリズムを経験したあと、一九七〇年代というイデオロギーが生き返る時期を経験した。しかし、カーターとは違って、ヘンキンは、アメリカの自由主義がどこから復活しなければならないのか、あるいは人権をかつて一時期中断され

また は諦められたアメリカのイデオロギーとして解釈しなかった。ユートピア主義への転向とイデオロギーの変化を引き起こした短期的な国際環境は、同時に人権の飛躍的な発展のきっかけをもたらした。ヘンキンは、明らかにその恩恵を享受したひとりで、その発展を推進する人物ではなかった。彼はこの国際環境の意義について何の見解も示してこなかった。

その意味で、ヘンキンのケースは、かなりの程度、現実を説明できる。今日に至るまで、アメリカの国際法学者は、自己反省の観点からどのような歴史的な条件のもとで法学者たちが人権を中心に据えたのかという問題を検討してこなかった。この時点から、ヘンキンとその仲間たちは、国際法の普及という新たな目標に全力を注いでいた。このような新たな国際法を教える活動は、条項に新たな解釈を与えるだけでなく、法秩序を新たに構築するという意味も有していた。[*51] しかし、この転換はヘンキンによって推進されたのか、あるいはより高いレベルの秩序によって推進されたのかを問わず、転換そのものを過大評価すべきではない。周知のように、ヘンキンは、主権という概念を捨てたにもかかわらず、彼の新しい国際法理論では、国家は、依然として中心的な地位を保持していた。これは単なる規範性の約束であり、簡単な現実的状況ではなかったのかもしれない。また、ヘンキンの圧倒的な熱狂は、ほかの対象ではなく、政治的権利と市民的権利に向けられ、これによって彼は再び時代を叱咤する人物になった。しかし、戦後、アメリカが形成しようとした秩序において、これは大きな一歩だった。ヘンキンの生涯を国際法学者からみれば、さらにいま力を発揮しているこの秩序の未来からして、人権の時代がすでに始まったのである。[*52]

国際法学者、とくに人権を長いあいだ無視してきたようにみえるアメリカの重鎮たちは、なぜこの時点で人権の台頭に関心をよせていたのだろうか？　この問題についてのもっとも基本的な説明は、人権という秩序そのものから導き出されている。部分的だがこの秩序は重鎮たちが人権に関心を寄せることを促していた。この解釈は、法意識の進化を強調するものであり、この意識そのものが変化を促進する強力な力である。ソーンの教え子、ニューヨーク大学教授のセオドア・メロンは「人権は持続的な進化を経験している」と説明した。彼は、このような進化は、単に条約を理想的に解釈することで達成されるわけではなく、非公式の伝統的慣行が継続的に改善していくことで達成されると考えた。メロンは、「国家的慣習と法的見解の要素が集積するという過程をとおして、人権の新しい慣行規範が形成される。累積していく過程において、まちがいなく法律は、国家の慣習よりも重要な役割を果たしているようにみえるが、その過程そのものは、静態的な人権よりも興味深い。時間の経過とともに、より多くの権利が追加されるだろう」と主張した。[*53] 全体からみると、国際法における人権の歴史は、絶え間ない進化の力が、いかに法学者に持続的な影響を与えてきたかという歴史である。

しかし、このような理論だけでは、人権が学問の周縁から中心へと驚くべき移行を遂げた理由を説明できない。ましてや、この移行はほとんど一夜で完成したのである。いわゆる「進化」が存在しているのであれば、それは災難といえるモデルのもとで展開される。このモデルにおいて、変化は予測できず、簡単なかたちでは発生しない。またこのモデルは、法現象に存在する伝統的慣行がどのように発展したのかを解釈する一般理論に合致しない。より合理的なのは、秩序に対する構想は、穏健で改良的な手段のもと啓蒙的な形式で内部から推進されることを信じるのではなく、法的見解——とくに世界人権宣言そのものの地位に対する確信——が外部の要素と向き合う際に変化が生じるということを信じることである。約束が冷戦の嵐のなかでどのような試練と直面しても、国際法学者は、最初から人権と法的手段で改良の目的を達成するという約束を否定していなかった。しかし、この約束は、国際法学者のあいだに人権革命を起こし、人権の内容となった。

否定的できわめて重要なことであるが、外的要因はまちがいなく脱植民地化時代の衰退だった。かつて、懐疑主義が、反植民地主義の自決を装った人権を支配していた。やがて、主権による権限に干渉する権限をもつ人権に対する熱狂は、それに対する懐疑に勝った。著名なイタリアの法学者アントニオ・カセッセは、この劇的な変化を、外部自決の時代から内部自決の時代への移り変わりとして説明した。もしも、人権を植民地での抑圧から解放される本土の自由が、最初から他のすべての自由よりも優位に立つことを要求するものとして理解するのであれば――この要求は、第二の時点すなわち集団内部で自由を求めるという要求にとって代わられた――一九七〇年代における人権の爆発的な進展は、戦後の歴史における他の事件と関連づけられる。*54 そう考えるならば――この要求は、のちに第二の時点で別の要求、すなわち集団内部における自由の追求に置き換えられた――一九七〇年代における人権の爆発は、戦後の歴史のなかで起こったそのすべてのできごとと一脈相通じている。しかし、カセッセの外的自決と内的自決との比較は、西側の国際法学者がいだいていた「外部」自決に対する一般的な不安を一時的に緩和したにすぎず、ただ急進的な移行過程を覆い隠し、その過程の全容を解明していない。結局のところ、内的自決として具現される個人の権利に対する着目は、かつての神聖不可侵で外的自決に表わされている主権の廃止に繋がった。しかし、この過程は、単に一つの観念を異なる次元で展開させるのではなく、本質には一つの観念から異なる観念に変化する過程だった。

反植民地主義の衰退は、国際法学者が人権を中心に考えることを可能にしたが、それは彼らがそのように考えた理由を説明するものではない。なぜなら、国際法の思想的系譜から、神秘的で奥深いグロティウスの伝統であれ、ニュー・ディール政策や第二次世界大戦後のような一時的な承認であれ、そのなかからいかなる解釈も得られないからである。秩序を形成するという動的な過程において何かが機能しているのではないと人びとは思うだろう。

戦後、国際法と人権の発展には一つの明白な特徴がみられる、これらの領域でのユダヤ人の存在感が増し、とりわけアメリカの国際法学界では、政治難民と移民の子どもたちが、注目の的になっていた――第二次世界大戦前のフランスの国際法学者のなかでは、ユダヤ人が多く、さらにユダヤ人がアメリカの国際法学界で中心的地位に占めるずっと前から、ラーシャ・オッペンハイマーやハーシー・ローターパクトが、すでにイギリスの国際法分野で突出した地位を獲得していた――。アメリカではハーヴァード・ロー・スクールのマンルイ・ハドソンからルイス・ソーンへの継承がこの変化を象徴するもっとも良い例となっている。また、「コロンビア学派」のおもなメンバーは全員ユダヤ人であり、ヘンキンにとって、これはきわめて重要な要素だった。しかし、専門的な国際法社会学の重要な特徴は、まちがいなく他の多くの学問分野のように、ユダヤ人が学問の中心的地位を握っているという事実は、実質的な解釈を提供できない。アメリカの国際法の人権活動家のなかで、ホロコーストを生き延びたビルゲンタールだけがその解釈を与えてくれるが、ユダヤ人でもホロコーストに対する意識に時間上のズレがあることに鑑みれば、我われは、特定の事件が彼の思考を促したことを仮定できない。重要なのは、モーゲンソウやシュワルジンバーグのような国際法の分野から来た現実主義的反体制派もまた、より形式主義的同僚たちと同様にユダヤ人である。より重要なことは、国際法学者で現実主義の立場をとるモーゲンソウやシュワルジンバーグも同じくユダヤ人であるが、彼らはより形式的な態度に偏っている同僚たちと協力している。人権に偏る過程において、ユダヤ人の身分、それもホロコーストに対する記憶は単なる背景的な要素に過ぎなかった。このような理由は、タイミングという問題やより細かい問題について説明できない。しかし、ヘンキンのような学者の生涯をみると、我われは、公共領域における風向きの急激な変化を考察することができ、この点が、むしろ人権への移行をうまく説明できる。人権は、反植民地主義の見地から再び提起され、さらに、はじめてアメリカの自由主義外交政策の中心となった。

アメリカにおける個人の権利にかんする国際法プロジェクトが、なぜ短期間に人びとに承認されたのかに対するもっともまっとうな解釈は、このプロジェクトが戦後という環境にあったということである。人権の創始者たちと同様に、はじめから人権に巻き込まれたヨーロッパの国際法学者は、基本的に、精神的、保守的な個人主義を追求する象徴とされたが、実際に、彼らは「人間の尊厳」という新しい政治学に注目していた。しかし、アメリカの国際法学者は、まったく異なる人権の道を歩んでいた。のちになって、外部が理想主義に対する定義を変更した、つまり、一つのユートピアがもう一つのユートピアにとって代わられたからこそ、人権にかんする秩序の意義が変化した。カーターのようなアメリカのリベラル派も、より本格的なユートピアを採用する以前に他の勢力の相互作用によって人権を中心とするコンセンサスが達成されたときでさえ、状況は同じだった。とりわけ国際法学者は、これまで国連の制限を受けてきた人権が定められた枠を超えられることを見届けたのである。

人権は、一部の領域で爆発的な力をみせたが、人権は、単に一つの分野を追加したに過ぎないとした主張は、誤解を招くだろう。アレクサンドル・エセーニン、ヴォルピンやヴァーツラフ・ハヴェルのような反体制派による人権への転向は、明らかに抽象的な規範的合理性の復活を意味し、道徳的な進歩の表れを示している。彼らは、形式主義思想が全面復活した原因を東ヨーロッパの反体制派の主張に帰しているが、国際法学者はまさにその重鎮たちが助けを求めた国際法的形式の既存の守護者であることは否定できない。国際法学者は、現実主義が支配する時代から権力以外の形式体系を注意深く守っていた。

だからこそ、再び活性化された形式主義そのものは、形式主義を自然なかたちで継承していた。活性化された形式主義そのものは、権利を中心としており、単に権利は早い段階で辺縁に追いやられた。ここで一つのパラドックスがあらわれた。人権が、国際法のなかで台頭したが、この台頭は、国際法がもたらしたものではなく、イデオロギーの変化によって人権が道徳において勝利できる舞台を設けたことである。この勝利は、逆に一つの新しい分野を、新しい構図で発展させた。

法と社会運動をお互い切り離すことはほぼ不可能である。他の類似した規範と同様に、人権は、社会運動の勃興に依存しており、疑いなく国際法学者が社会運動を専門的な理念とみなしたのみならず、高い優先順位をも与えていた。しかし、人権運動は、他の多くの社会運動のうちの一つにすぎない。優先順位が高く、非常にグローバルな社会運動だった反植民地主義運動は、アメリカを含めた国際法学者が理論的、実践的側面で慎重な態度で検討した。

このような社会運動のなかで、国際人権が西側で全盛期を迎え、これとともに政治的、市民的権利は圧倒的に重視された。この点は、大多数の国際法学者が早い段階で形成した同盟がこれまで取り組んできた事業に格段の優先性を与えた。ヘンキンの生涯は、二つの点を力強く明らかにしている。彼の生涯は、人権の原則と実践に顕著な影響を及ぼし、さらになぜ一九七〇年代から国際法学者に理論化され、追求された様ざまな権利は、最初からではなくしばらく経ってから相次いで舞台に上がったのかを説明してくれた。人権が、秩序の再建に理論的根拠を提供したとき、国際法学者は、人権運動における他のアクターと同様に、きわめて難しい任務、つまり、こののちに登場した概念はどのようにこの一連のグローバル政治に対応できるかを明らかにすることと立ち向かわなければならない。

今日、どのように国際公共領域を構築し、どのように国際公共領域に配置された構造の下で変化を求めるかという問題に対して、法は、かつてみられなかった作用を発揮した。なぜなら、法は、抽象的原則に新たな信頼性を提供することができ、それゆえ、人権運動は、国際法を道徳性向上のための特別な道具として扱われていた。確かに人権運動は、理想主義の追求の枠組みとして国際法に大きな吸引力を与えている。国際法は、道徳的理想のなかに位置づけられるかもしれないが、この秩序自体が人権に向かう道で直面しなければならない紆余曲折を考えれば、なぜ国際法がそのような位置づけをいまだ得られない理由を知ることができるだろうし、未来に向かってそれは宿命として定められたことである。また、特定の社会運動に対する国際法学者の責任は、彼らは強大な力を継承するだけでなく、将来にわたって理想主義的な過程を推進するうえで、多くの困難に直面することを意味する。

終章　モラルの重荷

人権史を語ることが最初の神話的段階を越えたとき、私たちは人権史のなかに、人間性を追求する公共の場としての国民国家の永続性を見出すことができる。国家は、権力を主張するための存在であり、専制主義国家の台頭においても、近代的国民の形成においてもそうだった。前者は、内なる秩序と外なる植民地主義の拡大を伴い、後者では市民権と権利、そしてアイデンティティとの対立がつねに絡み合っていた。第二次世界大戦における同盟関係にもとづく国際政治の結果、国連において人権が疎外され、国民国家の発言力は制限ではなく逆に強化された。反植民地主義において、国民国家の発言権は地理的な観点から拡がっていた。そのなかで、人権という新しい産物は、帝国主義の支配からの解放と世界規模での新しい国家の建設を目的とした、状況を打破できる道具として理解されていた。しかし、ポスト・コロニアル世界が孕む危機によって、国民国家のグローバル化は、近代的な自由を実現する唯一の道としての魅力は未熟だった。そのため、権利は、革命との長期的な繋がりを失ってしまうことになった。

人権史が、人権の出現がいかに間近に迫っているということを認めているとき、それが国民国家の危機だけではなく、それに代わるものとしての国際主義——このグローバルな視野にもとづいている立場は個人の権利を強調していなかったが、長期間にわたって有力とされた——の瓦解に焦点を当てた。冷戦時代の地政学的な陰謀に対する民衆の黙認によって引き起こされた危機は、人びとに新たな取り組みをみつけることを促した。例えば、一九六八年から一〇年後に非情な圧力を新しい代替案に与え、とりわけ代替案が国際主義の範疇に属する場合はそうであった。なぜ人権が生まれたかにかんして、「グローバル化」が原因ではない。人権の出現をもたらしたのは、反植民地主義的な民族主義か、それとも調和できない低いレベルの国際主義（代表例として、汎アラブ主義、汎アフリカ主義）、共産主義、あるいは共産主義を「マルクス主義」によって救おうとする様ざまな試みであるのかは重要ではない。肝心なのは、一方では国民国家における信仰の喪失で、もう一方は、国民国家を超克する約束は、国民国家の枯渇をもたらした。この約束こそが、その後の三〇年間、人権が重要な役割を果たせた重要な原因だった。

国際人権運動がこのように大きな意味をもつようになったのは、この運動だけが人権の基礎となる学説を提供したわけでも、この運動だけが真にグローバルな視点を推進したわけでもない。反対に、他のユートピア的理念が危機に直面したからこそ、第二次世界大戦後（当時では綱領的性質をもつ立場が競合し、急いでどちらかを選ばなければならなかったと思われた）、人権が完全に辺縁に位置づけられる中立的な環境に身を寄せることができたからである。これこそが人権の成功の条件を作りだしたのだった。多くの人権運動の推進者が一九七〇年代に人権はその時代を突破できることをはっきりと認識していた。なぜなら、当時の思想風土は、政治的立場を介さず、むしろ政治を超えた方法で異なる主張をすることができるほど成熟していたからだった。道徳には潜在的なグローバル性があり、それは人類共通の渇望の対象となりえた。

しかし、他のユートピア的理想が衰退した一九七〇年代に人権を存続させ、繁栄させることができた特別な中立的環境は、のちに人権に大きな負担をかけた。なぜなら人権の進歩はその反政治的立場に依存していたが、これらの立場もすぐに二つの変容に影響された。第一に、とりわけアメリカの政党や選挙政治においては、ジミー・カーターの短い大統領生命が如実に示しているように、純粋な道徳的立場の時代が過ぎ去った。第二に、より重要なこととして人権理念の支持者たちは政治的プロセスと綱領的立場の必要性に立ち向かわざるを得なかった。この両者が欠けたことで、ユートピア的理念が最初から持続的なかたちであらわれることを可能にしていた。もしも、人権が反政治的な姿であらわれたとすれば、時間が経つにつれて、綱領的な事業をそのまま放置することはできなくなっただろう。

このような経緯から、人権の時代をつくりあげた社会的な力は、一九七〇年代末に、様ざまな人が人権という観念のために、自由闊達な努力が可能となる空間を生み出し、今日に至っている。しかし、現代の人権理想の歴史的起源を正しく認識することは、人権というユートピア的理想と運動が直面し続ける深いジレンマと立ち向かう唯一の道である。もしも、人権が民主的革命の成果であるなら、人権はある種の綱領的立場にもとづく要求に直面するはずがない。もしも、人権がポスト・ホロコースト時代の啓蒙的な時代に確立されていたなら、人権は最初から大量虐殺を避けることに立脚していただけでなく、世界全体の悪に抵抗し、多様な政治的プロセスを推進するという重責ではなく、そのような明確な事業に限定されていただろう。しかし、そううまくはいかなかったのは、人権の誕生は、他の政治的ユートピアの凋落を伴っていたからだった。人権そのものが道徳的ユートピアの理想として生き残っていたがため、人権は、我われに善の生活とは何かを再定義し、政治を超えた存在にそのような重責を負わせるには不充分な場合には、それを実現するための方策を提示しなければならなかった。

人権の偶然性――多くの人が驚くほど人権を突破したときに気づく――が忘れられようとしたときに、厄介なことが起こる。我われは、人権をとある悠長な伝統として簡単に描いてしまう。この点からすれば、一九七〇年代末に人権がもてはやされたことを示すもっとも有力な事実は、哲学者の反応ではないだろうか。人権という新しいものにしばらく困惑したあと、哲学者たちは人権をある種の復興しつつある自然権的原則であると考えた。

ジョン・ロールズはその画期的な著作『正義論』において、正々堂々と個人の権利を主張するとき、普遍的意義にしてもそれとも哲学的な意義にしても、人権はこれほどまでレベル・アップを経験したことはなかった（ロールズ自身はそのように表現していないが）。次のような、それほど人を驚かすことがない事実がある、つまり、人権には、英語を母語とする世界における復興が直面した問題が、かつて権利の主張が直面した問題と同じく国民国家に限定されていた。ロールズの「原初状態」の仮説で他の何を排除しても、民族の多様性と民族間の隔離はいまだ解消されずにいた。二〇世紀にはその意味で人権どころか、自然権の理論を支えられる信頼できる哲学はなかった。ジャック・マルタンの生涯が示しているようにキリスト教は依然として秩序を明確に維持していた。しかし、ロールズが代替案を発表した後、権利は人権から独立したからこそ成功していた。誰もが知っているとおり、政治理論家が一九七八年に編成された権利にかんする参考文献リストには、「人権」を権利と認める著者がほとんどいなかった[*1]（主な例外はイギリスの自由主義哲学者モーリス・クランストンで、彼の貢献は一九七〇年代半ばまでにようやく注目されるようになった[*2])。

ロールズの画期的な論文から半世紀という長い年月を経て人権革命が起こったとき、哲学者たちは、それがロールズが彼らに議論をさせたいものなのかどうか、とまどいを隠せなかった。ある哲学者は、「『自然権』という概念が完全に姿を消したわけではないが、『人権』という表現は、トム・ペインの時代以来の『自然権』よりも、今日、確実に大きな人気を博している」と述べた。「自然権」から「人権」への用語上の変化の意義については、論者のあいだで意見が分かれている。しかし、この変化は単なる修辞学的なものなのだろうか。それとも、「自然権」ではなく「人権」を語ることで我われが「基本権」に対する本来の理解を変えたのだろうか[*3]。しかし、哲学者たちはこの問いに固執することなく、あたかも前者が後者から続いているかのように、人権の急増をロールズ派の復活として考えることにした。この二つの異なる発展が即座に同質化されたことによって、人権の本質的な斬新さが曖昧にされ、権利にかんする歴史においても今日の哲学者たちはこの創造に言及することはほとんどなかった。

このとき、近世と啓蒙時代の自然法の歴史における長い軌跡が、人権の先例として広く引き合いに出された[*4]。これによって、他の言語において、droits del'homme と Menschenrechte が時代を超えた同一概念であると仮定されていたことが理解しやすくなった。英語では、"human rights"（人権）というフレーズは一九七〇年代にはまだ奇妙に感じられたがゆえに、権利と人権が引き合いに出されたことはかなり意図的なものであった。ロナルド・ドウォーキンは、一九六〇年代後半から「権利を真剣に考える」という独自の主張を展開したが、それ以前には彼は国際的な角度で人権に言及したことはなかった。しかし、一九七七年のできごとに対するドウォーキンの反応は、あたかもいつも人権について話していたかのように、この言葉をたやすく自分の語彙に取り入れた。その年の暮れに、コロンビア大学のセミナーに招かれたドゥォーキンは、「人権」と題した講義を行ったが、権利についての分析は、いわゆる道徳的な切り札という側面に止まっていただけだった[*5]。リベラルな権利の復活のもう一人の支持者であるトーマス・スキャンロンは、爆発的な権利の復活ののち、人権という独立した新しさに目を向けたが、長期的にみれば、彼や他の人びとは、権利の復活と国際人権を結合させることに関心を寄せていた[*6]。しかし、歴史的事実からすると、権利の復興が国際人権に対する特別な関心を生んだわけではない。外部からの刺激がなければ、哲学者たちは国家を基盤として権利の基礎と結果を議論することから抜け出せないままだっただろう。哲学者たちが新しい言葉を学んだとしても、哲学的権利の新時代は、現時点のグローバルな正義に対する関心を一世代後まで先送りした。権利の再発見と「人権」の発明は相互に作用したが、この相互作用こそ人権という新しい言葉の斬新さとこの斬新さがもつ政治的意味を即座に覆い隠した。

しかし、国際的な正当性を示す新たな言語としての人権に関心をもつ人たちは、永続性や伝統がもたらす権威がいかに強固であれ、人権の政治的な意味を解明しなければならないことをはっきりと認識していた。国連憲章が、人権を国家の政策に昇格させたことで、「人権の政治学」は、いま論争を巻き起こしている問題として提起されている。例えば、外交政策に道徳が導入されたことで、戦後を代表するリアリストの思想家たちは直ちに道徳に目を向けざるを得なくなった[*7]。短期的には、アメリカでは一九八〇年のロナルド・レーガンの当選によって、人権運動と国家権力が岐路に立った[*8]。国連憲章の時代には、人権運動は新たな公共的役割を担うことになり、人権運動は、政府を味方として扱っていた。レーガンの勝利は、とりわけ、権利を敵視するアーネスト・リーファーを国務省の高官に指名したことで、人権と国家権力の関係が複雑になった。レーガンの外交政策によって人権は「民主化促進」というプロジェクトに介入した。同時に、初期の新保守主義者たちは、人権をより大きな枠組みに位置づけることが最善の方法であると主張した。決して改革しようとしない共産主義体制への容赦ない反対は、自由主義への道を歩んでいるとされる右派独裁者への友好的な態度とバランスを取らなければならないと、彼らは主張した。この主張は、当時もそれ以降も、多くの悲劇的な結果をもたらすことになった。[*9] このようなできごとに照らせば、マルクス主義による権利批判が、ここ数十年の人権という新たな概念に照らして形を変えつつも、決して消滅することがなかったことは、容易に理解できるだろう。[*10]

脱植民地化と公民権運動が、表面的に帝国主義と人種差別を終わらせたのち、人権という言葉がはじめて強力な反全体主義の武器となったことはまちがいない。しかし、人権にもとづく急進主義的な精神の拡散がソ連を崩壊させたという主張は、冷戦への苛立ちと、冷戦による分断を超える道への希望から人権が生まれたという事実を曖昧にしてはならない。いずれにせよ、レーガン主義者は、人権を党派政治の言語、つまり、私人が広めることができ、さらに政府がそれを用いてその外交政策（少なくとも文書の上で）の言語としてはみなしていなかった。「民主化促進」プロジェクトの出現は、人権が意味をもつためには、具体的な政策と具体的な社会的思考を確実に実行し、さらに抽象的な道徳規範に属さない幅広い問題に取り組まなければならないことを明らかにした。道徳上の純粋な闘争は、困難な選択、妥協的な交渉、汚れた手を伴う政治的ビジョンが衝突する領域に踏み込まなければならないだろう。

新保守主義的な民主主義の推進は、人権をほぼ全面的に再定義したにもかかわらず、活路は、一つしかないことを証明してくれた。アメリカでは、人権コミュニティが多くの組織を生み出し、それらの活動も年々拡大してきた。人権コミュニティは、民主化を促進するレトリックと専制政府を維持する口実とを対立させたが、それにもかかわらず新たな関心事や独自の活動を幅広く引き受けてきた。しかし、緩やかながらも一つの人権政治に向かうことが一九八〇年代から始まり、とりわけ西欧世界において顕著だった。そこでは、人権NGOが急増し、ストラスブールに新たに設立されたヨーロッパ人権裁判所が象徴するように、人間の尊厳と権利のレトリックが大陸のあらゆるレベルで大きく前進した。一部の論者は、国内、地域、国際レベルにおいて、ヨーロッパ諸国は人権を受け入れ、原則を完全に権力に置き換えたと考えるようになった。真実ではないにもかかわらず、人権の発展路線は、反政治的立場からヨーロッパ人が実施する計画に変わったことを示してくれている。[*11]

　では、人権は、果たして反政治のミニマリスト的ユートピアであり続けることができたのだろうか。残念ながら、それは不可能だった。

　人権が、最後のユートピアのようにみえるには、国際人権規範は、個人の願望を実現する希望と国民国家や国際的組織が公的な正当性を求める上で、より実質的な役割を果たさなければならなくなる。もしも、本当に「グローバル人権革命」が起こったとすれば、それは世界中の様ざまなグループとすべての政府が人権を語るようになった一九八〇年代以降に限られる。異なる場所で様ざまな人びとは、みな西側の聴衆が受け入れるのかどうかを基準として自らの主張を選ぶのかどうか、または、彼らは巧みな転換方式で、ロボットアーム的に人権理念そのものを用いるのかどうかをめぐる論争はもっとも激しい。[*12]当然のことながら、人権を受け入れた国際法学者たちは、人権が世界を席巻することを信じていた。国際法学者は、規模が拡大し、組織化されつつあるNGOとともに、人権が道徳的抵抗の道具として彼らが日常的に用いている意味を超えるかもしれないと考えていた[*13]。このような雰囲気のなかで、アムネスティ・インターナショナルをあれほど先駆的で模範的な存在にしていた草の根的な性格は、人権運動が新しいかたちの専門知識によってその躍進の原初的条件から遠ざかるにつれて、相対的に衰退していった。人権運動は、単に道徳から政治への移行だけでなく、カリスマ性から官僚主義への移行をも伴った。

人権問題の関心事において、また人権という言葉が意味する直接的な意味合いにおいて、世界的でもっとも重要な転換の一つは、ジェノサイド防止という要請における人権の重要性が予想外に高まったことである。注目しておくべきは、人道主義的規範が、一九五〇年代にも、一九七〇年代にも、一般市民の意識にいかに希薄であったかということである。ホロコーストに対する大衆の関心は、その後高まっていたが、同時代の人権の高まりとはまったく関係のない、もともとは別の展開であったように思われる。驚くべきことに、早い時代の代表例は、いきなりどのようにジェノサイドを防止するのかという問題に集中し、一九六〇年代後半にビアフラとバングラデシュで起きた危機は注目されず、国際的な人権運動が生まれるきっかけにはならなかった。その時代、世界ではジェノサイドに対する意識が高まり続け、援助を求める声が一九世紀の人道主義の伝統を復活させた（とくに一九七一年にインドがパキスタンに侵攻した後[*14]）。しかし、どちらもまだ世界的な人権問題解決の一環として概念化されていなかった。当時において、それはまだ想像できることではなかった。

一九九〇年代には、大きな変化が起きていた。ホロコーストの記憶の普及が、普遍主義的な責任規範の構築に役立ったのかどうか、いつ、どのように役立ったのかはまだ不明である。アメリカのユダヤ人がかつてホロコーストを座視したことに罪悪感を感じたことから、ソ連の統治下におかれた自らと共通の信仰をもつ人びとに着目しはじめたことを除けば、一九七〇年代においてホロコーストの記憶はそれほど重要ではなかった[*15]。様ざまなユートピアが競合しあい、互いに関連をもっているが、人権とジェノサイドという二つの言葉は、一九四〇年代には互いに関連していなかった。しかし、カンボジアでのジェノサイドが発覚して以来、さらに一九九〇年代半ばにヨーロッパ大陸で「民族浄化」が再燃して以来、ジェノサイド防止は人権問題におけるもっとも中心的な議題となった[*16]。

苦しみに対する人道主義的関心が、ユートピア的理念と実践的運動としての人権とをゆっくりと融合していった[*17]。人道主義は、キリスト教における憐憫と啓蒙主義における同情に起源をもち、一九世紀に帝国主義が席巻する時代を経て、その歴史は権利とは関係をもたず独立して発展してきた。それは戦間期の国際連盟において、女性や子どもの売買という「白い奴隷制」への懸念、さらに難民の問題に関心をもちながら国際機関に食い込み、国連においても中心的な位置を占めるようになった。赤十字やオックスファムなどのキリスト教や世俗のNGOは、一九世紀の博愛主義を受け継ぎ、戦争の惨禍を救済し、飢饉や飢餓に対応するために奮闘し続けてきた。しかし、これらの団体を人権団体と考えるのはまちがいである。逆に、一九七〇年代後半になると、人権の躍進は、全体主義への反応というよりも、人道的な関心、とくに世界的な苦難に対する関心から著しく自律したかたちで起こった。人権の爆発は、東ヨーロッパの全体主義における反体制派の人びとや、ラテン・アメリカの権威主義の犠牲者がずっと追い求めたことであるが、悲惨な境遇におかれている人びと全般のためではなかった。初期のアムネスティ・インターナショナルが取り上げられる人権侵害はきわめて限定的だった。さらに、その栄光の時代でも、拷問と失踪はあくまで注目すべき事案リストに書き加えただけだった。しかし、今日、人権と人道主義は融合した事業であり、前者は後者を取り込み、後者は前者の観点から正当化されている。
言い換えれば、海外でのジェノサイドに対する懸念は、一つの側面から人権がある種の世界観に変わっていく過程で、この世界観は全世界が注目するあらゆる領域における問題に答えを提供したに過ぎない。着眼点をミニマリズムからマキシマリズムに転換してはじめて、西ヨーロッパのエリートや現地のアクターによる様ざまな権利主張の噴出を理解することができる。そして、人権の拡大を、認められた制約を克服しようとする闘いとして理解するときにのみ、この拡大のロジックを理解することができる。政治的な青写真がなかったために勝利していた人権運動は、危機に瀕した世界を救済するための計画を策定することを余儀なくされた。他のユートピア的構想が去ったことで空いたスペースを人権が「占拠」したとすれば、それは空白を埋めるだけの問題ではなかった。[*18] 地球上のいたる所で妥当する普遍性には、知的な創造と実践だけではなく、尋常ではない道に敢えて踏み込む勇気も必要であり、さらに白熱した政治領域に立ち入らなければならない。

人権は、このようにして世界における新たな地域に取り入れられ、実体のある関心事となった。同時に、反政治的な側面から実践的活動に根本的な変容を遂げる際に直面する困難にあった。この創造的な変化を示す良い例の一つが、移行期正義である。一九八〇年代に、ラテン・アメリカ諸国の経験にもとづいて構築された手法の移行期正義は、人権を単にひどい体制に対する外面的な道徳的批判としてだけでなく、その後継者を立てるための内面的な政治的資源を提供した。[*19]
社会的・経済的権利の軌跡におけるもっとも重要でかつ顕著な逆説の一つは、人権がその本領を発揮するようになったときに、まさにこれらが衰退したのである。注目しておかねばならない問題は、これらの概念は慎重につくられたときはあれほど顕著だったのにもかかわらず、なぜ一九七〇年代に人権が正典化された際に、凋落したのかということである。

人権という考え方が、一九四〇年代という社会的平等と公益の追求に力点がおかれた時代にうちだされた。社会権に対する追求は、相対的に疑われることができない確固たる事実である。しかし当時は、社会権へのコミットメントそれ自体ではなく、改革的資本主義と革命的共産主義のどちらが社会権をもっともよく保護するかということが、人権を中心的なものではなく周縁的なものにしていた。これとは対照的に、世界が高らかに社会民主主義を追求しなかったため、一九七〇年代に人権が躍進する背景となった全体主義的・権威主義的支配の状況の下で、社会的権利が人権にかんする議題にならなかった。社会的権利は東ヨーロッパ圏の反体制運動には存在せず、海外に同盟を求めるラテン・アメリカの左派にとっては、自らが追従する西側の人びとは経済的に不安定な時代にその政治的および民主的基本条件に対する訴えから遠ざかったとき、彼らは目的を達成するために資本主義を批判する声を聞き入れないふりをした。

しかし、結局のところ、人権が躍進する条件は続かなかった。ヒューマン・ライツ・ウォッチの創設者であるアーリエ・ナイアーのように、社会的権利はもちろん、その他の権利も決して重要なものではなかった。社会的権利に直面したとき、彼は、いわゆる消極的な自由への懸念に固執する代わりに、疑わしいものとして判断したものを積極的に権利に取り入れていなかった。もしも、彼の主張が失敗したとすれば、それは単に彼の組織および全体からみて、権利に対する注目を拡大しようとする他の人権活動家により良い主張があるわけではない。[*20] その主な理由は、オルタナティブとしてのユートピアが崩壊したのちに、他にどのようなイデオロギーが世界的な過ちに対処できるのかが明確でなかったからである。とりわけ、様ざまな事件によって関心の的が強権や権威主義的政権がアフリカを苦しめているような世界的な貧困に移ったときは、なおさらそうだった。別の言い方をすれば、西側の社会的言説において人権が果たす役割が増大したこと、そしてそれに代わる枠組みが崩壊したことで、実質的にすべての政治的懸念が人権の言葉で再定義され、人権によって対処されなければならなくなった。全体主義や権威主義が衰退するにつれて、社会的・経済的権利意識は急上昇せずにはいられなくなった。

したがって、社会権の歴史においては、人権という大きな歴史の大きな皮肉が、強権に駆使され、とある至高な理念を追求するユートピア運動は一九七〇年代に失敗したが、人権が最低ラインを追求したため最終的に勝利したのである。人権は、他のイデオロギーを凋落させたことで生じた重荷を背負わざるを得なかった。社会的・経済的権利はもっとも鮮明な例であるが、このようなイデオロギーが融合し、あるいは直接発明された過程で残されたわけではない。女性の権利は、国内外で爆発的な女性運動が起こっていたにもかかわらず、一九七〇年代には先進国の人権意識の重要な部分を占めていなかった。女性の権利から文化、先住民、環境にわたる様ざまな権利に至るまで、一九七〇年代以降の人権の物語は、必然的にこの思想をそれが生まれた特定の条件から解放されなければならなかった。[*21]人権意識が、それを意識してこなかった第三世界の人びとが瞬く間に手に入れられる、あるいは、真に非道な世界的苦境によって人権意識が改造されなければならないとすれば、それは、人権意識がこのような需要があったときに生み出され、そのような特定のかたちで生まれたからである。[*22]

人権は、その権威の源泉が政治を超越したものであるという主張のもとにあり続けたが、世界のガバナンスと人びとの生活を改善する主要な枠組みとして変容したことで、人権そのものも自らを変化させた。世界各地のポスト・コロニアル国家におけるガバナンスへの関心に人権運動が転じたことは、おそらく人権が政治を包摂したことをもっとも鮮明に示してくれるものだろう。[*23] 一時的な危機に対する一時的な懸念では、そもそものような過ちを引き起こした根本的な原因を解決できないことは明らかなことだった。ガバナンスという概念は、人権がどのように反政治から実践に移行したかを示しただけでなく、壮大な過ちから構造的な過ちへの移行も示してくれていた。この概念は、人権運動において、一度あらわれ、反省をえて再度あらわれた社会発展理論と頻繁に組み合わされている。考えてみれば、この進化は当然のことである。一九世紀における権利の本来の歴史や、のちの時代における市民権の歴史と同様に、抽象的な権利の初期の主張は、その擁護者たちに権利が実現されるための条件を精査するよう促した。このような条件は、頼れる構造、制度、経済および文化と密接に関わっていた。

この過程で、かつて不公平な待遇を強いられた人びとにとって当然に有するべき権利である、人類の「発展の権利」という概念がたどった紆余曲折の軌跡は、示唆に富んでいる。反植民地主義が長いあいだ人権を民族的自決と集団的発展の方向に再定義していたことを考えれば、この権利の内容は脱植民地主義から脱していなかった。しかし、レオポルド・センゴールの弟子であり、ルネ・カサンの「人間の権利研究所」に勤めていたセネガルの法学者ケバ・ムバイェが一九八一年のアフリカ人権憲章に登場する一〇年近く前の一九七二年に「発展の権利」という言葉を作り出したという事実は、真新しい意味をもつようになる。[*24] その時点まで、少なくとも欧米、とくにアメリカが冷戦時代に信仰した近代化および開発にかんする理論が全盛期にあり、権利は核心的な概念として捉えられていなかった。さらに、一九七〇年代には反植民地主義は発展を目的とした政治的潮流として流行し、数十年間のあいだ国家や私的団体以外に、国際機関も長期的計画を制定してきた。このような計画において、人権を尊重することが手段であると同時に目的としても据えられた。[*25] 冷静にみると、人権という概念からグローバルな貧困に対抗する理論および学説をみつけるという試みは、人権が辿らなければならない道筋を示してくれている。この道の起点は強権に対抗するという意味合いの人権からあらわれたのである。[*26] グローバルな貧困に対応する人権の枠組みが正しい枠組みであるかどうかについての合意はいまだに達成されていない。[*27] しかし、この点にかんする論争が起きているのは、人権が、以前、他の制度や競合しあったユートピアによって対処されてきた問題に直面せざるを得なくなったからである。

反政治によって人権が誕生し、それから実践計画として推進された。では、人権がこのような環境から生み出されたからこそ、欠陥を孕んでしまったのだろうか？　推進の過程は困難に満ちたのは、この過程で、人権が個人の権利として定式化され、あるいは権利の実現に対する経済的、より大きな構造的関係の関連性を無視したからか？　あるいは、この無視はイデオロギーに対する普遍的な拒絶として理解されうるのか？　推進していく過程は、混乱に満ちていたが、問題は、現有の政府計画ならびに政府間計画における協力がこれらの計画に対する批判と結合したことがこのような困難を生み出したのか？　それとも、この推進されていく過程に対する最初の態度は批判に力を与えようとしたのか？　これらの疑問は、より良い世界を求める願望の最良の器としての人権の限界を認識した上で、ようやく問いかけられはじめたものである。少なくとも、長期的にどのような重大な結果が生み出されるのかを評価するのは時期尚早である。

歴史を遡ることをとおして、人権の起源を強調するよりも、人権がいかに新しく、偶発的なものであるかを認識する方がはるかに良い。とりわけ、人権の出現をユートピアニズムの歴史と結びつけることが極めて重要である。人権がユートピア主義の一形態にすぎず、他のユートピア主義が嵐を乗り越えたからこそ今日があるのだということは、もはや明らかだろう。しかし、すべての時代が人権は勢いに乗る今のように、政治的ユートピアに対して冷《ひや》やかで警戒的な視線でみつめる必要はない。それゆえ、人権は運命的な選択を迫られている。つまり、政治の重荷をよりまっとうに引き受けるために視野を広げるか、それとも、まだ充分に輪郭が描かれていない新たな政治的ビジョンに道を譲るか。

ある意味、答えが明らかになっている。つまり、人権は自らの範囲を拡大し、あるいはそうせざるを得なくなったがゆえに、必然的に新しいものとなった。しかし、この変容は、容易でも明白でもないし、意図的あるいは偶然の結果でもなかった。

やがてこの分野の専門家となり、最近までハーヴァード・ロー・スクールの人権プログラムを率いていた法学教授のヘンリー・スタイナーは、人権運動が混同しがちな二つの使命、つまり大災難を回避するための人権とユートピア政治としての人権を注意深く区別する必要があると明快に警告した。スタイナーは「人権の内容には、権利、自由、解放が含まれており非常に広範である。いくつかの規範は、人権運動の〝反カタストロフィ〟の目標、あるいはその次元と呼べるものを表現している。すなわち、人道を著しく害する災難を阻止すること。この目標は人権に関連する、しかしユートピア的な別の側面によって補完されている。つまり、人びとが自らの生活と世界を発展させるために自由と能力を与える、もしこのポイントを見逃すと回避できない混淆し直接な衝突に繫がるため、絶対にしていけないのである」と述べている。[*28] 歴史的な見地からすると、スタイナーの対比は誤りである。実際、ミニマリズムとユートピア主義が、不可分に、そして一緒になって、人権を世界に拡めた。しかし、この組み合わせの条件は束の間のものだった。そして、その条件はとうに失われている。

　今日、これらの目標――最低限の倫理規範をとおして大きな災難の発生を防止することと至高な理想の見地からユートピアを構築する――はまったく異なるものである。一つの目標は、当初、道徳化の傾向において人権と一致していた。もう一つの目標は人権が最初の頃から抱いていた奇妙で柔軟な望みに満ちていた。第一種の人権は、解決できない苦境に正々堂々と立ち向かうことができ、未来のために政治理想が競合できる空間を残せなければならないとし、さらに災難を巻き起こさないように競合を抑止する方法をみつける。しかし、こうすると第一種の人権は他の場所で効用を発揮できない。しかし、効用を発揮できないと人権が普遍性をもつ宣言あるいは世界観、理想観になることはできない。人権が道徳に訴えることで権威を得るのであれば、もう一つのユートピア的理念として、人権は政治を変質させる要素になりやすく、論争を醸し出している変革への願望を、あたかも人類が深く不公正な世界で個人や集団の自由をもたらす方法についてまだ混乱し分裂していないかのように、実際よりも論争が少ないかのようにみせかけることを余儀なくされる。

　政治を超越しようとする熱望から生まれた人権は、左右の古いイデオロギー論争からエネルギーを汲み、新しい政治の中核をなすレトリックとなった。左右両派共通のイデオロギーになったことで、大規模な変革、規制、ガバナンスにかんする計画が全世界で競合しあっていた。しかし、一九七〇年代に爆発的に拡がって以来四〇年間、人権が道徳から政治に寄与したにしても、その擁護者たちが、つねにその事実を率直に認めてきたわけではない。「権力をもたぬ者の力」の主張のなかで生まれた人権は、必然的に権力と結びついていった。しかし、人権が、様ざまな政治的スキームの代弁者であるとしても、それが依然として政治の道徳的超越性の上に成り立っていることに変わりはない。この超越性は、人権が成功を勝ち取った頃からつきまとっていた。それゆえ、人権の概念とそれをめぐる運動は、責任ある政治に最小限の制約を与えるにとどまるべきであり、独自の最大限の政治という新たな形態を提供すべきではないのではないか、と考えるのは遅くはないかもしれない。人権が保護を求めるいくつかの核となる価値を思い起こさせるとしても、それは万人にとって万能であるはずがない。別の言い方をすれば、最後のユートピアが道徳的なものであるはずがない。そして、人権が、未来のユートピアを定義するに値するかどうかは、まだ決めつけられない。

付録

❖英字紙における「人権」の使用頻度

❖人権年表

❖英字紙における「人権」の使用頻度

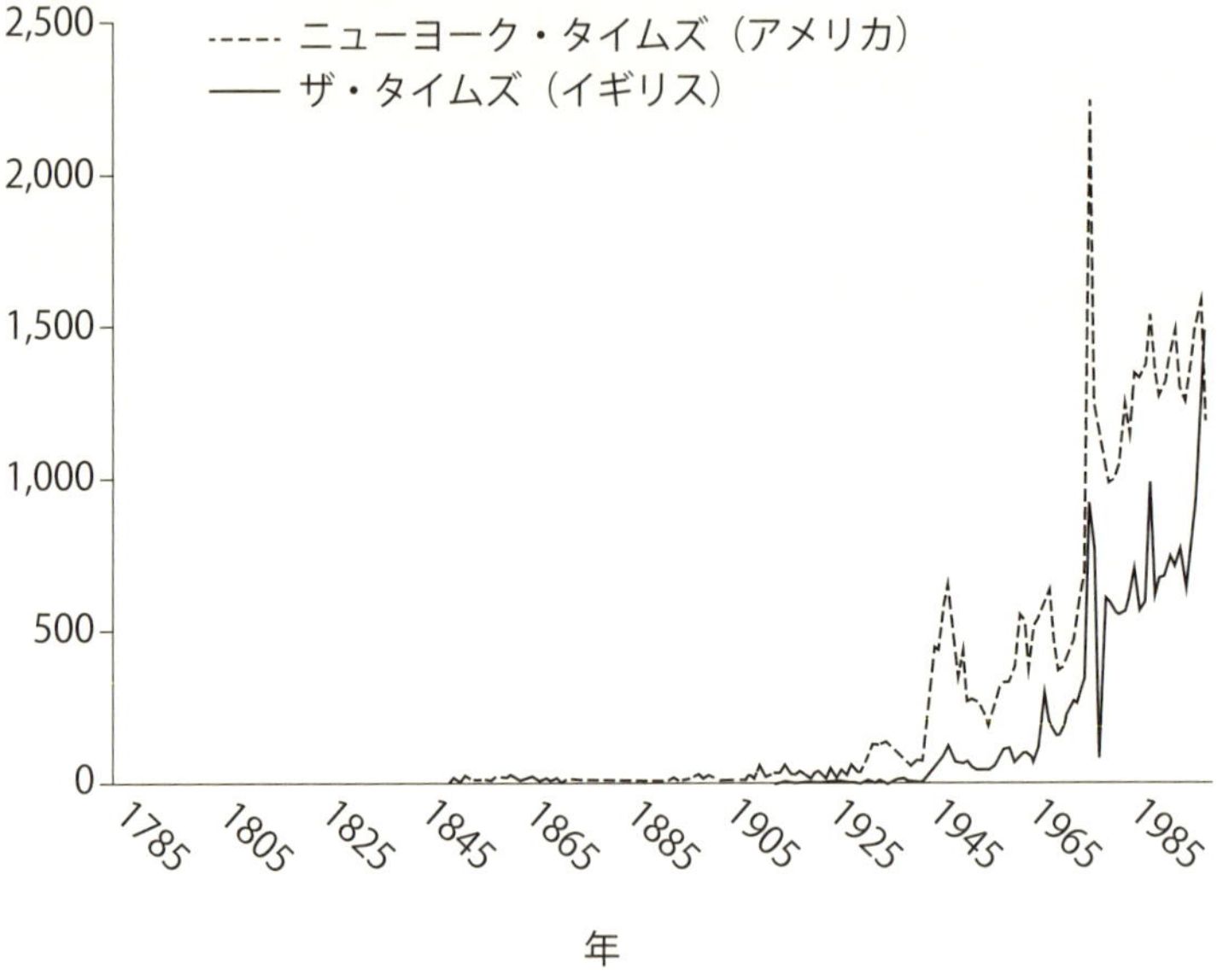

英字紙における「人権」の使用頻度（1977 年に激増）

❖人権年表

〈一九四〇年代〉

一九四一年	・フランクリン・ルーズベルト大統領、同盟諸国に対して「四つの自由」を提唱する（一月）。 ・フランクリン・ルーズベルト大統領とウィンストン・チャーチル首相が「大西洋憲章」に調印する（八月）。 ・ロンドンのセント・ジェームズ宮殿において同盟諸国が「大西洋憲章」を確認する（九月）。 ・チャーチル首相、アルカディア会議出席のためにワシントンを訪問する（一二月）。
一九四二年	・ホワイトハウスに滞在中のチャーチル首相が初めて人権に言及した「連合国宣言」を発表する（一月）。 ・「公正かつ持続可能な平和の基盤研究委員会（Commission to Study the Bases of a Just and Durable Peace）（アメリカのプロテスタント諸教派によって組織された委員会）がガイドラインとなる諸原則を公表する（三月）。 ・ジャック・マリタンがフォーチュン誌に *The Rights of the Human Person* を寄稿する（四月）。 ・ニューヨークで「人の権利国際連盟（International league of the Rights of Man）」が結成される。 ・福祉の擁護を提唱した *Beveridge Report* がイギリスで出版される。
一九四三年	・ウェンデル・ウィルキーがベストセラーとなった *One World* を出版する。

	・「公正かつ持続可能な平和の基盤研究委員会（Commission to Study the Bases of a Just and Durable Peace）が *Six Pillars of Peace* を出版する。 ・テモアグネージ・シュレタインが *Human and Christian Rights* を出版する。 ・同盟諸国がテヘラン会議を開催する（一一月～一二月）。
一九四四年	・フランクリン・ルーズベルト大統領が「第二の権利章典」を提唱する（一月）。 ・戦後の国際機関にかんするダンバートン・オークス会議をワシントンで開催する（八月）。 ・アメリカ法律研究所（American Law Institute）が権利章典草案を公表する。
一九四五年	・ハーシュ・ローターパクトが *An International Bill of Rights* を出版する。 ・ヤルタ会談が開催される（二月）。 ・「相互援助及び米州連帯に関する宣言」が採択される（三月）。 ・フランクリン・ルーズベルト大統領が死去する（四月一二日）。 ・サンフランシスコ会議が開会する（四月）。 ・ヨーロッパ戦線での戦争が終結する（五月八日）。 ・国連憲章の署名が始まる（六月二六日）。 ・ポツダム会談が開催される（七月～八月）。 ・広島に原子爆弾が投下される（八月六日）。 ・連合国が国際軍事法廷による「人道に対する罪」概念を公表する。 ・長崎に原子爆弾が投下される（八月九日）。 ・対日戦争が終結する（八月一五日）。 ・マンチェスターで第五回汎アフリカ会議が開催される（一〇月）。 ・国連憲章が発効する（一〇月二四日）。

一九四六年	・国連人権委員会が活動を開始する。 ・インドが国連に南アフリカにおける南アジア人の窮状を申立てる。
一九四七年	・チェコスロバキアに共産主義政権が成立する（二月）。 ・トルーマン・ドクトリンが公表される。 ・国連経済社会理事会が人権委員会による申立ての受理を停止させる（夏）。 ・Institute de Droits と International Law's Central Historic Association が一〇年ぶりに統合される（八月）。 ・インドとパキスタンが分離独立する（八月）。 ・W・E・B・デュボイスが国連にアフリカ系アメリカ人の地位についての請願を提出する。 ・ハンガリー、ブルガリア、ルーマニアが国連加盟資格から除外される（一九四七年～一九四八年）。
一九四八年	・ガンジーが暗殺される（一月）。 ・「米州人権宣言」が採択される（春）。 ・イスラエルが独立を宣言する（五月）。 ・ヨーロッパ議会の初会合が招集される（五月）。 ・世界教会協議会がアムステルダム会議で統合される（八月）。 ・ゲルハルト・リッターが初の人権史にかんする著作を出版する（一一月）。 ・国連総会がジェノサイド禁止条約を採択する（一二月九日）。 ・国連総会が世界人権宣言を採択する（一二月一〇日）。 ・ヨージェフ・ミンツェンティ枢機卿（ハンガリー首都大司教）が収監され、この時代の重大な人権問題となる（一二月）。

一九四九年	・ヨーゼフ・ベラン枢機卿（プラハ大司教）が自宅軟禁される（六月）。 ・国際社会が文民の保護を目的とする新たなジュネーブ条約の草案の起草を開始する。 ・ヨーロッパ評議会が権利の原則についての討議を開始する（八月〜九月）。
一九五〇年	・ヨーロッパ人権条約の署名が開始される（一一月）。 ・国連第三委員会が人権の帝国に対する適用検討を開始する。 ・ハーシュ・ローターパクトが *International Law and Human Rights* を出版する。

〈一九六八〜七八年〉

一九六八年	・国際人権年 ・国連人権会議がテヘランで開催される（四月〜五月）。 ・アンドレイ・サハロフが“Thoughts on Progress, Coexistence, and Peace”をニューヨーク・タイムズに寄稿する。 ・レシェク・コワコウスキが *Toward a Marxist Humanism* を出版する。 ・ワルシャワ機構軍がチェコスロバキアに侵攻する（八月二〇日）。 ・国連がＮＧＯの諮問的地位についての会合を開催する（九月）。 ・モスクワで「時事クロニクル（Chronicle of Current Events）」が発行を開始する（九月）。 ・レネ・カサンがノーベル平和賞を受賞する（一二月）。
一九六九年	・人権のためのアクション・グループ（Action Group for Human Rights）がモスクワで結成される。 ・米州機構加盟国が米州人権条約の批准を開始する。 ・ルネ・カサンがストラスブールに人権研究所（Institute for Human Rights）を設立する。

一九七〇年	・人権委員会（Human Rights Committee）がモスクワで結成される。 ・ヨーロッパの安全保障戦略を概観したダヴィニョン報告（*Davignon report*）が公表される。 ・ルイス・ヘンキンがカサンの人権研究所アメリカ支部を設立する。 ・アレクサンドル・ソルジェニーツィンがノーベル文学賞を受賞する（一二月）。
一九七一年	・ルイス・ヘンキンがコロンビア大学ロー・スクール初の人権論の講義を開講する。ルイス・ソーンがハーヴァード大学ロー・スクールで初の人権論の講義を開講する。 ・アメリカ・ユダヤ人委員会がジェイコブ・ブロウスタイン人権研究所を開設する。
一九七二年	・WSI（Writers and Scholars International）が *Index of Censorship* を公表する。 ・アムネスティ・インターナショナル（Amnesty International）が反拷問キャンペーンを開始する。 ・カサンとブロウステイン研究所が移民フォーラムを共催する。
一九七三年	・ソ連が国際人権規約を批准する。 ・ウルグアイで軍事クーデタが発生する。 ・全欧安全保障協力会議（CSCE）が開会する（七月）。 ・ドナルド・フレイザー議員によるアメリカ下院での国際人権にかんする公聴会を開始する（八月）。 ・チリで軍事クーデタが発生し、サルバドール・アジェンデ大統領が自殺する（九月一一日）。 ・ヘドリック・スミスによるサハロフの紹介記事が *New York Times Magazine* に掲載される。 ・国際人権連盟（International league of the Rights of Man）がサハロフに人権賞を授与する（一二月）。

一九七四年	・ローズ・スタイロンが拷問にかんする記事を *The New Republic* に寄稿する（一二月）。 ・ジェリ・レイバーがアムネスティ・インターナショナルにかんする論表記事をニューヨーク・タイムズに寄稿する。 ・元・マルクス主義者のコラコウスキがE・P・トンプソンの Socialist Register に *correct views about everything* を寄稿する。 ・アムネスティ・インターナショナルの反拷問キャンペーン開始を援助したショーン・マクブライドがノーベル平和賞を受賞する（一二月）。
一九七五年	・全欧安全保障協力会議（CSCE）最終合意文書（ヘルシンキ宣言）を採択する（八月一日）。 ・ラテン・アメリカ右派政権による「コンドル作戦」を開始する。 ・ブラジルの人権団体の活動が先鋭化する。 ・ヘンリー・キッシンジャーが国務省に人権局を設置する。 ・ニュージャージー州選出の共和党下院議員ミリセント・フェンウィックが「アメリカ・ヘルシンキ委員会」設置法案を提出する。 ・ジェラルド・フォード大統領がホワイトハウスでのソルジェニーツィンとの会談を拒否する。 ・パリでソ連反体制派のレオニード・プリューシチの釈放を求めるデモに五〇〇〇〇人が参加する（一〇月）。 ・チェコスロバキアが国際人権規約を批准し、同規約が発効する（一二月）。 ・サハロフがノーベル平和賞を受賞し、流刑中の夫に代わって妻のエレナ・ボンネルが授賞式に出席する（一二月）。
一九七六年	・チリのシルバ・エンリケス枢機卿が「連帯教区（Vicariate of Solidarity）」を設置する。

一九七七年

・アルゼンチンで軍事クーデタが発生し、イサベル・ペロン大統領を打倒する。
・モスクワ・ヘルシンキ・グループが結成される（五月）。
・キッシンジャーが米州機構の会合で人権を賞賛する（六月）。
・民主党綱領委員会会合で人権について討議する（六月）。
・南アフリカでソウェト蜂起が発生する（六月）。
・ジミー・カーターが選挙集会で二度、人権について演説する（九月〜一〇月）。
・ポーランドで労働者擁護委員会（ＫＯＲ）が結成される。
・アムネスティ・インターナショナルがワシントン事務所を開設する。

・チェコスロバキアで「憲章七七」が結成される（一月）。
・ジミー・カーターが大統領就任式で人権への絶対的関与を宣言する。
・サハロフ宛のカーター大統領の書簡が報道される。
・カーター大統領がソ連の人権活動家ウラジミール・ブコフスキーとホワイトハウスで会談する（三月）。
・ウガンダのイディ・アミン大統領がカーター大統領による公然の非難に対してウガンダ在住のアメリカ人に責任を負わせると脅迫する（三月）。
・パリ第七大学のジュリア・クリステヴァ教授が「反体制」は「新しい知識人の姿」と主張する。
・カーター大統領が外交政策に人権を位置づけると演説する（五月）。
・ノーム・チョムスキーが人権は「プロパガンダによって操作されている」と警告する（六月）。
・ベオグラードで「ヘルシンキ・プロセス」のフォローアップ会合が開会する（一〇月）。
・コロンビア大学で通年の人権セミナーが開講される（秋）。

一九七八年	・アムネスティ・インターナショナルがノーベル平和賞を受賞する（秋）。 ・ヘルシンキ・ウォッチ（のちのヒューマン・ライツ・ウォッチ）が結成される。 ・チリのシルバ・エンリケス枢機卿が「人権の年」を宣言する。 ・ヴァーツラフ・ハヴェルが『力無き者たちの力（*The Power of the Powerless*）』を出版する。 ・ヘンキンが人権のための法律家委員会（Lawyers Committee for Human Rights、のちにHuman Rights First）の設立を支援するために『今日の人権（*The Rights of Man Today*）』を出版する。 ・ユネスコがウィーンで人権教育についての国際会議を開催する（九月）。 ・ポーランド出身のカロル・ヴォイティワ枢機卿が教皇（ヨハネ・パウロ二世）に選出される（一〇月）。 ・コロンビア大学が人権研究センターを開設する。

注

序章

1 議事要録として U.N.Doc. A/Conf.32/SR.1-13 (1868) Roland Burke, "From Individual Rights to National Development: The First UN International Conference on Human Rights, Teheran, 1968" *Journal of World History* 19.3 (2008):275-96 と比較せよ。

2 Moses Moskowitz, "The Meaning of International Concern with Human Rights" René Cassin; *American Discipulorumque Liber*, 4 vols. (Paris, 1969), 1:194.

3 Philip Roth, *American Pastoral* (New York, 1997), 87.

第一章

1 Jorge Luis Borges, "Kafka and His Precursors," *Selected Non-Fictions*, ed. Eliot Weinberger (New York, 1999), 364-65.

2 Hannah Arendt, *The Origins of Totalitarianism*, 3rd ed. (New York, 1968), chap.9.

3 Lynn Hunt, *Inventing Human Rights: A History* (New York, 2007) を参照。

4 Jeanne Hersch, ed., *Birthright of Man* (Paris, 1969).

5 例えば Pierre Lévêque, Betes, dieux, et hommes: *Imaginaire des premières religions* (Paris, 1985), および Richard Bulliet, *Hunters, Herders, and Hamburgers: The Past and Future of Human-Animal Relationships* (New York, 2005), chaps. 2-3 を見よ。

6 Elaine Pagels, "Human Rights: Legitimizing a Recent Concept," *Annals of the American Academy of Political and Social Sciences* 442 (March 1979): 57-62, また "The Roots and Origins of Human Rights," Alice H. Henkin, ed. *Human Dignity: The Internationalization of Human Rights* (New York, 1978) を見よ。

7 Sheldon Pollock, *The Languages of the Gods in the World of Men: Sanskrit, Culture, and Power in Premodern India* (Berkeley, 2006), 280. また Carol A. Breckinridge et al., eds., *Cosmopolitanism* (Raleigh, 2002), とくに Pollock's chapter を見よ。

8 "Das stoischchristliche Naturrecht und das moderne profane Naturrecht," *Verhandlungen des ersten deutschen Soziologentages vom 19-22. Oktober 1910 in Frankfurt a.-M.* (Tubingen, 1911), trans., "Stoic-Christian Natural Law and Modern Profane Natural Law," Christopher Adairtoteff, ed., *Sociological Beginnings: The First Conference of the German Society for Sociology* (Liverpool, 2006) 所収。

9 Richard Reitzenstein, *Werden und Wesen der Humanitat im Altertum: Rede zur Feier des Geburtstages Sr. Majestat des Kaisers am 26. Januar 1907* (Strasbourg, 1907) を参照。

10 Hannah Arendt, *On Revolution,* rev. ed. (New York, 1965), 107. James Q. Whitman, "Western Legal Imperialism: Thinking about the Deep Historical Roots," *Theoretical Inquiries in Law* 10, 2 (July 2009): 313 を参照。

11 J. H. Elliot, "The Discovery of America and the Discovery of Man," *Proceedings of the British Academy* 48 (1972): 101-25, および John M. Headley, *The Europeanization of the World: On the Origins of Human Rights and Democracy* (Princeton, 2008) を参照。

12 例えば Robert von Keller, *Freiheitsgarantien für Person und Eigentum im Mittelalter: eine Studie zur Vorgeschichte moderner Verassungsgrundrechte* (Heidelberg, 1933), および Kenneth Pennington, *The Prince and the Law, 1200-1600: Sovereignty and Rights in the Western Legal Tradition* (Berkeley, 1993) を見よ。

13 Gilles Couvreur, *Les pauvres ont-ils des droits? Recherches sur le vol en cas d'extrême nécessité depuis la Concordia de Gratien (1140) jusqu'à Guillaume d'Auxerre (1231)* (Rome, 1961) を見よ。

14 Richard Tuck, "Scepticism and Toleration in the Seventeenth Century," Susan Mendus, ed., ***Toleration: Conceptual and Historical Perspectives*** (Cambridge, 1987) 所収。 および Jeffrey R. Collins, "Redeeming the Enlightenment: New Histories of Religious Toleration," *Journal of Modern History* 81, 3 (September 2009): 607-36. を見よ。Patrick Collinson, "Religion and Human Rights: The Case of and for Protestantism," Olwen Hufton, ed., *Historical Change and Human Rights* (New York, 1995), and John Witte, Jr., *The Reformation of Rights: Law, Religion, and Human Rights in Early Modern Calvinism* (Cambridge, 2007) も見よ。

15 Gerald Stourzh, "Liberal Democracy as a Culture of Rights: England, the United States, and Continental Europe," *From Vienna to Chicago and Back: Essays on Intellectual History and Political Thought in Europe and America* (Chicago, 2007), esp. 308 を参照。

16 Edmund Burke, *Reflections on the Revolution in France,* ed. J. G. A. Pocock (Indianapolis, 1987), 51.

17 例えば David Brion Davis, *The Problem of Slavery in Western Culture* (Ithaca, 1966) そのほかに拙稿 "Empathy in History, Empathizing with Humanity," *History Theory* 45, 3 (October 2006): 397-415 を見よ。

18 J. W. von Goethe, *Hermann and Dorothea,* trans., Thomas Conrad Porter (New York, 1854), 97.

19 Philip Mitsis, "Natural Law and Natural Right in Post-Aristotelian Philosophy: The Stoics and Their Critics," および Paul Vander Waerdt, "Philosophical Influence on Roman Jurisprudence? The Case of Stoicism and Natural Law," *Aufstieg und Niedergang der romischen Welt* II. 36.7 (1994): 4812-900. Michel Villey, "L'idèe du droit subjectif et les systemes juridiques romains," *Revue historique de droit français et étranger* 4, 23 (1946): 201-27 を見よ。

20 Jane Burbank and Frederick Cooper, "Empire, droits, et citoyennete, de 212 a 1946," *Annales E.S.C.* 63, 3 (May 2008): 495-531.

21 とりわけ Tuck, *The Rights of War and Peace: Political Thought and the In ternational Order from Grotius to Kant* (Oxford, 1999) を見よ。

22 Thomas Hobbes, *Leviathan*, rev. ed., ed. Tuck (Cambridge, 1996), 91.

23 Tuck, *Rights,* 14. また Anthony Pagden, "Human Rights, Natural Rights and Europe's Imperial Legacy," *Political Theory* 31, 2 (2003): 171-99, および Duncan Ivison, "The Nature of Rights and the History of Empire," in David Armitage, ed., *British Political Thought in History, Literature, and Theory* (Cambridge, 2006).

24 Knud Haakonssen, "Protestant Natural Law Theory, A General Interpretation," Natalie Brender and Larry Krasnoff, eds., *New Essays on the History of Autonomy: A Collection Honoring J. B. Schneewind* (Cambridge, 2004), 95 を参照。

25 Morton White, *The Philosophy of the American Revolution* (New York, 1978), chaps.4-5 を見よ。

26 Georg Jellinek, *Die Erklärung der Menschenund Bürgerrechte: ein Beitrag zur modernen Verfassungsgeschichte*

(Leipzig, 1895); Emile Boutmy, "La Déclaration des droits de l'homme et du citoyen et M. Jellinek," *Annales des sciences politiques* 17 (1902): 415-43; Jellinek, "La Déclaration des droits de l'homme et du citoyen et M. Boutmy," 復刻版として *Ausgewahlte Schriften und Reden,* 2 vols., ed. Walter Jellinek (Berlin, 1911). 論評として Otto Vossler, "Studien zur Erklärung der Menschenund Burgerrechte," *Historische Zeitschrift*142, 3 (1930): 51645; Wolfgang Schmale, "Georg Jellinek et la Déclaration des Droits de l'Homme de 1789," *Mélanges offerts à Claude Petitfrere: Regards sur les societes modernes (XVIe-XVIIe siecle),* ed. Denise Turrel (Tours, 1997) および Duncan Kelly, "Revisiting the Rights of Man: Georg Jellinek on Rights and the State," *Law and History Review* 22, 3 (Fall 2004): 493-530 を見よ。

27 Jellinek について Gilbert Chinard, *La déclaration des droits de l'homme et du citoyen et ses antécédents americains* (Washington, 1945) を見よ。

28 *The Federalist Papers*, ed. Clinton Rossiter (New York, 2003), 512 (No.84).

29 David A. Bell, "Un dretégal," *London Review of Books,* November 15, 2007 を参照。

30 Dan Edelstein, *The Terror of Natural Right: Republicanism, the Cult of Nature, and the French Revolution* (Chicago, 2009) を参照。

31 例えばアメリカでは Larry D. Kramer, *The People Themselves: Popular Constitutionalism and Judicial Review* (New York, 2005). フランスでは Philippe Raynaud, "Des droits de l'homme à l'État de Droit," *Droits* 2 (1985) および Alec Stone Sweet, *The Birth of Judicial Politics in France: The Constitutional Council in Comparative Perspective* (New York, 1992) を見よ。

32 David Armitage, *The Declaration of Independence: A Global History* (Cambridge, Mass., 2006), とりわけ 17-18.

33 Istvan Hont, "The Permanent Crisis of a Divided Mankind: 'Contemporary Crisis of the Nation-State' in Historical

Perspective," *Political Studies* 42 (1994): 166-231, とりわけ 191-98, および J. K. Wright, "National Sovereignty and the General Will: The Political Program of the Declaration of Rights," in van Kley, ed., *The French Idea of Freedom* を参照。

34 Alexander Bevilacqua, "Cloots, Rousseau and Peaceful World Order in the Age of the French Revolution" (M.Phil. thesis, University of Cambridge, 2008) および Albert Mathiez, *La RéÉvolution et les Étrangers: Cosmopolitisme et défense nationale* (Paris, 1918); German theorizing にかんして Pauline Kleingeld, "Six Varieties of Cosmopolitanism in Late Eighteenth-Century Germany," *Journal of the History of Ideas* 60 (1999):505-524, および Kleingeld, "Defending the Plurality of States: Cloots, Kant, and Rawls," *Social Theory and Practice* 32 (2006): 559-578.

35 Marc Bélissa, *Fraternite universelle et interet national (1713-1795): les cosmopolitiques du droit des gens* (Paris, 1996), および *Repenser l'ordre européen, 1795-1802: de la société des rois aux droits des nations* (Paris, 2006) を見よ。

36 Artha Nussbaum, "Kant and Stoic Cosmopolitanism," *Journal of Political Philosophy* 5, 1 (March 1997): 1-25, 復刻版として "Kant and Cosmopolitanism," in James Bohman and Mathias Lutz-Bachmann, eds., *Perpetual Peace: Essays on Kant's Cosmopolitan Idea* (Cambridge, Mass., 1997) を見よ。

37 Lloyd Kramer, *Lafayette in Two Worlds: Public Cultures and Personal Identities in an Age of Revolutions* (Chapel Hill, 1996), 255-56 を引用。

38 Lewis B. Namier, "Nationality and Liberty," から引用、復刻版として Eugene C. Black, *European Political History, 1815-1870: Aspects of Liberalism* (New York, 1967), 139-41, 最後の部分は除く Yael Tamir, *Liberal Nationalism* (Princeton, 1995), 124. Michael Walzer, "Nation and Universe," in *Thinking Politically: Essays in Political Theory* (New Haven, 2007) および C. A. Bayly and Eugene Biagini, eds., *Giuseppe Mazzini and the Globalisation*

of Democratic Nationalism, 1830-1920 (Oxford, 2008) を参照。

39 Tony Judt, "Rights in France: Reflections on the Etiolation of a Political Language," *Tocqueville Review* 14,1 (1993): 67-108. なお Norberto Bobbio, "Diritti dell'uomo e del cittadino nel secolo XIX in Europa," およびこのほか Gerhard Dilcher, et al., eds., *Grundrechte im 19. Jahrhundert* (Frankfurt, 1982) を見よ。

40 Steven B. Smith, *Hegel's Critique of Liberalism: Rights in Context* (Chicago, 1991) を見よ。

41 Herbert A. Strauss, *Staat, Bürger, Mensch: die Debatten der deutschen Nationalversammlung 1848/1849 über Grundrechte* (Aarau, 1947); Brian E. Vick, *Debating Germany: The 1848 Frankfurt Parliamentarians and National Identity* (Cambridge, Mass., 2002); このほか、Heinrich Scholler, ed., ***Die Grundrechtsdiskussion in der Paulskirsche: eine Dokumentation*** (Darmstadt, 1973) を見よ。

42 Arendt, *Origins*, 293.43.

43 Anglo-American 概観として Jeremy Waldron, "The Decline of Natural Right," in Allen Wood and Songsuk Susan Hahn, eds., *Cambridge bridge History of Nineteenth Century Philosophy* (New York, 2012) を見よ。

44 Elie Halevy, *The Growth of Philosophic Radicalism*, trans. Mary Morris (Boston, 1955), 155.

45 Marcel Gauchet, "Les droits de l'homme ne sont pas une politique," *Le Débat* 3 (July-August 1980), 復刻版として *La condition politique* (Paris, 2007).

46 例えば Adam Hochschild, *Bury the Chains: Prophets and Rebels in the Fight to Free an Empire's Slaves* (New York, 2005), Jenny S. Martinez, "Antislavery Courts and the Dawn of International Human Rights Law," *Yale Law Journal* 7, 4 (January 2008): 550-641, あるいは Gary J. Bass, *Freedom's Battle: The Origins of Humanitarian Intervention* (New York, 2008) を参照。

47 Abigail Green, "The British Empire and the Jews: An Imperialism of Human Rights?" *Past and Present* 199 (May

2008): 175-205; Lisa Moses Leff, *The Sacred Bonds of Solidarity: The Rise of Jewish Internationalism in Nineteenth-Century France* (Stanford, 2006).

48 Carole Fink, *Defending the Rights of Others: The Great Powers, the Jews, and International Minority Protection, 1878-1938* (Cambridge, 2004), and Mark Mazower, "Minorities and the League of Nations in Interwar Europe," *Daedalus* 26, 2 (1997): 47-64 を参照。

49 David Donald, *Charles Sumner and the Rights of Man* (New York, 1970), 423 を引用。

50 Jean-Pierre Gross, *Fair Shares for All: Jacobin Egalitarianism in Practice* (Cambridge, 1997), 41-46, 64-72, および chap. 6. On the right to work, Pierre Rosanvallon, *The New Social Question: Rethinking the Welfare State, trans. Barbara Harshav* (Princeton, 2008), chap. 5 を見よ。

51 Gareth Stedman Jones, *An End to Poverty? A Historical Debate* (New York, 2003), 13.

52 "The Right to Work Denied," *The Utopian Vision of Charles Fourier*, Jonathan Beecher and Richard Bienvenu (Boston 1971), 137. Thelwall について Gregory Claeys, *The French Revolution Debate in Britain: The Origins of Modern Politics* (New York, 2007) を見よ。

53 Beecher, *Victor Considerant and the Rise and Fall of French Romantic Socialism* (Berkeley, 2001), 143を引用。なお Rosanvallon, *The New Social Question.* を見よ。

54 T. H. Marshall, *"Citizenship and Social Class," Citizenship and Social Class, and Other Essays* (Cambridge, 1950).

55 例えば Edward S. Corwin, "The 'Higher Law' Background of American Constitutionalism," *Harvard Law Review* 42, 2 (December 1928): 149-85, および 同誌 42, 3 (January 1929): 365-409 を見よ。

56 Robert Green McCloskey, *American Conservatism in the Age of Enterprise, 1865-1910* (Cambridge, Mass., 1951), chap. 5, "Judicial Conservatism and the Rights of Man.", Richard A. Primus, ***The American Language of Rights***

(Cambridge, 1999), 一見、重要な時代を見逃している点を見よ。

57 もっとも読みやすいものとして Léon Duguit, “Law and the State,” *Harvard Law Review* 31,1 (November 1917): 1-185, および “Objective Law,” *Columbia Law Review* 20, 8 (December 1920): 817-31. 二〇世紀における非自由主義的体制と社会権に関する氷山の一角として Pedro Ramos Pino, “Housing and Citizenship: Building Social Rights in Twentieth Century Portugal,” *Contemporary European History* 18, 2 (May 2009): 199-215 と比較せよ。

58 Joan Wallach Scott, *Only Paradoxes to Offer: French Feminists and the Rights of Man* (Cambridge, Mass., 1996), chap. 4を見よ。

59 例えば William D. Irvine, *Between Justice and Politics: The Ligue des Droits de l'Homme, 1898-1945* (Stanford, 2007); Paul L. Murphy, *World War I and the Origins of Civil Liberties in the United States* (New York, 1978); および K. D. Ewing and C. A. Gearty, *The Struggle for Civil Liberties: Political Freedom and the Rule of Law in Britain, 1914-1945* (Oxford, 2001) を見よ。

60 Hidemi Suganami, “A Note on the Origin of the Word ‘International,’” *British Journal of International Studies* 4 (1978): 226-32. Arendt, “The Seeds of a Fascist International,” *Essays in Understanding, 1930-1954*, ed. Jerome Kohn (New York, 1994). を参照。

61 *Annuaire des organisations internationales* (Geneva, 1949), さらに Martin H. Geyer and Johannes Paulmann, eds., *The Mechanics of Internationalism: Culture, Society and Politics from the 1840s to World War I* (Oxford, 2001) を見よ。

62 人権と人道主義の境界が最近崩壊したことにより、継続性に関する通説の主張は人道法を中心に展開するようになったが、それは「人間の権利」を根拠として訴えることなく、関与する兵士たちだけのために戦争を「人間化」したものであった。

63 Monique Canto-Sperber and Nadia Urbinati, eds., *Le socialisme libéral: Une anthologie* (Paris, 2003)を参照。

64 Madeleine Rébérioux, "Jaurès et les droits de l'homme," *Bulletin de la Société d'Etudes jaurésiennes* 102-103 (July 1986)を見よ。

65 Leszek Kolakowski が指摘するとおり。The German translation of the (originally French) lyrics used the phrase "die 'Internationale' erkampft die Menschenrecht" 韻を踏む理由とイデオロギー的傾向に反して Leszek Kolakowski, "Marxism and Human Rights," *Daedalus* 112, 4 (Fall 1983): 81.

66 この基本的な事実が完全に省略されていることは、近年書かれた現代国際主義の背景物語の中でおそらく最も驚くべき特徴である。とりわけ Akira Iriye, *Global Community: The Role of International Organizations in the Making of the Modern World* (Berkeley, 2002)を見よ。

67 Martti Koskenniemi, *The Gentle Civilizer of Nations: The Rise and Fall of International Law* (Cambridge, 2001), 67-76.

68 例えば Lloyd Kramer は、時代錯誤的に「一九世紀初頭の自由主義国家主義者のほとんどは、国家の主張が他の普遍的人権の主張を圧倒する可能性があることを十分に認識せずに、普遍的人権と国家の独立とのつながりを強調した」と述べている。Kramer, *Lafayette*, 255-56. この洞察が得られなかったことは、彼らの側の失敗ではなく、「普遍的人権」が後に顕著になる可能性のある条件の手がかりである。Henkin も同様に結論付けている。*The Rights of Man Today* (Boulder, 1978), この議論について同書第五章では「ペインは国家社会における人権を主張したが、国際人権も歓迎しただろう」と述べている。同書137を見よ。

69 Marc Bloch, *The Historian's Craft*, trans. Peter Putnam (New York, 1953) chap.1 を見よ。

70 アーレントの原著 *Origins*, 299; Daniel Heller-Roazen による英語訳として Giorgio Agamben, *Homo Sacer: Sovereign Power and Bare Life*, (Stanford, 1997), 132-33.

第二章

1 本章の目的の一つは、人権史と国際組織史のあいだにある普遍的な断裂を解消することである。John W. Wheeler-Bennett and Anthony Nicholls, *The Semblance of Peace: The political Settlement after the Second World War* (New York, 1972) および John Ikenberry, *After Victory: Institutions, Strategic Restraint, and the Rebuilding of Order after Major Wars* (Princeton, 2001), chap.6.

2 Moses Moskowitz, "Whither the United Nations Human Rights Program?", *Israel Year Book on Human Rights* 6 (1976): 82.

3 聡明な Jill Lepore, *The Name of War: King Philip's War and the Making of American Identity* を見よ。もっとも著名なイギリスの宣言として、Phyllis Bottome's Penguin special collection of speeches, *Our New Order or Hitler's?* (London,1943).

4 Theodore A. Wilson, *The First Summit: Roosevelt and Churchil at Placentia Bay 1941* (Boston, 1969).

5 *Foreign Relations of the United States: The Conferences at Washington, 1941-1942,* および *Casablance, 1943* (Washington D.C., 1968), 370-371 を見よ。イギリスの記録にもとづいて、Brain Simpson が「人権をどのような方法で文書に入れられたのかを明確にするのは難しいことだし、苛々する」と文句をつけたのである。人権のアメリカでの源を探る研究者にとっても容易ではなかった。A.W.B. Simpson, *Human Rights and the End of Empire: Britain and the Genesis of the European Convention* (Oxford, 2001), 184.

6 "Human Rights League," *New York Times,* March 15, 1933, シティ・カレッジ学長が主催し、ジョン・デューイらが参加。"New Group Appears to 'X-Ray' New Deal," *New York Times,* September 10, 1934, そこには「ルーズ

ベルト人権連盟」について言及されており、その「破壊的」活動には反対する必要があると論評している。"Hoover Denounces New Deal as Foe of Human Liberty," *New York Times*, September 4, 1934; "Text of the Socialist Party Platform," *New York Times*, May 27, 1936. 興味深いことに数年後、連邦最高裁判所は、ニュー・ディール政策を大きな意義をもっているかも知れないと擁護した。"Human Rights …over Property Rights" Frederic Nelson, "Human Rights with Cream," *The New Republic*, February 1, 1939.

7 Pius XI, Mit brennender Sorge (March 14, 1937), Steven Rendall, trans., Georges Passelecq and Bernard Suchecky *The Hidden Encyclical of Pius XI*, trans. (New York, 1997), 105; Ingravescentibus Malis (September 29,1937), 要約として"Pagans and Reds Are Held by Pope to Menace the World," *New York Times*, September 30,1937; "Pope Bids Church to Guard Man's Rights," *New York Times*, October 13, 1938.

8 同上、Robert E. Lucey, "A Worldwide Attack on Man," *Voice for Human Rights* 1, 2 (September 1940): 7; "Change of Name Shows Broader Application of Principles," *Voice for Human Rights* 1, 2 (September 1940): 10も見よ。

9 McCormick は一九四二年初頭には戦後処理に取り組む国務省の秘密委員会に在籍しており、教皇の発言を頻繁に報告していた。Anne O'Hare McCormick, "The Reawakening that Hitler Failed to Mention," *New York Times*, October 4,1941. 彼女のニューヨーク・タイムズの記事と比較して "For State or-Church," March 1, 1936; "The New Pope," March 3, 1939（教皇ピウス11世は、良心の自由と個人の魂の不可侵の権利を守るために、あらゆる機会に声を上げる義務があると感じていた）。のちに "Papal Message a Momentous Pronouncement," December 25, 1944, を発出した。これらの復刻版として McCormick, *Vatican journal* 1921-1954, ed. Marion Turner Sheehan, Clare Booth Luce による序文 (New York, 1957), at 98 を見よ。

10 一九四二年の国務省による経済的・社会的債権の枠組みの下での権利章典をめぐる活動について State Department work in 1942 on the idea of a bill of rights within the framework of economic and social reconstruction:

Ruth B. Russell, ed., *A History of the United Nations Charter: The Role of the United States*, 1940-1945 (Washington, 1958), chap. 12.

11 著者は、この点について既存の調査を参照した。Elizabeth Borgwardt, *A New Deal for the World: America's Vision for Human Rights* (Cambridge, Mass., 2006); Paul Gordon Lauren, *The Evolution of Human Rights: Visions Seen*, 2nd ed. (Philadelphia, 2003), chap. 5; とりわけ Simpson, Human Rights, chap. 4

12 原典として William Draper Lewis, "An International Bill of Rights," *Proceedings of the American Philosophical Society* 85, 5 (September 1942): 445-47 を見よ。

13 Hersch Lauterpacht, "The Law of Nature, the Law of Nations, and the Rights of Man," *Transactions of the Grotius Society* 29 (1943): 1-33; Lauterpacht, *An International Bill of Rights* (New York, 1945); ローターパクトについてはこれらに加えて chap. 5; Robert P. Hillman, "Quincy Wright and the Commission to Study the Organization of Peace," *Global Governance* 4, 4 (October 1998): 485-499; Glenn Tatsuya Mitoma, "Civil Society and International Human Rights: The Commission to Study the Organization of Peace and the Origins of the UN Human Rights Regime," *Human Rights Quarterly* 30, 3 (August 2008): 607-630 を見よ。

14 Robert A. Divine, *Second Chance: The Rise of Internationalism in America during World War II* (New York, 1967), 22-23 を見よ。

15 Commission to Study the Bases of a Just and Durable Peace, *A Righteous Faith* (New York, 1942),101,103; および *Six Pillars of Peace: A Study Guide* (New York, 1943), 72-81. のほか Heather A. Warren, *Theologians of a New World Order: Reinhold Niebuhr and the Christian Realists, 1920-1948* (New York, 1997), とりわけ chap. 6 を参照。

16 最初期の業績として "The Natural Law and Human Rights" (Windsor, Ontario, 1942), 受賞受諾演説を掲載したものとして "Natural Law and Human Rights," *Dublin Review* 210 (April 1942): 116-24. また *Les droits de l'homme*

et la loi naturelle (New York, 1942), さらに英語訳として Maritain, “Christian Humanism,” *Fortune*, April 1942. その後、同様の見解がカトリック思想のなかで反響を呼んだ。例えば Joseph T. Delos, “The Rights of the Human Person Vis-a-Vis the State and the Race,” Delos et al., *Race-Nation-Person: Social Aspects of the Race Problem* (New York, 1944), あるいは Tibor Payzs, “Human Rights in a World Society,” *Thought* 22, 85 (June 1947): 245-68 を見よ。

17 アメリカ・ユダヤ委員会は、戦前の介入、二国間条約、または少数派制度のようなユダヤ戦略の変化を「国際機関」へと明確にした。しかし、戦後に人権を少数派の権利の後継として扱った一方で、これは確かにそのフレーズの一般的な公の意味ではなかった。The American Jewish Committee, *To the Counsellors of Peace* (New York, [March] 1945), とりわけ、13-24; および “A Post-War Program for Jews,” *The New Republic*, April 30,1945. また Jacob Robinson, *Human Rights and Fundamental Freedoms in the Charter of the United Nations* (New York, 1946); および “From Protection of Minorities to Promotion of Human Rights,” *Jewish Year Book of International Law* 1 (1949): 115-51; なお Mark Mazower, “The Strange Triumph of Human Rights, 1930-1950,” *Historical Journal* 47, 2 (2004): 379-98 を参照。

18 Wm. Roger Louis, *Imperialism at Bay: The United States and the Decolonization colonization of the British Empire* (Oxford, 1977); Warren F. Kimball, *The Juggler: Franklin Roosevelt as Wartime Statesman* (Princeton, 1991), chap. 7およびChap 3 を見よ。

19 Goebbels による引用として Karl Dietrich Bracher, *The Nazi Dictatorship: The Origins, Structure, and Effects of National Socialism*, trans. Jean Steinberg (New York, 1970), 10. イギリスの沈黙について Simpson, *Human Rights*, 204-5 を見よ。これは伝統的なイギリス人の正式な宣言に対するアレルギーに帰する。教皇およびヨーロッパのカトリック教会について、とりわけ The encyclical Summi Pontificatus (October 20, 1939), “man and the family are by nature anterior to the State, and that the Creator has given to both of them powers and rights and has

assigned them a mission and a charge that correspond to undeniable natural requirements"; François and Renée Bédarida, eds., *La Résistance spirituelle 1941-1944: Les cahiers clandestins du "Témoignage chrétien"* (Paris, 2001), 159-86; および Paul A. Hanebrink, *Defense of Christian Hungary: Religion, Nationalism, and Antisemitism, 1890-1944* (Ithaca, 2006), 170-80.

20 Dallek, *Franklin Roosevelt,* 419-20, 482; Kimball, *The Juggler,* chap. 6, Kimball, "The Sheriffs: FDR's Postwar World," in David B. Woolner et al., eds., *FDR's World: War, Peace, and Legacies* (New York, 2008); Robert C. Hilderbrand, *Dumbarton Oaks: The Origins of the United Nations and the Search for Postwar Security* (Raleigh, 1990); およびとりわけ Christopher D. O'Sullivan, *Sumner Welles, Postwar Planning, and the Quest for a New World Order, 1937-1943* (New York, 2008). Neil Smith, *American Empire: Roosevelt's Geographer and the Prelude to Globalization* (Berkeley, 2003), chap. 14 を見よ。

21 Hilderbrand, *Dumbarton Oaks,* 16.

22 *Foreign Relations of the United States: Diplomatic Papers 1944 (General)* (New York, 1966), 791; Hilderbrand, *Dumbarton Oaks,* 92から引用。

23 Charles Webster, "The Making of the Charter of the United Nations" (based on a 1946 lecture), *The Art and Practice of Diplomacy* (New York, 1962), 79. "people's peace," Lauren, *Evolution,* chaps. 5-6. さらに Farrokh Jhabvala, "The Drafting of the Human Rights Provisions of the UN Charter," *Netherlands International Law Review* 44 (1997): 3-31 を参照。

24 Dorothy B. Robins, *Experiment in Democracy: The Story of U.S. Citizen Organizations in Forging the Charter of the United Nations* (New York, 1971), 157; Vera Micheles Dean, *The Four Cornerstones of Peace* (New York, 1946), 9. 本書は、1944 年から 1945 年にかけて外交政策協会のために準備されたパンフレットで構成されている。

25 Ralph Barton Perry, "Working Basis Seen," *New York Times*, January 7, 1945. さらに Robins, *Experiment*, 74-75, 「本当の選択は、……完璧でない平和機関と適切な機関とのあいだではなく、世代間の平和を維持でき、徐々により良いものに進化できる不完全な組織と、全く平和を維持できない権力のための公然たる闘争のあいだにある」というキリスト教のニュースレターを引用。"Reinhold Niebuhr, "Is This 'Peace in Our Time'?" *The Nation*, April 7, 1945. "[i]n the USA itself the failure to emphasize the importance of human rights became the main criticism." Simpson, *Human Rights*, 251.

26 Robins, *Experiment*, 151; "This Is It," *Time*, June 18, 1945.

27 José Cabranes, "Human Rights and Non-Intervention in the Inter-American System," *Michigan Law Review* 65, 6 (April 1967): 1147-82, 主権の不動性へのコミットメントの理由を強調する叙述として、とりわけ「ボゴタ宣言」1161-62を参照。Lauren, *Evolution*, および Mary Ann Glendon, *A World Made New: Eleanor Roosevelt and the Universal Declaration of Human Rights* (New York, 2001) を参照。

28 Herbert V. Evatt, "Risks of a Big Power Peace," *Foreign Affairs* 24, 2 (January 1946): 195-209; および *The United Nations* (Oliver Wendell Holmes lectures, 1947) (Cambridge, Mass., 1948)

29 Webster, "The Making," 86; Vandenberg による引用として Clark M. Eichelberger, *Organizing for Peace: A Personal History of the United Nations* (New York, 1977); Virginia Gildersleeve, *Many a Good Crusade* (New York, 1954), 330-31. なお、スマッツについては Mark Mazower, *No Enchanted Palace: The End of Empire and the Ideological Origins of the United Nations* (Princeton, 2009), chap. 1; さらに Saul Dubow, "Smuts, the United Nations, and the Rhetoric of Race and Rights," *Journal of Contemporary History* 41, 1 (2008): 45-74. Eichelberger, *Organizing for Peace*, 269-72; Robins, *Experiment*, 129-32; Benjamin V. Cohen, "Human Rights under the United Nations Charter," *Law and Contemporary Problems* 14, 3 (Summer 1949): 430-37 at 430-31; William Korey, *NGOs and the*

Universal Declaration of Human Rights (New York, 1998), chap. 1. を参照。さらに Frederick Nolde's memories in

30 *Free and Equal: Human Rights in Ecumenical Perspective* (Geneva, 1968) を見よ。

"Les droits fondamentaux de l'homme, base d'une restauration du droit international," *Annuaire de l'Institut de Droit International* 41 (1947): 153-54.

31 Albert Verdoodt, *Naissance et signification de la Déclaration universelle verselle des droits de l'homme* (Louvain, 1964); Johannes Morsink, *The Universal Declaration of Human Rights: Origins, Drafting, and Intent* (Philadelphia, 1999) を参照。

32 Jason Berger, *A New Deal for the World: Eleanor Roosevelt and American Foreign Policy* (New York, 1981) を見よ。

33 The Ligue des Droits de l'Homme, による1936年のディジョン会議、新たな一連の社会権の必要を論じたものとして Ligue des Droits de l'Homme, *Le Congères national de 1936: Compterendu sténographique* (Paris, 1936), 219-305, および 415-23, "Projet de complement a la Déclaration des Droits de l'Homme." 戦後の社会的諸権利について Georges Gurvitch, *The Bill of Social Rights* (New York, 1946) も見よ。

34 Cass Sunstein, *The Second Bill of Rights: FDR's Unfinished Revolution and Why We Need It More than Ever* (New York, 2004). Alan Brinkley, *The End of Reform: New Deal Liberalism in Recession and War* (New York, 1995) を見よ。

35 拙稿 "Personalism, Community, and the Origins of Human Rights," in Stefan-Ludwig Hoffmann, ed., *A History of Human Rights in the Twentieth Century* (Cambridge, 2010) を見よ。ルーズベルトについて Glendon, *A World Made New*; ハンフリーについて Clinton Timothy Curle, *Humanité: John Humphrey's Alternative Account of Human Rights* (Toronto, 2007) を見よ。

36 とりわけ A. J. Hobbins, "René Cassin and the Daughter of Time: The First Draft of the Universal Declaration of Human Rights," *Fontanus* 2 (1989): 7-26, 分科会の文書の一つで、単一の創設者に功績を与えることを意図した国家主義的な文献を見よ。

37 René Cassin, "L'État-Léviathan contre l'homme et la communauét humaine," *Nouveaux cahiers,* April 1940, Cassin, *La pensée et l'action* (Paris, 1972) ピウス12世の回勅『最高の科学者』を引用。 Cassin について Marc Agi, *René Cassin, fantassian des droits de l'homme* (Paris, 1979); Eric Pateyron, *La contribution francaise a la redaction de la Declaration universelle des droits de l'homme: René Cassin et la Commission consultative des* droits de l'homme (Paris, 1998); および J. M. Winter, *Deams of Peace and Freedum; Utopian Moment in the Twenties Century* (New Heven, 2006), chap. 2 を見よ。 なお、Cassin の見解について Cassin, "The United Nations and Human Rights," *Free World* 12, 2 (September 1946); 16-19 または "La Déclaration Universelle des Droits de l'Homme," *Evidence* 1 (1949). Cassin, *La pensée et l'action.* 参考文献と回顧のためおよび the special issue of *Revue des droits de l'homme* (December 1985) を見よ。

38 Edward Said, *Out of Place* (New York, 1999), とりわけ 265. Raja Choueri が明らかにした *Charles Malek: Discours, droits de l'homme, et ONU* (Beirut, 1998), E/CN.4/SR.14 (1947), とりわけ 3-4 を見よ。

39 John Humphrey, *Human Rights and the United Nations: A Great Adventure* (Dobbs Ferry, 1983), 65-66. ボゴタ宣言は、世界史上初の国際的な権利宣言であると言われることが多く、一九二四年の「子どもの権利に関するジュネーブ宣言」よりも先行していた。

40 Glendon, "The Forgotten Crucible: The Latin American Influence on the Universal Human Rights Idea," *Harvard Human Rights journal* 16 (2003): 27-40; および、とりわけ Susan Waltz, "Reclaiming and Rebuilding the History of the Universal Declaration of Human Rights," *Third World Quarterly* 23, 3 (2002): 437-48; および Waltz, "Uni-

versalizing Human Rights: The Role of Small States in the Construction of the Universal Declaration of Human Rights," *Human Rights Quarterly* 23 (2001): 44-72 を見よ。ラテン・アメリカ諸国について Paolo G. Wright-Carrozza, "From Conquest to Constitutions: Retrieving a Latin American Tradition of the Idea of Human Rights," *Human Rights Quarterly* 25, 2 (May 2003): 281-313 を参照。

41 UNESCO, *Human Rights: Comments and Interpretations,* intro. Maritain (New York, 1948), 9; [Melville Herskovits et al.], "Statement on Human Rights," *American Anthropologist,* n.s., 49 (1947): 539-43, および 50 (1948): 351-55 at 543, なお Karen Engle, "From Skepticism to Embrace: Human Rights and the American Anthropological Association from 1947-1999," *Human Rights Quarterly* 3 (2001): 536-59 を見よ。

42 UN ESC Res. 75 (V), August 5,1947; Humphrey, *Human Rights and the United Nations,* 28; Mehta の引用として Manu Bhagavan, "A New Hope: India, the United Nations and the Making of the Universal Declaration of Human Rights," *Modern Asian Studies* 44, 2 (March 2010): 311-47 を見よ。

43 Charles Malik, "How the Commission on Human Rights Forged Its Draft of the First Covenant," *United Nations Weekly Bulletin,* June 1, 1950.

44 Andrew Martin, "Human Rights and World Affairs," *Year Book of World Affairs* 5 (1951): 44-80 at 48 を見よ。

45 George L. Kline, "Changing Attitudes toward the Individual," Cyril Black, ed., *The Transformation of Russian Society* (Cambridge, 1960); John N. Hazard, "The Soviet Union and a World Bill of Rights," *Columbia Law Review* 47, 7 (November 1947): 1095-1117; Rupert Emerson and Inis L. Claude, Jr., "The Soviet Union and the United Nations: An Essay in Interpretation," *International Organization* 6, 1 (February 1952): 20-21. 21. さらに Kamleshwar Das, "Some Observations Relating to the International Bill of Human Rights," *Indian Yearbook of International Affairs* 19 (1986): 12-15, citing UN Doc. E/CN.4/SR.89,12. を見よ。

46 Jennifer Amos, "Embracing and Contesting: The Soviet Union and the Universal Declaration of Human Rights, 1948-1958," Hoffmann, ed., *A History of Human Rights,* および Waltz, "Universal Rights: The Contribution of Muslim States," *Human Rights Quarterly* 26 (2004): 813-19.

47 "The declaration was, in certain respects, not based on reality, because it described man as an isolated individual and overlooked the fact that he was also a member of a community." U.N. Doc. A/PV.183 (1948), 916. 遅ればせながら一九六五年の Josef Berman, "Human Rights in the Soviet Union," *Howard Law journal* 11 (Spring 1965) : 341.

48 例えば Ivo Lapenna, *Conceptions sovietiques de droit international public* (Paris, 1954), 222-23, 293-99. Alexander Dallin, *The Soviet Union at the United Nations: An Inquiry into Objectives and Motives* (New York, 1962) を見よ。

49 一九四九年初頭の国連総会決議について UN G. A. Res. 265 (III), 272 (III), および 285 (III) を見よ。またそれ以後の国連総会決議について、UN G. A. Res. 294 (IV) (1949) および 385 (V) を見よ。

50 例えば Louis Sohn and Thomas Buergenthal, *International Protection of Human Rights* (Indianapolis, 1973). および R. B. Ballinger, "UN Action on Human Rights in South Africa," in Evan Luard, ed., *The International Protection of Human Rights* (London, 1967) を見よ。

51 Martin, "Human Rights in the Paris Peace Treaties," *British Yearbook of International Law* 24 (1947) および Stephen D. Kertesz, "Human Rights in the Peace Treaties," *Law and Contemporary Problems* 14, 4 (Autumn 1949): 627-46; Gaetano Salvemini, "The Vatican and Mindszenty," *The Nation*, August 6,1949 を見よ。

52 Barbara Metzger, "Towards an International Human Rights Regime during the Interwar Years: The League of Nations' Combat of Traffic in Women and Children," Kevin Grant et al., eds., *Beyond Sovereignty: Britain, Empire, and Transnationalism* (New York, 2007); Keith David Watenpaugh,"'A Pious Wish Devoid of All Practicability': The League of Nations' Eastern Mediterranean Rescue Movement and the Paradox of Interwar Humanitari-

anism," *American Historical Review* (forthcoming); および Claudena M. Skran, *Refugees in Interwar Europe: The Emergence of a Regime* (Oxford, 1995) を見よ。

53 Daniel Maul, *Menschenrechte, Sozialpolitik and Dekolonisation: Die Internationale Arbeitsorganisation* (LAO) *1940-1970* (Essen, 2007); 英語訳として Maul, "The International Labor Organization and the Struggle against Forced Labor," *Labor History* 48, 4 (2007): 477-500, および "The International Labor Organization and Human Rights," Hoffmann, ed., *A History of Human Rights* 所収を参照。

54 Aron による引用として Marco Duranti, "Conservatism, Christian Democracy, and the European Human Rights Project, 1945-1950" (Ph.D. diss. Yale University, 2009), 88; E. H. Carr, "The Rights of Man," in UNESCO, ed., *Human Rights*, 20. Carr, *Nationalism and After* (London, 1945), 63.

55 Mark Philip Bradley, "The Ambiguities of Sovereignty: The United States and the Global Human Rights Cases of the 1940s and 1950s," Douglas Howland and Luise White, eds., *The Art of the State: Sovereignty Past and Present* (Bloomington, 2008) を見よ。

56 G. K. A. Bell, *Christianity and World Order* (Harmondsworth, 1940), 104; Bell, "The Church in Relation to International Affairs" (address at Chatham House), *International Affairs* 25, no. 4 (October 1949): 407, 409; Emil Brunner, "Das Menschenbild and die Menschenrechte," *Universitas* 2, 3 (March 1947): 269-74, および、2, 4 (April 1947) 385-91 at 269; なお R. M. MacIver, ed., *Great Expressions of Human Rights* (New York, 1950), Richard McKeon's "The Philosophic Bases and Material Circumstances of the Rights of Man," in UNESCO, ed., *Human Rights*, 自省録として in McKeon, *Freedom and Reason and Other Essays*, ed. Zahava McKeon (Chicago, 1990), および、一九七〇年代の人権の復活にかんする哲学的考察として同書のあとがきを参照。

57 Gerhard Ritter, "Ursprung and Wesen der Menschenrechte," *Historische rische Zeitschrift* 169, 2 (August 1949):

234. これらに言及した近刊予定の拙稿 “The First Historian of Human Rights,” *American Historical Review* を見よ。

58 Ritter, “Die englisch-amerikanischen Kirchen and die Friedensfrage,” *Zeitwende* 18 (1949): 459-70, 469 を引用。Dulles, “The Christian Citizen in a Changing World,” および Nolde, “Freedom of Religion and Related Human Rights,” in World Council of Churches, *Man's Disorder and God's Design,* vol. 4: *The Church and the International Disorder* (London, 1948), 73-189, とりわけ国際人権規約にかんする 107-8、人権をめぐるＷＣＣに対する異論として John Nurser, *For All Peoples and All Nations: The Ecumenical Church and Human Rights* (Washington, 2005), Malik, “The Universal Declaration of Human Rights,” Nolde, *Free and Equal,* the essays by Malik and Nolde in Marion V. Royce and Wesley F. Rennie, eds., *We, the People, and Human Rights: A Guide to Study and Action* (New York, 1949) 所収を見よ。

59 Simpson, *Human Rights,* 22から引用。

60 William D. Irvine, *Between Justice and Politics: The Ligue des Droits de l' Homme, 1898-1945* (Stanford, 2007).

61 他方で Willy Strzelewicz, *Der Kampf um Menschenrechte: Von der amerikanischen Unabhangigkeitserklarung bis zur Gegenwart* ([Stockholm, 1943,] Hamburg 1947), Wildenthal, “Human Rights Activism in Occupied and Early West Germany: The Case of the German League for Human Rights,” *Journal of Modern History* 80, 3 (September 2008): 515-56 も参照のこと。

62 Wolfram Kaiser, *Christian Democracy and the Origins of the European Union* (Cambridge, 2007). Michael Newman, *Socialism and European Unity: The Dilemma of the Left in Britain and France* (London, 1983) を参照。

63 著者は Durand, “Conservatism,” にしたがった。

64 Aimé Césaire, *Discourse on Colonialism,* trans. Joan Pinkham (New York, 1972), 17. 例えば Peter Malcontent, “Myth or Reality? The Dutch Crusade against the Human Rights Violations in the Third World, 1973-1981,” in

Antoine Fleury, et al., eds., *Les droits de l'homme en Europe depuis 1945* (Bern, 2003) を見よ。

65 キプロスについて Simpson, *Human Rights*, chaps. 17-19 および Ian Brownlie, "The Individual before Tribunals Exercising International Jurisdiction," *International and Comparative Law Quarterly* n, 3 (1962): 701-20; および Jack Greenberg and Anthony R. Shalit, "New Horizons for Human Rights: The European Convention, Court, and Commission mission of Human Rights," *Columbia Law Review* 63 (1963): 1384-1412 を見よ。審理の過程について、例えば Steven Greer, *The European Convention on Human Rights: Achievements, Problems, and Prospects* (Cambridge, 2006), chap. 1, とりわけ 34-35 の表を見よ。

66 Donald Bloxham, *Genocide on Trial: War Crimes Trials and the Formation of Holocaust History and Memory* (Oxford, 2001); および Mira Siegelberg, "The Origins of the Genocide Convention," *Columbia Undergraduate Journal of History* 1,1 (2005): 34-57 を見よ。

第三章

1 Dixee R. Bartholomew-Feis, *The OSS and Ho Chi Minh: Unexpected Allies in the War against Japan* (Lawrence, 2006),243 から引用。

2 Ho Chi Minh, "Declaration of Independence of the Democratic Republic of VietNam," in *On Revolution: Selected Writings 1920-66*, ed. Bernard B. Fall (New York, 1967), 143.

3 同上書所収 Rakove, "Jefferson, Rights, and the Priority of Freedom of Conscience," in Robert Fatton, Jr. and R. K. Ramazani, eds., *The Future of Liberal Democracy: Thomas Jefferson and the Contemporary World* (New York,

2004), 51.

4 Laurent Dubois, *A Colony of Citizens: Revolution and Slave Emancipation in the French Caribbean, 1787-1804* (Chapel Hill, 2004). Lynn Hunt, *Inventing Human Rights: A History* (New York, 2007), chap.4.

5 Florence Bernault, “What Absence Is Made Of: Human Rights in Africa,” in Jeffrey N. Wasserstrom et al., eds., *Human Rights and Revolutions* (Lanham, 2000), とりわけ 128 を参照。

6 Raoul Girardet, *L’idée coloniale en France* (Paris, 1972), 183 から引用。

7 Bonny Ibhawoh, *Imperialism and Human Rights: Colonial Discourses of Rights and Liberties in African History* (Albany, 2007), S. K. B. Asante, “The Neglected Aspects of the Gold Coast Aborigines Rights Protection Society, ” *Phylon* 36,1(1975): 32-45.

8 Erez Manela, The Wilsonian Moment: *Self-Determination and the International Origins of Anticolonial Nationalism* (Oxford, 2007).

9 Wm. Roger Louis, *Imperialism at Bay: The United States and the Decolonization of the British Empire, 1941-1945* (New York, 1978). ならびに Neil Smith, *American Empire: Roosevelt’s Geographer and the Prelude to Globalization* (Berkeley, 2003), chap. 13. ルーズベルトにつき Robert Dallek, *Franklin Roosevelt and American Foreign Policy 1932-1945* (Oxford, 1979), 324 を引用。

10 Ho Chi Minh について William J. Duiker, *Ho Chi Minh: A Life* (New York, 2000), 341 を見よ。

11 Elizabeth Borgwardt, *A New Deal for the World: America’s Vision for Human Rights* (Cambridge, Mass., 2005); Borgwardt, “When You State a Moral Principle, You Are Stuck With It’: The 1941 Atlantic Charter as a Human Rights Instrument,” *Virginia Journal of International Law* 46, 3 (Spring 2006): 501-62.

12 Paul Kennedy, *The Parliament of Man: The Past, Present, and Future of the United Nations* (New York, 2006),

179.

13 Mohandas Gandhi, "A Letter Addressed to the Secretary-General of UNESCO," Jacques Maritain, ed., *Human Rights: Comments and Interpretations* (New York, 1948); Jawaharlal Nehru, "To the United Nations" (November 1948), in *Independence and After* (Delhi, 1949). および G. S. Pathak, "India's Contribution to the Human Rights Declaration and Covenants," in L. M. Singhvi, ed., *Horizons of Freedom* (Delhi, 1969) を参照。

14 Vijay Prashad, *The Darker Nations: A People's History of the Third World* (New York, 2007), 31-50.

15 Christopher Bayly and Tim Harper, *Forgotten Wars: Freedom and Revolution in Southeast Asia* (Cambridge, Mass., 2007), とりわけ 127, 141 を見よ。

16 今日までのもっとも優れた研究業績として Kweku Ampiah, *The Political and Moral Imperatives of the Bandung Conference: The Reactions of the US, UK, and Japan* (Kent, 2007).

17 "Declaration to the Colonial Peoples of the World," Kwame Nkrumah, *Revolutionary Path* (New York, 1973).

18 Rachel Murray, *Human Rights in Africa: From the OAU to the African Union* (Cambridge, 2004), Appendix 1, at 271.

19 C. L. R. James, *The Black Jacobins: Toussaint L'Ouverture and the San Domingo Revolution*, new ed. (New York, 1963), 24, 116, 139.

20 Aimé Césaire, *Discourse on Colonialism*, trans. Joan Pinkham Joan Pinkham (New York, 1972), 15. Léopold Sédar Senghor, "L'UNESCO," ***Négritude et humanisme*** (Paris, 1964); あるいは "La Negritude est un humanisme du XXe siecle," *Negritude et civilisation de I' universe!* (Paris, 197). 背景として Gary Wilder, *The French Imperial Nation-State: Negritude and Colonial Humanism between the World Wars* (Chicago, 2005) を見よ。

21 *Revue des droits de I'homme* 9, 2-3 (1976) を見よ。

22 Frantz Fanon, *The Wretched of the Earth*, Jean-Paul Sartre, 英語訳 *Constance Farrington* (New York, 1963), 317.

23 W. E. B. Du Bois, "750,000,000 Clamoring for Human Rights," *New York Post*, May 9, 1945, 復刻版として *Writings by W. E. B. Du Bois in Periodicals Edited by Others*, ed. Herbert Aptheker, 4 vols. (Millwood, 1982), 4: 2-3. さらに Du Bois, "The Colonies at San Francisco," *Trek* (Johannesburg), April 5, 1946, 復刻版, ibid.,4: 6-8 を見よ。

24 Louis, *Imperialism at Bay*, Parts III-IV, および Gordon W. Morrell, "A Higher Stage of Imperialism? The Big Three, the UN Trusteeship Council, and the Early Cold War," R. M. Douglas et al., eds., *Imperialism on Trial: International Oversight of Colonial Rule in Historical Perspective* (Lanham, 2006) を見よ。

25 それでも第11章とは異なり、"Declaration Regarding Non-Self-Governing Territories"は、第76条の "their progressive development towards self-government or independence as may be appropriate to the particular circumstances of each territory and its people" という文言により、信託統治の路線は、少なくともその可能性を開いた。Harold Karan Jacobson, "The United Nations and Colonialism: A Tentative Appraisal," *International Organization* 16,1 (Winter 1962): 45. 信託統治に関する文献は驚くほど少ないが、William Bain, *Between Anarchy and Society: Trusteeship and the Obligations of Power* (Oxford, 2003), とりわけ大西洋憲章について chap. 5, 108-14 を見よ。非自治地域をめぐる手続きの発展について Yassin El-Ayouty, *The United Nations and Decolonization: The Role of Afro-Asia* (The Hague, 1971) を見よ。

26 Martin Duberman, *Paul Robeson: A Biography* (New York, 1989), 297 から引用。

27 Evan Luard, *A History of the United Nations*, 2 vols. (New York, 1982, 1989), それぞれ一九四五年から一九五五年、一九五五年から一九六五年を扱っている。また Jacobson, "The United Nations," and David W. Wainhouse, *Remnants of Empire: The United Nations and the End of Colonialism* (New York, 1964) を参照。

28 "A Family Quarrel': The Development of the Dispute over Indians in South Africa," *Historical Journal* 34, 3 (1991):

703-25; および "A Most Auspicious Beginning': The 1946 United Nations General Assembly and the Question of the Treatment of Indians in South Africa," *Review of International Studies* 16, 2 (April 1990): 131-153. さらに Mark Mazower, *No Enchanted Palace: The End of Empire and the Ideological Origins of the United Nations* (Princeton, 2009), chap. 4. を見よ。

29 U.N. Doc. A/C.1&6/SR.1-6(1946) and A/ PV.50-52 (1946). 例えば、カルロス・ロムロは両方の討論でインドの懸念に賛成して発言した。A/C.1&6/SR.3 (1946), 29-30, A/PV.51 (1946), 1028-30.

30 Malilyn Lake and Henry Reynolds, *Drawing the Global Colour Line: White Men's Countries and the International Challenge of Racial Equality* (Cambridge, 2008).

31 U.N. Gen. Ass. Res. 44 (I), December 8, 1946. 例えば R. B. Ballinger, "UN Action on Human Rights in South Africa," Evan Luard, ed., *The International Protection of Human Rights* (London, 1967) を見よ。

32 Ampiah, *The Political and Moral Imperatives*, 147. および Benjamin Rivlin, "Self-Determination and Colonial Areas," *International Conciliation* 501 (January 1955): 193271; Muhammad Aziz Shukri, *The Concept of Self-Determination at the United Nations* (Damascus, 1965); および Rupert Emerson, "Self-Determination," *American Journal of International Law* 65, 3 (July 1971): 459-75. D. N. Sharma, *The Afro-Asian Group in the United Nations* (Allahabad, 1969); David A. Kay, "The Politics of Decolonization: The New Nations and the United Nations Political Process," *International Organization* 21, 4 (Autumn 1967): 786-81; および Kay, *The New Nations in the United Nations, 1960-1967* (New York, 1970) から引用。

33 U.N. Doc. A/C.3/SR.292 (1950), 133.

34 U.N. Gen. Ass. Res. 421(V), December 4, 1950.

35 U.N. Doc. A/C.3/SR.361(1951), 84.

36 U.N. Doc. A/C.3/SR.362 (1951), 90.

37 U.N. Doc. A/C.3/SR.366(1951),115.

38 U.N. Doc. A/PV.375 (1952), 517-18.

39 U.N. Gen. Ass. Res. 545 (VI), February 5,1952. Leo Gross, “The Right of Self-Determination in International Law,” Martin Kilson, ed., *New States in the Modern World* (Cambridge, Mass., 1975). 国連における自決権をめぐる議論についてRoger Normand and Sarah Zaidi, *Human Rights at the UN: The Political History of Universal Justice* (New York, 2008), 212-224を見よ。

40 Louis Henkin, “The United Nations and Human Rights,” *International Organization* 19,3 (Summer 1965): 513.

41 Vernon Van Dyke, *Human Rights, the United States, and the World Community* (Oxford, 1970), 77.

42 Kay, *New Nations,* 87; Kay, “The Politics of Decolonization,” 820. 参照。 Hedley Bull and Adam Watson, eds., *The Expansion of International Society* (Oxford, 1984), とりわけ Bull's “The Revolt against the West” および R.J. Vincent's “Racial Equality.” を見よ。

43 U.N. Gen. Ass. Res.1514 (XV), December 14, 1960; Amilcar Cabral, “Anonymous Soldiers for the United Nations” (December 1962), *Revolution in Guinea: Selected Texts,* Richard Handyside 英語訳 (New York, 1969), 50-51. シャープビル事件後について U.N. Gen. Ass. Res. 1598 (XV), April 15, 1961, さらに 1663 (XVI), November 28, 1961; 1881 (XVIII), October 1, 1963; および 1978 (XVIII), December 17, 1963. コメントとしてBallinger, “UN Action,” Moses E. Akpan, *African Goals and Diplomatic Strategies in the United Nations* (North Quincy, 1976); および Audie Klotz, *Norms in International Relations: The Struggle against Apartheid* (Ithaca, 1995), とりわけ 44-55 を見よ。

44 U.N. Gen. Ass. Res. 1775 (XVII), December 7, 1962; 1904 (XVIII), November 20, 1963; 2106A (XX), December 21, 1965; および 2131 (XX), December 21,1965.

45 例えば Egon Schwelb, "Notes on the Early Legislative History of the Measures of Implementation of the Human Rights Covenants," *Mélange offerts à Polys Modinos: problème des droits de l'homme et de l'unification europeenne* (Paris, 1968); および Samuel Hoare, "The United Nations and Human Rights: A Brief History of the Commission on Human Rights," *Israel Year Book of Human Rights* 1 (1971): 29-30 を見よ。

46 ESC Res. 1235 (XLII) (1967) and Res. 1503 (XLVII) (1970); Schwelb, "Complaints by Individuals to the Commission on Human Rights: Twenty-Five Years of an Uphill Struggle (1947-1971)," *International Problems* 13, 1-3 (January 1974): 119-39 を参照。Ton J. M. Zuijdwijk, *Petitioning the United Nations: A Study in Human Rights* (New York, 1982). より広範な分析として、とりわけ the Commission on Human Rights' Sub-commission on Prevention of Discrimination, Jean-Bernard Marie, *La Commission des droits de l'homme de l'ONU* (Paris, 1975), Moses Moskowitz, *The Roots and Reaches of United Nations Actions and Decisions* (Alphen aan den Rijn, 1980); および Howard Tolley, *The United Nations Commission of Human Rights* (Boulder, 1987) を見よ。

47 W. E. B. *Du Bois on Asia: Crossing the World Color Line* (Jackson, 2005).

48 Penny M. von Eschen, *Race against Empire: African-Americans and Anticolonialism, 1937-1957* (Ithaca, 1997), 25-28.

49 Du Bois, *Color and Democracy: Colonies and Peace* (New York, 1945), および "The Negro and Imperialism" (1944) および "The Pan-African Movement", 両作品とも Du Bois, *W. E. B. Du Bois Speaks: Essays and Addresses 1920-1963*, ed. Philip S. Foner (New York, 1970). *Black and Red: W. E. B. Du Bois and the Afro-American Response to the Cold War*, 1944-1963 (Albany, 1986) を見よ。

50 Du Bois, "750,000,000 Clamoring," 3; Du Bois, *Color and Democracy*, 10-11, 43, 54, 73, 140-41.

51 Carol Anderson, *Eyes Off the Prize: The United Nations and the African American Struggle for Human Rights*

(Cambridge, 2003), chap. 1. Besides von Eschen, *Race*, 74-85, さらに Daniel W. Aldridge III, "Black Powerlessness in a Liberal Era: The NAACP, Anti-Colonialism, and the United Nations Organization 1942-1945," Douglas et al., eds., *Imperialism on Trial* and Marika Sherwood, "'There Is No New Deal for the Black Man in San Francisco': African Attempts to Influence the Founding Conference of the United Nations, April-July 1945," *International Journal of African Historical Studies* 29,1 (1996): 71-94 を見よ。

52 Anderson, *Eyes,* 93から引用。

53 Citations from ibid., 140; および David Levering Lewis, *W. E. B. Du Bois: The Fight for Equality and the American Century, 1919 -1963* (New York, 2000), 529; cf. 521-22, 528-34.

54 Du Bois, "Human Rights for All Minorities," 復刻版として *W. E. B. Du Bois Speakes,* においてデュボイスによるアピールの全文を復刻版。 George Streator, "Negroes to Bring Cause before U.N.," *New York Times,* October 12, 1947; および "U.N. Gets Charges of Wide Bias in U.S.", *New York Times,* October 24, 1947 も見よ。

55 von Eschen, *Race*, chap. 5; および Nikhil Singh, *Black Is a Country: Race and the Unfinished Struggle for Democracy* (Cambridge, Mass., 2004), chap. 4; および Mary Dudziak, *Cold War Civil Rights: Race and the Image of American Democracy* (Princeton, 2000), NAACP を見よ。

56 Ralph Bunche, "The International Trusteeship System," Trygve Lie, ed., *Peace on Earth* (New York, 1949); また、説得力のある分析として Lawrence S. Finkelstein, "Bunche and the Colonial World: From Trusteeship to Decolonization," Benjamin Rivlin, ed., *Ralph Bunche: The Man and His Times* (New York, 1990) を見よ。

57 Marjorie L. White and Andrew M. Manis, eds., *Birmingham Revolutionaries: Fred Shuttlesworth and the Alabama Christian Movement for Human Rights* (Macon, 2000) ケニヤッタとンクルマにかんして Horne, *Black and Red,* 79 を見よ。

58 Malcolm X, "The Ballot or the Bullet," *Malcolm X Speaks: Selected Speeches and Statements*, ed. George Breitman (New York, 1965), 34-35; 同上書 "The Black Revolution," from the same month, 52.

59 同上書 Malcolm X, "Letters from Abroad," 61. 55.

60 同上書 "Appeal to the African Heads of State," 75 また Malcolm X, *The Last Speeches*, ed. Bruce Perry (New York, 1989), 89, 181, and (with Alex Haley), *The Autobiography of Malcolm X* (New York, 1964), 207 を参照。

61 Robert L. Harris, "Malcolm X: Human Rights and the United Nations," James L. Conyers, Jr. and Andrew P. Smallwood, ed., *Malcolm X: A Historical Reader* (New York, 2008); および Thomas E Jackson, *From Civil Rights to Human Rights: Martin Luther King, Jr., the Struggle for Economic Justice* (Philadelphia, 2007) を見よ。

62 Roland J. Burke, "'The Compelling Dialogue of Freedom': Human Rights and the Bandung Conference," *Human Rights Quarterly* 28 (2006): 947-65 を参照のこと。

63 "Final Communique of the Asian-African Conference," George M. Kahin, *The Asian African Conference: Bandung, Indonesia, April* 1955 (Ithaca, 1956), 80.

64 Malik, "The Spiritual Significance of the United Nations," *Christian Scholar* 38, 1 (March 1955), 30; 復刻版として Walter Leibrecht, ed., *Religion and Culture: Essays in Honor of Paul Tilich* (New York, 1959), 353. および Charles Malik, "Appeal to Asia," *Thought* 26, 100 (Spring 1951): 9-24 and Cary Fraser, "An American Dilemma: Race and Realpolitik in the American Response to the Bandung Conference, 195s," Brenda Gayle Plummer, ed., *Window on Freedom: Race, Civil Rights, and Foreign Affairs, 1945-1988* (Chapel Hill, 2003), とりわけ 129-31 を参照。

65 Carlos P. Romulo, *The Meaning of Bandung* (Chapel Hill, 1956), また *Crusade in Asia* (New York, 1955), and *Contemporary Nationalism and the World Order* (New York, 1964) を見よ。

66 Charles Malik, "The Prospect for Freedom (address at honorary rectorial convocation, University of Dubuque, February 19, 1951), ページ番号なし。なお Carlos Romulo, "Natural Law and International Law," *University of Notre Dame Natural Law Institute Proceedings* 3 (1949): 121, 126 を見よ。

67 Kenneth Kaunda, *Speech by the Honorable Kenneth Kaunda, Fordham University* (Duquesne, 1963), 3.

68 Ullrich Lohrmann, *Voices from Tanganyika: Great Britain, the United Nations, and the Decolonization of a Trust Territory* (Berlin, 2008), とりわけ 28-38 and chaps.4-6 を参照。

69 Andreas Eckert, "African Nationalists and Human Rights, 1940s to 1970s," Stefan-Ludwig Hoffmann, ed. *A History of Human Rights in the Twentieth Century* (Cambridge, 2010).

70 Julius Nyerere, "Individual Human Rights" (September 1959), *Freedom and Unity: Uhuru na Umoja* (London, 1967), 70.

71 Nyerere, "Independence Address to the United Nations" (December 1961), 145-46. "The Courage of Reconciliation," とりわけ 282-83 を参照。

72 Nyerere, "The Arusha Declaration: Socialism and Self-Reliance," *Freedom and Socialism: Uhuru na Ujamaa* (New York, 1968), 132-33 を見よ。

73 Boris Mirkine-Guetzévitch, *Les constitutions de l'Europe nouvelle* (Paris, 1928), 35-40; および Mirkine-Guetzévitch, *Les constitutions euro peennes* (Paris, 1951), chap. 8. を見よ。Mirkine-Guetzevitch, *Les nouvelles tendances des Déeclarations des Droits de l'homme* (Paris, 1930, 1936) 参照。

74 要約として M. G. Gupta, "Fundamental Rights and Directive Principles of State Policy," Gupta, ed., *Aspects of the Indian Constitution,* 2nd ed. (Allahabad, 1964), とりわけ 114-21 を見よ。初期の立法動向の分析として Alan Gledhill, *Fundamental Rights in India* (London, 1955). B. R. Ambedkar, *States and Minorities: What Are Their Rights*

and How to Secure Them in the Constitution of Free India (Bombay, 1947) を見よ。

75 Charles O. H. Parkinson, *Bills of Rights and Decolonization: The Emergence of Domestic Human Rights Instruments in Britain's Overseas Territories* (Oxford, 2007); Ivor Jennings, *The Approach to Self-Government* (Cambridge, 1956), chap. 6 at 103.

76 Parkinson, *Bills of Rights*, 228-233; Ivo Ducachek, *Rights and Liberties in the World Today: Constitutional Promise and Reality* (Santa Barbara, 1973), chap. 1; および Dudziak, *Exporting American Dreams: Thurgood Marshall' s African Journey* (Oxford, 2008), appendix を見よ。

77 Kim Lane Scheppele, "The Migration of Anti-Constitutional Ideas: The Post-9/11 Globalization of Public Law and the International State of Emergency," Sujit Choudry, ed., *The Migration of Constitutional Ideas* (Cambridge, 2006), 350. Inis Claude, ed., *Comparative Human Rights* (Johns Hopkins, 1976) を見よ。

78 Stephen Howe, *Anticolonialism in British Politics: The Left and the End of Empire,* 1918-1964 (Oxford, 1993), とりわけ chaps. 5-7. Vidal-Naquet, *Torture, Cancer of Democracy: Algeria,* 1954-1962 (London, 1963) を見よ。

79 Sartre, "Preface," *Fanon,* 20-21.

80 例えば Eqbal Ahmad, "Revolutionary Warfare and Counterinsurgency," Norman Miller and Roderick Aya, eds., *National Liberation: Revolution in the Third World* (New York, 19); Régis Debray, *A Revolution in the Revolution? Armed Struggle and Revolutionary Struggle in Latin America,* trans. Bobby Oritz (New York, 1967) および *Che's Guerilla War*, trans. Rosemary Sheed (Baltimore, 1975); Gerard Chaliand, *Revolution in the Third World: Myths and Prospects* (1976; New York, 1977); および Pascal Bruckner, *The Tears of the White Man: Compassion as Contempt,* trans. William R. Beer (1983; New York, 1986). さらに Rony Brauman, ed., *Le Tiersmondisme en question* (Paris, 1986) を見よ。

81 Emerson, *From Empire to Nation: The Rise to Self-Assertion of Asian and African Peoples* (Cambridge, Mass., 1960); および Gilbert Rist, *The History of Development: From Western Origins to Global Faith*, new ed., trans. Patrick Camiller (London, 2002), chap. 9.

82 David H. Bayley, *Public Liberties in the New States* (Chicago, 1964), 142; S. Prakash Sinha, "Is Self-Determination Passé?" *Columbia Journal of Transnational Law* 12 (1973): 260-73.

83 Emerson, "The Fate of Human Rights in the Third World," *World Politics* 27, 2 (January 1975): 223; Arthur Schlesinger, Jr., "Human Rights: How Far, How Fast?" *Wall Street Journal*, March 4,1977; Louis Henkin, *The Rights of Man Today* (Boulder, 1978), 136; Daniel Patrick Moynihan, "The Politics of Human Rights, "*Commentary* 64, 2 (August 1977): 22. なお Elizabeth Peterson Spiro, "From Self-Determination to Human Rights: A Paradigm Shift in American Foreign Policy," *Worldview*, January-February 1977; および Sidney Liskofsky, "Human Rights Minus Liberty?" *Worldview*, July 1978 を参照。

第四章

1 Bronislaw Baczko, "The Shifting Frontiers of Utopia," *Journal of Modern History* 53.3 (September 1981): 468-475.

2 AJC William E. Wiener Oral History Collection, New York Public Library, Dorot Jewish Division, 22.

3 同上、25, 33, 35 "Curriculum Vitae", Moses Moskowitz Papers, White Plains, New York. Moskowitz, *Human Rights and World Order: The Struggle for Human Rights in the United Nations* (New York, 1958), *The Politics and Dynamics of Human Rights* (New York, 1968), *International Concern with Human Rights* (Leiden, 1972), *The Roots*

and Reaches of United Nations Decisions (Aalphen an den Rijn, 1980). the original 1963 proposal of Jacob Blaustein, "Human Rights: A Challenge to the United Nations and to Our Generation," Andrew W. Cordier and Wilder Foote, eds., *The Quest for Peace: The Dag Hammerskjold Memorial Lectures* (New York, 1965).

4 Lyman Cronwell White, *International Nongovernmental Organizations: Their Purposes, Methods, and Accomplishments* (New Brunswick,1951), vii, 261-66.

5 Sandi E. Cooper, "Peace as a Human Right: The Invasion of Women into the World of High International Politics," *Journal of Women's History* 14, 2 (May 2002): 9-25 および Catherine Foster, *Women for All Saums: The Story of the Women's International League for Peace and Freedom* (Athens, 1989).

6 "Evaluation of the United Nations Program of the American Jewish Committee" (February 1951), AJC RG 347. 1710, YIVO Archives, Center for Jewish History, New York, Gen-10, Box 73.

7 Jan Eckel, "'To Make the World a Slightly Less Wicked Place': The International League of the Rights of Man, Amnesty International USA and the Transformation of Human Rights Activism from the 1940s through the 1970s," 非公刊。

8 Baldwin の国際的市民的自由に対する関心は、当時、アメリカ自由人権協会に同調するよう説得しなかったものの、一九五〇年代に遡り、インドの独立と政治犯の釈放に対する彼の熱狂的な支持から始まった。Robert C. Cottrell, *Roger Nash Baldwin and the American Civil Liberties Union* (New York, 2000), chap. 13. Baldwin, "Some Techniques for Human Rights," *International Associations* 8 (1958): 466-469 を見よ。Roger S. Clark, "The International League of the Rights of Man", 非公刊。Clark, "The International League for Human Rights and South West Africa 1947-1957: The Human Rights NGO as Catalyst in the International Legal Process," *Human Rights Quarterly* 3, 4 (1981): 101-136. 評価のために一九七〇年代中頃、論文題目を変更した。Harry Scoble and Laurie Wiseberg, "The

International League for Human Rights: The Strategy of a Human Rights NGO," *Georgia Journal of International and Comparative Law* 7, Supp. (1977): 289-314, とりわけ 292-295, "Human Rights as an International League," *Society* 15, 1 (November/December 1977): 71-75 を参照。

9 テヘラン会議はほとんど報道されなかった。Drew Middleton, "Israel Is Accused at Rights Parley," *New York Times,* April 24, 1968. Sean MacBride, "The Promise of Human Rights Year," *Journal of the International Commission of Jurists* 9, 1 (June 1968): ii. Howard B. Tolley, Jr., *The International Commission of Jurists: Global Advocates for Human Rights* (Philadelphia, 1994).

10 Ethel C. Phillips, *You in Human Rights: A Community Action Guide for International Human Rights Year* (New York, 1968) および Stanley I. Stuber, *Human Rights and Fundamental Freedoms in Your Community* (New York, 1968), *To Continue Action for Human Rights* (Washington, 1969). 政策レベルの比較として John Carey, ed., *The International Protection of Human Rights* (Twelfth Hammarskjöld Forum) (New York, 1968).

11 Morris B. Abram, "The UN and Human Rights," *Foreign Affairs 47,* 2 (January 1969): 363-374 at 363; Moskowitz, *International Concern,* chap. 2, "Disappointment at Tehran,"13-23.

12 René Cassin, "Twenty Years of NGO Effort on Behalf of Human Rights," Charles Malik, "An Ethical Perspective," and O. Frederick Nolde, "The Work of the NGO's: Problems and Opportunities," in Conference of NGOs in Consultative Status, *Toward an NGO Strategy for the Advancement of Human Rights* (New York, 1968)22,99-100,111. Hersch, "Man's Estate and His Rights," 同上書 102. . W. J. Ganshof van der Meersch, "Droits de l'homme 1968," *Droits de l'homme 1,* 4 (1968): 483-490 および Gerd Kaminski, "La jeunesse, facteur de la promotion et de la réalisation du respect universel des droits de l'homme," *Droits de l'homme* 4, 1(1971):153-190.

13 Sir Egerton Richardson, "The Perspective of the Tehran Conference," *Toward an NGO Strategy,* 25; Germaine

Cyfer-Diderich, “Report of the General Rapporteur.”

14 H. G. Nicholas, *The United Nations as a Political Institution*, 5th ed. (Oxford, 1975) 148-149.

15 一九六〇年代半ばの古いスタイルのアメリカの国際主義の状態を示す興味深いバロメーターである。Richard N. Gardner, ed., *Blueprint for Peace: Being the Proposals of Prominent Americans to the White House Conference on International Cooperation* (New York, 1966).

16 Tom Buchanan, “‘The Truth Will Set You Free’: The Making Of Amnesty International,” *Journal of Contemporary History* 37, 4 (2002): 591 に引用。

17 Pax Christi については、Francois Mabille, *Les catholiques et la paix au temps de la guere froide* (Paris, 2004). Edward Duff, *The Social Thought of the World Council of Churches* (London, 1956).

18 Archer, “Action by Unofficial Organizations of Human Rights,” Evan Luard, ed., *The International Protection of Human Rights* (London, 1967); および Archer, *Human Rights*, Fabian Research Series 274 (London, 1969). を参照。

19 Peter Benenson, *Persecution 1961* (Harmondsworth, 1961), 152. MacBride(with Eric Laurent), *L’exigence de la liberte* (Paris, 1980), 163-170.

20 Arthur Danto との個人的コミュニケーションによる。

21 Jeremi Suri, Power and Protest: *Global Revolution and the Rise of Détente* (Cambridge, Mass., 2003).

22 Valery Chalidze, *To Defend these Rights: Human Rights in the Soviet Union*, trans. Guy Daniels (New York, 1974), 51

23 Benjamin Nathans, “The Dictatorship of Reason: Aleksandr Volpin and the Idea of Rights under ‘Developed Socialism,” *Slavic Review* 66, 4 (Winter 2007): 630-663.

24 See the partial translation in Peter Reddaway, ed., Peter Reddaway, ed., *Uncensored Russia: Protest and Dissent*

in the Soviet Union (New York, 1972), 53-54; Mark Hopkins, *Russia's Underground Press: The Chronicle of Current Events* (New York, 1983), 1, 26-27 も参照。

25 George Saunders, ed., *Samizdat: Voices of the Soviet Opposition* (New York, 1974), 365-369. Joshua Rubenstein, *Soviet Dissidents: Their Struggle for Human Rights* (Boston, 1980), 128-129. Chalidze, *The Soviet Human Rights Movement: A Memoir* (New York, 1984) も参照。

26 David Kowalewksi, "The Multinationalization of Soviet Dissent," *Nationalities Papers* 11, 2 (Fall 1983): 207.

27 Yakobson は Natalia Gorbanevskaya, *Red Square at Noon* (New York, 1972), 284 で引用。Orlov と Litvinov は、Phlip Boobyer, *Conscience, Dissent and Reform in Soviet Russia* (New York, 2005) 88, 75; 同上書 89。後年、リティヴィノフは「人権運動は、国家や社会構造の問題ではなく、政府の恣意的な行動に対する個人の防衛に全力を注いできた。この一見単純な使命に専念することで、活気を取り戻した知識人は、盲目的な信仰のユートピア的恥という古い知識人の悪癖を克服しつつある」と述べている。

28 *Progress, Coexistence and intellectual Freedom*, (New York, 1968), 42 を引用。彼は人間の人格の価値について誤った認識を抱いている（48）ので、彼の枠組みを今日人権に基づいたものとして解釈するのは時代錯誤である。Joshua Rubenstain, "Andrei Sakharov, the KGB, and the Legacy of Soviet Dissent," Rubenstain and Alexander Gribanov, eds, *The KGB File of Andrei Sakharov* (New Haven, 2005), 20 も参照。

29 Sakharov, *Memoirs*, 319, 彼は「私は、運動の歴史についてはほとんど知らず、Chalidz の法的なアプローチに賛成していた」と回想し、一九七一年五月の Anatoly Krasnov-Levitin の裁判で、彼が無視していた宗教の長期的抑圧に注目したことを述べた。Sakharov, *Sakharov Speaks*, 160-163 (New York, 1974) を参照。Aleksandr Solzhenitsyn, *The Nobel Lecture on Literature*, 英語訳として F. D. Reeve (New York, 1972), 30.

30 一九六〇年代に反植民地主義者が他の方法でこの考えを擁護していた時代には、一部のアメリカ人は国内の公民権を「人権」と呼んでいたが、マルコムXのように、このつながりが公民権の国際化を意味するとは理解していなかった。例えば、住宅と雇用における差別と闘う目的で設立されたニューヨーク州公民権局は、一九六八年に人権局に改名され、コロンビア大学の法学生たちは、同時に *Columbia Survey of Human Rights Law* を発刊した（三年後に *Columbia Human Rights law Review* に改名された）。これらの展開において、国内フォーラム以外での言及がまったくないこと、およびそのような言及をする必要がないという認識は、国際人権がその時点でアメリカの状況にほとんど影響を与えなかったことを証明している。

31 Hedrick Smith, "The Intolerable Andrei Sakharov," *New York Times Magazine*, November 4, 1973 Sakharov. この中で人権について言及されているのは、Sakharov が一九六六年に初めて公に反対の行動をとったのは、スターリン憲法記念日を記念してではなく、国際人権デーであったという誤った主張だけである。Sakharov, "Peace, Progress and Human Rights," *Alarm and Hope*, ed. Efrem Yankelevich and Alfred Friendly Jr. (New York, 1978).

32 Sakharov, "How I Came to Dissent," 英語訳として Guy Daniels, *New York Review of Books*, March 21, 1974.

33 Rado Liberty, *Register of Samizdat* (Munich, 1971). Felix Corley, "Obituary: Peter Dornan," *The Independent*, November 17, Union internationale de la Résistance et de la Déportation, *Droits de L'homme en U.R.S.S.*, 1972-1976, *Human Rights in the U.S.S.R.: Proceedings and Papers of the International Symposium on the 50th Anniversary of the U.S.S.R.* (Brussels, 1972), Christopher R. Hill, ed. *Rights and Wrongs: Some Essays on Human Rights* (London, 1969), Peter Reddaway *Prisoners of Conscience in the U.S.S.R: Their Treatment and Conditions* (London, 1975).

34 Kathleen Teltsch, "Human Rights Association Says Soviet Group Becomes Affiliate," *New York Times*, June 30, 1971.V. N. Chalidze, "Important Aspects of Human Rights in the Soviet Union, "(a translation from *Social Problems*) (AJC pamphlet, 1972).

35 優れた業績として Michael Scammell, "Notebook," *Index of Censorship* 1, 1 (Spring 1972): 7; 280 Sakharov, *Memoirs*, 288. Writers and Scholars International Stephen Spender "With Concern for Those Not Free" (*Times Literary* Supplement, October 1971, rpt.) *Index of Censorship* 1, 1 (Spring 1972): 11-16; および W. L. Webb and Rose Bell, eds., *An Embarrassment of Tyrannies: Twenty-Five Years of the Index of Censorship* (New York, 1998).

36 Kathryn Sikkink, "The Emergence, Evolution, and Effectiveness of the Latin American Human Rights Network," Elizabeth Jelin and Eric Hershberg, eds. , *Constructing Democracy: Human Rights, Citizenship, and Society in Latin America* (Boulder, 1996), 63. David F. Schmitz, *Thank God They're on Our Side: The United States and Right-Wing Dictatorships*, 1921-1965 (Chapel Hill, 1999).

37 優れた業績として J. Patrice McSherry, *Predatory States: Operation Condor and Covert War in Latin America* (Lanham 2005) および Jorge G. Castaneda, *Utopia Unarmed: The Latin American Left after the Cold War* (New York, 1993) を見よ。

38 John Duffett, ed., *Against the Crime of Silence: Proceedings of the Russell International War Crimes Tribunal* (New York, 1968); William Jerman, ed., *Repression in Latin America: Report on the First Session of the Second Russel Tribunal* (Nottingham, 1975); Arthur Jay and Judith Apter Klinghoffer, *International Citizens' Tribunals: Mobilizing Public Opinion to Advance Human Rights* (New York, 2002) を参照。

39 Vania Markarian, *Left in Transformation: Uruguayan Exiles and the Latin American Human Rights Networks*, 1967-1984 (New York 2005), 99 を参照。

40 同上書 , 141, 177-178.

41 Jose Cabranes, "Human Rights and Non-Intervention in the Inter-American System," *Michigan Law Review* 65, 6 (April 1967): 1175; キューバにかんして Anna P. Schreiber, *The Inter-American Commission on Human Rights*

(Leyden, 1970), chap. 6; およびブラジルにかんして Tom Farer, "The Rise of the Inter-American Human Rights Regime: No Longer a Unicorn, Not Yet an Ox," David J. Harris and Stephen Livingstone, eds., *The Inter-American system of Human Rights* (Oxford, 1998) 45. ドミニカ共和国大統領 Rafael Trujillo によるベネズエラ問題介入について不可侵の規範を侵害したことにかんして Inter-American Human Rights Commission, *Ten Years of Activities 1971-1981* (Washington, 1982) を参照。

42 Markarian, *Left in Transformation*, 78-79, 79 を引用。

43 Michel Bourdeaux, *Religious Ferment in Russia: Protestant Opposition to Soviet Religious Policy* (New York, 1968); Agostino Bono, "Catholic Bishops and Human Rights in Latin America," *Worldview*, March 1978; および Lawrence Weschler, *A Miracle, a Universe : Settling Accounts with Torturers* (New York, 1990), とりわけ 13, 26, 66 を参照。

44 Pamela Lowden, *Moral Opposition to Authoritarian Rule in Chile, 1973-1990* (Houndmills, 1996). Brian H. Smith, "Churches and Human Rights in Latin America: Recent Trends," *Journal of Interamerican Studies and World Affair* 21.1(1979):89-128. Margaret E. Crahan, "Catholicism and Human Rights in Latin America" (Institute for Latin American and Iberian Studies, Columbia University, 1989), および Emilio Mignone, *Witness to the Truth: The Complicity of Church and Dictatorship in Argentina, 1976-1983*, trans. Philip Berryman (Maryknoll, 1988).

45 Lowden, *Moral Opposition*, 146.

46 Eckel, "To Make the World", Buchanan, "Amnesty International in Crisis, 1966-7," *Twentieth-Century British History* 15, 3 (2004): 267-289 and, Rubenstein, "Amnesty International," *The New Republic*, December 18, 1976.

47 Amnesty International, *Amnesty International Report on Torture*, 1st ed. (London, 1973), 2nd ed. (London, 1975); チリにおける人権状況についてのシカゴ臨時調査委員会および国際司法裁判所について *New York Review of*

Books, May 30, 1974, アムネスティ・インターナショナルの専門家および上記委員会の報告書の復刻版として Antonio Cassese, ed., *The International Fight against Torture* (Baden-Baden, 1991). Ann Marie Clark, *Diplomacy of Conscience: Amnesty International and Changing Human Rights Norms* (Princeton, 2001), chap. 3, および Barbara Keys, "Anti-Torture Politics: Amnesty International, the Greek Junta, and the Origins of the Human Rights 'Boom' in the United States," Akira Iriye, et al, eds., *Human Rights in the Twentieth Century: An International History* (New York, forthcoming) を見よ。

48 David B. Ottaway, "The Growing Lobby for Human Rights," *Washington Post*, December 12, 1976. Washington Office on Latin America Lewis Diuguid, "Lobbying for Human Rights," *Worldview*, September 1978. 最新の研究成果として Marc Bossuyt, "The United Nations and Civil and Political Rights in Chile," *International and Comparative Law Quarterly* 27, 2 (April 1978): 462-471; 最新の研究成果として Jan Eckel, "'Under a Magnifying Glass': The International Human Rights Campaign against Chile in the 1970s," Stefan Ludwig Hoffmann, *A History of Human Rights in the Twentieth Century* (Cambridge, forthcoming).

49 Jeri Laber, *The Courage of Strangers: Coming of Age with the Human Rights Movement* (New York,2002), 7-8,73. Rose Styron, "Torture, The New Republic, December 8, 1973; and later, "Torture in Chile," *The New Republic*, March 20, 1976. Laber は一九六〇年代後半にソに関するジャーナリズム記事を書いていたが、一九七〇年代半ばには、アメリカの観察者がその問題に取り組み始め、Siniavsky と Solzhenisyn との論争が公になる直前に、Sakharov の非自由主義的態度に対して厳しい懐疑的な見方をしていたことで知られるようになった。Laber, "The Trial Ends," *The New Republic*, March 19, 1966; "Indictment of Soviet Terror," *The New Republic*, October 19, 1968; "The Selling of Solzhenitsyn," *Columbia Journalism Review* 13, 1 (May/ June 1974): 4-7; "The Real Solzhenitsyn," *Commentary*, May 1974. Laber, "The 'Wire Skeleton' of Vladimir Prison," *New York Times*, November 9,

1974; and later, Laber, "Torture and Death in Paraguay," *New York Times*, March 10, 1976 を見よ。

50 Laber, *Courage*, 74.

51 Korey, "Good Intentions," *The New Republic*, August 2, 1975.

52 Floribert Baudet, "'It Was Cold War and We Wanted to Win': Human Rights, 'Détente,' and the CSCE," in Andreas Wenger et al., eds., *Origins of the European Security System: The Helsinki Process Revisited, 1968-1975* (New York, 2008), 183, Jussi M. Hanhimaki, "'They Can Write It in Swahili': Kissinger, the Soviets, and the Helsinki Accords, 1973-1975," *Journal of Transatlantic Studies 1*, 1 (2003): 37-58; Michael Cotey Morgan, "The United States and the Making of the Helsinki Final Act," in Fredrik Logevall and Andrew Preston, eds., *Nixon in the World: American Foreign Relations, 1969-1977* (New York, 2008); および Jeremi Suri, "Détente and Human Rights: American and West European Perspectives on International Change," *Cold War History* 8, 4 (November 2008), 545-573. The Davignon Report は、James Mayall and Cornelia Navari, eds., *The End of the Post-War Era: Dorunments on Great Power Relations 1968-1975* (Cambridge, 1980); Oliver Bange and Gottfried Niedhart, *Helsinki 1975 and the Transformation of Europe* (New York, 2008) 所収。

53 Korey の見解は、のちに記録に残るヘルシンキ・プロセスに身を投じながらも、国連に対して辛辣なものであった。Korey, "The U. N.'s Double Standard on Human Rights," *Washington Post*, May 22, 1977, "Final Acts and Final Solutions," *Society* 15, 1 (November 1977): 81-86. なお Suzanne Bastide, "The Special Significance of the Helsinki Final Act," Thomas Buergenthal, ed., *Human Rights, International Law, and the Helsinki Accord* (Montclair, 1977) を参照。

54 ウクライナ、リトアニア、ジョージア、アルメニアでも同様のグループが続いた。Ludmilla Alexeyeva, *Soviet Dissent: Contemporary Movements for National, Religious, and Human Rights*, Carol Pearce and John Glad trans.

Carol Pearce and john Glad (Middletown, 1989), 335-349.

55 Rachard Bilder, "Human Rights and U. S. Foreign Policy: Short-Term Prospects," *Virginia Journal of International Law* 14 (1973-1974): 601.

56 U.S. House of Representatives, *International Protection of Human Rights: The Work of International Organizations and the Role of U.S. Foreign Policy* (Washington, D. C., 1974), および *Human Rights in Chile* (Washington, D. C., 1974-1975)., *Human Rights in the World Community: A Call for U.S. Leadership* (Washington, D.C. 1974) および David Binder, "U.S. Urged to Act on Human Rights," *New York Times*, March 28, 1974. Donald M. Fraser, "Human Rights at the U. N.," *The Nation*, 284 September 21,1974. Patrick Breslin, "Human Rights: Rhetoric or Action?" *Washington Post*, February 17, 1977. ほかには Barbara Keys, "Kissinger, Congress, and the Origins of Human Rights Diplomacy," *Diplomatic History*（近刊）, Howard Washawsky, "The Department of State and Human Rights Policy: A Case Study of the Human Rights Bureau," *World Affairs* 142 (1980): 118-215.

57 Dorothy Fosdick, ed., *Henry M. Jackson and World Affairs: Selected Speeches*, 1953-1983 (Seattle, 1990), 186, および Part V.Sakharov, Jackson-Vanik, 復刻版として *Sakharov Speaks*, 211-215.

58 ソビエトのユダヤ人の大義にかんするもっとも優れた背景史の業績として Albert D. Chernin, "Making Soviet Jews an Issue: A History," Chernin and Murray Friedman, eds., *A Second Exodus: The American Movement to Free Soviet Jews* (Hanover, 1999). 同じく Yossi Klein Halevi, "Jacob Birnbaum and the Struggle for Soviet Jewry," *Azure* (Spring 2004): 27-57. Karal Vasak and Sidney Liskofsky, *The Right to Leave and to Return: Papers and Recommendations of the International Colloquium Held in Uppsala, Sweden, 19-20 June 1972* (New York, 1976);Yoram Dinstein, "The International Human Rights of Soviet Jewry," *Israel Yearbook on Human Rights 2* (1972): 194-210. Henry L. Feingold, "*Silent No More*": *Saving the Jews of Russia, the American Jewish Effort, 1967-*

1989 (Syracuse, 2007), 200.

59 確かに、ジェラルド・フォードの国連大使を務めた同盟者モイニハンが、人権が第三世界主義的で反体制的な言語になり、保護的な「図書館」ではなくなったことを、大統領になる直前に発見したことも重要だった。しかし、国連での反植民地主義的な言語の使用（彼にとって、その使用はソ連主導で全体主義的だった）のこの公然の発見が、アメリカの外交政策の新たな大きな代替語彙の前兆であったという証拠はない。Daniel Patrick Moynihan, "The Politics of Human Rights," *Commentary* 64, 2 (August 1977): 22; David E. Rosenbaum, "Democrats Back Call in Platform for Soviet Amity," *New York Times*, June 14, 1976. Moynihan, "The United States in Opposition," *Commentary* 59, 3 (March 1975): 31-45; および Daniel Sargent, "From Internationalism to Globalism: The United States and the Transformation of International Politics in the 1970s" (Ph. D. diss., Harvard University, 2008), 454-477 Barry Rubin, "Human Rights and the Equal Time Provision," *Worldview* 23, 3 (March 1977): 27-28.

60 Elizabeth Drew, *American Journal: The Events of 1976* (New York, 1977), 291; 296も参照。

61 九月のB'nai'一〇月のノートルダム大学での演説以前の短いスピーチは削除されている。*The Presidential Campaign 1967*, 3 vols. (Washington, 1978), 1: 709-714, 993-998.Carter, "The American Road to Human Rights Policy," Samantha Power and Graham Allison, eds., *Realizing Human Rights: Moving from Inspiration to Impact* (New York, 2000).

62 サンチャゴにおける米州機構の会合において「ヘンリーは、過去18か月間に人権にかんして非常に長い道のりを歩んできた」とあるアメリカの高官が、一九七六年六月のキッシンジャーの「意味のある人生の本質そのもの」としての人権にかんする驚くべき大胆な主張を振り返って述べた。"A Harsh Warning On Human Rights," *Time*, June 21, 1976. 彼が絶えず援用した内容は Hugh M. Arnold, "Henry Kissinger and Human Rights," *Universal Haman Rights* 2, 4 (1980): 57-71を見よ。

63 Gaddis Smith, Morality, *Reason, and Power: American Diplomacy in the Carter Years* (New York, 1986), 242.

64 Arthur Schlesinger, "Human Rights and the American Tradition," *Foreign Affairs* 57, 3 (1979), 514; James Reston, "The Sakharov Letter," *New York Times,* February 20,1977. Brzezinski, *Power and Principle; Memoirs of the National Security Adviser, 1977-1981* (New York, 1983), 125を見よ。

65 Solzhenitsynにとってはデタントの危機を反映していると解釈された。Richard Steele, "What Price Détente?" *Newsweek,* July 28, 1977. Gwertzman, "Sakharov Sends Letter to Carter Urging Help on Rights in Soviet [Union], " *New York Times,* January 29, 1977; および Christopher S. Wren, "Sakharov Receives Carter Letter Affirming Commitment on Rights," *New York Times,* February 18, 1977. および Anthony Lewis, "A Craving for Rights," *New York Times,* January 21, 1977. William Safire, "Rejected Counsel," *New York Times,* February 3, 1977も参照。

66 「人権ブームの時代」についてコメントしたある懐疑論者は、オーウェンの口調を「やや堅苦しい……新進気鋭の牧師を彷彿とさせる」と評した。Alan Watkins, "Awkward People Insist on Rights," *The Observer,* June 5, 1977. さらに Patrick Keatley, "Owen Champions Human Rights," *The Guardian,* March 4, 1977; Richard Norton-Taylor, "Foreign Office Seeks Human Rights Policy," *The Guardian,* May 4, 1977; "Stand on Rights by Owen," *The Guardian,* October 11, 1977; David Owen, *Human Rights* (London, 1978)も見よ。

67 Drew, "A Reporter at Large: Human Rights," *The New Yorker,* July 18, 1977; Carter, "Human Rights and Foreign Policy," *Public Papers of the Presidents: Jimmy Carter,* 1977, 2 vols. (Washington, 1977-1978); Cyrus Vance, "Human Rights and Foreign Policy," *Georgia Journal of International and Comparative Law* 7 (1977): 223-229; Cohen. 引用として Teltsch, "Human Rights Groups Are Riding a Wave of Popularity," *New York Times,* February 28, 1977. 論評として C. L. Sulzberger, "Where Do We Go Now?" *New York Times,* February 20, 1977. および Robert G. Kaiser, "Administration Still Groping to Define Human Rights," *Washington Post,* April 16, 1977. *The*

Boston Globe の特集記事 ("The Carter Crusade for Human Rights," March 13, 1977), *Time* ("The Push for Human Rights," June 20, 1977).

68 Chalidze は Sakharov との書簡でこのリスクを認識し、直ちに公平な政策を助言した。Chalidze, "Dealing with Human Rights on a Global Scale," *Washington Post*, February 23, 1977. Graham Hovey, "Carter Denies U. S. Singles Out Soviet in Rights Protests," *New York Times*, February 24, 1977. "Human Rights: Other Violators," Time, March 7, 1977; および Henry Fairlie, "Desaparecidos," *The New Republic*, April 9, 1977. および Breslin, "Human Rights," Robert A. Strong, *Working in the World: Jimmy Carter and the Making Of American Foreign Policy* (Baton Rouge, 2000), chap. 3, "A Tale of Two Letters: Human Rights, Sakharov, and Somoza." を参照。

69 Walter Laqueur, "The Issue of Human Rights," *Commentary*, May 1977; Noam Chomsky, *"Human Rights" and American Foreign Policy* (Notingham, 1978), ix (dating), 67 (quotation). および Chomsky and Edward Herman, "The United States versus Human Rights," *Monthly Review*, August 1977. および Wm. F. Buckley, Jr., "Mr. Carter's Discovery of Human Rights," *National Review*, April 1, 1977; 19 を参照。

70 Richard Steele, "The Limits of Morality," *Newsweek*, March 7, 1977; "The Soviets Hit Back on Human Rights," *Time*, March 14, 1977; Richard Steele, "Testing Carter," *Time*, April 11, 1977; David Binder, "Carter Said to See No Immediate Gains in Ties with Soviets," *New York Times*, June 26, 1977.

71 Christopher Whipple, "Human Rights: Carter Backs Off," *Newsweek*, October M, 1977; Tracy Early, "A Campaign Quickly Canceled," および Patricia Derian, "A Commitment Sustained," "両論文とも *Worldview*, July-August 1978. Derian, "Human Rights and American Foreign Policy," *Universal Human Rights 1*, 1 (January 1979): 1-9.

72 ノートルダム大学学長で Commission on Civil Rights 会員の Theodore hashburgh は一九六八年のテヘラン会議においてバチカンを代表し、一九七一年の議会公聴会において市民的権利の必須の社会経済的基盤について「私たちは、この国の市民権にかんする問題で、人権の観点から直面すべき一種の分水嶺に差し掛かっています」と証言した。Hesburgh, “The Commission on Civil Rights and Human Rights,” *Review of Politics 34*, 3 (July 1972): 303. Hesburgh, *The Humane Imperative* (New Haven, 1974), chap. 3, “Human and Civil Rights.” Cass Sunstein, *The Second Bill of Rights: FDR's Unfinished Revolution and Why We Need It More Than Ever* (New York, 2006), chap. 9.

73 Sean Wilentz, *The Age of Reagan*, 1974-2008 (New York, 2008), chap. 3. 288.

74 Ronald Steel, “Motherhood, Apple Pie, and Human Rights,” *The New Republic*, June, 4, 1977.

75 Carter, “Human Rights,”1956; Drew, “A Reporter.”

76 Vaclav Havel, “The Power of the Powerless,” *Open Letters: Selected Writings, 1965-1990* (New York, 1992), 127.

77 ハヴェルの一九六八年四月の演説は「反対派の主題について」である。“On the Theme of an Opposition,” *Open Letters*, とりわけ 31 を見よ。奇妙なことに、彼は一九六八年の夏に、ドゥプチェクを、より従順なグスタフ・フサークに代えるのは正しいことだと手紙で述べているが、その理由は不明である。John Keane, *Vaclav Havel : A Political Tragedy in Six Acts* (New York, 2000), 221.

78 Havel, *Disturbing the Peace: A Conversation with Karel Hvizdala*, trans. Paul Wilson (New York, 1990) 119-122; Havel, “Second Wind” (1976), *Open Letters*, 8. Vladimir V. Kusin, *From Dubïek to Charter 77: A Study of “Normalization” in Czechoslovakia, 1968-1978* (New York, 1978) を見よ。Havel, “Letter to Dr. Husak,” *Open Letters and, for sources*, Alexandra Laignel-Lavastine, *Jan Patoika: l'esprit de la dissidence* (Paris, 1998); または Aviezer Tucker, *The Philosophy and Politics of Czech Dissidence* (Pittsburgh, 2000) を見よ。

79 Havel, “The Power of the Powerless,” *Open Letters*, 202-203, 159, 165, 183.

80 同上、207-208. これらのテーマは、数年後の Havel の “Politics and Conscience” および “*Open Letters*” においてさらに顕著となる。筆者は、Havel の「post-」の使用に代わって “totalitarianism” に言い換えた。

81 同上、136, 188-189,191. 念のために、Havelは「『合法性』と呼ばれるもののための闘争は、実際の生活の背景に対してこの合法性を常に見据えておかなければならない」と付け加えている。同上、192.

82 Havel, "Power," 148, 152, 154, 157, 164, 197; Michnik, "The New Evolutionism," *Survey* 22 (Summer/Autumn 1976), 149. 復刻版としてMichnik, *Letters from Prison and Other Essays* (Berkeley, 1985). Bendaについては"The Parallel 'Polis,'" H. Gordon Skilling and Paul Wilson, eds., *Civic Freedom in Central Europe: Voices from Czechoslovakia* (Basingstoke, 1991)を見よ。Hajekについては"Human Rights, Peaceful Coexistence, and Socialism," Skilling, ed., *Charter 77 and Human Rights in Czechoslovakia* (London, 1981), 226を見よ。なおHajek, "The Human Rights Movement and Social Progress," Keane, ed., *The Power of the Powerless; Citizens against the State in Central-Eastern Europe* (Armonk,1985). David Ost, *Solidarity and the Politics of Anti politics: Opposition and Reform in Poland since 1968* (Philadelphia,1990)を参照。

83 Havel, "Power," 148, 161, 180-181. Jan Patoika, "What Charter 77 Is and What It Is Not," Skilling, ed., *Charter 77*, 218.

84 Havel, "Power," 151, 157, 162, 205; George Konrad, *Antipolitics: An Essay* (New York, 1984), およびTony Judt, "The Dilemmas of Dissidence: The Politics of Opposition in East-Central Europe," *East European Politics and Society* 2, 2 (1988): 240.

85 チェコ（スロバキアとは逆に）のカトリック教会の特異性について、Benda, "Catholicism and Politics," in Keane, ed., *Power*: on Poland, Jacques Rupnik, "Dissent in Poland, 1968-1978: The End of Revisionism and the Rebirth of Civil Society," Rudolf L. Tökés, ed., *Opposition in Eastern Europe* (Baltimore, 1979) 78-79, 90を見よ。Michnik, *The Church and the Left*, ed., David Ost 英語訳 (Chicago, 1993). *Dissent In Poland: Reports and Documents in Translation* (London, 1977), 15-17.

86　このつながりは、カーターが一九七二年に資金提供を受けたノートルダム大学の市民権センターの招待を受け入れたキャンペーン中にすでに構築されていたが、一九七六年にドイツ法の専門家であるドナルド・コマースが新しいディレクターとなり、フォード財団からの多額の助成金のおかげでセンターを国際人権の方向に動かすことを決意した。ノートルダム大学の学長（および著名な民主党全国委員会の委員）であるテオドア・ハスバーシュに彼が説明したように、「国連および海外で三〇年以上にわたって公開討論が行われてきたが、人権に関する国際的な関心事とその目的や目標は、世界の最前線ではほとんど馴染みのない領域のままである。イデオロギーの力としての原動力の探求は始まったばかりだ」。カーターと法学部の教授陣は、「私たちにできることはたくさんある。そして、このセンターは、依然として非常に重要な国内の公民権のみに焦点を当てることから、すべての人権というより広い概念へと目標を転換すると信じている。これが迅速に行われることを願っている。そして、私と選出された学長が、不完全であると認める世界で何ができるかを絶えず再評価するための先駆者となれるよう、私たち自身と世界に貢献する」と述べた。その後、コマースは、一九七七年四月に人権にかんする画期的な会議を組織することになり、カーターは翌月の卒業式のスピーチでその会議に言及した。Notre Dame Archives, UDIS 39/1-3. For Carter's public talk in October, *The Presidential Campaign 1976*, 996. For the conference, Donald P. Kommers and Gilburt D. Loescher, eds., *Human Rights and American Foreign Policy* (Notre Dame, 1979) を見よ。

87　宗教的所属と存続については、神学者ユーゲン・モルトマンの人権に対する自由主義的所属を挙げなければならない。アメリカにおける具体的なキリスト教活動にかんして Jan Milic Lochman and Jurgen Moltmann, eds., *Gottes Recht und Menschenrechte* (Neukirchen, 1976), Allen O. Miller, ed., *A Christian Declaration of Human Rights* (Grand Rapids, 1977). David Hollenbach, *Claims in Conflict: Retrieving and Renewing the Catholic Human Rights Tradition* (New York, 1979) および Edward Norman, *Christianity and the World Order* (Oxford, 1979), chap. 3, "A New Commandment: Human Rights." Lowell Livezey, *Non-governmental Organizations and the Ideas of Human Rights*

(Princeton, 1988) 310 を参照。

88 Callum G. Brown, "The Secularisation Decade: What the 1960s Have Done to the Study of Religious History," Hugh McLeod and Werner Usdorf, eds., *The Decline of Christendom in Western Europe, 1750-2000* (Cambridge, 2003) および McLeod, *The Religious Crisis of the 1960s* (New York, 2007) を見よ。

89 Czechoslovakia にかんして Vladimir V. Kusin, "Challenge to Normalcy; Political Opposition in Czechoslovakia, 1968-1977," Tokes, ed., *Opposition,* 44-51; Tokés,ed., *Eurocommunism and Detente* (New York, 1978); Wolfgang Leonhard, *Eurocommunism: Challenge for East and West,* Mark Vecchio 英語訳 (New York, 1978); Leszek Kolakowski, *Towards a Marxist Humanism: Essays on the Left Today,* Jane Zielonko Peel 英語訳 (New York, 1968), 70-71; および "Marxism and Human Rights," *Daedalus* 112, 4 (Fall 1983): 81-92. 英語訳として *The Road to Disillusion: From Critical Marxism to Postcommunism in Eastern Europe* (Armonk, 1992).

90 Robert Horvath, "'The Solzhenitsyn Effect': East European Dissidents and the Demise of the Revolutionary Privilege," *Human Rights Quarterly 29* (2007): 879-907 を参照。

91 Michael Scott Christofferson, *French Intellectuals against the Left: The Antitotalitarian Moment of the 1970s* (New York, 2004), chap. 4. メディア報道に加えて Tania Mathon and Jean-Jacques Marie, eds., *L'affaire Pliouchtch* (Paris, 1976); trans. Marite Spiets et al. Plyushch, Marite Spiets et al. (Boulder,1976); 例えば Roy Medvedev et al., *Detente and Socialist Democracy* (London, 1975), *Newsweek dossier,* Fred Coleman, "Loyal Opposition," *Newsweek,* June 20, 1977.

92 Andre Glucksmann, "Le Marxisme rend sourd," *Le Nouvel Observateur,* March 4, 1974; *La cuisiniere et le mangeur d'hommes* (Paris, 1975); および *Les maitrespenseurs* (Paris, 1977). Bernard-Henri Levy, "Le vrai crime de Soljenitsyne," *Le Nouvel Observateur,* June 30, 1975; Lévy, *Barbarism with a Human Face,* trans. George Holch-

George Holoch (1977; New York, 1979), 197.

93 Arnaud de Borchgrave, "Giscard Speaks Out," *Newsweek,* July 25, 1977. Andrei Amalrik Craig R. Whitney, "Carter Rights Stand Worries Europe," *New York Times,* March 5, 1977, および Hella Pick, "Europe Wants Cooler Carter," *The Guardian,* March 9, 1977.

94 Jelia Kristeva, "Un nouveau type d'intellectual: le dissident," *Tel Quel* 74 (Winter 1977): 3-8; Dominique Lecourt, *Dissidence ou revolution* (Paris, 1978) Marcel Gauchet, "Les droits de I'homme ne sont pas une politique," *Le Debat* 3 (July August 1980): 3.

95 Milan Simecka, "A World with Utopias or Without Them," Peter Alexander and Roger Gill, eds., *Utopias* (London, 1984), 175, Henri Vogt, Berween: *Utopia and Disillusionment: A Narrative of Political Trans formation in Eastern Europe* (New York, 2005), 77.

96 "Doing without Utopias: An Interview with Vaclav Havel," *Times Literary Supplement,* January 23, 1987. C. Kolakowski, "The Death of Utopia Reconsidered" (1982), *Modernity on Endless Trial* (Chicago, 1997) 所収。

97 Laber, Courage; *Taking Liberties: Four Decades in the Struggle for Rights* (New York, 2003),Korey, *Taking On the World's Repressive Regimes: The Ford Foundations International Human Rights Policies and Practices* (New York, 2007).

98 Peter G. Brown and Douglas MacLean, *Human Rights and U.S. Foreign Policy* (Lexington, 1979); なお政策立案について Sandy Vogelgesang, "What Price Principle? U. S. Policy on Human Rights," *Foreign Affairs* 56, 4 (July 1978): 8-9, 841 および Vogelgesang, *American Dream, Global Nightmare: The Dilemmas of U. S. Human Rights Policy* (New York, 1980). さらに Natalie Kaufman Hevener, ed., *The Dymamics of Human Rights in U. S. Foreign Policy* (New Brunswick, 1981); および Joshua Muravchik, *The Uncertain Crusade: Jimmy Carter and the Dilem-*

mas of Human Rights Policy (New York, 1986). Irving Kristol, "The 'Human Rights' Muddle," *Wall Street Journal,* March 20, 1978を見よ。

99 Bradley Simpsonの指摘について "Denying the 'First Right': The United States, Indonesia, and the Ranking of Human Rights by the Carter Administration, 1976-1980" *International History Review* 31, 4 (December 2009): 788-826, Kenton Clymer, "Jimmy Carter, Human Rights, and Cambodia," *Diplomatic History* 27, 2 (April 2003): 245-278.

100 Fox Butterfield, "Peking's Poster Warriors Are Not Just Paper Tigers," *New York Times,* November 26,1978. Rosemary Foot, Rights Beyond Borders: *The Global Community and the Struggle over Human Rights in China* (New York, 2000). *The Times of Harvey Milk,* dir. Rob Epstein (1984); "Battle over Gay Rights," *Newsweek,* June 6, 1977.

101 Sakharov, "The Human Rights Movement in the USSR and Eastern Europe: Its Goals, Significance, and Difficulties," *Trialogue,* January 1979, 復刻版として Alexander Babyonyshev, ed., *On Sakharov* (New York, 1982), 259. Jerome J. Shestack, "Sisyphus Endures: The International Human Rights NGO," *New York Law School Law Review* 24, 1 (1978): 89.

第五章

1 Paul W. Kahn, *Sacred Violence: Torture, Terror and Sovereignty* (Ann Arbor, 2008), 49.

2 Jack Goldsmith and Eric Posner, *The Limits of International Law* (Oxford, 2005); Oona Hathaway, "Do Human

Rights Treaties Make a Difference?" *Yale Law Journal* 111, 8 (June 2002): 1870-2042; and Richard Burchill, "International Human Rights Law: Struggling between Apology and Utopia," Alice Bullard, ed., *Human Rights in Crisis* (New York, 2008).

3 Martti Koskenniemi, *From Apology to Utopia: The Structure of International Legal Argument* (1989; Cambridge, 2005); および *The Gentle Civilizer of Nations; and Fall of International Law* (Cambridge, 2002)

4 Reva Siegel, "The Juris generative Role of Social Movements in U. S. Constitutional History," Seminario en Latino America de Teoria Constitutional Politica, 2004.

5 William B. Ziff, *The Gentlemen Talk of Peace* (New York, 1944), Hans Kelsen, *Law and Peace in International Relations* (Oliver Wendell Holmes Lecture, 1940-1941) (Cambridge, Mass., 1942); および Kelsen, *Peace through Law* (Chapel Hill, 1944).

6 "Future of International Law," *Transactions of the Grotius Society* 27 (1941): 289-312; Carnegie Endowment, *The International Law of the Future* (Washington, 1944), また *American Journal of International Law Supplement* 38, 2 (1944): 41-139, および *International Conciliation* 399 (April 1944): 251-381. E.Corbett, "World Order: An Agenda for Lawyers," *American Journal of International Law* 37, 2 (April 1943): 207-221; and Manley O. Hudson, 'The International Law of the Future,' *American Journal of International Law* 38,2 (April 1944): 278-281."Design for a Charter of the General Inter-national Organization". "Design," *American Journal of International Law Supplement* 38, 4 (October 1944): 203-216.

7 Andre Mandelstam, "La Declaration des droits internationaux de I'homme, adoptee par I'Institut de droit international, "*Revue de droit international* 5 (1930): 59-78; Mandelstam, *Les Droits internationaux de I'homme* (Paris, 1931); George A. Finch, "The International Rights of Man," *American Journal of International Law* 35, 4 (October

1941): 662-665. Dzovinar Kevonian, "Exiles politiques et avenement du' droit humain': La pensee juridique d'Andre Mandelstam (1869-1949)," *Revue d'histoire de la Shoah* 177-178 (January August 2001): 245-273.

8 J. C. Brierly, *The Outlook for International Law* (Oxford, 1944); Cecil J. B. Hurst, "Foreword," *International Law Quarterly* 1, 1 (Spring 1947): 1.

9 Philip C. Jessup, "International Law in the Post-War World," *Proceedings of the American Society of International Law* 36 (1942): 46-50; Quincy Wright, "Human Rights and World Order," *International Conciliation* 389 (April 1943): 238-262; Clyde Eagleton, *Proceedings of the American Society of International Law* 40(1946): 29.

10 UN Charter, Art. 13; William Jowitt, "The Value of International Law," *International Law Quarterly* 1, 3 (Autumn 1947): 299; Eagleton, "International Law and the Charter of the United Nations," *American Journal of International Law* 39,4 (October 1945): 752.

11 Ulrich Scheuner, "Naturrechtliche Stromungen im heutigen Volkerrecht," *Zeitschrift fur auslandisches Offentliches Recht und Volkerrecht* 13(1950-1951):556-614. Johannes Messner, "The Postwar Natural Law Revival and Its Outcome," *Natural Law Forum* 4 (1959): 101-105. René Dollot, "L'organisation politique mondiale et le déclin de la souveraineté," *Revue genérale de droit international public* 51(1947): 28-47. Marcel Waline, *L'individualisme et le droit (lectures given 1943-1944* (Paris, 1945). Morris Ginsberg, "The Persistence of Individualism in the Theory of International Relations" (lecture of December 1944), *International Affairs* 21, 2 (April 1945): 155-167 at 163.

12 George W. Keeting and Georg Schwarzenberger, *Making International Law Work,* 2nd ed. (London, 1946), 109-110; W. Harvey Moore, "The International Guarantee of the Rights of Man," *International Law Quarterly* 1, 4 (Winter 1947): 516; Corbett, "Next Steps after the Charter: An Approach to the Enforcement of Human Rights," *Commentary* 1 (November 1945): 21-29.

13 Hudson, "Integrity of International Instruments," *American Journal of International Law* 42, 1 (January 1948): 105. American Association for the United Nations Shelley v. Kraemer, 334 U. S. 1(1948) Paul Sayre, "*Shelley v. Kraemer* and United Nations Law," *Iowa Law Review* 34, 1 (November 1948): 1-12. Hudson, "Charter Provisions on Human Rights in American Law," *American Journal of International Law* 44, 3 (July 1950): 543-548. Mintauts Chakste, "Justice and Law in the Charter of the United Nations," *American Journal of International Law* 42, 3 (July 1948): 590-600 を見よ。

14 Hersch Lauterpacht, *An International Declaration on the Rights of Man* (New York,1945). "The Law of Nations and the Individual," *Transactions of the Grotius Society* 30 (1944): 68. Compare A. W. B. Simpson, "Hersch Lauterpacht and the Genesis of the Age of Human Rights," *Law Quarterly Review* 120 (January 2004): 49-80 at 69-74. 同じく Koskenniemi, *Gentle Civilizers*, chap. 5 および "Hersch Lauterpacht (1897-1960)," Jack Beatson and Reinhard Zimmerman, *Jurists Uprooted; German speaking Emigré Lawyers in Twentieth-Century Britain* (Oxford,2004).

15 Lauterpacht, *International Law and Human Rights* (New York, 1950), 412, 166. Lauterpacht, "Towards an International Bill of Rights," *The Listener* 42, 1084 (3 November 1949), 復刻版として *International Law: Being the Collected Papers of Hersch Lauterpacht*, 5 vols. (Cambridge, 1970-2004), 3: 410-415: Karl Josef Partsch, "Internationale Menschenrechte," *Archiv des of fentlichen Rechts* 74(1948): 158-190. 控えめな楽観主義として André Salomon, *Le préambule de la Charte, base idéologique de l'O. N.U.* (Geneva, 1946); および Lawrence Preuss, "Article 2, Paragraph 7 of the United Nations and Matters of Domestic Jurisdiction," *Recueil des cours de l'Academie du droit international [hereafter Recueil des cours]* 74 (1949): 557-653. Nehemiah Robinson, *The Universal Declaration of Human Rights: Its Origin, Significance, Application, and Interpretation, rev. ed.* (New York, 1958), Part II.

16 L. B. Schapiro, review of Brunet, *International Law Quarterly* 1, 3(Autumn 1947): 398. Lauterpacht L. C. Green,

review of Lauterpacht, *International Law Quarterly* 4, 1 (January 1951): 126-129.

17 Lauterpacht, “The Grotian Tradition in International Law,” *British Year Book of International Law* 23 (1946), 復刻版として *International Law*, 2: 354-355, H. A. Smith, *The Crisis in the Law of Nations* (London, 1947), 1. Rosalyn Higgins, “Grotius and the Development of International Law in the United Nations Period,” Hedley Bull, et al. , eds,, *Hugo Grotius and International Relations* (Oxford, 1990).

18 Editorial Notes, “Human Rights,” *International Law Quarterly* 2, 2 (Summer 1948): 228-30. Hans Kelsen, *The Law of the United Nations : A Critical Analysis of Its Fundamental Problems* (London, 1950),39-42, Josef L. Kunz, “The United Nations Declaration of Human Rights,” *American Journal of International Law* 43, 2 (April 1949): 316-323 at 322.

19 “Les droits fondamentaux de l'homme, base d'une restauration du droit international,” *Annuaire de l'Institut de Droit International* 41 (1947): 1-13 (travaux préparatoires by Charles de Visscher), 142-190 (discussion), 258-260 (declaration), 153. “Fundamental Rights of Man, as the Basis of a Restoration of International Law,” *International Law Quarterly* 2, 2 (Summer 1948): 231-232. “The International Protection of Human Rights,” *Proceedings of the American Society of International Law* 43 (1949): 46-89. Stevan Tscirkovitch, “La déclaration universelle des Droits de l'homme et saportée internationale,” *Revue genérale de droit international public* 53 (1949): 341-358. Zechariah Chafee, Jr., “Some Problems of the Draft International Covenant on Human Rights,” *Proceedings of the American Philosophical Society* 95, 5 (1951): 471-489. Chafee, *Documents on Fundamental Human Rights*, 3 vols. (Cambridge, Mass.: Mimeo distributed by Harvard University Press, 1951-1952).

20 Kunz, “Present-Day Efforts at International Protection of Human Rights,” *Proceedings of the American Society of International Law* 45 (1951): 110, 117.

21 Jessup, *A Modern Law of Nations* (New York: Macmillan, 1950), chap. 4, "Nationality and the Rights of Man." Jessup, "International Law in 1953 a. d.," *Transactions of the American Society for International Law* 47 (1953): 8-9.

22 Lauterpacht, "International Law after the Second World War," *International Law* 2: 163. Georg Schwarzenberger, *International Law and Totalitarian Lawless* (London, 1943); 比較対象として Stephanie Steinle, *Völkerrecht und Machtpolitik: Georg Schwarzenberger (1908-1991)* (Baden-Baden, 2002); "'Plus ca change, plus c'est la meme chose': Georg Schwarzenberger's *Power Politics*," *Journal of the History of International Law* 5, 2 (2003): 387-402; Beatson and Zimmerman, *Jurists*.

23 Schwarzenberger, "The Impact of the East-West Rift on International Law", *Transactions of the Grotius Society* 36 (1950); 244.

24 Schwarzenberger, *Power Politics: A Study of International Society*, 2nd ed. (London,1951),644,640, および chap. 30. *International Law and Human Rights,* chap. 11.

25 Max Radin, "Natural Law and Natural Rights," *Yale Law Journal* 59, 2 (January 1950): 214-237; Stanley Hoffmann, "Implementation of International Instruments on Human Rights," *Proceedings of the American Society for International Law* 53(1959): 235-245 at 236, 241.

26 Smith, *The Crisis in the Law of Nations,* 18; Cyril Radcliffe, "The Rights of Man," *Transactions of the Grotius Society* 36 (1950): 8; Clive Parry, "Climate of International Law in Europe," *Transactions of the Grotius Society* 47 (1953) : 40; Corbett, *The Individual and World Society* (Princeton, 1953), 50. Kurt Wilk, "International Law and Global Ideological Conflict: Reflections on the Universality of International Law," *American Journal of International Law* 45, 4 (October 1951): 648-670; および Ernst Sauer, "Universal Principles in International Law," *Transactions of the Grotius Society* 42 (1956): 181-191; Hamburger, "Droits de l'homme et relations internationales,"

Recueil des cours 97 (1959):442-443.

27 René Cassin, "L'homme, sujet de droit international et la protection des droits de l'homme dans la société universelle," *La technique et les principes du droit public; Etudes en l'honneur de Georges Scelle*, 2 vols. (Paris, 1950); Max Huber, "Das Völkerrecht und der Mensch," *Schweizerisches Jahrbuch fur internationales Recht* 8 (1951): 9-30; Boris Mirkine-Guetzévitch, "L'O. N. U. et la doctrine moderne des droits de l'homme," *Revue genérale de droit international public* 55 (1951): 161-198; および Alfred Verdross, "Die Wurde des Menschen als Gundlage der Menschenrechte," *René Cassin: Amicorum Discipulorumque Liber*, 4 vols. (Paris, 1969).

28 "Les droits fondamentaux de l'homme," 153-154. "Buergenthal, The Domestic Status of the European Convention on Human Rights: A Second Look," *Journal of the International Commission of Jurists* 7, 1(Summer 1966): 55-96 at 55.

29 Louis B. Sohn et al., "Human Rights," Commission to Study the Organization of Peace, *Strengthening the United Nations* (New York, 1957); Grenville Clark and Sohn, *World Peace through World Law* (Cambridge, Mass., 1958), xxvi, 350-351. Sohn, "The New International Law: Protection of the Rights of Individuals Rather than States," *American University Law Review* 32 (1982): 1-16; および Sohn, "The Human Rights Movement: From Roosevelt's Four Freedoms to the Interdependence of Peace, Development and Human Rights," Edward A. Smith Visiting Lecture, Harvard Law School Human Rights Program, 1995. 比較対象として Jo M. Pasqualucci, "Louis Sohn: Grandfather of International Human Rights Law in the States," *Human Rights Quarterly* 20, 4 (1998): 924-944; また Sohn についての1連の記事について *Harvard International Law Journal* 48, 1 (Winter 2007).

30 Oscar Schachter, "The Charter and the Constitution: The Human Rights Provisions in American Law," *Vanderbilt Law Review* 4, 3 (April 1951): 643-659; Schachter, "The Invisible College of International Lawyers", *Northwest-*

ern University Law Review 72 (1977): 217-226. David Kennedy, "Tom Franck and the Manhattan School," *New York University Journal of International Law and Politics* 35, 2 (Winter 2003): 397-435. と比較せよ。

31 Louis Henkin, *Arms Control and Inspection in American Law* pref. Jessup (New York, 1958), "Toward a 'Rule of Law' Community," Harlen Clebeland, ed., *The Promise of World Tensions* (New York, 1961), Henkin, "The Treaty makers and the Law Makers: The Niagara Reservation," *Columbia Law Review* 56, 8 (December 1956): 1151-82 および、とりわけ "The Treaty makers and the Law Makers: The Law of the Land and Foreign Relations," *University of Pennsylvania Law Review* 107 (May 1959): 903-936, 922-23 を見よ。国連におけるユートピア的希望をめぐる議論として Henkin "The United Nations and Its Supporters: A Self-Examination," *Political Science Quarterly* 78. 4 (December 1963) 504-36. 比較対象として Catherine Powell, "Louis Henkin and Human Rights: A New Deal at Home and Abroad," Cyntia Soohoo et al., *Bringing Human Rights Home, vol. 1, A Histry of Human Rights in the United States* (Westport, 2008) を見よ。

32 Henkin, "The United Nations and Human Rights," *International Organization* 19, 3 (Summer 1965): 504-517 at 508, 514Hoffmann, "Implementation," 244. Henkin, "International Law and the Behavior of Nations," *Recueil des cours* 114 (1965): 167-281; および *How Nations Behave: Law and Foreign Policy* (New York, 1968). Henkin, "International Human Rights as 'Rights,'" *Cardozo Law Review* 1, 2 (Fall 1979): 425-448, 復刻版として J. Roland Pennock and John W. Chapman, eds., *Human Rights (Nomos XXXIII)* (New York, 1981); および Henkin, *The Age of Rights* (New York, 1990), chap.2.

33 Wolfgang Friedmann, "The Disintegration of European Civilisation and the Future of International Law," *Modern Law Review* 2 (1938-1939): 194; *What's Wrong with International Law?* (London, 1941); *Law in a Changing Society* (London, 1959), chap. 14; *The Changing Structure of International Law* (New York, 1964); "General Course

in Public International Law," *Recueil des cours* 127(1969): 124-125, 127; "Human Welfare and International Law," Friedmann et al., eds., *Transnational Law in a Changing Society: Essays in Honor of Philip C. Jessup* (New York, 1972), 124. 比較対象として John Bell, "Wolfgang Friedmann (1907-1972), Beatson and Zimmerman, eds. , *Jurists Uprooted*.

34 Koskenniemi, *Gentle Civilizers*, 476. Myres S. McDougal and Gertrude Leighton, "The Rights of Man in the World Community: Constitutional Illusions versus Rational Action," *Law and Contemporary Problems* 14, 3 (Summer 1949): 490-536, 復刻版として McDougal et al., *Studies in World Public Order* (New Haven, 1960). 例えば McDougal, "Perspectives for an International Law of Human Dignity," *Proceedings of the American Society for International Law* 53 (1959): 107-136. 比較対象として McDougal, review of Lauterpacht, International Law and Human Rights, *Yale Law Journal* 60, 6 (June 1951): 1051-1056. Karl Carstens, "The Contribution of Myres S. McDougal to the Development of Human Rights in International Law," *New York Law School Law Review* 24, 1 (1978): 1. を見よ。

35 Henri Rolin, "Les principes de droit international public," *Recueil des cours* 77 (1950): 353-360 ("Les droits fondamentaux des Etats"); *Yearbook of the International Law Commission* (1949): 287-290; 比較対象として、例えば Ricardo J. Al faro, "The Rights and Duties of States," *Recueil des cours* 97(1959): 91-202.

36 Jessup, "Non-Universal International Law," *Columbia Journal of International Law* 12 (1973): 415-429 at 429. Matthew Craven, *The Decolonization of International Law: State Succession and the Law of Treaties* (Oxford, 2007)

37 Charles de Visscher, *Theory and Reality in Public International Law*, 英語訳として Corbett (1953; Princeton, 1957), 128; Hoare in UN Doc. A/C. 3/SR. 643, para. 13 (October 25, 1955); J. E. S. Fawcett, "The Role of the United Nations in the Protection of Human Rights Is It Misconceived?" Asbjorn Eide and August Schou, *International*

Protection of Human Rights: Proceedings of the Senth Nobel Symposium, Oslo, September 25-27, 1967 (New York, 1968), 96.

38 Eagleton, "Excesses of Self-Determination," *Foreign Affairs* 31,4 (July 1953): 596, 604; Wright, "Freedom and Human Rights under International Law," Milton R. Konvitz and Clinton Rossiter, eds., *Aspects of Liberty: Essays Presed to Robert E. Cushman* (Ithaca,1958), 185-186.

39 Schwelb, *Human Rights and the International Community: The Roots and Growth of the Universal Declaration of Human Rights* (Chicago, 1964), 10, 26-29, 35-37, 54-55, 66-71 at 68; および "The United Nations and Human Rights," *Howard Law Journal* 11, 2 (Spring 1965): 361-362, 366-368. "Die Kodifikationsarbeiten der Vereinten Nationen auf dem Gebiet der Menschenrechte," *Archivdes Volkerrechts* 8 (1959-1960): 16-49 at 24-25; および "The Influence of the Universal Declaration of Human Rights on International and National Law," *Proceedings of the American Society for International Law* 53 (1959): 217-229 at 217-218. American Jewish Committee Archives, FAD-IO, Unnumbered Box: John Humphrey, "Human Rights," *Annual Review of United Nations Affairs* (1962-1963): 114-117. Schwelb, Schwelb にかんして *Festschrift* in *Revue de droits de l'homme* 4, 2-3 (June-July 1971) を見よ。

40 世界人権宣言を慣習国際法として論じた最初期の作品として Hamphrey Waldock, "Human Rights in Contemporary International Law and the Significance of the European Convention," *The European Convention of Human Rights (International and Comparative Law Quarterly Supplementary Publication 11)* (London, 1965), 15. Buergenthal, "The United Nations and the Development of Rules Relating to Human Rights," *Proceedings of the American Society for International Law* 59 (1965):134. Humphrey, "The UN Charter and the Universal Declaration of Human Rights," Evan Luard, ed., *The International Protection of Human Rights* (London, 1967); Humphrey, "The Universal Declaration of Human Rights: Its History, Impact, and Juridical Character," B. G. Ramcharan, ed., *Hu-*

man Rights: Thirty Years after the Universal Declaration* (The Hague, 1979). Sohn, "The Universal Declaration of Human Rights: A Common Standard of Achievement? (The Status of the Universal Declaration in International Law)," *Journal of the International Commission of Jurists* 8, 2 (December 1967): 17-26; および L. M. Singhvi, ed. , *Horizons of Freedom* (New Delhi, 1969); *Montreal Statement of the Assembly for Human Rights* (1968), 2; "Montreal Statement of the Assembly for Human Rights," *Journal of the International Commission of Jurists* 9, 1 (June 1968): 94-112 at 95.

41 Richard B. Bilder, "Rethinking International Human Rights: Some Basic Questions," *Wisconsin Law Review* 1969, 1 (1969): 172, 217.

42 "Natural Justice, Due Process, and the New International Covenants on Human Rights," *Public Law* (1967): 274-313; "Interpreting the Human Rights Clauses of the UN Charter," *Revue des droits de l'homme* 5, 2/3(1972): 283-291; および "The International Bill of Rights: Does It Exist?" Antonio Cassese, ed., *Current Problems of International Law* (Milan, 1975). Theo van Boven, "Creative and Dynamic Strategies for Using United Nations Institutions and Procedures: The Frank Newman File," Ellen L. Lutz et al., eds., *New Directions in Human Rights* (Philadelphia, 1989).

43 Henkin, "The United Nations and Human Rights," 513. あわせて、 Henkin, "International Law and the Behavior of Nations,"216-220. を見よ。

44 American Jewish Committee Archives, FAD-IO, Unnumbered Box, Humphrey, "Human Rights,"122-124.

45 Louis Henkin, "The World of the 1970s: A Jewish Perspective," Task Force Report, American Jewish Committee, (1972), 32, 34, 36 および Henkin, ed., *World Politics and the Jewish Condition* (New York, 1972).

46 "International Institute of Human Rights (René Cassin Foundation)," *Revue de droits de I'homme* 2, 1 (1969): 4-19;

Henkin, "The United States Institute of Human Rights," *American Journal of International Law* 64, 4 (October 1970): 924-925; U. S. House of Representatives, *International Protection of Human Rights: The Work of International Organizations and the Role of U. S. Foreign Policy* (Washington, 1974), 355,357. Sohn and Buergenthal, *International Protection of Human Rights* (Indianapolis, 1973); 参照したのは Sohn and Buergenthal, *International Protection of Human Rights* (Indianapolis1973). *Basic Documents on Human Rights* (Oxford, 1971), Richard B. Lillich and Frank B. Newman, *International Human Rights: Problems of Law and Policy* (Boston, 1979) McDougal, Lasswell, and Lung-Chu Chen, *Human Rights and World Public Order: The Basic Policies of an International Law of Human Dignity* (New Haven, 1980).

47 Moses Moskowitz Papers, White Plains, "The United States and the Crisis in Human Rights," *Virginia Journal of International Law* 14, 4 (1973-1974): 653-671.

48 Henkin, "The Internationalization of Human Rights," *Proceedings of the General Education Seminar,* 6, 1' (1977): 1-16; Alice H. Henkin, ed., *Human Dignity: The Internationalization of Human Rights* (New York, 1978); Louis Henkin, "Human Rights: Reappraisal and Readjustment," David Sidorsky, ed., *Essays on Human Rights: Contemporary Issues and Jewish Perspectives* (New York, 1979), 86, "Human Rights and 'Domestic Jurisdiction,'" Buergenthal, ed., *Human Rights, International Law, and the Helsinki Accords* (Montclair, 1977). Humphrey, "The Implementation of International Human Rights Law," とりわけ Schachter, "International Law Implications of U. S. Human Rights Policies," in *New York Law School Law Review* 24 (1978-1979): 31-61,63-87.

49 Henkin, *The Rights of Man Today* (Boulder, 1978).

50 "The Case for U.S. Ratification," *New York Times*, April, 1977.

51 Schwelb, "The Teaching of the International Aspects of Human Rights," *Proceedings of the American Society of*

International Law 65 (1971): 242-246. UNESCO, *The Teaching of Human Rights: Proceedings of the International Congress of the Teaching of Human Rights* (Vienna, 1980) および Theodor Meron, “A Report on the N. Y. U. Conference on Teaching International Protection of Human Rights,” *New York University Journal of International Law and Policy* 13, 4 (Spring 1981): 881-960.

52 Henkin, ed., *The International Bill of Rights: The Covenant on Civil and Political Rights* (New York, 1981); および Henkin, “International Law: Politics, Values and Functions,” *Recueil des cours* 216 (1989), Part I.

53 Theodor Meron, *Human Rights and Humanitarian Norms as Customary Law* (Oxford, 1989),99.

54 Antonio Cassese, “The Helsinki Declaration and Self-Determination,” in Buergenthal, ed., *Human Rights, International Law, and the Helsinki Accords.*

終章

1 Rex Martin and James W. Nickel, “A Bibliography on the Nature and Foundations of Rights, 1947-1977,” *Political Theory* 6, 3 (August 1978): 395-413. Institute International de Philosophie, *Le Fondement des droits de l'homme* (Florence, 1966)

2 Maurice Cranston, *Human Rights Today* (London, 1955, 1962), *What Are Human Rights?* (New York, 1962; London, 1973). “Pope John XXIII on Peace and Human Rights,” *Political Quarterly* 34, 4 (October 1963): 380-390; D. D. Raphael, ed., *Political Theory and the Rights of Man* (Bloomington, 1967); および *Daedalus special issue* 112,4(Fall 1983).

3 J. Roland Pennock and John W. Chapman, eds., *Human Rights Nomos XXIII* (New York, 1981), vii.

4 Walter Laqueur and Barry Rubin, eds., *The Human Rights Reader* (New York, 1979).

5 Ronald Dworkin, "Human Rights," *Human Rights: A Symposium, Proceedings of the General Education Seminar* 6, 1 (Fall 1977): 40-51.

6 T. M. Scanlon, "Rights, Goals, and Fairness," *Erkenntnis* 11, 1 (May 1977): 81-95 以下の文献と比較せよ。Scanlon, "Human Rights as a Neutral Concern," Peter Brown and Douglas Maclean, eds., *Human Rights and U. S. Foreign Policy* (Lexington, 1979), 中断された部分は明らかに爆発を反映する。Scanlon, *The Difficulty of Tolerance: Essays in Political Philosophy* (Cambridge, 2003).

7 Hans J. Morgenthau, "Human Rights and Foreign Policy," Distinguished Council of Religion and International Affairs Lecture on Morality and Foreign Policy (New York, 1979) および Raymond Aron, "The Politics of Human Rights," Myres S. McDougal and W. Michael Reisman, eds., *Power and Policy in Quest of Law : Essays in Honor of Eugene Victor Rostow* (Dordrecht, 1985).

8 Ronald Steel, "Are Human Rights Passe?" *The New Republic*, December 27, 1980.

9 Nicolas Guilhot, *The Democracy Makers: Human Rights and the Policy of Global Order* (New York, 2005); Guilhot, "Limiting Sovereignty or Producing Govern-mentality: Two Human Rights Regimes in U. S. Political Discourse," *Constellations* 15,4(2008): 502-516.

10 Jacques Ranciere, "Who Is the Subject of the Rights of Man?" *South Atlantic Quarterly* 103, 2/3 (Spring/Summer 2004): 297-310; Slavoj Zizek, "Against Human Rights," *New Left Review* 34 (July-August 2005): 115-131; および Alain Supiot, *Homo Juridicus: On the Anthropological Function of Law*, tans. Saskia Brown Saskia Brown (New York, 2007), chap.6.

11 Mitchel Lasser, *Judicial Revolutions: The Rights Revolution in the Courts of Europe* (New York, 2009).

12 Bradley R. Simpson, "Denying the 'First Right': The United States, Indonesia, and the Ranking of Human Rights by the Carter Administration, 1976-1980," *International History Review* 31, 4 (December 2009): 788-826; Mark Goodale and Merry, eds., *The Practice of Human Rights: Tracking Law between the Global and the Local* (New York, 2007).

13 James Dawes, *That the World May Know: Bearing Witness to Atrocity* (Cambridge, Mass., 2007); および David Kennedy, *The Rights of Spring* (Princeton, 2009).

14 例えば Thomas M. Franck and Nigel S. Rodley, "The Law, the United Nations, and Bangla Desh," *Israel Yearbook for Human Rights* 2 (1972): 142-175 および "After Bangladesh: The Law of Humanitarian Intervention by Military Force," *American Journal of International Law 67* (1973): 275-305; Richard B. Lillich, ed., *Humanitarian Intervention and the United Nations* (Charlottesville,1973).

15 Daniel Levy and Natan Sznaider, *The Holocaust and Memory in Global Age*, trans. Assenka Oksiloff Assenka Oksiloff (Philadelphia, 2005); 比較対象として Jeffrey Alexander, *Remembering the Holocaust: A Debate* (New York, 2009).

16 Samantha Power, *"A Problem from Hell": America and the Age of Genocide* (NewYork, 2002).

17 Theodor Meron, "The Humanization of Humanitarian Law," *American Journal of International Law* 94, 2 (April 2000): 239-289 および *The Humanization of International Law* (Dordrecht,2006).

18 Kennedy, "The International Human Rights Movement: Part of the Problem?" *Harvard Human Rights Journal* 15 (2002): 101-126, とりわけ 108-109, rpt. as *The Dark Sides of Virtue: Reassessing International Humanitarianism* (Princeton, 2004), chap. 1.

19 Paige Arthur, "How 'Transitions' Reshaped Human Rights," *Human Rights Quarterly* 31, 2(May 2009): 321-367.

20 Aryeh Neier, *Taking Liberties: Four Decades in the Struggle for Rights* (New York, 2005), xxix-xxxii.

21 Catharine MacKinnon, *Are Women Human? And Other International Dialogues* (Cambridge, Mass.,2006).

22 Balakrishnan Rajagopal, *International Law from Below: Development, Social Movements, and Third-World Resistance* (New York, 2003) および Sandra Fredman, *Human Rights Transformed: Positive Rights and Positive Duties* (New York, 2008).

23 Nira Wickramasinghe, "From Human Rights to Good Governance," Mortimer Sellers, ed., *The New World Order: Sovereignty, Human Rights, and the Self-Determination of Peoples* (Oxford, 1996); Paul F. Diehl, *The Politics of Global Governance: International Organizations in an Interdependent World* (Boulder, 1997); *Global Governance* は一九九五年に発刊した。

24 Keba M'Baye, "Le droit au développement comme un droit de l'homme," *Revue des droits de l'homme* 5 (1972): 505-534; U. N. Gen. Ass. Res. 41/128(De-international (Alphen an den Rijn, 1980); Roger Normand and Sarah Zaidi, *Human Rights at the UN: The Political History of Universal Justice* (Bloomington, 2008), chap.9.

25 Mary Robinson, "Concerning Human Rights, Human Development, and Human Security," Richard Ashby Wilson, ed., *Human Rights in the "War on Terror"* (Cambridge, 2005)

26 Philip Alston, "The Right to Development at the International Level," in Dupuy, ed. *Le droit*, 復刻版として Frederick E. Snyder and Surakiart Sathirathai, eds., *Third World Attitudes towards International Law* (Dordrecht, 1987); "Making Space for New Human Rights: The Case of the Right to Development," *Harvard Human Rights Yearbook* 1 (1988): 1-38; および Alston and Mary Robinson, eds., *Human Rights and Development: Toward Mutual Reinforcement* (Oxford, 2005); 比較対象として Jack Donnelly, "The Right to Development": How Not to Link

Human Rights and Development, in Claude E. Welch, Jr. and Roland I. Meltzer, eds., *Human Rights and Development in Africa* (Albany, 1984). Thomas Pogge, ed., *Freedom from Poverty as a Human Right: Who Owes What to the Very Poor?* (Oxford, 2007).

27 Willem van Genugten and Camilo Perez-Bustillo, *The Poverty of Rights: Human Rights and the Eradication of Poverty* (London, 2001).

28 これらのコメントにかんして、Harvard Human Rights Program, *Religion and State: An Interdisciplinary Roundtable Discussion Held in Vouliagmeni, Greece, October 1999* (Cambridge, Mass. ,2004), 52 を見よ。

参考文献にかんする補論

参考文献にかんする補論（文中において紹介された文献は、［ ］付きの番号で表記し、書誌情報を末尾に記載した＝訳者注）

人権の歴史における道徳的意見と現代の進歩的改革の枠組みを解釈するにあたり、本書は優れた、多くの研究成果に依拠している。この補論は、こうした研究成果を要約したものであるが、決して中立的なものではなく、読者や研究者のための文献案内として、一九四〇年代以降、ほとんどの歴史学者が踏み込んでいない特定の歴史的問題やテーマにかんする貴重な情報源を提供し、それらの特徴についての概観を示している。おもに、著者は「人権」に対する新たな関心が歴史上、どれほど古い時代にまでさかのぼるのかを示したいと考えている。このことは、とりわけ深い根拠を求める空想的な探求における以前の時代の研究と、まだあまり知られていないが、より関連性のある最近の時代とのあいだの不一致を鮮明にしている。

集成を試みた文献は、目的論、いわゆる「トンネル・ビジョン」、勝利主義に分類され、背景あるいは少なくとも一九四〇年代に焦点を当てた。［二］、とりわけ［三］を参照されたい。近年出版された、読者に有益な作品として［三］、［四］、［五］、［六］がある。急逝したケネス・クミエルによる論文［七］は、アメリカ人権史の基準文献であり、ジャン・エッケルによる［八］は質の高い作品である。

近年、深い過去をめぐる最近の研究の系譜は、過去の影響を受けるという課題に直面している。初期のユダヤ研究については［九］、［一〇］、［一一］を考慮する必要がある。また、キリスト教については、［一二］を参照されたい。ストア学派についての研究として［一三］ストア学派と異なる信条については、とりわけ［一四］を参照されたい。さらに、ローマ法にかんしては［一五］、［一六］を参照されたい。

特定の権利の先史を考えるための最良の資料として、一九八〇年代のドイツとオーストリアの研究プログラムによる［一七］、［一八］、膨大な資料を集成した文献集として［一九］を参照されたい。このほか［二〇］、［二一］も参照されたい。ペーター・ブリッケルによる［二二］も考慮に入れる必要がある。

「自然権」の起源にかんする文献は、四つの広い学派に分類される。最初の二つの学派は、両方とも形成的と考える中世の発展の役割について議論し、三番目と四番目は、それぞれ反体制的なルネサンスの人文主義者と一七世紀の「近代」自然法思想家の重要性を強調している。最初の学派は、権利の起源における「主観主義」として後期中世の名目論をテーマにしたトマス主義的な学派である。ミシェル・ヴィレイの一連の出版物である［二三］、［二四］は一九四〇年代に始まり、比較対象として

［二五］がある。これらにリチャード・タック［二六］、［二七］所収のアーサー・スティーブン・マックグレイド［二八］、らの研究が続く。

第二の学派は、キリスト教の自然法の連続性を強調し、それを初期の近代的発展にまで追跡した［二九］、［三〇］である。さらに、第三の学派については、レオ・シュトラウスとアンソニー・パグデンによる［三一］所収のタックの著作［三二］、［三三］も参照されたい。第四については、ブランディーヌ・バレット＝クリゲルの著作［三四］を参照されたい。現代の自然法の人物にかんする多くの研究もある。誰が正しいかはともかく、人権の歴史にかんする研究の結果は背景条件の問題であり、直接的な因果関係ではない。

啓蒙と革命の権利にかんするもっとも著名な作品は、リン・ハントの［三五］である。これに対する書評として拙稿［三六］は『ザ・ネイション』二〇〇七年四月一七日号に掲載されている。アメリカの状況にかんする他の貴重な作品には、ハーコッセンとマイケル・Ｊ・レイシー編所収のクヌード・ハーコッセンによる［三七］があり、ロバート・パットン・ジュニアとＲ・Ｋ・ラマザニ編の［三八］に収められた数篇の論文、バリー・アラン・シェイン編の［三九］もある。フランスにかんしては［四〇］、［四一］、［四二］がある。

自由放任に対する進歩的な批判は、一九世紀後半の「個人の権利」と形式主義的抽象路線におけるもっとも重要な中断として、本書第一章で特に強調したものであり、モートン・ホワイト［四三］から、ジェームズ・Ｔ・クロッペンバーグ［四四］、さらにはＰ・Ｓ・アティヤ［四五］フリードの優れた［四六］は、法律学の分野でもっともよく展開されている。このほかロジャースによる［四七］、ホーンの［四八］がある。ニュー・ディール後の権利の言説の意味にかんする不確実性は、ゴルボフの［四九］を参照されたい。

国際主義にかんしては、F・S・L・ライオンズ［五〇］がもっとも優れた作品である。女性の国際主義については、先駆的な研究としてレイラ・ラップ［五一］のほか［五二］、［五三］がある。

一九四〇年代以前の人権の歴史を書くことの難しさを考えると、その時代にフランクリン・デラノ・ルーズベルトと国連が英語で新たに中心的なフレーズを作り出したことに、より注意が向けられるべきである。残念ながら、ほとんどの研究は突破、勝利、向上の物語に焦点を当てており、その時代のもっとも興味深い特徴を排除している。もっとも示唆に富むのはメアリー・アン・グレンダン［五四］ボーグワルト［五五］である。筆者は、本書（五八 - 五九）でボーグワルトが「学者たちが馴染みのある政治概念の初期の表現を求めて過去を掘り返す」という不満をボーグワルト自身が行うよりもはるかに徹底して一九四〇年代に適用しようとした。J・M・ウィンター［五六］におけるルネ・カサンにかんする章や、アントワーヌ・プロストと共著［五七］による、この重要人物にかんする伝記研究も考慮する必要がある。ヨハネス・モルシンク［五八］も素晴らしい歴史書である。本書では、これらの歴史家が強調している以上に、国際的なキリスト教に重点をおいており、これは拙著［五九］、ホフマン編［六〇］において、またルイジ・ボナナテとロベルト・パピーニ編［六一］においても探求している。

しかし、この時代にかんするもっとも豊かな書籍は、詳細にわたるA・W・B・シンプソン［六二］であり、限定的なタイトルであるにもかかわらず、戦時中および初期の国連における人権の起源のもっとも完全な物語を叙述している。他の多くの研究と同様に、シンプソンの研究は人権に対する功績を認める愛国的な欲望によって動機づけられている。しかし、彼自身が提示した膨大な証拠は、彼の意図に反して、関与する権利の相対的な優位性の非法的かつ象徴的な役割を証明している。また、マルコ・デュランティの欧州条約の起源にかんする今後の研究［六三］は、非常に説得力をもつであろう。社会学的洞察については、ミカエル・ラスク・マッツェン［六四］を参照のこと。条約にかんする貴重な初期の法的解説には、ハーシュ・ローターパクト［六五］、ロバートソン［六六］、パルトゥシュ［六七］が含まれる。なお、数十年にわたる一般的な文献のなかで、英語文献での出発点はロバートソン［六八］であり、その後の版（一九七七、一九九三）に変化を読み取ることができる。

以前の一般的な研究は、反植民地主義と脱植民地化を人権の歴史における明白なものとして扱っているが（本書ではその前提に異議を唱えている）。実際には学者たちはこれらのテーマを詳細に分析しはじめたばかりである。ローランド・バーク［六九］は、リベラルな反植民地主義を人権に忠実であるバージョンとして称賛する先駆的な作品を書いている（比較すると、筆者は、人権を安定した概念ではなく、反植民地主義が裏切る可能性のあるものとして扱っている）。ファビアン・クローゼ［七〇］は、ケニアとアルジェリアという二つの有名な植民地反乱鎮圧の事例の研究を発表している。国連のレベルでは、ノーマンドとザイディ［七一］は、読む価値がある。

これまでのところ、非政府組織の歴史もほとんど調査されていないが、先駆的な研究者であるリーマン・クロムウェル・ホワイトは、コロンビア大学での博士論文でこのテーマをすでに戦間期に提起し、その後、国連で働いたが、彼の考えに従う者は半世紀後までほとんどいなかった。彼の著作［七二］、［七三］や論文［七四］、を参照されたい。最近の文献では、ケックとキャサリン・シッキンクの［七五］が重要である。また、スリ［七六］、ウィレット編著［七七］も参照に値する。一般的にNGOのなかで宗教団体の初期の顕著で持続的な関連性が見落とされ続けていることは明らかである。この点に着目した研究として［七八］、人権NGOについては、コリー［七九］の豊富な内容ながら批判的でない章を参照してほしい。アムネスティ・インターナショナルについては、エゴン・ラーセン［八〇］、パワー［八一］および［八二］が貴重な研究成果で、さらに重要な論攷は、ブキャナンによる［八三］である。

国連の諸手続を回避することだけが一九七〇年代に人権が公に現れることを可能にしたと筆者は主張しているが、それらの手続は、さらなる研究の素晴らしい対象であり続けている。とりわけ、ジョン・ハンフリーや彼の補佐官であるエゴン・シュウェルブ、カムレシュワール・ダスのような、国連の常勤職員である小さな人権機関の内部の歴史はほとんど探求されていない。また、マーク・シュライバー、テオ・バン・ボーヴェン、ベルトランド・ラムチャランのような人物もいる。彼らの業績とロジャー・S・クラーク［八四］を比較することを薦める。一九七〇年代中頃のこれらの人物自身の楽観的な解釈については、シュライバー［八六］を薦める。ラムチャラン［八五］のとりわけ第五章を参照すること。ラムチャラン編［八七］、また、ブラン編［八八］所収のバン・ボーヴェン［八九］もある。

一九七〇年代は、今や研究するのに興味深い時代であるが、まだ人権の歴史には含まれていない。例えば、フィリップ・ジェンキンズ［九〇］、エドガー・ヴォルフルム［九一］、フィリップ・シャサーニュによる［九二］を参照すること。概して、アメリカの歴史家たちは今や左派ではなく右派の理解のためにこの一〇年に目を向けている。例えば、ブルース・J・シュルマンとジュリアン・ゼリザー編［九三］がある。他方で、ニール・ファーガソンら編［九四］は、先駆的な国際的アプローチを提唱している。

数多くの個人的な回想録とともに、ソビエトの反体制についての出発点は、ルドミラ・アレクシエワによる古典的な概観があり、キャロル・ピアスとジョン・グラッドによって英語に翻訳された［九五］。また、ジャン・シャイマとジャン＝フランソワ・スーレによる［九六］も参照のこと。アンドレイ・サハロフについては、ルドルフ・L・トケス編所収のピーター・ドーナン［九七］をはじめとする伝記もある。モスクワ・ヘルシンキ・グループの歴史については、ポール・ゴールドバーグ［九八］参照。［九九］をはじめとするソビエトの反体制の起源と性格にかんするベンジャミン・ナサンスの研究は、この分野を根本から刷新するだろう。

ラテン・アメリカにおける人権ネットワークの起源について、バニア・マルカリアンの著書［一〇〇］は、ラテン・アメリカ諸国にかんする最良の英語文献である。これに対して、ほとんどの研究は、一九七〇年代のラテン・アメリカや他の反応によって生み出されたのではなく、むしろそれ以前に「人権革命」があったと仮定している。例えば、トーマス・C・ライト［一〇一］を参照のこと。一九七六年以降のアルゼンチンについては、イアン・ゲスト［一〇二］を薦める。

汎アメリカ人権システムにかんする初期の法的資料については、ホセ・カブラネスのエッセイ［一〇三］がもっとも啓発的な内容を提供しており、［一〇四］もある。さらに、カラル・ヴァサック［一〇五］、アンナ・P・シュライバー［一〇六］、A・H・ロバートソン［一〇七］、トーマス・ビュルゲンタール［一〇八］、エクトル・グロス・エスピエル［一〇九］を参照されたい。政治的および市民的権利が制限されていないという言説に対する極めて懐疑的な議論については、ブエルゲンタール［一一〇］、最近の研究として、クラース・ディクマン［一一一］がある。

一九七〇年代の研究者たちは、とりわけソビエトの反体制派やラテン・アメリカの抑圧にかんする新しいNGOの動員の盛り上がりに関心を寄せていた。当該分野の研究成果としてフェルディナンド・メッシュ［一一二］、フィリップ・L・レイ・ジュニアとJ・シェロッド・テイラーによる［一一三］、デビッド・ワイスブロット［一一四］、ローリー・ワイズバーグとデビッド・スコーブルによる［一一五］、そして、ドナルド・P・コメルスとギルバート・D・ロイシャー共編所収のローリー・ワイズバーグとデビッド・スコーブルによる［一一六］がある。

近年、［一一七］、［一一八］、［一一九］、［一二〇］、［一二一］、［一二二］などヨーロッパの安全保障と協力にかんする学会活動が活発な動きをみせている。ヘルシンキ・プロセスに続く物語のうちで、ほとんどが規範の勝利や冷戦の終結についてのものであると考えられているものについては、ウイリアム・コレイの［一二三］、ダニエル・C・トーマスの［一二四］およびサラ・B・スナイダー［一二五］を参照のこと。

一九七〇年代のアメリカ合衆国議会の外交分野について、とりわけ人権にかんする先駆的な公聴会がわずかな特徴であったことにかんしては、トーマス・M・フランクとロバート・ワイスバンドの［一二六］、デイビッド・P・フォーサイスの［一二七］、そして、近年ではロバート・デイビッド・ジョンソンの［一二八］、デイビッド・シュミッツの［一二九］第四章を参照すること。研究者たちは、ジミー・カーターが一九七七年一月に人権を受け入れたことの前史を探求し始めたばかりだった。筆者は、サイモン・スティーブンスの［一三〇］から示唆を受けた。また、ダニエル・サージェント［一三一］は、野心的な枠組みを提案していると考えている。カーター大統領の在任中にかんしては、ギャディス・スミスの［一三二］を、もっとも考えさせられる作品として記憶している。

国際法にかんしては、マルッティ・コスケニエルミの［一三三］は、現代の学問にかんするすべての考察のための不可欠な出発点であり、筆者自身が本書で一九四五年以降の時代に踏み込む際にもそうだった。「国際法の脱植民地化」については、法的思考の帝国主義的文脈に対する多くの関心にもかかわらず、最小限の注目しか集めていないB・V・A・ローリングの［一三四］や、ヴォルフガング・フリードマンの［一三五］、ジョルジュ・M・アビ・サーブの［一三六］を考慮する必要がある。さらに、C・ウィルフレッド・ジェンクス編［一三七］、リチャード・A・ファルクによる［一三八］、R・P・アナンドの［一三九］およびアビ・サーブの［一四〇］を参照されたい。一九七〇年代以降の人権にかんする理論と実践の分析は、もちろん、列挙しはじめることさえできないほど多岐にわたる。しかし、現代のふたつのジャーナルは、方向性を得るための最良の誌面を提供している。一九六八年に創刊されたフランス語誌『ヒューマン・ライツ・レビュー（*Revue de droits de l'homme*）』と、一九七九年に創刊され、二年後に『ヒューマン・ライツ・クォータリー』に改名した英語誌『ユニバーサル・ヒューマン・ライツ』である。

注

[一] Micheline Ishay, *The History of Human Rights : From the Stone Age to the Globalization Era* (Berkeley, 2004).
[二] Paul Gordon Lauren, *The Evolution of International Human Rights: Visions Seen*, new ed. (Philadelphia, 2003).
[三] Mark P. Bradley and Patrice Petro, *Truth Claims: Representation and Human Rights* (New Brunswick, 2002).
[四] Jeffrey N. Wasserstrom, Greg Grandin, and Lynn Hunt, eds, *Human Rights and revolution* 2nd ed. (Lanham, 2007).
[五] Stephan-Ludwick Hoffmann, ed. *A History of Human Rights in the Twentieth Century* (Cambridge UP, 2011).
[六] Akira Iriye et al., eds., *Human Rights in the Twentieth Century: An International History* (Oxford UP, 2013).
[七] Kenneth Cmiel, "The Recent History of Human Rights", *American Historical Review* 109,1 (February 2004): 117-34.
[八] Jan Eckel, "Utopie der Moral, Kalkül der Macht: Menschenrechte in der globen politik seit 1945," *Archiv für Sozialgeschichte* 49 (2009): 437-84.
[九] Louis Henkin, "Judaism and Human Rights," *Judaism* 25, 4 (Fall 1976): 435- 46.
[一〇] David Sidorsky, ed., *Essays' in Human Rights* (Philadelphia,1979).
[一一] Lenn E. Goodman, *Judaism, Human Rights, and Human Values* (New York, 1998).
[一二] Nicholas Wolterstorff, *Justice: Rights and Wrongs* (Princeton, 2008).
[一三] Philip Mitsis, "Stoic Origins of Natural Rights;' in Katerina Ierodiakonou, ed., *Topics in Stoic Philosophy* (New York, 1999).
[一四] Malcolm Schofield, *The Stoic Idea of the City* (Cambridge, 1991).

〔一五〕 Eric Brown, "Hellenistic Cosmopolitanism," in Mary Louise Gill and Pierre Pellegrin, eds., *A Companion to Ancient Philosophy* (Oxford, 2006).

〔一六〕 Richard A. Bauman, *Human Rights in Ancient Rome* (New York, 2000); and Tony Honoré, *Ulpian: Pioneer of Human Rights*, 2nd ed. (New York, 2002).

〔一七〕 Günter Birtsch, ed., *Grund-und Freiheitsrechte im Wandel von Gesellschaft und Geschichte* (Göttingen, 1981).

〔一八〕 Günter Birtsch, ed. *Grund-und Freiheitsrechte von der stiindischen zu spittburgerlichen Gesellschaft* (Göttingen, 1987).

〔一九〕 Birtsch et al., eds., *Grundfreiheiten, Menschenrechte,1500-1850: eine internationale Bibliographie*, 5 vols. (Stuttgart, 1991-92).

〔二〇〕 Wolfgang Schmale, *Archiiologie der Grund- und Menschenrechte in der fruhen Neuzeit: ein deutsch-franzosisches Paradigma* (Munich, 1997).

〔二一〕 Margarete Grandner et al., eds., *Grund-und Menschenrechte: Historische Perspektiven Aktuelle Problematiken* (Vienna, 2002).

〔二二〕 Peter Blickle, *Von der Leibeigenschaft zu den Menschenrechten: eine Geschichte der Freiheit in Deutschland* (Munich, 2003).

〔二三〕 Michel Villey, "La genèse du droit subjectif chez Guillaume d'Occam;" *Archives de philosophie du droit* 9 (1964): 97-127.

〔二四〕 Michel Villey, *Le droit et les droits de l'homme* (Paris, 1983).

〔二五〕 Heinrich Rommen, "The Genealogy of Natural Rights," *Thought* 29, 114 (Autumn 1954): 403-25.

[二六] Richard Tuck, *Natural Rights Theories: Their Origin and Development* (Cambridge, 1979).

[二七] Brian Tierney and Peter Linehan, *Authority and Power: Studies on Medieval Law and Government Presented to Walter Ullmann* (Cambridge, 1980).

[二八] Arthur Stephen McGrade, "Ockham and the Birth of Individual Rights:" Brian Tierney and Peter Linehan, *Authority and Power: Studies on Medieval Law and Government Presented to Walter Ullmann* (Cambridge, 1980).

[二九] Brian Tierney, *The Idea of Natural Rights* (Atlanta, 1997).

[三〇] Annabel Brett, *Liberty, Right, and Nature: Individual Rights in Later Scholastic Thought* (Cambridge, 1997).

[三一] Leo Strauss, *Natural Right and History* (Chicago, 1953).

[三二] Richard Tuck, "The 'Modern' Theory of Natural Law", Anthony Pagden, ed., *The Languages of Political Theory in Early Modern Europe* (Cambridge, 1990).

[三三] Richard Tuck, *Philosophy and Government, 1572-1651* (Cambridge, 1993). For the fourth, see

[三四] Blandine Barrett-Kriegel, *Les droits de l'homme et le droit nature* (Paris, 1989)

[三五] Lynn Hunt, *Inventing Human Rights: A History* (New York, 2007)

[三六] Samuel A. Moyn "On the Genealogy of Morals:' *The Nation*, April 17, 2007.

[三七] Knud Haakonssen, "From Natural Law to the Rights of Man: A European Perspective on American Debates", Haakonssen and Michael J. Lacey, eds., *A Culture of Rights: The Bill of Rights in Philosophy, Politics, and Law* (Cambridge, 1991)

[三八] Robert Fatton Jr. and R. K. Ramazani, eds., *The Future of Liberal Democracy: Thomas Jefferson and the Contemporary World* (New York, 2004)

[三九] Barry Alan Shain, ed., *The Nature of Rights at the Ameri can Founding and Beyond* (Charlottesville, 2007).
[四〇] Marcel Gauchet, *La Revolution des droits de l'homme* (Paris, 1989)
[四一] Stephane Rials, *La declaration des droits de l'homme et du citoyen* (Paris, 1989)
[四二] Keith Michel Baker, "The Idea of a Declaration of Rights" Dale van Kley, ed., *The French Idea of Freedom: The Old Regime and the Declaration of Rights of 1789* (Stanford, 1994).
[四三] Morton White, *Social Thought in America: The Revolt against Formalism* (New York, 1947)˙
[四四] James T. Kloppenberg, *Uncertain Victory: Progressivism and Social Democracy in Anglo-American Thought* (Oxford, 1986)˙
[四五] P. S. Atiyah, *The Rise and Fall of Freedom of Contract(*Oxford,1987)˙
[四六] Barbara J. Fried *The Progressive Assault against Laissez-Faire: Robert Hale and the First Law and Economics Movemen*t (Cambridge, Mass., 1998).
[四七] Daniel Rodgers, *Atlantic Crossings: Social Politics in a Progressive Age* (Cambridge, Mass., 2000)
[四八] Janet Horne, *A Social Laboratory for Modern France: The Musee Social and the Rise of the Welfare State* (Raleigh, 2002).
[四九] Risa Goluboff, *The Lost Promise of Civil Rights* (Cambridge, Mass., 2007), chap. 1.
[五〇] F. S. L. Lyons, *Internationalism in Europe, 1815-1914* (Leyden, 1963).
[五一] Leila Rupp, *Worlds of Women: The Making fan International Women's Movement* (Princeton, 1997)
[五二] Leila Rupp, "The Making of International Women's Organizations", Martin Geyer and Johannes Paulmann, eds., *The Mechanics of Internationalism: Culture, Society and Politics from the 1840s to World War I* (Oxford, 2001)
[五三] Nitzka Berkovitch, "The Emergence and Transformation of the International Women's Movement", John Boli

and George M. Thomas, eds., *Constructing World Culture: International Non-Governmental Organizations since 1875* (Stanford, 1999).

[五四] Mary Ann Glendon, *A World Made New: Eleanor Roosevelt and the Universal Declaration of Human Rights* (New York, 2001).

[五五] Elizabeth Borgwardt, *A New Deal for the World: America' s Vision for Human Rights* (Cambridge, Mass., 2006).

[五六] Jay Winter, *Dreams of Peace and Freedom: Utopian Moments in the Twentieth Century* (New Haven, 2006)

[五七] Jay Winter and Antoine Prost, *René Cassin and Human Rights: From the Great War to the Universal Declaration* (Cambridge University Press, 2013) .

[五八] Johannes Morsink, *The Universal Declaration of Human Rights: Origins, Drafting, and Intent* (Philadelphia, 1999).

[五九] Samuel A. Moyn, "The First Historian of Human Rights", *American Historical Review,* 116, no. 1 (2011): 58-79

[六〇] Samuel A. Moyn, "Personalism, Community, and the Origins of Human Rights" Stephan-Ludwick Hoffmann, ed., *A History of Human Rights in the Twentieth Century* (Cambridge UP, 2012).

[六一] Samuel A.Moyn, "Jacques Maritain: le origini dei Diritti umani e il pensiero politico cristiano", Luigi Bonanate and Roberto Papini, eds., *Dialogo interculturale e diritti umani: La Dichiarazione Universale dei Diritti Umani, Genesi, evoluzione, e problemi odierni (1948-2008)* (Bologna, 2008).

[六二] A. W. B. Simpson, *Human Rights and the End of Empire: Britain and the Genesis of the European Convention* (Oxford, 2001).

［六三］ Marco Duranti, *Conservatives and the European Convention on Human Rights* (Oxford UP, 2017).

［六四］ Mikael Rask Madsen, *La genese de l'Europe des droits de l'homme: Enjeux juridiques et strategies d'Etat (1945-1970)* (Strasbourg, 2013).

［六五］ Hersch Lauterpacht, *International Law and Human Rights* (New York, 1950).

［六六］ A.H. Robertson, "The European Convention for the Protection of Human Rights," *British Year Book for International Law* 27 (1950): 145-63.

［六七］ Karl Josef Partsch, "Die Entstehung der europiiischen Menschenrechtskonvention", *Zeitschrift fiir ausliindisches offentliches Recht und Volkerrecht* 15 (1953--54): 631-60.

［六八］ A.H. Robertson, *Human Rights in Europe* (Manchester, 1963, later editions 1977, 1993)

［六九］ Roland Burke, in *Decolonization and the Evolution of International Human Rights* (Philadelphia, 2010).

［七〇］ Fabian Klose, *Menschenrechte im Schatten kolonialer Gewalt: Die Dekolonisierung skriege in Kenia und Algerien 1945-1962* (Munich, 2009).

［七一］ Roger Normand and Sarah Zaidi, *Human Rights at the UN: The Political History of Universal Justice (Bloomington, 2007).*

［七二］ Lyman Cromwell White, *Structure of Private International Organizations* (Philadelphia,1933).

［七三］ Lyman Cromwell White, *International Non-Governmental Organizations: Their Purposes, Methods, and Ac complishments* (New Brunswick, 1951).

［七四］ Lyman Cromwell White,"Nouvelles methodes pour !'organisation de la pabc internationale," *Revue de droit international, de sciences diplomatiques, politiques, et sociales* 27 (1949): 237-46.

［七五］ Margaret E. Keck and Kathryn Sikkink, *Activists Beyond Borders: Advocacy Networks in Inter national*

Politics (Ithaca, 1998).

[七六] Jeremi Suri, “Non Governmental Organizations and Non-State Actors;” in Patrick Finney, ed., *Palgrave Advances in International History* (New York, 2005).

[七七] Peter Willetts, ed., *“The Conscience of the World”: The Influence of Non-Governmental Organisations in the United Nations* (Washington, 1996).

[七八] Bruno Duriez et al., *Les ONG Internationale,* (Paris, 2007).

[七九] William Korey, *NGOs and the Universal Declaration of Human Rights: “.A Curious Grapevine”* (Basingstoke, 1998).

[八〇] Egon Larsen, *A Flame in Barbed Wire: The Story of Amnesty International* (London, 1978).

[八一] Jonathan Power, *Against Oblivion: Amnesty International's Fight for Human Rights* (Glasgow, 1981).

[八二] Jonathan Power, *Like Water on Stone: The Story of Amnesty International* (Harmondsworth, 2001) .

[八三] Tom Buchanan, “"The Truth Will Set You Free; The Making of Amnesty International” *Journal of Contemporary History* 37, 4 (2002): 575-94.

[八四] Roger S. Clark, “Human Rights Strategies of the 1960s within the United Nations: A Tribute to the Late Kamleshwar Das”, *Human Rights Quarterly* 21, 2 (May 1999): 308-41.

[八五] Bertrand Ramcharan, *The Quest for Protection: A Human Rights Journey at the United Nations* (Geneva, n.d.),

[八六] Marc Schreiber, “La pratique recente des Nations Unies dans le domaine de la protection des droits de l'homme”, *Recueil des cours de l'Academie du droit international* 145 (1975): 297-398.

[八七] Bertrand Ramcharan, ed., *Human Rights: Thirty Years after the Universal Declaration* (Hague, 1979).

［八八］Gerard Blanc et al., *Les organisations internationales: entre l'innovation et stagnation* (Lausanne, 1985).
［八九］Theo van Boven, "Politisation et droits de l'homme,", Gerard Blanc et al., *Les organisations internationales: entre l'innovation et stagnation* (Lausanne, 1985).
［九〇］Philip Jenkins, *Decade of Nightmares: The End of the Sixties and the Birth of 1980s America* (New York, 2006).
［九一］Edgar Wolfrum, *Die 7oer Jahre: Republik im Aufbruch* (Darmstadt, 2007)
［九二］Philippe Chassaigne, *Les annees 1970: fin d'un monde et origine de notre modernité* (Paris, 2008).
［九三］Bruce J.Schulman and Julian Zelizer, eds., *Rightward Bound: Making America Conrvative in the 1970s* (Cambridge, Mass., 2009).
［九四］Niall Ferguson et al., eds., *The Shock of the Global: The 1970s in Perspective* (Cambridge, Mass., 2010)
［九五］Ludmilla Alexeyeva, *Soviet Dissent: Contemporary Movements for National, Religious, and Human Rights*, trans. Carol Pearce and John Glad (Middletown, 1987).
［九六］Jean Chiama and Jean-Fransois Soulet, *Histoire de la dissidence: Oppositions et revoltes en URSS et dans les democraties populaires de la mort de Staline a nos jours* (Paris, 1982).
［九七］Peter Dornan, "Andrei Sakharov: The Conscience of a Liberal Scientist", Rudolf L. Tokes, ed., *Dissent in the USSR: Politics, Ideology, and People* (Baltimore, 1975).
［九八］Paul Goldberg, *The Final Act* (New York, 1988).
［九九］Benjamin Nathans, "Talking Fish: On Soviet Dissident Memories" *Journal of Modern History* 87 (September 2015): 579-614.
［一〇〇］Vania Markarian, *Left in Transformation: Uruguayan Exiles and the Latin American Human Rights Networks, 1967-1984* (New York, 2005).

〔一〇一〕 Thomas C. Wright, *State Terrorism in Latin America: Chile, Argentina, and International Human Rights* (Lanham, 2007).

〔一〇二〕 Iain Guest, *Behind the Disappearances: Argentina's Dirty War against Human Rights and the United Nations* (Philadelphia, 1990).

〔一〇三〕 Jose Cabranes, "Human Rights and Non-Intervention in the Inter-American System;" *Michigan Law Review* 65, 6 (April 1967): 1147-82.

〔一〇四〕 Jose Cabranes, "The Protection of Human Rights by the Organization of American States", *American Journal of International Law* 62, 4 (October 1968): 889-908.

〔一〇五〕 Karal Vasak, *La commission interamericaine des droits de l'homme* (Paris, 1968).

〔一〇六〕 Anna P. Schreiber, *The Inter-American Commission on Human Rights* (Leyden, 1970)

〔一〇七〕 A.H. Robertson, *Human Rights in the World* (Manchester, 1972).

〔一〇八〕 Thomas Buergenthal, "The Revised OAS Charter and the Protection of Human Rights," *American Journal of International Law* 69, 4 (October, 1975), 828-32.

〔一〇九〕 Hector Gros Espiell, "Le systeme interamericain comme regime regioml1 des droits de l'homme:' *Recueil des cours* 145, 2 (1975): 1-55.

〔一一〇〕 Thomas Buergenthal, "The American Convention of Human Rights: Illusions and Hopes", *Buffalo Law Review* 21, 1 (Fall 1971): 121-36.

〔一一一〕 Klaas Dykmann, *Philanthropic Endeavors or the lixploitation of an Ideal? The Human Rights Policy of the Organization of Americ:an States in Latin America (1970-1991)* (Frankfurt, 2004).

〔一一二〕 Ferdinand Mesch, "Human Rights, Chile, and International Orgunizations", *DePaul Law Review* 24 (1974-75):

999-1022.

［一一三］ Philip L. Ray, Jr. and J. Sherrod Taylor, "The Role of Non-Governmental Organization:. in Implementing Human Rights in Latin America", *Georgia Journal of International and Comparative Law* 7 (1977): 477-506.

［一一四］ David Weissbrodt, "The Role of International Non-Governmental Organizations in the Implementation of Human Rights", *Texas International Law Journal* 12 (1977): 293-320.

［一一五］ Laurie Wiseberg and David Scoble, "Human Rights NGOs: Notes towards a Comparative Analysis", *Revue de droits de l'homme* 9,4 (1976): 611-44.

［一一六］ Laurie Wiseberg and David Scoble, "Monitoring Human Rights Violations: The Role of Nongovernmental Organizations", Donald P. Kommers and Gilbert D. Loescher, eds., *Human Rights and American Foreign Policy,* (Notre Dame, 1979).

［一一七］ Vojtech Mastny, *Helsinki, Human Rights, and European Security: Analysis and Documentation* (Durham, 1986).

［一一八］ Thomas Maresca, *To Helsinki: The Conference on Security and Cooperation in Europe, 1973-1975,* new ed. (Durham, 1987).

［一一九］ Andreas Wenger et al., eds., *Origins of the European Security System: The Helsinki Process Revisited, 1968-1975* (New York, 2008).

［一二〇］ Thomas Fischer, "'A Mustard Seed Grows into a Bushy Plant': The Finnish CSCE Initiative of 5 May 1969", *Cold War History* 9,2 (May 2009): 177-201.

［一二一］ Jussi M. Hanhimaki, "Conservative Goals, Revolutionary Outcomes: The Paradox of Détente", *Cold War History* 8,4 (November 2008): 503-12.

〔一一二〕 Richard Davy, "Helsinki Myths: Setting the Record Straight on the Final Act of the CSCE, 1975", *Cold War History* 9,1 (February 2009): 1-22.

〔一一三〕 William Korey, *The Promises We Keep: Human Rights, the Helsinki Process, and American Foreign Policy* (New York, 1993).

〔一一四〕 Daniel C. Thomas, *The Helsinki Effect: International Norms, Human Rights, and the Demise of Communism* (Princeton, 2001).

〔一一五〕 Sarah B Snyder, *Human Rights Activism and the End of the Cold War: A Transnational History of the Helsinki Network* (Cambridge UP, 2013).

〔一一六〕 Thomas M. Franck and Robert Weisband, *Foreign Policy by Congress* (New York, 1979).

〔一一七〕 David P. Forsythe, *Human Rights and U.S. Foreign Policy: Congress Reconsidered* (Gainesville, 1988).

〔一一八〕 Robert David Johnson, *Congress and the Cold War* (New York, 2006).

〔一一九〕 David Schmitz, *The United States and Right-Wing Dictatorships,1965-1989* (New York, 2006), chap. 4.

〔一二〇〕 Simon Stevens, "Jimmy Carter's Presidential Campaign and the Search for a New Foreign Policy" (M.Phil. thesis, University of Cambridge, 2008).

〔一二一〕 Daniel Sargent, "From Internationalism to Globalism: The United States and the Transformation of International Politics in the 1970s" (Ph.D. diss. Harvard University, 2008).

〔一二二〕 Gaddis Smith, *Morality, Reason, and Power: American Diplomacy in the Carter Years* (New York, 1986).

〔一二三〕 Martti Koskennierni, *The Gentle Civilizer of Nations: The Rise and Fall of International Law* (Cambridge, 2002)

〔一二四〕 B. V. A. Roling, *International Law in an Expanded World* (Amsterdam, 1960).

〔一三五〕 Wolfgang Friedmann, "The Position of Underdeveloped Countries and the Universality of International Law," *Columbia Journal of Transnational Law* 1/2 (1961-3): 78-86.

〔一三六〕 Georges M. Abi-Saab, "The Newly Independent States and the Rule of International Law: An Outline," *Howard Law Journal* 8, 2 (Spring 1962): 95-121.

〔一三七〕 C. Wilfred Jenks, ed., *International Law in a Changing World* (Dobbs Ferry, 1963).

〔一三八〕 Richard A. Falk, "The New States and International Legal Order," *Recueil des cours* 118 (1966): 1-103.

〔一三九〕 R. P. Anand, *New States and International Law* (Delhi, 1972)

〔一四〇〕 Abi-Saab, "The Third World and the Future of the International Legal Order", *Revue égyptienne de droit international* 27 (1973): 27-66.

謝辞

新しい情報を多く提供しているものの、本書は、総じて興味深くも読者を困惑させる分野でこれまで知られていることを統合し、再考する試みです。このような理由から、私は、人権史研究者たちに感謝の意を表します。私は、彼ら、彼女らの研究に依拠してきましたが、ときには、意図したものとは非常に異なる目的のためにも参考にさせていただきました。出版された著作や論文、メールでの提案や、ときには口頭での意見の相違に対して、以下の人びとに心から感謝を申し上げます。

キャロル・アンダーソン、ゲイリー・J・バス、マヌ・バガバン、エリザベス・ボーグワルト、マーク・P・ブラッドリー、ローランド・バーク、G・ダニエル・コーエン、マイケル・ガイヤー、メアリー・アン・グレンドン、ラッセ・ヒールテン、ステファン・ルートヴィヒ・ホフマン、リン・ハント、バーバラ・キーズ、ファビアン・クローゼ、ポール・ゴードン・ローラン、ミカエル・ラスク・マッセン、A・ダーク・モーゼス、ベンジャミン・ナトジアンズ、デヴィ・J・ペンダス、ダニエル・サージェント、ミラ・シーゲルバーグ、ブラッドリー・シンプソン、ブライアン・シンプソン、サラ・スナイダー、チャールズ・ウォルトン、キース・デイビッド・ワテンポー、エリック・ワイツ、ローラ・ワイルデンタール、そしてジェイ・ウルター。これらの研究者たちは、新しい分野の構築においてて先駆者となっています。

他の多くの人びとが、本書のトピックのいずれかの側面について、学会での発表に招待してくれました。アメリカ学術協会、アメリカ歴史協会、フランス歴史研究協会、コロンビア大学国際歴史センター、デューク大学法科大学院、社会科学高等研究院、ハーヴァード大学、レフトフォーラム、ニューヨーク大学公共知識研究所、クイーンズ大学（オンタリオ）、ライス大学、シカゴ大学、ペンシルベニア大学、サウスカロライナ大学、ウィスコンシン大学マディソン校、イェール法科大学院（二回も！）、およびゼンターン歴史研究所。これらの機会に主催者やディスカッサント全員に感謝したいと思います。

多くの同僚や友人が、いくつかの章や原稿全体に対して援助を申し出てくれました。デイビッド・ベイツ、ジェフリー・コリンズ、とりわけアンドリュー・ジェインチルは、ジェロルド・サイゲルが寛大な態度で読んでくれた最初の章を手伝ってくれました。エリック・フォナーは、アメリカの歴史という新しいものについての質問に答えてくれ、ヤン＝ヴェルナー・ミュラーは古いヨーロッパの歴史と思想について考察してくれました。パブロ・ピカトはラテンアメリカの問題について助言してくれました。私たちの休暇中にフルド・ホールの隣の部屋にいたピーター・ホルクイストは、私に献身的な援助をしてくれました（少なくとも本人はそう言っていました）。私のもっとも古い友人の一人、ポール・ハネブリンクは、宗教と政治の交差についてコメントしてくれました。私は、ジュリアン・ブルグから一九六八年とその余波について多くのことを学びました。ジョン・ファビアン・ウィットとともに戦争法の歴史を教えることは楽しい経験であり、最近までそれが別のトピックであると決めるのに役立ちました。コロンビア大学の大学院生サイモン・スティーブンスとスティーブン・ウェルハイムの研究を指導することで、私の見解を主張することができました。スティーブン・ウェイムは、私が二人の若き専門家たちと自分の意見を議論することを許してくれ、彼らは私の研究に対する分析や意見も示してくれました。マルコ・デュランティのイェール大学の論文審査委員会に参加することで、一九四〇年代にかんする貴重な洞察を得ることができ、私はそのテーマにかんする章を改訂するのに役立ちました。

いくつかの重要な人びとがさらに私を助けてくれました。この本のテーマと交差するジャーナル「ヒューマニティ」の編集委員会にいる友人たちとの長年の、あるいは新たな相談は、非常に貴重であることが証明されました。ネハール・ブータ、ニルス・ギルマン、ニコラス・ギルホ、ジョセフ・スローター、ミリアム・ティクティンに感謝の意を表します。『ザ・ネイション』のジョン・パラテラとアダム・シャッツの編集者としての配慮は大いに助けになりました。とりわけ、この出版プロジェクトを実際に始めるきっかけとなった書評を書かせていただいたことは大きかったです。何よりも、私が本を書いているときにヤン・エッケルがニューヨークを訪れたことから多くの恩恵を受けました。彼は私の無謀な直感が彼のより深い洞察とどのように合致するか（あるいはしないか）を正直に教えてくれ、ボルヘスの作品を思い出させてくれました。マーク・P・ブラッドリーとポール・W・カーンも英雄的に貢献してくれました。報道向けの書評や数多くのやり取りのなかで、私の乱雑な初稿に対して賢明な観察を提して、それが原稿を完成する際に大きな影響を与えてくれました。

この出版プロジェクトでは自分のやり方で進めることを許可してくれましたが、コロンビア大学の歴史学の同僚、とりわけヨーロッパ部門の人びとにどのように恩返しできるかはわかりません。これは、これまで得てきた最大の特権でした。私のキャリアのなかで、そこで働くドリーム・チームである歴史家たちを間近に目撃できたことに感謝しています。フォルカー・ベルガーン、ビクトリア・デ・グラーツィア、マーク・マゾワー、スーザン・ペダーセン、マイケル・スタニスラフスキーに感謝します。マーク・マゾワーには、私の本書に関連するイベントを組織するために、何度か彼の国際歴史センターを使わせてくれたことに特別な感謝を捧げます。そして、遅れた原稿に対する助言と安心感を与えてくれました。また、エラザール・バークンとマイケル・スタニスラフスキーにも、コロンビア大学の人権学部のプログラムに私を関与させてくれたことに非常に感謝しています。

私は、本書のテーマについては約一〇年にわたり考え続けてきましたが、ロー・スクールの教授やその後の人権史の授業を受けた学生たちに謝罪しつつ、私はこの本を主に二〇〇八年から二〇〇九年にかけて、歴史学研究所で執筆しました。歴史学部が私を受け入れてくれたのです。このサバティカルに対する支援は、近年、任期無しのポストを得た研究者のためのアメリカ学術協議会フレデリック・バークハルト奨学金プログラムの卓越した寛大さによって提供されました。また、ジョン・サイモン・グッゲンハイム記念財団の奨学金プログラムにも感謝します。特別な恩恵に対しては、コロンビア大学のH・F・ゲリー・レンフェスト優秀教員賞、そしてアラン・ブリンクリーとニコラス・B・ダークスの特別な親切に感謝しなければなりません。ノートルダム大学のジャック・マリタンセンターも、一週間の訪問助成金を提供してくれました。

私の資料収集を援助してくれたすべての図書館と図書館司書の名前を挙げることができればいいのにと思います。アメリカユダヤ人委員会のアーカイブでは、シャーロット・ボネリと彼女のチームが私に所蔵品を公開し、オンデマンドで私のためにドキュメントをデジタル化してくれました。ジョー

ダン・ハーシュは、細かいメモを提供してくれました
　ソビエトのユダヤ人を代表して私のために。IASでは、マリア・トゥヤが貴重な支援を惜しまず、マリアン・ゼラズニーがあらゆる支援を提供してくれました。コロンビア大学の歴史学部とロー・スクールでは、常に不可欠な研究助手を雇うことができました。アリエル・カッチョラ、トビー・ハーパー、そして、とりわけ重要な時期にチャールズ・クラヴィーとブライアン・キム・バトラー。起草の最後の、必死の数か月にブライアンの援助は、それが専門的であり、不可欠でした、そして私は彼とロー・スクールのサマー・スクールに大いに借りを感じています。最後に、ジェームズ・チャペルが原稿を完成させる方法についてアドバイスしてくれたことに感謝します。それがなければ、とりわけ最初の章の結果は平凡なものになっていたでしょう。ギリギリの時間に、タニシャ・M・ファザルが私のグラフを正しい形式に変換してくれました。

　ときには、私が言及する多くの人びとやその親族これには、アーサー・ダント、ケイティ・フィッツパトリック、ルイ・ヘンキン、ドナルド・コマース、ジェリ・ラブ、ハワード・モスコビッツ、バートランド・ライリチャラン、トーマス・スキャンロンが、魅力的な自伝的反省や有用な情報を提供してくれました。私は、ハーヴァード大学出版局のジョイス・セルツァーの、本書に対する長年の関心に深く感謝しています。私が一言も書く前から、最後の言葉まで。キャサリン・ブリックは素晴らしい校正をしてくれ、アイネリア・アトラス、ジャンネット・エストラト、グラシエラ・ガルプ、クリスティン・スパーバーにも多くの助けを借りました。私の友人や家族に感謝しないわけにはいきません。とりわけ妹には、私たちが発見するほぼすべてのメディアで皮肉を贈ってくれたことに感謝しています。私の妻アリサ・バーガーには、共に人生を築き、本書の出版を可能にする愛を提供して

くれたことに深く感謝しています。私たちの娘たち、リリーとマデリンは私のユートピアです。

訳者あとがき

本書は、Samuel A. Moyn, *The Last Utopia : Human Rights in History*（Harvard UP, 2012）の邦訳である。モインは、法学界で主流な権利の適用や解釈を探求する解釈学的な研究手法とは異なる、歴史学的なアプローチで第二次世界大戦以降、普遍的価値とされてきた人権がどのように歴史の舞台に姿を現したのかを探求した。著者は、人権という概念は必ずしも自然権に遡る必要がなく、フランス革命とも理論上の繋がりが希薄であると主張した。彼の分析によれば、個人の権利が国家主権を超克するという現代の人権概念は、すでに破綻してしまった様ざまなユートピアの「後釜」として提起されたものである。この主張は通説とされてきた人権起源のアンチテーゼとして、論争を巻き起こしているという点で特徴的である。

本書の原著は、神戸大学大学院国際協力研究科の四本健二教授の「開発法学ゼミ」（教学上の正式名称は制度構築論演習）において二〇一三年度に教材として使用された。当時、修士課程の院生であった訳者が、この本を教材として使うことを提案した際に、四本教授は大いに興味を示され、「日本語訳として出版できるように熟読しよう」と即断された。四本ゼミでは二〇一一年度にも教材として使用したBrian Z. Tamanaha, *On the Rule of Law: History, Politics, Theory,*（Cambridge UP, 2004）をブライアン・タマナハ著『法の支配をめぐって：歴史・政治・理論』（二〇一一、現代人文社）として四本教授の監訳の下で神戸大学大学院国際協力研究科四本ゼミ訳として出版している。

ところで、本書では経済成長を核心とする近代化論全盛の時代にあって人権の尊重が発展の手段であると同時に目標でもあると捉えられてきたなかで、人権概念からグローバルな貧困に対抗する理論の必要性の指摘およびグローバルな貧困に対応する人権の枠組みが正しい枠組みであるかどうかについての合意はいまだに達成されていない、という指摘（二六八－二六九ページ）はあるものの、誰が論じるかによって発展あるいは開発が、住民の人権保障の枠組みとも強権政治による開発政策推進の口実ともなる二面性をもっている危険性については充分に論じられていない。また、国民の社会権を保障すべきという主張が社会権が充分に保障されるまでは政治的・市民的権利は留保せざるを得ないという「開発モラトリアム」論や欧米（とりわけアメリカ）との関係によって人権侵害を非難されてきたイスラーム諸国が発する「ダブル・スタンダード」論など、「アジア型（的）人権」をめぐる重要な論点については充分に論じられていない。これらは、著者の研究の延長線上にある課題であろう。

最後になったが、本書の出版にあたって訳者の原稿を読み込んでアドバイスを頂戴した監訳者の四本健二教授にお礼を申し上げたい。また、出版を引き受けてくださった明石書店と同社の神野斉編集部長、遅れがちな作業にお付き合いくださった寺澤正好さんに深甚の謝意を表したい。

二〇二五年二月二五日、名古屋大学東山キャンパスの研究室にて

楊懿之

【訳者紹介】

楊 懿之（よう いし）
最終学歴：名古屋大学大学院国際開発研究科博士後期課程在籍中
　　　　　神戸大学大学院国際協力研究科修了　修士（法学）
　　　　　西南学院大学文学部外国語学科フランス語専攻卒業（文学士）
専門領域：開発法学

【監訳者紹介】

四本 健二（よつもと けんじ）
現　　職：神戸大学大学院国際協力研究科教授
　　　　　カンボジア王立経済法科大学客員研究員（2003-2004）
最終学歴：名古屋大学大学院国際開発研究科博士後期課程修了　博士（学術）
　　　　　名古屋大学大学院国際開発研究科博士前期課程修了　修士（学術）
　　　　　関西学院大学法学部政治学科卒業
専門領域：開発法学、カンボジア法
著　　書：『カンボジア憲法論』（勁草書房、1999）
編　　書：『新版　アジア憲法集』（明石書店、2021）（鮎京正訓、浅野宜之と共編）
論　　文：「カンボジアにおける障害者の政治的権利」（小林昌之編『アジアの障害者の政治的権利：選挙権と被選挙権の実質的平等を求めて』、アジア経済研究所、2024）ほか多数
訳　　書：『ワクチンが起こした奇跡 予防接種拡大計画：感染症と闘った人々の記録』（ジューン・グッドフィールド著、明石書店、2021）、『カンボジア大虐殺は裁けるか：クメール・ルージュ国際法廷への道』（スティーブ・ヘダーほか著、現代人文社、2005）
受 賞 歴：カンボジア王国サハー・メットライ勲章オフィシエ（2007）

【原著者紹介】

サミュエル・A・モイン（Samuel Aaron Moyn）

現　　職：イェール大学教授（歴史学）

　　　　　コロンビア大学、ハーヴァード大学教授を歴任

最終学歴：カリフォルニア大学バークレイ校　Ph.D

　　　　　ハーヴァード・ロー・スクール　J.D

　　　　　ワシントン大学（セントルイス）　B.A

専門領域：国際法、ヨーロッパ近現代思想史、ユダヤ研究

著　　書：*Humane: How the United States Abandoned Peace and Reinvented War* (2021, Macmillan)

　　　　　Not Enough: Human Rights in an Unequal World (2018, Harvard University Press)

　　　　　Christian Human Rights(2015, University of Pennsylvania Press)

世界人権問題叢書 122

人権　最後のユートピア

――個人の権利・社会運動・国際人権

2025年5月10日　初版 第1刷発行

著　者　サミュエル・A・モイン

訳　者　楊　　懿　之

監訳者　四　本　健　二

発行者　大　江　道　雅

発行所　株式会社 明　石　書　店

〒101-0021 東京都千代田区外神田6-9-5

電話 03（5818）1171

FAX 03（5818）1174

振替　00100-7-24505

https://www.akashi.co.jp/

進行　寺澤正好

組版　デルタネットデザイン・新井満

装丁　明石書店デザイン室

印刷・製本　モリモト印刷株式会社

（定価はカバーに表示してあります）　ISBN978-4-7503-5936-6